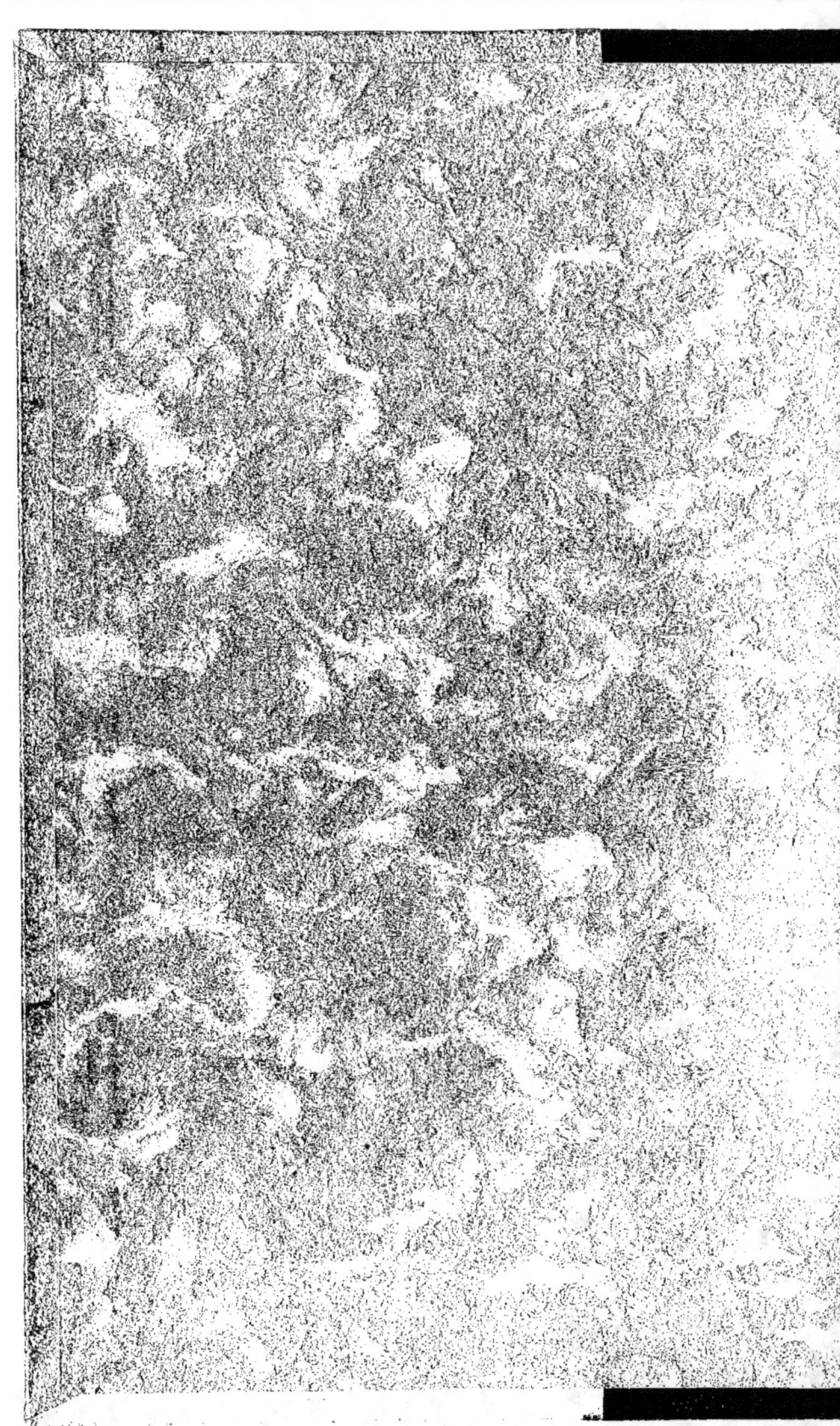

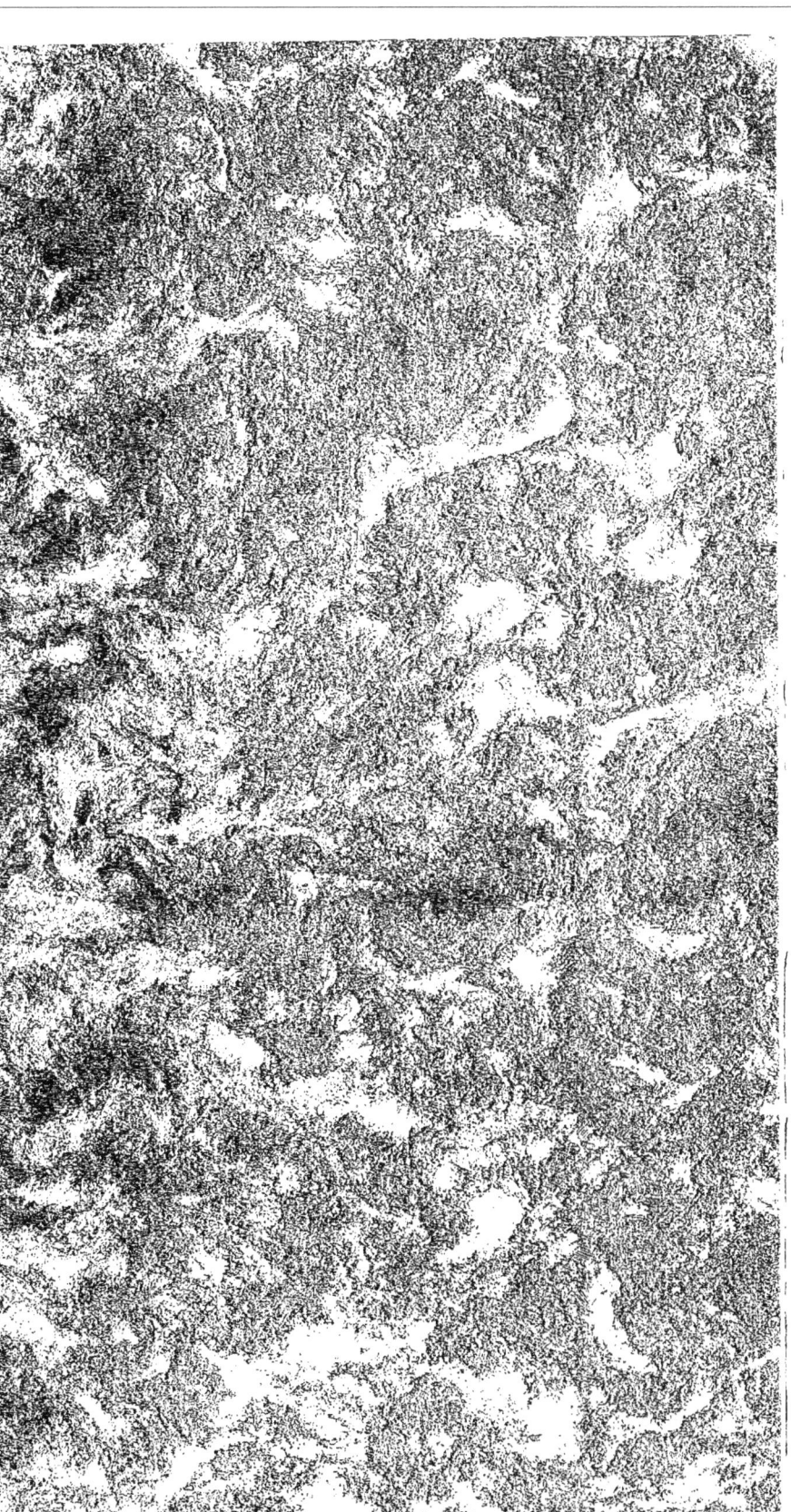

LES D'URFÉ

LES D'URFÉ

SOUVENIRS

HISTORIQUES ET LITTÉRAIRES

DU FOREZ

AU XVIᵉ ET AU XVIIᵉ SIÈCLE

AVEC FAC-SIMILE

PAR AUG. BERNARD

(DE MONTBRISON)

PARIS

IMPRIMÉ PAR AUTORISATION DU ROI

A L'IMPRIMERIE ROYALE

M DCCC XXXIX

A
MONSIEUR LEBRUN

MEMBRE DE L'INSTITUT DE FRANCE
CONSEILLER D'ÉTAT, DIRECTEUR DE L'IMPRIMERIE ROYALE

HOMMAGE

DE RECONNAISSANCE

DE SON TRÈS-HUMBLE SERVITEUR

AUG. BERNARD

PRÉFACE.

> « N'eust esté Hesiode, Homere, Pindare et ces autres grands personnages de la Grece, le mont de Parnasse ny l'eau d'Hypocrene ne seroient pas plus estimez maintenant que vostre mont d'Isoure ou l'onde de Lignon. Nous devons cela au lieu de nostre naissance et de nostre demeure de le rendre le plus honoré et renommé qu'il nous est possible. »
>
> *Astrée*, Préface du 1ᵉʳ vol.

Amené par des études spéciales à reconnaître combien étaient fautives et incomplètes les notices publiées sur deux personnages célèbres de la famille d'Urfé, qui résument pour ainsi dire en eux l'histoire politique et littéraire du Forez à leur époque, j'ai pensé qu'il m'appartenait, comme chroniqueur de ce pays sur lequel l'un d'eux a jeté jadis tant d'éclat, d'entreprendre ce travail biographique.

Je ne me suis pas fait illusion sur mes forces : je sais que beaucoup d'écrivains auraient pu joindre à ces recherches un charme de style qu'on ne trouvera pas dans mon ouvrage; mais je sais aussi qu'aucun d'eux n'aurait pu se livrer avec plus de zèle que moi à ces investigations minutieuses qui devaient avoir pour but, non la gloire de celui qui y consacrait ses veilles, mais l'illustration de ceux qui en étaient l'objet. Il me semble, en effet, qu'il n'est pas de plus noble mission que celle de conserver le souvenir des hommes et des choses qui ont honoré le pays où l'on a reçu le jour.

Au reste, ce livre (et son titre l'indique) est bien plus le livre des d'Urfé que le mien. C'est dans leurs écrits que je suis allé chercher le secret de leur vie. Je n'ai eu que la peine, ou plutôt le plaisir, de rassembler quelques fragments dans lesquels ils se sont peints eux-mêmes, et d'y joindre l'analyse ou l'indication de tout ce qui est sorti de leur plume, tant inédit qu'imprimé.

Pour donner plus de vérité aux portraits que je voulais tracer, j'ai placé à la suite des Notices un récit des événements qui eurent lieu dans le Forez à l'époque de la Ligue, événements auxquels Anne et Honoré d'Urfé prirent, comme on verra, une part très-active. Indépendamment de leur importance biographique, ces détails, tout à fait neufs, et puisés dans les documents originaux, ne seront pas lus, je pense, sans intérêt par ceux qui s'occupent d'histoire. Ils verront probablement aussi avec plaisir la curieuse collection de lettres des d'Urfé qui accompagne ce récit et lui sert, en quelque sorte, de preuves. J'y ai joint, en outre, comme

PRÉFACE.   v

complément nécessaire, une description du Forez écrite par Anne d'Urfé, document qui fait parfaitement connaître l'état de ce pays au temps de la Ligue.

Enfin, j'ai cru aussi à propos de donner quelques renseignements historiques sur la maison d'Urfé, et je les ai placés en tête du livre, comme pour lui servir d'introduction. C'est un faible hommage rendu à la mémoire d'une famille qui a joué dans notre histoire générale un rôle assez important, soit par le mérite réel de quelques-uns de ses membres, soit par l'élévation des charges qu'ils ont exercées, pour avoir droit à une mention particulière.

Maintenant, de crainte qu'on ne se méprenne sur le sentiment qui m'a porté à entreprendre ce travail, j'ai hâte de le déclarer ici : la famille d'Urfé est éteinte depuis plus d'un siècle ; il n'en reste pas un seul rejeton. Autrement, ce sujet ne m'aurait plus offert le même intérêt, et j'aurais laissé à l'héritier du nom le soin d'en perpétuer le souvenir.

En terminant, je dois remercier les personnes bienveillantes qui ont daigné faciliter mes recherches : je nommerai, entre autres, MM. Champollion et Magnin, de la Bibliothèque royale, et surtout M. Daunou, le doyen de l'histoire, à qui je suis redevable, ainsi qu'aux membres du comité qu'il préside (MM. Quatremère, Naudet, Cousin, Arago, Vitet, Desenne), de l'honneur d'avoir été admis à faire imprimer ce livre à l'Imprimerie royale.

Quant à ceux de mes amis qui m'ont prodigué leur temps et leurs conseils, je n'ai pas attendu jusqu'ici pour leur en exprimer toute ma gratitude, et ils n'ont pas besoin d'un témoignage public pour en être assurés.

Paris, le 1er mai 1839.

DIVISION DE L'OUVRAGE.

I. Histoire de la maison d'Urfé (ou *Généalogie*).

II. Notices biographiques (ou *Biographie*) :
    1° Anne.
    2° Honoré.
    3° Antoine.

III. Récit des événements qui eurent lieu du temps de la Ligue dans le Forez (ou *la Ligue*).

IV. Lettres écrites du temps de la Ligue (ou *Correspondance*).

V. Description du Forez.

I.

HISTOIRE

GÉNÉALOGIQUE

DE LA MAISON D'URFÉ

EN FOREZ,

PAR J. M. DE LA MURE.

AVANT-PROPOS.

Malgré l'accueil peu favorable réservé maintenant à tout travail généalogique, je n'ai pas cru pouvoir me dispenser d'en placer un dans cet ouvrage : d'abord parce qu'il m'a semblé utile de faire connaître plus particulièrement des lieux et des personnages plusieurs fois mentionnés dans ce recueil, ensuite parce qu'il était convenable de parler de l'origine des *gentilshommes* dont j'ai entrepris d'écrire la biographie. Un coup d'œil sur le passé m'a paru d'ailleurs nécessaire pour retracer avec fidélité l'esprit d'une époque où le hasard de la naissance et les traditions de famille exerçaient sur la destinée et le caractère individuels une influence dont aujourd'hui nous ne nous formons qu'une idée imparfaite.

Je dois l'avouer pourtant, j'ai été fort embarrassé quand il s'est agi de déterminer la forme à donner à mon travail; car si, d'un côté, je ne crois pas que les recherches généalogiques soient les *futilités de l'histoire,* de l'autre, je ne pense pas non plus qu'on puisse de nos jours les enrichir de toutes les minuties qui plaisaient à nos pères. Dans l'impossibilité où je me suis trouvé de commencer ce travail sur un plan entièrement neuf, n'ayant à ma disposition presque aucun des documents à l'aide desquels les historiens de la maison d'Urfé avaient fait le leur, je me suis décidé à publier telle quelle la généalogie qui me paraissait la plus complète, en l'accompagnant de notes et de commentaires. Il m'a semblé que je ne pouvais choisir un cadre plus avantageux pour placer tous les documents de quelque intérêt que j'ai pu recueillir sur cette famille, soit dans les livres, soit dans les traditions locales, que j'ai été si longtemps à même d'étudier.

Entre les pièces inédites dont j'étais en possession, il en est une qui m'a paru mériter la préférence : c'est l'œuvre consciencieuse de de la Mure, le seul historien que la province du Forez ait produit. Je me suis ainsi trouvé doublement heureux de pouvoir élever un monument à la gloire de la famille d'Urfé en même temps que je rendais hommage à la mémoire de celui de mes compatriotes dont les travaux me sont le plus chers[1].

J'aurais bien pu donner une généalogie écrite par Anne d'Urfé, ou du moins d'après son ordre (voir son article biographique): mais les contes[2] dont elle est pleine m'en ont détourné. Pour la même raison, j'ai renoncé à publier une autre généalogie inédite dont j'ai découvert le manuscrit chez un cultivateur qui habite les environs du château d'Urfé. J'avais cru d'abord ce dernier manuscrit unique, et j'y attachais par conséquent un certain prix; mais je me suis convaincu depuis qu'à très-peu de chose près il est semblable à celui d'Anne. Tous deux, également fondés sur les traditions locales, font remonter l'origine de la famille d'Urfé

---

[1] Jean-Marie de la Mure, chanoine de l'église royale de Montbrison, mort vers 1687. Voyez la *Biographie forésienne*.

[2] En voici un échantillon :

«L'an 789, Isambert (Vulphe) espousa Hirmantride, qui lui fist douze enfans d'une ventrée, et les voulant faire noyer, de peur d'estre soupçonnée d'adultere, n'en garda qu'un seul. Et l'istoire porte que ladite Hirmantride ayant blasmé la femme d'un de ses subjets, qui avoit faict d'une ventrée six enfans, d'adultere, croyant que cella ne se pouvoit faire par le moyen d'un seul homme, il arriva au bout de l'an, peut-estre Dieu le permettant ainsi par punition, qu'Hirmantride en fit douze d'une ventrée; et craignant que son mary ne la soupçonnast d'adultere, comme elle l'avoit faict envers cette pauvre femme, elle commenda à un sien domestique de les aller noyer, excepté un seul qu'elle se reserva. Mais son mary, qui estoit à la chasse au temps de son accouchement, rencontra ce valet auprès de la riviere, qui fut fort surpris de voir son maistre, qu'il croyoit bien loing de là. Isambert luy demanda où il alloit et ce qu'il portoit; le valet luy dit que c'estoient des petits louveteaux qu'une louve, qu'il faisoit domestiquement nourrir, venoit de faire, et qu'il en vouloit noyer une partie. Isambert les voulut voir; l'autre, se voyant pressé, luy montra ce qu'il portoit : ce qui estonna fort Isambert, qui se doubta de la crainte de sa femme, qu'il cognoissoit d'ailleurs estre très-fidelle. Il ordonna à l'instant qu'à l'insceu de sa femme ils fussent tous curieusement nourrys et eslevés; ce qui se fist avecq tant d'adresse et de secret qu'elle n'en ouït aucune nouvelle, jusqu'à ce que le pere les retira à l'aage de six ans du lieu où il les avoit faict mettre. Il les fist habiller tous d'une mesme maniere, et les fist venir devant la mere, lui demandant si elle connoissoit ces Vulphes, qui veut autant dire en allemant que des *loups*. Hirmantride voyant ces enfans

à un *Vulphe* d'Allemagne, dont ils donnent la filiation dès l'an 750. Je n'ai pas besoin de réfuter longuement cette fable; mais puisque quelques auteurs modernes y ont ajouté foi, je dois dire que le nom d'*Urfé* ou *Ulphé* existait, comme nom de fief, ainsi qu'on le verra plus bas, longtemps avant l'époque à laquelle les généalogistes font venir en Forez Henri Vulphe (surnommé *le Lion orgueilleux*), qui selon eux aurait imposé son nom à sa terre. Au reste, en admettant même que le nom de *Vulphe* ait été celui du premier seigneur d'*Ulphé*, cela ne prouverait pas sa parenté avec un Allemand du même nom, alors que les noms propres de famille n'existaient pas, du moins tels que nous les concevons aujourd'hui.

Il est fâcheux que de la Mure lui-même n'ait pu se soustraire à cette croyance, et que, comme les autres historiens de la famille d'Urfé, il soit allé chercher si loin son origine; car, dans

qui ressembloient fort à leur pere, se ressouvint du meschant desir qu'elle avoit eu de les faire noyer, et, se sentant descouverte, tomba toute pasmée aux pieds de son mary, luy avouant sa cruauté et luy demandant très-humblement pardon; que ce qu'elle en avoit faict n'estoit que pour eviter le soupçon qu'il auroit eu de son honneur et de sa fidelité, luy racontant à mesme temps comme indiscrettement elle avoit soupçonné une femme d'un de ses subjets d'adultere pour avoir faict six enfans d'une ventrée, et qu'elle croyoit que le mesme luy estoit arrivé par permission divine. Isambert la releva, et luy dit luy avoir pardonné dez long temps. A mesme temps il ordonna que celluy d'entre eux qu'il vouloit faire son herittier principal porteroit ce nom de Ulphe, qui par succession de temps s'est reduit à Urphé, comme il est à present. Tout cela se voit encore aujourd'huy au monastere des Vignes par eux fondé en Suaube. »

Comme si ce n'était pas assez de douze enfants, dont, il est vrai, la chronique ne parle plus, elle donne aussitôt à Isambert un fils et une fille. Il n'est pas besoin de rappeler d'autres origines de maisons nobles ornées autrefois de semblables contes; mais ce qui rend celui-ci plus curieux, c'est que la tradition a renchéri sur la légende, en rapprochant de nous ce fait merveilleux. «Après la suppression des ordres monastiques, dit M. Duplessy, parmi les papiers de l'abbaye Sainte-Claire de Montbrison, on trouva un parchemin couvert de caractères gothiques portant qu'une dame d'Urfé étant accouchée, dans la maison de la Bâtie, de neuf enfants, tous vivants, elle allait les faire jeter dans le Lignon, lorsque son mari, revenant de la chasse, les rencontra sur le bord de la rivière, et les fit rapporter au château. — Ce curieux parchemin s'est perdu.» (Duplessy, *Essai statistique sur le département de la Loire*, 1818.)

cette voie, il ne lui était pas donné de faire usage des documents qui étaient peut-être encore à sa portée s'il eût cherché dans le pays même les preuves de cette origine. Néanmoins, si de la Mure ne vit pas la vérité, il la toucha du doigt, en donnant au premier seigneur d'Urfé dont il ait pu retrouver l'indication dans les chartes le nom de *Raimby* ou *Raiby*. Il est vrai que, dominé par la croyance générale, il ne considère ce nom que comme un surnom particulier; mais la suite de son travail généalogique démontre bien que ce fut le véritable nom ou surnom patronymique de cette maison. Pour être convaincu qu'il ne fut pas particulier à tel ou tel membre de la famille seulement, il suffit de remarquer qu'il est donné d'une manière absolue à un Arnulphe qui s'intitule, dans une charte de 1255 : « Arnulphe Reybi, chevalier, seigneur d'Ulphieux. » Ici la formule est complète, et, s'il restait encore quelque doute, l'article de cet Arnulphe le lèverait entièrement. Ayant eu deux fils, il leur partagea ses biens. A l'aîné il donna la terre d'Urfé, dont ses descendants prirent insensiblement le nom d'une manière absolue, selon l'usage adopté par beaucoup de seigneurs à cette époque; tandis que le cadet, auquel il légua la part la moins noble de son héritage, conserva le nom de Reybe dans sa famille, qui s'éteignit vers la fin du xvi° siècle.

Malheureusement on ne peut plus aujourd'hui recourir aux titres de propriété, ni aux cartulaires des abbayes, car le temps et les révolutions ont anéanti la plupart de ces documents précieux. Je dois dire cependant que j'ai vu mentionné un Arnulphe Raimbi dans une charte qui se rapporte aux dernières années du xi° siècle ou aux premières années du xii°[1], époque anté-

---

[1] Au temps où Ithier (de Talaru) gouvernait l'abbaye de Savigny. Voyez la *Gallia Christiana*. Au reste, voici cette pièce, tirée du cartulaire de Savigny, fol. 120, et qui se trouve dans les Preuves de l'*Histoire des comtes de Forez* de de la Mure, manuscrit de la bibliothèque de Montbrison.

« De ecclesia sancti Romani et de Anciaco. — Dominus ac venerabilis Hugo, Lugdunensis ecclesiæ archiepiscopus, quasdam ecclesias quæ in sua diocœsi esse videbantur, videlicet ecclesiam sancti Romani et ecclesiam de Anciaco, ob cœlestis amorem patriæ dedit, laudavitque sancto Martino Saviniacensis ecclesiæ, et Iterio abbati, monachisque inibi Deo militantibus, de quibus testes hi sunt clerici : Girinus Calvus; Arbertus, archidiaconus; Bernardus Urselo; Girinus, capellanus;

rieure à toutes celles citées par les généalogistes de la maison d'Urfé, qui, la plupart, ne la font venir en Forez qu'au XIIIᵉ siècle. Cette pièce est l'autorisation donnée par Guillaume *le Jeune*, comte de Lyonnais et de Forez, à la fondation du prieuré d'Ancieu. L'acte est approuvé par les seigneurs Arnulphe Raimbi et Guillaume de Lavieu. Le rapprochement de ces deux noms est ici d'autant plus remarquable que toutes les traditions locales parlent de la parenté de la famille d'Urfé avec celle de Lavieu, et que les écussons de ces deux maisons sont précisément la contre-partie l'un de l'autre, ce qui semble indiquer cette parenté au rapport de de la Mure [1].

Mais peut-être serait-il possible d'accorder toutes les traditions, qui presque toujours ont un fond de vérité. Rien n'empêche de supposer que la famille d'Urfé tire son origine d'un Allemand établi dans notre province, car le nom même de *Raimbe*, qui ne signifie pas, il est vrai, *bon*, comme le croit de la Mure, *ressent* néanmoins, comme il le dit, *le teutonique*. Et quant au lieu nommé Urfé, en latin *Ulpheiacum* ou *Ulphiacum* (on le voit écrit de ces deux manières dans la célèbre transaction passée, en 1173, entre l'église de Lyon et les comtes de Forez), il pourrait avoir reçu du même Allemand ce nom qui, dans sa langue, aurait servi à rappeler la présence des loups [2] dans ce lieu sauvage lorsqu'il

Vuido et Barnonus, archipresbiteri. Deinde Willelmus, Forensium comes, in capitulum Saviniacense veniens, sancto Martino, et Iterio abbati, et monachis, prædictas ecclesias quas dicebat esse suas, in suo alodio sitas, cum omnibus earum apenditiis, palam, absque ullo retentu, donavit gratis, laudavitque; dedit etiam nobis dono, supradictus comes Willelmus, quidquid acquisituri eramus in locis istis de Fruonibus, Fruones quoque scilicet. Willelmus de Lavieu et Arnulfus Raimbi, et Amblardus de Rosselun, qui presbiteratum ab istis possidebat, eodem comite precante, simili modo dederunt. Hæc eadem fecerunt similiter Hugo de Machant, Vuigo de Yonio et Stephanus de Varennes. Et cartam fieri jusserunt, cujus rei testes sunt Fulcherius de Nigro-Monte, Gaufredus de Yonio et Agno Castella. »

[1] Voyez au chap. IX de cette Généalogie. Honoré d'Urfé a écrit aussi (voir l'*Astrée*, t. II, liv. VIII, p. 335) que la maison de Lavieu et celle de Céladon (la sienne) « viennent d'un mesme tige. »

[2] *Wolf*, en allemand; et par un mélange d'idiomes assez commun, *Wolfiacum*, habitation des loups.

vint y fixer sa demeure. De semblables dénominations ne sont pas rares dans notre province.

Au reste, si en effet la famille d'Urfé descendait d'un Allemand, elle eut bientôt fait oublier cette origine. Un concours extraordinaire de circonstances vint accroître son autorité dans la province dont elle avait su gagner la confiance. Seule, elle semblait survivre aux grandes maisons féodales qui auraient pu lui disputer l'influence, et la sienne devint toute-puissante au XIVe siècle, lorsque, après l'extinction de la seconde race des comtes de Forez, le comté alla se perdre dans l'immense apanage des ducs de Bourbon. Ces nouveaux seigneurs, presque étrangers au pays, sentirent la nécessité d'y avoir un représentant, et Guichard d'Urfé, qui était déjà l'ami et le confident du *bon duc* (Louis II), fut par lui pourvu de la charge de bailli de Forez, qui resta presque toujours depuis dans sa famille.

Durant les luttes du XVe siècle, époque douloureuse où la France enfanta sa merveilleuse unité nationale, à laquelle plus d'une province tenta vainement de se soustraire par la révolte, l'attachement réciproque des d'Urfé et du pays fut plusieurs fois cimenté sur les champs de bataille. Enfin, lorsque la famille des ducs de Bourbon vint à s'éteindre à son tour dans la personne du fameux connétable, mort sous les murs de Rome, que ses troupes victorieuses saccagèrent, la métamorphose fut presque complète : sous le titre de baillis de Forez, les d'Urfé furent véritablement substitués aux anciens comtes, car ils n'eurent plus au-dessus d'eux que le grand suzerain, et il n'est pas nécessaire de dire que leur autorité s'était accrue de plusieurs priviléges dont avaient joui les deux races souveraines qui venaient de disparaître.

Cette famille, d'ailleurs, avait pris insensiblement position dans le pays. Soit à cause du fâcheux souvenir du massacre qui avait eu lieu dans son château d'Urfé, soit, ce qui est plus probable, pour se conformer aux mœurs du temps, elle avait délaissé cette retraite féodale pour venir se fixer sur les bords riants du Lignon. Sa nouvelle résidence ne se trouvait ainsi qu'à peu de distance de Montbrison, la capitale du Forez, où elle eut même dès lors un hôtel. Pendant plus d'un siècle, le rôle des d'Urfé fut vraiment brillant, et François Ier lui-même ne dédaigna pas de visiter le château de la Bâtie, lorsqu'en 1536 il vint recevoir le serment de ses nouveaux vassaux. Cet éclat dura jusqu'à l'apparition du roman de l'*Astrée*, qui fut pour cette famille le chant du cygne. L'esprit de centralisation vint aussitôt après étouffer les *provinces* et leurs patrons, et la maison d'Urfé, qui n'avait tiré toute son illustration que de son pays, auquel elle l'avait dignement fait partager, alla quelque temps végéter à Paris, puis s'y éteignit presque sans gloire dans le xviii° siècle.

Aug. Bernard.

En publiant pour la première fois, d'après les manuscrits originaux, la généalogie écrite par de la Mure, et les autres documents anciens contenus dans ce volume, j'ai cru devoir, en ma qualité d'éditeur, régulariser la copie, non quant à l'orthographe, que j'ai suivie scrupuleusement, mais quant à la disposition matérielle du texte et à la forme des lettres. Ainsi, ne pouvant figurer, à l'aide de la typographie, les signes des abréviations qui sont dans les originaux, j'ai mis tous les mots au long; j'ai pensé aussi qu'il n'y avait pas d'inconvénient à remplacer l'*i* et l'*u* consonnes par le *j* et le *v*, qui étaient bien déjà en usage à l'époque où furent écrits ces documents, mais non dans l'emploi régulier que leur a affecté l'imprimerie depuis un siècle et demi : c'est au reste un anachronisme contre lequel il sera facile de se prémunir; enfin, je me suis permis aussi quelquefois de figurer des alinéa où il n'y en avait pas, d'en détruire qui me paraissaient déplacés, et d'en transposer même quelques-uns, pour rendre le texte plus clair.

PREFACE.

Le nom d'Urfé s'exprimoit autrefois par celuy d'Ulphé, et originairement se tire de celuy de Wlphe, nom ancien et illustre. Au rapport de du Chesne, au premier livre de son Histoire de Bourgogne, chapitre 34, il se trouve un Wlphe, patrice, c'est-à-dire, en ce temps-là, viceroy de la Bourgogne appellée transjurane, qui eut cette dignité environ l'an 610, sous le regne de Theodoric, roy d'Orleans et de Bourgogne, deuxieme fils de Childebert, fils de saint Sigebert et de Brunehaut; et selon le mesme du Chesne, en la mesme Histoire, livre 2, chapitre 21, il se trouve un comte Welphe, que les Croniques du Pays-Bas appellent duc de Baviere, et que du Tillet nomme comte de Ravensberg, et Raynerus, comte d'Altorf, de qui la fille nommée Judith, ayant esté recherchée en mariage par l'empereur et roy de France Louis *le Debonnaire*, fils de Charlemagne, après la mort d'Hermingarde sa femme, elle ne put luy estre mariée sans dispense, parce que, selon les susdites Croniques, elle estoit sa proche parente et de mesme sang que luy.

C'est de ce duc ou comte Welphe que, selon le mesme du Chesne, au susdit lieu, estoit sorty, outre la susdite fille, Conrad, comte de Paris, souche des roys de la seconde race de la susdite Bourgogne transjurane; comme aussi, selon les Croniques de Savoye, Bozon, roy de Bourgogne, et de ce mesme prince, par la branche de Ticon, selon les documens qu'en a la maison d'Urfé, se trouve issu un Wlphe, surnommé *le Robuste,* lequel, au siege d'Antioche contre les Turcs, l'an 1098, combattit revestu d'une cotte d'armes d'ecarlate fourrée de pannes de vair, et receut de l'assemblée des autres princes chrestiens, pour luy et sa posterité, l'escu d'armes blazonné *de vair au chef de gueules,* en memoire des hauts faits d'armes dont il s'y estoit signalé, et qui est depuis demeuré à la maison d'Urfé. L'histoire des guerres de la terre sainte fait une expresse et honorable mention de ce Wlphe lorsqu'elle traite du susdit siege d'Antioche aussi bien que de celuy de Nicée.

Il eut deux fils : l'un fut comte d'Altorf, et l'autre, aymant la France, fut elevé en la cour du roy Louis *le Gros,* ce qui donna lieu à l'introduction de sa posterité en ce pays, comme nous allons voir.

HISTOIRE

GENEALOGIQUE

DE LA MAISON D'URFÉ.

CHAPITRE PREMIER.

WLPHE.

Wlphe, surnommé *le Vaillant,* fils de Wlphe, surnommé *le Robuste,* prince en Allemagne, ainsi que nous avons veu dans la Preface, revenant avec le roy de France Louis *le Gros,* en la cour duquel il s'estoit nourry, du pays d'Auvergne, où ce roy estoit allé appaiser plusieurs troubles suscités par le comte de Clermont, l'an 1129, et passant avec ce roy dans le pays de Forez, où ce mesme roy eut, à Montbrison, une entrevue avec Guy Ier, comte de Forez, fut si fort epris des vertus et perfections d'une parente de ce comte, nourrie alors auprès de luy, appellée Aymée, descendue de la maison des comtes de Viennois, qu'estant demeuré, avec congé de ce roy, pour en faire la recherche, il l'obtint du comte, et, avec le consentement de ses parens, il la prist en mariage.

C'est ce qui l'obligea de s'establir dans le pays, où il fit bastir, avec permission de ce comte, au plus haut et eminent lieu qui y soit, un chasteau auquel il donna son nom, et parce que le double V qui commenceoit alors son nom tenoit de l'allemand, il le retrancha, et en sa place mit un accent sur la fin de son nom, afin que la prononciation en fut plus françoise, et au lieu de Wlphe se fit appeller Ulphé, nom qu'il donna tant à son chasteau qu'à sa famille, laquelle le porta jusques au grand ecuyer de France, comme nous verrons, qui le changea en celuy d'Urfé, et donna aussi l'escu d'armes qu'il tenoit du grand Wlphe *le Robuste* à sa mesme famille, qui l'a toujours inviolablement conservé.

Ulphé donc, auparavant Wlphe, premier fondateur et seigneur du chasteau d'Urfé, et premier autheur de cette très-illustre maison au pays de Forez, eut de son epouse, qui l'y attira[1], un fils et successeur duquel à present il nous faut parler.

CHAPITRE II.

RAIMBE,
Seigneur d'Ulphé.

Le nom de Raimbe, exprimé dans les contracts par celuy de *Raymbi* ou *Reeby*, ressent le teutonique et allemand, et signifie *bon* en cette langue. Du temps de ce

---

[1] Voyez l'*Avant-propos* pour tout ce qui précède.

seigneur, il se trouve un acte de l'an 1173 [1], où le chasteau d'Ulphé est appellé *Ulpheiacum* ou *Ulphiacum*; en un autre, aussi avant l'année 1200, où il est simplement nommé *Ulphé*. Ce mesme seigneur eut de son epouse, de laquelle le nom est ignoré, son fils nommé Arnulphe, auquel par consequent il faut passer.

CHAPITRE III.

ARNULPHE,

Seigneur d'Ulphé et de Champoly.

Cest Arnulphe, à la difference duquel son fils prit le surnom de *Raymbi* ou *Raybi*, nom de son grand-pere, eut pour femme une dame appellée Beatrix, dont la maison n'est pas connue. Cette dame d'Ulphé, se nommant par ce seul nom de baptesme en une charte latine estant aux archives de l'abbaye des religieuses de Bonlieu en Forez, de l'ordre de Cisteaux, dattée de l'an 1223, fit eslection de sepulture dans l'eglise de cette ancienne abbaye, et y fit quelque legat qu'elle assigna sur la terre de Champoly, prez Urfé; depuis lequel temps cette eglise est la plus ordinaire sepulture de la maison d'Urfé.

Du temps de ce mesme seigneur, il se trouve un acte

---

[1] C'est la transaction dont il est parlé dans l'*Avant-propos*. Voyez l'*Histoire du Forez*, t. I, p. 4 des *Preuves*.

latin de l'an 1228 où le chasteau d'Urfé est nommé du nom de *Ulfœum*[1].

De son epouse, il eut pour fils et successeur celui dont nous allons parler.

CHAPITRE IV.

ARNULPHE, DIT RAYBI,

Seigneur d'Ulphé.

Il se trouve tiltre de l'an 1255 où il est intitulé : « Arnulphe Reybi, chevalier, seigneur d'Ulphé » ou Ulfieux, ainsi qu'on le nommoit en ce temps-là; ce qui s'explique par deux autres tiltres de 1256, ausquels ce seigneur est intitulé : *Arnulphus, dictus Raybi, dominus de Ulfeio;* ce sont contracts de vente où, selon la coutume de ce temps-là, il donne quatre ostages, qui, pour marque de sa grande noblesse, sont quatre portans qualité de chevaliers, à sçavoir : Arnulphe Chaudeiron, Guy de Roche, Zacharie de Marcilly et Hugues de Jo; son sceau y est apposé devant ceux de ces quatre seigneurs, et est pendant en lacs de soye en cire verte, portant *vairé avec un chef,* ainsi qu'on le voit encore

[1] En 1232, ce seigneur se désista, en faveur d'Humbert de Beaujeu, de tous les traités que lui ou ses prédécesseurs avaient faits avec Guichard, seigneur de Beaujeu. (*Histoire généalogique des grands officiers de la couronne*, par le P. Anselme, article URFÉ.) Il faut noter que les seigneurs de Beaujeu prétendaient avoir des droits sur plusieurs fiefs du Forez, et qu'ils eurent à ce sujet de longues querelles avec les comtes de cette province. Voyez l'*Histoire du Forez*, t. I, p. 208 et suiv.

dans l'ancien lambris de la salle appellée Diana, au cloistre Nostre-Dame de Montbrison, qui fut fait environ l'an 1300, et où de plus il est blasonné ainsi que le porte encore aujourd'huy la maison d'Urfé, c'est à sçavoir : *vairé au chef de gueules*. Le surnom de Raybi qu'il a au susdit tiltre ressent de l'allemand, duquel pays cette maison est venue, comme nous avons veu. En un autre tiltre, de l'an 1287, il est appellé *Arnulphus, dominus d'Uilpheu*, où l'on voit l'estrange façon dont le nom d'Urfé s'ecrivoit en ce temps-là.

Les memoires genealogiques de la maison d'Urfé donnent pour epouse à ce seigneur Clemence *de Mauriac*, de laquelle il eut deux fils et une fille. Les fils sont Arnulphe et Guy, entre lesquels il separa ses biens, et particulierement la terre d'Urfé, dont le chasteau et le nom demeurerent à l'aisné, et l'autre part à Guy, qui prit le surnom de *Reyby*[1], duquel sont descendus plusieurs anciens seigneurs de Saint-Marcel d'Urfé, portans ce nom en des vieux tiltres. La fille[2] fut Marquise d'Ulfé, femme de Falconnet *Verd*[3], chevalier, en 1347.

C'est du temps de ce seigneur que Jean, comte de Forez, faisant lambrisser la salle appellée Diana, au cloistre de Notre-Dame de Montbrison, pour la tenue des assemblées de noblesse, et y faisant peindre les armes des seigneurs et gentilshommes dont il faisoit

---

[1] D'argent, semé de billettes de sable, au lion du même brochant.

[2] « Il eust aussi deux filles, sçavoir : Bonissan Ulphé, qui fust mariée à Eustache *de Chasteaumorand*, ledit Eustache mort en 1287 ; et la Marquise Ulphé, sœur de Bonissan, espousa Falconnet *de Chasteau-Vert*. » (*Ms. d'Anne d'Urfé*.)

[3] D'argent, au lion de sinople, armé et lampassé de gueules.

le plus d'estat, y fit peindre en une rangée entiere d'escussons celles de la maison d'Urfé qu'on y voit encore aujourd'huy [1].

Venons au fils aisné et successeur.

CHAPITRE V.

ARNULPHE,

Seigneur d'Ulphé, Saint-Martin, etc. [2]

Ce seigneur passa une charte de composition dans la ville de Montbrison, le 7 juin 1316, avec Jean Ier, comte de Forez, auquel acte ce comte le nomme « noble homme le seigneur Arnulphe, seigneur d'Ulpheu; » où est à remarquer ce nom d'Ulpheu, qui pour lors estoit encore le nom de cette maison très-illustre.

Ce mesme seigneur passa une autre transaction par laquelle il paroist qu'il estoit seigneur de Saint-Martin l'an 1324, avec le commandeur de Verrieres, qui pour lors s'appelloit Girin de Roussillon [3], où il est intitulé « noble homme le seigneur Arnulphe, seigneur d'Ulpheu,

---

[1] Voyez, dans la *Description du païs de Forez*, la liste de ces écussons.

[2] Plusieurs généalogies portent qu'il fut bailli de Forez en 1315; mais je n'en ai trouvé aucune preuve.

[3] Cet acte, dont de la Mure ne dit rien, est une transaction sur les droits des deux contendants. Il fut décidé que le commandeur aurait tous droits sur Saint-Martin-la-Sauveté, hors la haute justice, qui restait à Arnulphe d'Ulfé comme feudataire réel : Girin de Roussillon ne jouissait de ces droits que comme commandeur de Verrières.

GÉNÉALOGIE.

chevalier; » par où nous voyons encore employé ce nom d'Ulpheu, et voyons attribuer à ce seigneur ces trois qualités, de noble, de seigneur et de chevalier, qui estoient les plus hautes que portassent en ce temps-là les hauts barons et les autres seigneurs de haut parage, mesme les enfans du comte de Forez, ainsi que nous voyons en plusieurs tiltres.

Il epousa Marguerite *de Marcilly*[1], fille de....... de Marcilly, seigneur de Chalmazel, de laquelle il eut un fils, et trois filles[2] : Marguerite, Clemence et Caterine.

Marguerite d'Ulpheu fut premiere femme de Jean *de Saint-Simphorien*[3], seigneur de Chamousset.

Clemence d'Ulpheu fut mariée en la maison *de la Faye*[4], depuis appellée Hermite de la Faye.

Caterine d'Ulpheu fut mariée en la maison *de Sallemart*[5].

Venons au fils et successeur.

---

[1] De sable, au lion d'argent, lampassé, armé et couronné d'or, l'écu semé de molettes d'éperon du même.

D'après l'*Histoire généalogique*, Arnulphe aurait eu deux femmes : 1° Alix, fille de Guichard, seigneur *de Marzé*, qu'il aurait épousée en 1298; 2° Alix *de la Tour*, en 1315. On lit dans le même ouvrage qu'il testa en 1348.

[2] Le manuscrit d'Anne en mentionne une quatrième : Helvis, mariée à Guillaume *de Beaulair*, ou *Beauclerc*, selon le P. Anselme.

[3] D'azur, au chef d'or, chargé d'un lion issant de gueules.

[4] Semé de croisettes, avec un lion brochant. (Ainsi sur un sceau qui se trouve à la Bibliothèque royale.)

[5] Salvert, selon le P. Anselme. — La maison de Sallemart portait : coupé d'argent et de sable, à la bande engrêlée de l'un à l'autre.

CHAPITRE VI.

ARNULPHE D'ULPHÉ,

Chevalier, seigneur dudit lieu, etc.

Ce seigneur epousa, l'an 1355, Falconne *de Montagny* [1], fille de Guichard, seigneur dudit lieu, et de Sibille d'Albon, sa femme, et eut d'elle trois fils : Guichard, Arnulphe et Ithier (en latin *Itherius*), mort jeune. Il fit son testament en 1370 [2].

Venons à ces deux premiers fils, et, parce que Guichard est l'aisné, commenceons par luy.

CHAPITRE VII.

GUICHARD D'ULPHÉ,

Chevalier, seigneur dudit lieu, la Bastie, Nervieu, Rochefort, etc., capitaine de Roannois, puis bailly de Forez.

Ce seigneur vint du temps que le comté de Forez changea de race, et passa de l'ancienne maison de

---

[1] D'argent, au lion d'azur, à la bande de gueules brochante sur le tout.
[2] On lit dans un gros volume manuscrit original de la Bibliothèque royale, n° 9890, un passage latin dont voici la traduction : « Le 10 novembre 1351, Arnulphe, seigneur d'Ulphé, composa avec le seigneur comte en la somme de deux cents et cinquante florins d'or, poids commun, pour tous et chaque *excès* par lui commis, etc., dont, par le procureur dudit seigneur et autres ses gens, etc., il existe actions au tribunal, au sujet du château et fort dudit Arnulphe, pour fief non fait

Forez dans celle des ducs de Bourbon [1]. Il fut l'un des confidens et des favoris de Louis II, duc de Bourbon et comte de Forez, et la vieille Cronique de sa vie, qu'en a dressé Jean d'Oronville [2], fait mention de ce seigneur en plusieurs endroits, et nommement dans le chapitre 91, où il est nommé pour l'un des quatre chevaliers ausquels se confioit ce prince, et qu'il avoit ordinairement prez de sa personne, et avec lesquels mesme il vouloit aller finir ses jours aux Celestins de Vichy, s'il n'eut esté prevenu de mort.

Ce prince, estant devenu comte de Forez, fit premierement ce seigneur capitaine de Roannois, et ensuite, la charge de bailly de Forez venant à vaquer, il l'en pourveut [3], et l'on void encore les lettres d'Anne dauphine, veuve de ce duc, dattées de Montbrison, de

audit seigneur, à payer dans les termes suivants : à la fête de la Purification de la Sainte Vierge prochain, cent florins, et ensuite chaque année à la même époque cinquante florins. »

[1] Guichard servait en Flandre au mois de septembre 1380, et fut commis, au mois de janvier suivant, à la garde du pays de Bourbonnais. Il se trouva au siége de Bourbourg en 1383 ; fut sénéchal de Quercy, de 1392 à 1405 ; et se transporta cette année même, par ordre du comte de Clermont, vers les plus notables villes du Languedoc et de la Guyenne, pour leur demander une aide. Il résigna sa charge de sénéchal de Quercy le 4 mars 1408, se réservant celle de bailli de Forez, en laquelle qualité il fit hommage pour la duchesse de Bourbon (fondé de sa procuration du 5 octobre 1412), au duc de Bourgogne, des terres qu'elle tenait de ce prince. (*Hist. généalog.* du P. Anselme.)

[2] Cette curieuse chronique, rédigée par Jean d'Oronville, sur les mémoires de Jean de Châteaumorand, fut publiée en 1612 (in-8°, à Paris) par un des compatriotes de ce dernier, Jean Masson, qui en avait trouvé le manuscrit dans la bibliothèque de son frère, le célèbre « Papire Masson, Forésien. »

[3] En 1408.

l'an 1410, par lesquelles elle confirme les lettres de bailly de Forez qu'avoit donné à ce seigneur le feu duc son epoux, et y fait mention des grands services qu'il avoit receu de lui [1]. Il remit depuis ledit office de bailly de Forez à son cousin Aymé Verd, seigneur de Chenereilles et de Veauche [2].

Ledit prince estant sur le point d'avoir guerre avec Amé VII, comte de Savoye, pour quelques hommages en Dombes, et s'estant accordé avec luy de deputer de part et d'autre des personnes de qualité pour connoistre de leurs differends, ce seigneur d'Ulphé fut un des trois deputés de ce prince, et fut l'arbitrage de ces illustres deputés prononcé le 2 mars 1408, allegué par Guichenon, en la premiere partie de son Histoire de Bresse, chapitre 44.

Ce seigneur epousa, sur la fin de ses jours, Peronne, fille de noble Guillaume *de Cornon* [3] et d'Alize de

---

[1] On peut voir ces lettres dans l'*Histoire du Forez*, t. II, p. 15. Elles sont datées du 27 février 1410 (vieux style). Quelques jours avant (10 février), Guichard avait fait foi et hommage de sa terre à la duchesse Anne, comtesse de Forez, dans la chapelle de Saint-Étienne de l'église Notre-Dame de Montbrison.

[2] Le vendredi xve jour de juing, l'an quatre cents xiv, noble et puissant messire Guichard, seigneur d'Ulphé, chevalier, bailli de . . . . se desmist, de son bon vouloir et plaine volunté, pour le plaisir de madame et de monsieur, des offices de bailliage de Forez, juge des ressorts, et capitaine et chastellain de Lavieu. Presens en la gallerie de Guillaume Trolier, notaire : mess. Ameu Vert, chev. ; Jocerant de Sainte-Columbe, escuier, mestre d'oustel ; mess. les juge, president, chancellier, deux avocats, tresorier, procureur, conseillers, et Alexandre Mareschal, secretaire de madame, et Jean Fornier, prevost de Montbrison. (*Registre orig. de la Bibl. roy.* n° 9890.)

[3] D'azur à six étoiles d'or, trois en chef et trois en pointe, et un crois-

Charmazel, veuve de noble Jean du Cornu[1], ecuyer, seigneur de Rochefort; mais n'en ayant point d'enfans, il appella, par son testament du 17 juillet 1412, à sa succession Arnulphe, son cadet, avec substitution à Jean, son fils.

Parlons de l'un et de l'autre, mais premierement du pere.

CHAPITRE VIII.

ARNULPHE D'ULPHÉ,

Seigneur dudit lieu, la Bastie, Nervieu, Rochefort, etc.

Il est nommé temoin, avec six autres chevaliers, à un hommage que fit Louis d'Estrées, chevalier, à Amé VII, comte de Savoye, en 1397, rapporté par Guichenon, en la deuxieme partie de son Histoire de Bresse, soubs le mot *Benains*. Il se voit plusieurs tiltres au pays où ce mesme seigneur Arnulphe d'Ulphé prenoit la mesme qualité de messire et de chevalier[2],

---

sant aussi d'or en abime. — Le manuscrit d'Aune donne le nom de Cornillon à cette dame, et l'*Histoire généalogique* du P. Anselme celui de Conon (en Auvergne). De la Mure, dans son *Astrée sainte*, la qualifie dame de Rochefort; c'est par elle que cette terre est venue à la famille d'Urfé.

[1] Ou du Cornet.

[2] Il est ainsi qualifié dans une quittance qu'il donna à Saint-Jean d'Angely, le 12 juillet 1385, à Jean le Flament, trésorier des guerres, pour une somme de « huit vingt cinq francs d'or » sur ses gages et ceux de neuf écuyers de sa compagnie « ès guerres de Guyenne sous le duc de Bourbonnois. » Il fut envoyé à Toulouse avec le même nombre

mesmes l'an 1400, auquel temps vivoit Guichard, son aisné.

Il avoit eu pour son partage la terre de la Bastie[1], par accord avec son frere Guichard, du 1ᵉʳ avril 1387, et à cause de ce s'intituloit dans les tiltres : *Nobilis Arnulphus de Ulphiaco, miles, dominus de Bastitiâ*, ou *Nobilis et potens vir dominus Arnulphus de Ulphiaco, miles, dominus Bastitiæ*. Mais, par le decedsde son frere sans enfans, il entra dans les droits de primogeniture.

Il epousa en premieres nopces, en 1380, Antoinette *Paillard*, dame de Mursault, prez de Beaune, d'une illustre famille de Bourgogne, de laquelle fut l'un des premiers fondateurs du chapitre de l'eglise collegiale de Saint-George de Chalon, comme remarque Pierre de Saint-Julien, doyen de Chalon, en ses Antiquités de Mascon et de Chalon, où il adjouste que ce nom a esté occasion au surnom qui est demeuré dans la maison d'Urfé, dont les memoires portent en effet que cette dame, mourant sans avoir eu des enfans, laissa tout son bien à la maison d'Urfé, à la charge que le second de cette maison porteroit, l'un après l'autre, le surnom de sa famille; faisant cette eslection du second parce que son mari l'estoit alors[2]. Il epousa depuis, l'an 1399,

---

d'hommes de sa compagnie, le 9 septembre 1405, et à Gimont, en Bigorre, vers Arneton de Lavedan, le 26 septembre 1406. Suivant le P. Anselme, il serait mort en 1412.

[1] Et la directe de la terre de Donzy. Les deux frères avaient choisi pour arbitre leur mère, Falconne de Montagny, qui fit le partage.

[2] Il est inutile de rappeler, encore plus de réfuter, tous les contes débités au sujet de l'origine de ce nom, qu'ont en effet porté depuis

Guillemette *d'Estrées* [1], fille de Peronin d'Estrées, chevalier, seigneur d'Espey, et d'Aymée de la Baume-Fromentes, laquelle fut heritiere de son pere, avec Paquette d'Estrées, l'une de ses sœurs, suivant son testament de 1387; et d'elle il eut Jean [2], son successeur, et deux filles [3].

Caterine d'Ulphé, mariée, par contract du 6 aoust 1460 (*sic*), à messire Astorge ou Austrilege *de Salhens* [4], seigneur de Mauriac.

Aymée d'Ulphé, mariée à messire Antoine *de Saint-Marcel* [5], chevalier, seigneur dudit lieu, bienfectrice insigne des maisons que fondoit la bienheureuse sœur Collette, alors vivante, reformatrice des religieuses de sainte Claire, dont cette dame s'efforça de fonder un couvent à Montbrison; mais ses intentions n'estans alors secondées se sont trouvées accomplies, comme nous verrons, par un de la maison d'Ulphé. Par son testament, de l'an 1424, elle donne ses biens à l'abbaye de Bonlieu, parce que ses parens et ancestres y estoient

---

les cadets de la maison d'Urfé. (Voyez FODÉRÉ, *Narration historique des couvents de saint François*, p. 987.)

[1] De gueules, fretté d'or de six pièces.

[2] Jean était probablement du premier lit, puisqu'il se maria en 1408, et qu'il n'aurait eu alors que huit ans.

[3] Trois, suivant le P. Anselme. La troisième, Gabrielle d'Urfé, épouse de Jean *de Buenc*, en 1428.

[4] *De Saillans*: d'azur au château à trois tours d'or. — Ce n'est pas de cette famille qu'était Clémence de Mauriac, femme d'Arnulphe II. (Voyez p. 17.)

[5] Antoine Reybe, seigneur de Saint-Marcel. Cette famille, qui tirait son origine de la famille d'Urfé (voir ci-devant, p. 17), portait: d'argent, semé de billettes de sable, au lion du même brochant.

enterrés, en cas que Louise de Saint-Marcel, sa fille, se fit religieuse.

Venons maintenant à celuy qui a continué la tige.

CHAPITRE IX.

JEAN D'ULPHÉ,

Seigneur dudit lieu, la Bastie, Nervieu, etc.

Ce seigneur epousa, en 1408, Eleonor *de Lavieu*[1], qui portoit *de gueules au chef de vair,* qui est *contreurfé,* indice de la grande affinité originaire de ces deux maisons; et d'elle il eut deux fils : Pierre, son successeur, et Antoine, le cadet, qui estant du monde fut un des deputés de France au traité d'Arras[2], et, s'estant fait religieux à la Chaise-Dieu, fut prieur de Saint-Sauveur en Forez.

C'est ce seigneur qui fut proditoirement assassiné et volé par ses domestiques, en son chasteau d'Urfé, et on

---

[1] L'*Histoire généalogique,* ainsi que le manuscrit d'Anne, portent : « *de Saint-Marcel.* » Le P. Anselme ajoute qu'elle fut tuée avec lui dans le château d'Urfé; il fait connaître en outre un troisième fils : « Guichard d'Urfé, seigneur d'Espey en Bresse, père d'Antoinette d'Urfé, première femme de Pierre, seigneur *de Genost,* lequel vivait en 1484. »

[2] C'est à tort que le P. Anselme rapporte ce fait à Pierre d'Urfé, son frère aîné; car les *Chroniques* de Monstrelet, qui parlent fort au long de ce célèbre traité, destiné à mettre fin aux sanglantes querelles des Français et des Bourguignons, portent le nom de «Paillard du Flé» (pour *d'Ulfé,* ainsi qu'on écrivait encore alors), et on vient de voir que *Paillard* devait être le nom distinctif des cadets de la maison d'Urfé.

y void encore aujourd'huy la chambre appellée du massacre, où ces perfides serviteurs tuerent leur maistre [1].

Passons à son fils.

[1] On me permettra d'entrer ici dans quelques détails sur cet événement, qui a donné matière à plus d'un récit fabuleux. Et d'abord voici l'explication toute simple que je trouve dans mon manuscrit anonyme:

« La cause de ce massacre (qui eut lieu vers 1418) fust que Jehan d'Ulphé estant sur le point d'achepter la terre de Cremeaux pour lors en vente, et ses valets ayant sceu qu'il avoit préparé l'argent pour cest effet, le tuerent et enleverent ledit argent. Mais Dieu ne laissa pas ce forfaict impuny; car le seigneur de Saint-Forgeux d'Albon, son parent, qui se trouva pour lors au pays, entreprit si vivement ces voleurs, que par une extreme dilligence il les fist tous attrapper, et les fist mettre sur la roüe proche le chasteau, où despuis peu de temps on a veu le pillier qui soubstenoit ladite roue, qui fut bruslée d'un coupt de foudre (en 1570). »

Jusqu'ici cette fatale catastrophe était restée inexplicable. C'était un de ces faits auxquels se rattachent les traditions extraordinaires dont le récit nous émeut, dans notre bas âge, et qui nous restent si profondément gravées dans la mémoire toute notre vie. La fameuse *chambre du massacre* m'apparut longtemps avec ses larges et *ineffaçables* taches de sang, qu'en vain parfois on s'était avisé de gratter. J'ai acquis enfin la preuve que la tradition avait raison, mais j'ai été désenchanté en reconnaissant que le miracle n'avait rien que de très-naturel. Les murs d'une des salles de ce château avaient reçu anciennement une peinture rouge, sur laquelle on appliqua plus tard une couche de badigeon, et ce dernier, en s'effeuillant, laissait paraître chaque jour quelque nouvelle trace de l'ancienne peinture.

Je ne sais si Jean seul, de sa famille, fut tué dans ce massacre, ou si, comme le dit le P. Anselme, Guichard et sa femme, vivant encore, y trouvèrent la mort; mais il parait bien que plusieurs personnes de la maison furent assassinées. Heureusement le fils aîné de Jean, Pierre d'Urfé, à peine âgé de dix ans alors, se trouvait à Paris, où il était élevé près de la personne du roi. Quant à Antoine, le cadet, il fut sauvé comme par miracle, si l'on en croit la tradition. Elle rapporte qu'après avoir massacré tout ce qu'ils rencontrèrent, et le maître lui-même, qui, surpris sans défense, ne put qu'opposer une résistance inutile (et

CHAPITRE X.

PIERRE,

Seigneur d'Ulphé, Rochefort, Nervieu, la Bastie, etc., conseiller et chambellan du Roy et du duc de Bourbonnois (comte de Forez), grand maistre des arbalestiers de France.

Ce seigneur estoit à Paris lorsque son pere fut massacré à Urfé, et se trouva, comme on lit dans l'histoire, au sacre du roy Charles VII, qui depuis luy donna la charge de grand maistre des arbalestiers de France, qui alors estoit ce qu'on appelle aujourd'huy general de l'infanterie [1].

dont la main sanglante était restée empreinte sur le mur), les assassins trouvèrent un enfant au berceau, qui semblait leur sourire. Cet aspect désarma l'un d'entre eux, lassé de cette boucherie. « A quoi servirait de le tuer? dit-il, il ne nous trahira pas. » Après un moment de délibération, ils résolurent de le faire lui-même l'arbitre de son sort, et lui présentèrent une pomme et une pièce d'or, croyant pouvoir découvrir par là s'ils auraient un jour à redouter sa vengeance. « S'il prend la pomme, laissons-le vivre; s'il prend la pièce d'or, tuons-le, » dirent-ils. L'enfant prit la pomme, et fut sauvé.

Cette espèce de superstition s'allierait fort bien avec la férocité de ces misérables; mais je ne garantis pas la vérité de cette tradition. On ajoute qu'un muet, qui demeurait auprès du château, ayant vu avec étonnement le pont-levis baissé et les portes ouvertes, entra par curiosité, et fut tellement ému du désordre qui frappa sa vue, qu'il recouvra la parole, et monta sur une tour pour appeler les habitants de la Grolle, hameau situé à peu de distance au-dessous d'Urfé.

[1] Pierre était à la prise du château de Chapes, en 1431; le duc de Bourbon lui céda, et à sa femme, le 8 août 1437, la seigneurie de Bussi

GÉNÉALOGIE.

Il eut, d'Isabelle *de Chauvigny*, autrement dite *de Blot*[1], son epouse, trois fils et trois filles :

La premiere, Aymée d'Ulphé, religieuse à Sainte-Claire de Moulins[2].

La seconde, Claudine d'Ulphé, mourut avant qu'estre mariée.

La troisieme, Jeanne d'Ulphé, prieure de Poilly en Roannois, rappellée dans les terriers de ce prieuré.

Les fils furent : Pierre, son aisné; Claude, qui mourut jeune sans estre marié, et Jean.

Ledit seigneur pere fit son testament l'an 1443, et Isabeau de Chauvigny, son epouse, mourut le 19 avril 1480.

Jean d'Urfé, que nous appellons ainsi, et non plus d'Ulphé, parce que, comme nous verrons, son frere aisné changea ainsi le nom d'Ulphé en Urfé, se qualifioit « chevalier, seigneur d'Oroze et de Rochefort, de la Moliere, de la Chassagne et de la Condamine, baron d'Aurillat et de Chivrieres[3]. » Il eut trois femmes. De la

---

et la moitié de celle de Souternon, pour celle de la Condamine, en Bourbonnais. Il était mort le 3 décembre 1444, lorsque sa veuve renonça à cet échange. (*Hist. généalog.* du P. Anselme.)

[1] Écartelé aux premier et quatrième de sable, au lion d'or, qui est de Blot; aux deuxième et troisième d'or, à trois bandes de gueules, qui est de Chauvigny.

[2] Le P. Anselme donne à cette dame le nom d'Anne, et à Pierre une autre fille : «Marguerite, mariée, en 1452, à Antoine Reybe, seigneur de Saint-Marcel, lequel plaidait, en 1479, contre sa belle-mère, qui devait être aussi sa cousine. »

[3] Il fut aussi seigneur de Tinières et de Beaulieu, conseiller et chambellan du roi. Il servit en Hainaut, sous le maréchal Rouault, en 1461. Le roi Louis XI lui donna, au mois de décembre 1476, tous les droits que

premiere, qui fut Isabeau *de Langeac*[1], dame d'Oroze [2], veuve et heritiere de Louis du Breuil, baron d'Oroze, il eut un fils et une fille : le fils fut François d'Urfé, après luy baron d'Oroze, tant celebre dans le roman du chevalier Bayard, avec lequel [5], selon le roman,

feu Jacques d'Armagnac, duc de Nemours, prétendait sur les terres d'Oroze, de Conros, de Lenthoing, de Thinières et de Bellenave, ce qui lui fut confirmé au mois d'avril 1478. Le duc de Bourbon lui donna aussi l'office de capitaine châtelain de la ville et baronnie de Thiern (Thiers en Auvergne). Il est porté au nombre des seigneurs qui prenaient pension du roi en 1485. Ce seigneur signait Paillard d'Urfé. (*Hist. généalog.* du P. Anselme.)

[1] D'or, à trois pals de vair.

[2] Et de Tinières. Jean eut un procès à soutenir pour ce fief, que lui contesta le comte de Dampmartin.

[5] Il y a évidemment ici une petite lacune de quelques mots dans le manuscrit de de la Mure. Voici dans quels termes le *loyal serviteur* parle de François d'Urfé dans sa *Très-joyeuse, plaisante et recreative histoire des faits, gestes, triomphes et prouesses du bon chevalier sans paour et sans reprouche, gentil seigneur de Bayart:*

« Ung jour entre les autres une bende de treize gentilz-hommes espaignolz, hommes d'armes, et tous bien montez, se va embatre jusques près de la garnison du bon chevalier, où l'estoit venu veoir le seigneur d'Oroze, de la maison d'Urfé, ung très-gentil cappitaine, qui eulx deux de compaignie estoient saillis de la place pour prendre l'air jusques à une demye lieue, où ils vont rencontrer lesditz Espaignolz, qu'ilz saluerent, et les autres leur rendirent le semblable. Ilz entrerent en propos de plusieurs choses; et entre autres parolles ung Espaignol hardy et courageux, qui se nommoit Diego de Bisaigne, lequel avoit esté de la compaignie du feu seigneur domp Alonce de Soto-Majore, et luy souvenoit encore de sa mort, dist: Messeigneurs les François, je ne sçay si ceste trefve vous fasche point; il n'y a que huyt jours qu'elle est commencée, mais elle nous ennuye merveilleusement. Si ce pendant qu'elle durera il y avoit point une bende de vous autres, dix contre dix, vingt contre vingt, ou plus ou moins, qui se voulsissent combatre sur la querelle de noz maistres, me ferois bien fort les trouver de mon costé, et

qui, dans un seul combat, le fait vainqueur de treise chevaliers espagnols : ce seigneur mourut sans estre

ceulx qui seront vaincuz demoureront prisonniers des autres. Sur ces parolles se regarderent le seigneur d'Oroze et le bon chevalier, qui dist : Monseigneur d'Oroze, que vous semble de ces parolles?—Autre chose, dist-il, sinon que ce gentil-homme parle très-honnestement. Je sçaurois bien que luy respondre, mais je vous prie tant que je puis que luy respondez selon vostre oppinion. — Puisqu'il vous plaist, dist le bon chevalier, je luy en diray mon advis. Seigneur, mon compaignon et moy avons très-bien entendu voz parolles; et, à vous ouyr, desirez merveilleusement les armes, nombre contre nombre. Vous estes icy treize hommes d'armes. Si vous avez vouloir d'aujourd'huy en huyt jours vous trouver à deux milles d'icy, montez et armez, mon compaignon et moy vous en amenerons treize autres. Et qui aura bon cueur, si le monstre. Alors tous les Espaignolz en leur langage respondirent : Nous le voulons. Ilz s'en retournerent, et le seigneur d'Oroze et le bon chevalier aussi, dedans Monervyne; lesquelz assemblerent leurs compaignons, et au jour assigné se trouverent sur le lieu promis aux Espaignolz, qui pareillement s'y rendirent. De toutes les deux nations y en avoit plusieurs autres qui les estoient venuz veoir. Ilz limiterent leur camp, soubz condition que celluy qui passeroit oultre demoureroit pour prisonnier, et ne combatroit plus du jour; pareillement celluy qui seroit mis à pied ne pourroit plus combatre; et ou cas que jusques à la nuyt l'une bende n'eust peu vaincre l'autre, et n'en demourast-il que l'ung à cheval, le camp seroit finy, et pourroit remmener tous ses compaignons francz et quictes, lesquelz sortiroient en pareil honneur que les autres hors dudit camp. Pour faire fin, les François se misrent d'ung costé et les Espaignolz d'ung autre. Tous avoient lance en l'arrest. Si picquerent leurs chevaulx ; mais lesditz Espaignols ne tascherent pas aux hommes, ains à tuer les chevaulx, ce qu'ilz firent jusques au nombre de unze, et ne resta à cheval que le seigneur d'Oroze et le bon chevalier. Mais ceste tromperie ne servit de gueres aux Espaignolz, car oncques puis leurs chevaulx ne voulurent passer oultre, quelque coup d'espron qu'ilz sceussent bailler. Et lesditz seigneur d'Oroze et bon chevalier, menu et souvent, leur livroient aspres assaulx; puis, quant la grosse troppe les vouloit charger, se retiroient derriere les chevaulx mors de leurs compaignons, où ils estoient comme contre ung rempart. Pour conclusion,

marié[1]. La fille fut Isabeau d'Urfé, mariée à Gabriel *de Grolée* [2], conseiller du roy Charles VII, premier baron de Vireville, seigneur de Chasteau-Villain, Brotel et Chappeau-Cornu. Voilà pour les enfans du premier lict. De sa seconde femme, qui fut de la maison *de Clermont de Lodeve* [3], il n'eut point d'enfans; et de la troisieme, qui fut Marguerite *d'Albon* [4], veuve du seigneur de Rivoire et fille de Guichard d'Albon, chevalier, seigneur de Saint-André, et d'Anne de Semur, il eut un fils et deux filles. Le fils fut Antoine d'Urfé, mort jeune; les filles : Jeanne d'Urfé, mariée au seigneur *de la Baume*, en Franche-Comté, et Antoinette d'Urfé, mariée au seigneur *de Chazeron* [5], en Auvergne. Voilà ce qui

les Espaignols furent bien frotez; et, combien qu'ils feussent treize à cheval contre deux, ne sceurent obtenir le camp, jusques à ce que la nuyt feust survenue, sans riens avoir gaigné : parquoy convint à chacun sortir, suyvant ce qu'ilz avoient accordé ensemble; et demoura l'honneur du combat aux François, car ce fut très-bien combatu durant quatre heures deux contre treize sans estre vaincuz. Le bon chevalier sur tous y fist d'armes tant que son bruyt et renommée en augmenterent assez. » (*Nouvelle Collection des Mémoires pour servir à l'Histoire de France*, publiée par MM. Michaud et Poujoulat, t. IV, p. 518.)

[1] L'*Histoire généalogique* lui donne pour successeur dans sa baronnie d'Oroze un frère nommé Gaspard d'Urfé, qui épousa Jeanne *de Joyeuse*. Cet ouvrage mentionne aussi une autre fille nommée Anne d'Urfé, mariée à Gaspard *de Boliers*, seigneur de Chamet.

[2] Gironné d'or et de sable, de huit pièces.

[3] Fascé d'or et de gueules de six pièces, au chef d'hermine. — Cette dame, proche parente de la première, selon le P. Anselme, était veuve de deux maris lors de son mariage avec Jean, en mars 1491. Le roi lui avait donné une somme de douze mille écus en la mariant avec Jean de la Molière, seigneur d'Apchon; son troisième mari en *quitta* le roi.

[4] De sable, à une croix d'or.

[5] D'or, au chef denché de gueules.

concerne Jean d'Urfé, seigneur d'Oroze, qui fit son testament le 8 octobre 1503 [1].

Venons maintenant à son frere aisné.

CHAPITRE XI.

PIERRE II,

Seigneur d'Urfé, Rochefort, la Bastie, Nervieu, Saint-Geran-le-Puy, Beauvoir sur Arnon, Saint-Just en Chevalet[2], etc., grand écuyer de France, seneschal de Beaucaire et bailly de Forez.

Ce seigneur est le premier qui changea le nom françois d'Ulphé en celuy d'Urfé, et le latin d'*Ulphiacum* en celui de *Urfetum*, ainsi qu'il paroist par les tiltres[3]. Il fut

[1] En 1504, sa veuve avait le gouvernement de ses enfants.
[2] Montagu, etc.
[3] Pierre d'Urfé servait déjà dans le Lyonnais en 1461. Il fut entraîné par le duc de Guyenne, au service duquel il était, à embrasser le parti du duc de Bourgogne, et se trouvait avec ce dernier à l'entrevue qu'il eut à Péronne avec le roi Louis XI. En 1470, il fut encore député par le duc de Guyenne, vers le même duc de Bourgogne, pour lui conseiller d'entrer en France avec une grosse armée, tandis que lui (le duc de Guyenne) et le duc de Bretagne l'attaqueraient d'un autre côté. Le duc de Bourgogne le reçut fort bien, et dit, selon le récit de Comines, qu'il aimait mieux le bien de la France que monsieur d'Urfé ne pensait, et qu'au lieu d'un roi, il y en voudrait six. Par le traité de paix fait en 1475, Pierre obtint abolition de tout le passé, et rentra en grâce. Il résolut alors d'aller outre-mer servir contre les Turcs; mais avant son départ de France, le duc de Bretagne, dont il avait été le partisan et le favori, le chargea d'une mission spéciale auprès du saint-père. Dans ses lettres, du 4 janvier 1480, ce prince le qualifie « son chambellan et grand escuyer de Bretagne, etc. » Pierre d'Urfé jouit aussi de la faveur du duc de Bourbon. Ce duc lui donna, en mars 1483, le bois de Clerieu, près de Bussy, et l'institua capitaine de son château de Bourbon,

chevalier de l'ordre de Saint-Michel, du nombre institué par le roy Louis XI, et en receut le colier du roy Charles VIII. Il fut encore chevalier de l'ordre de la Toison d'or, selon Philippe de Commines, et fut enfin chevalier de l'ordre du Saint-Sepulcre, et en receut

le 8 décembre de la même année. Un autre commanda à sa place pendant le temps qu'il fut retenu prisonnier en Flandre en 1485; mais il y rentra au mois d'octobre 1486, et le 29 janvier suivant (1487 nouveau style) il obtint l'office de bailli de Forez. D'un autre côté, dès l'avénement du roi Charles VIII, il fut pourvu de la charge de grand écuyer de France, par lettres données à Blois, le 4 novembre 1483, et il assista en cette qualité à l'entrée que fit ce prince dans la ville de Paris, étant revêtu magnifiquement et marchant à côté du grand chambellan, immédiatement devant la personne du roi, dont il portait le heaume surmonté d'une couronne d'or. Le 16 août 1484, il prêta serment comme conseiller du *conseil étroit,* où il siégea très-souvent avec son compatriote, le seigneur de Boisy. Il remplit encore les fonctions de grand écuyer aux obsèques de Charles VIII. La bibliothèque de Sainte-Geneviève possède un des rares exemplaires d'une « Ordonnance Faicte par messire Pierre durfe chevalier grant escuyer de france ainsi que audit grant escuyer appartient de faire pour lenterrement du corps du bon Roy Charles huytiesme que dieu absoille. Et ladicte ordonnance leue et auctorizee par monseigneur de la Trimoille premier chambellan et lieutenant du Roy a acompaigner ledit corps. Et aussi par le conseil de messeigneurs les chambellans et autres quil avoit avecques luy. » C'est un petit livret de vingt-quatre pages, y compris le titre qu'on vient de lire, et une page blanche au verso. Il est divisé en deux cahiers de douze pages chacun, dont le format est assez difficile à déterminer, car alors l'imprimerie, qui, en France, avait à peine vingt ans d'existence, était encore loin d'avoir adopté d'invariables règles typographiques, et il pourrait se faire que ce que je crois un *in-quarto* fût un *in-six.* Le tout est assez mal imprimé, en caractères gothiques. Au-dessous du titre, sur la première page, se trouve une grossière vignette en bois, qui représente des clercs faisant des prières devant un catafalque.

Voici le commencement de cette ordonnance :

« Le corps sera mys, partant du lit de parement au meillieu de la salle de dueil en son sercueil sur deux trecteaux sur lequel sera mys

l'accolade au siege d'Otrante, où il se trouva contre les Turcs, l'an 1480 [1].

Il fut conseiller et chambellan de Jean II, duc de Bourbon et comte de Forez, qui luy donna l'office de bailly de Forez, l'an 1486, charge qui avoit dejà esté en la maison d'Urfé longtemps avant luy, comme nous avons veu, en la personne de Guichard d'Urfé.

ung drap dor traisnant en terre auquel y aura ung bort de veloux bleu seme de fleurs de lys dor et borde darmines et une croix blanche dessus : sur lequel drap et corps sera mis ung carreau de drap dor a lendroit de la teste, ou sera la couronne le ceptre et la main de justice et la croix sur le corps et aura dessus ung poille de veloux noir a une croix blanche et alenviron du corps aura sur chandeliers .xxiiii. cierges de .vi. livres chacun : ardant jour et nuyt. Et .xv. cordeliers de lobservance dun coste et .xv. des bons hommes faisans jour et nuyt service et tous les jours grans messes dictes en ladicte salle tant quil y demourra. »

Vient ensuite le détail très-circonstancié de toutes les cérémonies à observer pour la translation du corps du roi d'abord à l'église de Saint-Florentin d'Amboise, puis de cette ville à Paris, ou plutôt à Saint-Denis.

« Et au coste droit dudit corps chevauchera ordinairement monseigneur dalegre lequel a este choisy pour bon personnage et de grant maison a porter lenseigne du roy a luy livree pour enseigne du Roy : et non comme enseigne de capitaine......

« Semblablement quant viendra aux entrees des villes et eglises le capitaine desditz archiers departira lesditz archiers es portes des eglises et du cueur principallement de nostredame de paris : et de saint denys.... »

On lit, dans l'*Histoire généalogique des grands officiers*, que (par accord du 10 juillet 1501) Pierre d'Urfé fut obligé de rendre à l'abbaye de Saint-Denis quelques ornements de ces obsèques qu'il avait prétendu devoir lui appartenir par le droit de sa charge.

Après cette cérémonie funèbre, Pierre d'Urfé fut encore appelé à figurer dans l'entrée solennelle du roi Louis XII à Paris, comme il avait fait à celle de Charles VIII, son prédécesseur.

[1] C'est par erreur sans doute qu'on a écrit, dans le Dictionnaire de Moréri, que Pierre, étant allé jusqu'à Constantinople, « servit sous Sélim II, dont il fut fort estimé. »

Il fut conseiller et chambellan dudit roy Charles VIII et du roy Louis XII, et soubs ces mesmes roys, après avoir esté premier ecuyer du corps et maistre de la grande ecurie, il fut creé grand ecuyer de France et de Bretagne.

Il fut encore, selon les memoires du sieur de Saint-Gelais, l'un des principaux conseillers de François, duc de Bretagne, pere de la reyne Anne de Bretagne, de laquelle ce seigneur d'Urfé moyenna le mariage avec le roy Charles VIII, à qui cette reyne porta en dot la duché de Bretagne, de laquelle elle estoit heritiere, et autres grandes terres, qui par ce moyen sont demeurées unies à la couronne.

Il fut aussi l'un des conseillers de Charles, duc de Bourgogne, selon Philippe de Commines, et fut enfin seneschal de Beaucaire et capitaine de cinquante lances des ordonnances de France.

Il porta aussi loing la renommée qu'il porta haut le rang de l'illustre maison d'Urfé; et par luy nous commencerons à parler un peu plus au long tant des seigneurs de cette maison que de leurs grandes alliances.

Ce seigneur epousa deux femmes : la premiere fut Caterine *de Polignac*[1], de la maison des vicomtes de Polignac en Velay, qu'il epousa en 1487. De cette femme, il n'eut qu'un fils qui mourut jeune.

Il fonda avec elle, l'an 1490, le couvent des cordeliers de la Bastie, joignant les jardins, labirintes et

---

[1] Fascé d'argent et de gueules, de six pièces. — Cette dame était alors veuve de Jean de la Tour de Montgascon. (*Histoire généalogique* du P. Anselme.)

GÉNÉALOGIE. 37

palemailles de ce chasteau, à l'endroit où estoit auparavant une chapelle de sainte Madelene : aussi depuis y ont-ils esté tous deux enterrés [1].

[1] Le livre du P. Fodéré contient une foule de détails curieux sur ce couvent de la Bâtie, dont il reste à peine quelques traces aujourd'hui.

« Pour revenir donc à nostre Pierre d'Urfé, grand escuyer, soudainement qu'il fut de retour de Hierusalem à son chasteau de la Bastie avec le P. F. André (c'était un fort célèbre et vertueux religieux de l'Observance, qu'il avait rencontré à Jérusalem, lors de son premier voyage ; lequel après l'avoir reçu en confession et avoir effacé en lui certain scrupule qu'il éprouvait, dit Fodéré, pour avoir été forcé de mettre le feu à une église, dans une de ses campagnes, lui avait inspiré l'idée de cette fondation religieuse), il donna ordre de bastir le couvent auprès des murailles et au coin du jardin, où estoit desjà une chappelle de sainte Marie Magdeleine. Mais le sieur du Vent (alors secrétaire archiviste de la maison d'Urfé) dit que sur ces entrefaites, ainsi qu'il commençoit à jetter les fondemens, lui survindrent grandes disgraces, savoir : un grand seigneur son singulier amy fut fait prisonnier au chasteau d'Usson en Auvergne, pour avoir tué sa femme sur l'opinion que le roy en avoit joui. Pierre d'Urfé s'en va en diligence en cour solliciter avec un grand soing sa grace ; mais après y avoir employé la faveur des plus grands seigneurs, voyant qu'il n'y avoit aucune esperance, ains on formoit le procès au criminel, il revint à Usson, et soit par authorité de sa qualité de grand escuier, soit par autre moyen, il entre au chasteau, force la prison, et en tire son amy precisement l'avant-veille qu'il devoit estre decapité. De quoy le roy fut tellement indigné et la justice si offencée, qu'il n'eust meilleur expedient que de sortir hors le royaume, et ne voyant aucun jour de reconciliation, comme celuy qui se noye se prendroit à une barre de fer ardente, il fut contrainct s'aller rendre au roy d'Espagne, et par consequent porter les armes pour luy, où il fist de si grandes vaillances qu'il receut l'ordre de la Toyson, encore qu'il ne s'en voulut jamais prevaloir ny le porter. . . . .

« Cependant très-pie, très-devote, et je diray saincte dame Catherine de Poulignac, sa femme, parmy les angoisses que l'absence et disgraces de son mary lui causoient, se deslibere, par l'advis du bon P. F. André, de faire poursuivre l'erection de ce couvent, non si ample que son mary l'avoit designé et qu'elle eust bien desiré, mais comme elle peut, à fin d'accelerer

Cette très-vertueuse femme, morte en odeur de sainteté, l'an 1492, y a sa sepulture devant le grand autel,

l'œuvre, pour l'esperance et croyance qu'elle avoit que les devotions qui s'y feroient remettroient sondit mary en la bien-vueillance de son prince, et le rameneroient en santé, ainsi que ses prieres et œuvres pies n'avoient autre but. Elle se contenta donc faire que la chappelle de la Magdeleine serviroit de chœur, et y fit seulement adjouster une petite nef pour reduire le tout en forme d'eglise de religion, qui est belle et bien devote pour ce qu'elle contient, et du long de la nef un petit cloistre, et puis elle fit faire un petit dortoir de quatre cellules, et au-dessous un refectoir, la cuisine et la despense ; mais le tout de terre qu'ils appellent muraille de piset (qui est la commune structure du pays de Forests pour ne s'y treuver de pierre à bastir) et si petits qu'ils ressembloient plustost son hermitage qu'un couvent. Mais comme les ondes de la mer ne vont jamais seules, ains y en a tousjours trois ou quatre à la queue l'une de l'autre, ainsi l'infortunée fortune ne se contenta pas des tristesses que ceste vertueuse dame supportoit pour les infortunes de son mary, ains y adjousta un scandaleux desastre d'un sien fils qui fut trouvé, dans le bois joignant les fossés du chasteau, estranglé et en partie mangé par les loups ou autres bestes sauvages, dont le reste du corps fut enterré dans l'eglise de ce couvent, en une chappelle que je crois que ceste pie dame fit faire exprès en la nef de l'eglise du costé de septentrion. A l'occasion de ce tragique accident, ceste saincte dame ne voulut plus demeurer audit chasteau, mit en garde aux parens une petite fille qui luy restoit, nommée Marie, et se confina avec une seule fille de chambre pour la servir dans une chambre basse dudit couvent (que l'on tient estre à present la cave ou cellier des religieux), où elle finit ses jours en prières, veilles, pleurs, jeusnes, et toutes sortes de macerations, n'ayant du depuis voulu estre visitée sinon parfois de personnes spirituelles qui lui pouvoient donner quelque consolation et l'encourager en ses mortifications. Pendant ceste vie austaire et plus qu'heremitique, elle fit celebrer mille messes, et ordonna par son testament de distribuer aux pauvres autant d'argent qu'on a accoustumé de donner pour le mesme nombre de mille messes. Enfin approchant l'heure de sa mort elle fit son testament, par lequel elle fit de grands legats et œuvres pies, entre autres de riches ornemens d'eglise en ce sien couvent, où elle voulut estre inhumée en l'habit de S. François dans une petite cave ou charnier devant le grand autel, du costé de l'evangile. » (*Narration historique*, pag. 987 et suiv.)

du costé de l'evangile, où est elevé un monument de bronze au-dessus duquel elle est representée en relief, portant l'habit de religieuse de saint François; autour sont elevées en bosse les images des saints ausquels elle avoit particuliere devotion; derriere, une figure du mont Saint-Michel; aux quatre coings, ses armes en argent, et à l'entour sur ce monument sont écrits ces mots : « Cy gist dame Caterine de Polignac, femme de messire Pierre, seigneur d'Urfé, chevalier, grand ecuyer de France, bailly de Forez. Cinq ans et demy ensemble vesquirent, croissants en amour et loyaulté l'un envers l'autre. Elle, charitable et aumosniere fut, et avant son trepas dix mille *messes*[1] fit dire en l'observance de saint François, et autant en aumosne pieuse distribua. Ensemble ce couvent fonderent; et en l'habit de saint François mourir voulut, ce 5 fevrier 1492. »

Voilà l'epitaphe qu'a cette dame en ce couvent; nous verrons celle qu'y a ce seigneur, après avoir remarqué quelques autres choses de sa vie.

Le pape Alexandre VI, ensuite de ses lettres d'entremise par luy addressées à l'evesque de Saint-Malo, chancelier de France, fit sa paix avec le roy Louis XII, en la disgrace duquel il estoit tombé pour avoir enlevé un prisonnier d'estat, son amy, des prisons du chasteau d'Usson, ce que le zele de l'amitié luy fit faire.

Le roy Charles VIII luy donna le gouvernement de Coussy en Vermandois, par lettres où il l'intitule « le sire d'Urfé, » et les causes : « pour les services que ce seigneur luy avoit rendu à la prise et reduction de cette

[1] Le manuscrit porte le mot *pieces*.

place soubs son obeissance contre le duc d'Orleans et ceux de son parti. »

Ce mesme roy luy donna lettres de commission, l'an 1494, pour mettre suz, dresser et assembler son armée, pour le recouvrement du royaume de Naples sur Alfonse d'Arragon.

Outre cela, ce fut luy encores qui equipa, par ordre de ce mesme roy, son armée navalle au port de Genes pour la mesme conqueste, comme en font foy les memoires de Philippe de Commines (liv. 7, chap. 4). Il servit le roy, l'an 1495, et de son conseil et de sa valeur, lorsqu'il fit cette conqueste de Naples, ayant esté esleu par luy chef de son armée. Il se signala en la journée de Fornoue contre les princes d'Italie, en celle du Taro contre les mesmes, et en celle de Novarre contre Ludovic Sforce, duc de Milan[1].

Enfin, dans les histoires, tant de France que d'Italie, du regne de ce roy, il ne se parle point tant d'aucun seigneur que de luy soubs le nom de seneschal de Beaucaire.

La seconde femme qu'epousa ce seigneur, et de laquelle il eut son fils unique et successeur, Claude d'Urfé, fut Antoinette *de Beauveau*[2], fille de Pierre, seigneur et baron de Beauveau, au pays d'Anjou, et de Marguerite de Montberon. Cette dame estoit parente de la

---

[1] Le P. Fodéré (*Narration historique*, p. 961 et suiv.) donne beaucoup de détails sur cette campagne, mais il faut se défier de ce qu'a écrit ce franciscain : il a souvent commis des anachronismes, sans parler des autres erreurs.

[2] *De Beauveau* : D'argent, à quatre lionceaux de gueules, lampassés, armés et couronnés d'or.

maison de Bourbon, de la branche qui estoit alors appellée Bourbon-Vendosme, qui depuis resta seule, et de laquelle sont issus nos roys par Henry IV, car elle estoit niepce d'Isabeau de Beauveau, dame de Champigny et de la Roche-sur-Yon, qui fut mariée, en 1446, à Jean de Bourbon, IIe du nom, comte de Vendosme. Aussi le contract de mariage du seigneur d'Urfé avec elle se passa du consentement des duc et duchesse de Bourbon, le 4 octobre 1495. La duchesse, qui estoit alors madame Anne de France, porta toujours depuis une affection particuliere à cette dame d'Urfé, et la traita comme alliée à la maison où elle estoit entrée [1].

Ce seigneur, avec sa nouvelle epouse, fonda le monastere des religieuses de sainte Claire de Montbrison, de l'estroite reforme de la bienheureuse sœur Colette; et ils firent ensemble cette fondation l'année après leur mariage; car la bulle du pape Alexandre VI portant permission de construire ce monastere est de l'an 1496 : il y est appellé en latin *Petrus de Urfeto*, pour marque du changement qu'il avoit fait en la prononciation, tant latine que françoise, de son nom. Il accelera avec tant de zele la construction de ce monastere, que les religieuses y furent receues quatre ans après cette permission, qui fut l'année seculaire 1500. A cause de quoy y furent ecrits ces vers à la façon antique :

> Ce grand seigneur Pierre d'Urfé,
> Grand ecuyer du roy de France,

---

[1] Voir, dans l'*Histoire du Forez*, la réception qui fut faite à Charles de Bourbon et à Suzanne, sa femme, dans le château de la Bâtie, en 1505.

Ayant ce couvent estoffé
Avecques grande diligence,
En l'année mil cinq cent
Mit les religieuses ceant.

Combien est estimable cette fondation [1] au pays, et pretieuse à la ville où elle a esté faite, par le nombre de saintes et angeliques ames qui ont servy Dieu soubs douse abbesses qu'il y a eu depuis; desquelles celle d'à present, comme nous verrons en son lieu, est fille de l'arriere-fils de ce seigneur, et y a avec elle une sienne sœur religieuse. Aussi cette fondation fut-elle si fort estimée par le pape Jules, auquel elle fut representée par le fils de ce seigneur, ambassadeur de France auprès de luy, en 1550, qu'il donna une bulle d'indulgences perpetuelles en faveur de toutes personnes qui, visitans l'eglise de ce monastere à Pasques, Pentecoste, Noël et feste de sainte Claire, outre les intentions ordinaires que requiert le saint-siege, y prieroient pour les defunts, mais nommement pour le salut de l'ame de Pierre d'Urfé, fondateur du lieu.

Les armes de ce seigneur paroissent en relief au dehors et derriere le chœur de l'eglise dudit couvent de

---

[1] De la Mure a écrit une *Cronique de la très-devote abbaye des religieuses de sainte Claire de la ville de Montbrison*, imprimée dans cette ville, en 1656, par Jean Labottière. Je n'ai pu découvrir un seul exemplaire de ce livre, qui est cité cependant dans le Dictionnaire de Moréri (article URFÉ) et dans la *Bibliothèque historique* du P. Lelong. Il n'est pas nécessaire de dire que ce monastère n'existe plus : tous les bâtiments en ont été démolis sous la restauration, et sur l'emplacement qu'ils occupaient est une vaste mais inutile place. (Voyez la *Narration historique* du P. Fodéré, à l'article de ce couvent, p. 470 et suiv.)

sainte Claire, entourées de l'ordre du roy, couvertes de la couronne de comte, et ayant pour tenants l'epée couronnée et entourée de lauriers, marque de son office de grand ecuyer.

Le roy Louis XII, soubs le regne duquel mourut ce seigneur, faisoit un tel estat de luy qu'il le deputa par ses lettres de 1503 à ordonner generalement en ses guerres de toutes les choses necessaires au fait de son artillerie, qui estoit le faire en effet ce qu'est par office le grand maistre de l'artillerie de France.

Ce seigneur fit son testament le 9 aoust 1508, et mourut le 10 octobre suivant; et comme le couvent de la Bastie avoit esté le premier par luy fondé, il le choisit pour le lieu de sa sepulture, et, suivant ce qu'il avoit ordonné, par un sentiment de profonde humilité, il fut inhumé au dehors de l'eglise de ce couvent, contre le pilier qui est au milieu du grand portail, où est relevé son sepulchre en pierre, et au-dessus est une grande table de bronze, portée sur quatre pilliers de mesme, sur laquelle est gravée son effigie, avec ces paroles autour, qu'on lit à travers un treillis de fer qui enferme le tout : « Cy gist messire Pierre d'Urfé, qui fut chevalier du Saint-Sepulchre, et l'accolade reccut au siege d'Otrante, à l'encontre des Turcs et infidelles, l'an 1480, et conseiller et chambellan des roys Charles VIII et Louis XII, grand ecuyer de France et de Bretagne, fut seneschal de Beaucaire, capitaine de cinquante lances des ordonnances de France, et l'ordre Saint-Michel desdits roys receut, et chevalier dudit ordre du nombre fust, le collier porta jusques au mardy

10 octobre 1508, qui fut son trepas, au lieu de la Bastie[1]. Plaise à ceux qui en cette eglise entreront luy donner de l'eau benoiste. »

Ladite madame Antoinette de Beauveau vescut longtemps après luy[2], et de ce temps-là estoit appellée madame la Grand, à cause de l'office de feu son mary. Elle choisit sa sepulture dans l'eglise du couvent de sainte Claire de Montbrison, qu'elle avoit fondée avec luy; où l'on voit sa tombe au hault de la nef, au devant des barreaux du chœur, relevée et entourée d'un treillis de fer. Elle y est representée en relief, couchée et regardant le ciel, les mains jointes, et revestue de l'habit de sainte Claire, avec ses armes gravées aux quatre coings, et ces paroles autour: « Cy gist dame Anthoinette de Beauveau, fille de monsieur le baron dudit lieu, au pays d'Anjou, femme de feu messire Pierre d'Urfé, grand ecuyer de France. »

Venons maintenant à leur fils unique[3].

---

[1] L'épitaphe n'est pas complète ici; en voici un autre fragment: « Et marié fust à madame Caterine de Polignac, de ses premieres nopces, et, après son deceds, espousé fust à madame Antoinette de Beauveau, etc. »

[2] Jusqu'en 1539.

[3] Le P. Anselme donne à ce fils unique trois frères: Jacques, Antoine et Claude, qui ne sont autres que ses enfants.

CHAPITRE XII.

CLAUDE D'URFÉ,

Seigneur d'Urfé, baron de Beauvoir sur Arnon, seigneur de Saint-Just, Saint-Julien, Bussy, Souternon, Rochefort, Nervieu, Gregnieu, Mays, Miribel, la Bastie, Entragues, Chasteauneuf sur Cher, Ivys en Dombes, Menetou-Sallon en Berry, conseiller, escuyer et chambellan ordinaire du roy, chevalier de son Ordre, lieutenant des cents gentilshommes de sa maison, son ambassadeur au saint-siege et concile de Trente, surintendant de sa maison et du dauphin, gouverneur dudit seigneur dauphin et enfans de France, capitaine de cent hommes d'armes et bailly de Forez.

Ce seigneur [1] fut restaurateur du monastere de sainte Claire de Montbrison après le premier incendie qui y arriva l'an 1520. Il rendit de grands services au roy François Ier, qui le voulut avoir prez de sa personne en ses guerres, et le fit pour cet effet son ecuyer ordinaire.

Dans la chappelle de l'eglise de Bonlieu, du costé de l'epistre, se voit sur la vitre un ecusson contre-party aux armes d'Urfé *bandé d'or et de gueules parti d'or,* qui fait conjecturer que ce seigneur, qui, comme nous

---

[1] Un manuscrit très-précieux, qui se trouve indiqué sous le n° 317 du Catalogue de la bibliothèque du duc de la Vallière, et intitulé « Heures de nostre Dame à l'usaige de Rome, escriptes audict lieu, l'an M. D. XLIX, par M. Franc. Wydon, et desdiées à Messire Claude d'Urfé, chevalier de l'ordre du roy très-chrestien et son ambassadeur au S. Siege apostolique, » contient la note suivante : « Fevrier. 24. A tel jour lan mil. CCCCC. vous naquistes monseigneur Messire Claude Durfé. » Sa naissance doit donc être fixée au 24 février 1501 (nouveau style), et non en 1502, comme le porte l'*Histoire généalogique* du P. Anselme.

verrons, en est restaurateur, contracta une alliance dont la memoire n'est restée. Quant à la suivante, elle est très-connue, sçavoir qu'après les guerres où il suivit ce roy, il epousa, le 6 aoust 1532, Jeanne *de Balsac*[1], fille de Pierre de Balsac, baron d'Entragues, lieutenant general au gouvernement des duchés d'Orleans et d'Estampes, et d'Anne de Graville[2], sa femme.

L'an 1535, le roy François Ier le fit bailly de Forez, et ainsi il est le premier nommé par les roys en cette charge depuis l'union du comté à la couronne, et depuis luy cet office n'est point sorty de la maison d'Urfé. Ce roy le nomme dans ses provisions « chevalier et son ecuyer ordinaire, » et pour le motif particulier qu'il dit avoir eu en cette nomination, il l'exprime ainsi : « En

---

[1] D'azur, à trois flanchis d'argent, au chef d'or, chargé de trois flanchis d'azur.

[2] Claude hérita des livres de cette célèbre dame, qui servirent de fondement à une très-riche bibliothèque qu'il forma dans son château de la Bâtie. Le P. Jacob, dans son *Traité des plus belles Bibliothèques*, dit que Claude d'Urfé enrichit la sienne de plus de deux cents beaux manuscrits, sans compter les imprimés. On peut encore se faire une idée de l'importance de cette collection par les magnifiques débris qui se trouvent aujourd'hui à la Bibliothèque royale, après avoir figuré dans celle du duc de la Vallière. Ce sont pour la plupart de grands in-folio en parchemin, reliés avec soin et ornés de moulures en cuivre sur lesquelles on voit gravé son chiffre uni à celui de sa femme. J'en signalerai ici un, entre autres, qui, bien que privé de reliure, mérite une mention particulière, comme pouvant donner une idée du goût de Claude, de sa science et de son amour des lettres : c'est un recueil très-volumineux de poésies des troubadours. Il est unique au monde, tant pour la quantité que pour le choix des pièces qui le composent. Il est connu à la Bibliothèque sous le nom de *Manuscrit d'Urfé*, qu'on donne aussi à un célèbre et magnifique in-folio en vélin, contenant les pièces du procès de Jeanne d'Arc, et provenant, comme le premier, de la bibliothèque de Claude.

reconnoissance des bons, grands et vertueux services qu'il nous a rendus dans nos guerres prez et à l'entour de nostre personne. » Il fut receu de luy, en cette qualité de bailly, en l'entrée qu'il fit en la ville de Montbrison, le 25 avril 1536[1], et l'année suivante 1537 il luy donna la charge de lieutenant des cents gentilshommes de sa maison.

Le roy Henri II le fit premierement chevalier de l'Ordre[2] et gentilhomme ordinaire de sa chambre, puis son chambellan.

L'an 1542, le 9ᵉ jour de may, deceda sa chere epouse, laquelle il fit inhumer dans l'eglise de l'abbaye de Bonlieu, comme estant le lieu de l'ancienne sepulture de la maison d'Urfé. Ce fut à la consideration de cette dame qu'il fit dresser ce superbe mausolée en cette eglise dont il nous faut parler; d'où vient que sur iceluy se voient en plusieurs endroits les chiffres de leurs noms avec ce mot : « *Uni,* » pour marquer l'unique affection qu'il luy avoit portée et qu'il ne vouloit diviser par un autre mariage. Outre les inscriptions de ce tombeau, il fit dresser à la memoire de sadite epouse deux tables d'airain qu'on voit enchassées dans la muraille du chœur de cette eglise, avec les armes de cette dame au-dessus, et cette epitaphe gravée au dedans : « *D. Iana, etc.*[3] »

---

[1] Voyez, dans l'*Histoire du Forez*, t. II, p. 101 et suiv., le récit de cette solennité et le rôle qu'y joua Claude d'Urfé.

[2] Le 29 septembre 1549.

[3] Je n'ai pu compléter cette inscription. Le monastère de Bonlieu, qui eut beaucoup à souffrir à l'époque de la révolution, éprouva depuis lors un incendie qui vint accélérer sa ruine. Il n'en reste plus que quelques bâtiments.

Parlons maintenant du tombeau dont l'occasion de la sepulture de cette dame causa la construction.

L'an 1543, ce seigneur d'Urfé, considerant depuis quel temps sa maison avoit esleu sa sepulture en l'eglise de l'abbaye de Bonlieu, ayant à y inhumer son epouse, y fit dresser un magnifique monument de marbre, autour duquel sont representés, en sculpture curieusement recherchée, les misteres de la passion de nostre Seigneur, avec les quatre animaux evangeliques de mesme, portans les armes d'Urfé, aux quatre coings de ce tombeau, qui est au milieu du chœur de l'eglise, et est un des plus somptueux et magnifiques qui soient en France, environné de cette devise gravée : « Icy est, etc.[1] » Au devant sont ces vers aussi gravés avec leur tiltre :

> Siste[2] gradum, viator, et qui hic jacent nosce.
> Nominis Eurphæi proceres victricibus armis
> Magnos quem spectas contegit hic tumulus;
> Magni armis illi certe mortalibus olim,
> Sed major multo est gloria quæ sequitur
> Gloria sub Christi signo vicisse salutis
> Hostes humanæ, speque fideque. Vale.

Ce seigneur fut un de ceux que le roy Henry II envoya en ambassade pour la France au concile de Trente,

---

[1] Voyez la note précédente.

[2] De la Mure ne donne encore ici que le premier mot de cette inscription; mais on la trouve tout entière dans ses autres manuscrits. Voyez, à l'article de BONLIEU, dans la *Description du païs de Forez* qui est placée à la fin de ce volume, une paraphrase de cette épitaphe en vers français, par Jeanne de Balsac, femme de Claude d'Urfé.

GÉNÉALOGIE. 49

l'an 1548[1]. C'est de là que revenant l'ame pleine de devotion envers le très-saint sacrement dont ce concile avoit soutenu la verité contre les erreurs des heretiques, il fit faire cette très-celebre chappelle de la Bastie, l'une des plus singulieres de France, et que Papire Masson appelle *sacellum mirabile*[2]; dont les figures sont en l'honneur du très-saint sacrement. Là on void en plusieurs endroits la marque d'un I mis entre deux C (CIƆ), qui

---

[1] Le 10 mai 1546, selon le P. Anselme. Voir à la Bibliothèque du Roi, dans le recueil des pièces concernant le concile de Trente, tirées des mémoires de MM. du Puy, l'instruction qui fut donnée par le roi au seigneur «d'Urfé et autres ses ambassadeurs au concile à Boulogne,» du 12 août 1547. Elle est en italien, et contient un détail d'affaires très-difficiles à ménager; mais elle n'était pas au-dessus de l'esprit de Claude : on peut en juger par ce qui lui arriva dans un banquet que le pape Paul III donna aux cardinaux et à tous les ambassadeurs. Claude d'Urfé y fut invité, et comme on était prêt à se mettre à table, le maître des cérémonies lui vint demander, de la part du pape, s'il prétendait précéder le duc Horatio, son neveu. D'Urfé répondit que, quoique ce seigneur fût duc de Castro, il ne souffrirait pas qu'il prît aucun avantage sur lui en cette qualité; mais qu'il voulait bien céder à celui qui devait être le gendre du roi son maître, et lui ayant donné la main il se plaça au-dessous du duc Octavio son frère. Le pape, quoique fâché qu'il voulût précéder ses neveux, fut bien aise de se voir flatté de l'alliance de sa majesté, et dit au maître des cérémonies de laisser agir l'ambassadeur, et qu'il ne ferait rien qui intéressât l'honneur du roi son maître et le sien. Après la mort du pape, il se trouva au conclave lorsque Jules III fut élevé au pontificat. Il lui rendit l'obédience, et eut part à toutes les négociations du conclave. Le roi Henri II en fut si content qu'il le fit chevalier de son Ordre, honneur qui lui fut conféré à Rome, en grande cérémonie, par le duc Horatio. Quelque temps après, pendant qu'il était à Rome, le roi le fit gouverneur du dauphin et de tous les enfants de France. (Dictionnaire de Moréri.)

[2] On trouvera des détails sur cette curieuse chapelle dans la *Description du païs de Forez* placée à la fin de ce volume.

est le chiffre de son nom de Claude et celuy de Jeanne de Balsac, son epouse.

Il fut encore ambassadeur pour ce mesme roy au saint-siege l'an 1549, jusques en l'année 1553, auprès des papes Paul III et Jules III.

A son retour, le roy le fit gouverneur de son fils aisné le dauphin de France[1], depuis roy François II, et des autres enfans de France, qui estoient alors monsieur Charles-Maximilien de France, depuis roy Charles IX, et monsieur Henry-Alexandre de France, depuis roy Henry III, ce qui le fait intituler, en un acte de l'an 1556 : « Claude, seigneur d'Ulphé (en quoy il reprend l'ancien nom), chevalier de l'Ordre, regent et

---

[1] Il fut nommé gouverneur du dauphin avant l'année 1553, en laquelle de la Mure place son retour en France. C'est ce que dit Moréri (voyez la fin de la note 1 de la page précédente) et ce dont on a la preuve dans une lettre de Claude qui existe encore en original dans le riche cabinet de M. Coste, de Lyon. Elle est datée de Blois, le 28 novembre 1551, et adressée au duc de Montmorency. Claude y donne à ce seigneur quelques détails sur le dauphin, qui, malgré « son petit aage, dit-il, faict presumer que pour l'advenir il aura ceste modestie d'estre secret, qui est, comme vous savez, très-requise à ung prince. » J'ai aussi en ma possession une lettre de Claude datée de Châlon, le 6 mai 1552, et adressée à madame de Humières, qui avait alors le titre de gouvernante des enfants de France, titre qu'elle porta jusqu'en 1557. Cette lettre ne contient rien de relatif au dauphin, mais elle montre que Claude avait de fréquentes relations avec cette dame, et il est à présumer que c'était à l'occasion de leurs fonctions communes auprès des princes. Il y a encore dans les archives de Lyon quelques lettres de Claude par lesquelles on voit qu'il employa souvent son crédit à la cour pour rendre service à cette ville. Clerjon, qui fait mention d'une de ces lettres, et le qualifie en cette occasion de *garde des sceaux*, dit qu'il refusa toujours les présents que lui offrait la ville par reconnaissance. (*Histoire de Lyon*, t. V, p. 100.)

GÉNÉALOGIE. 51

gouverneur des enfans de France, etc. » Il fut ensuite du conseil privé et surintendant de la maison du dauphin de France, depuis roy François II; et eut cette charge lorsque ce dauphin, par son mariage avec Marie Stuard, fut fait roy d'Escosse; et ce roy luy donna une telle autorité en cette charge, qu'il se trouve des anciennes monnoyes d'argent battues du temps qu'il estoit dauphin, dont j'en ay une en mon pouvoir, de l'an 1552, où d'un costé est l'escusson du dauphin de France, avec ces mots autour : « *Franciscus, Delphinus Viennensis;* » et de l'autre costé est celuy des armes d'Urfé servant de revers, entouré du colier de l'Ordre du roy, et timbré d'un bras armé, avec ces mots autour : « *Claudius, dominus d'Urfe.* »

Enfin, après tant de grandeurs [1], il mourut l'an 1558, et, par ses bienfaits envers l'abbaye de Bonlieu, a mérité la qualité de restaurateur de cette abbaye, ancienne sepulture de la maison d'Urfé, où il fut enterré dans le riche tombeau qu'il y avoit fait dresser.

Il laissa de son epouse trois fils et une fille [2]. Les trois fils furent : Jacques, l'aisné, dont nous parlerons au chapitre suivant; Claude d'Urfé, baron d'Entragues, dont nous parlerons bientost, et Antoine d'Urfé, mort jeune. La fille fut Louise d'Urfé, mariée, le 13 decembre 1553,

[1] Fodéré dit qu'il était sur le point d'obtenir le titre de maréchal de France lorsqu'il mourut.

[2] Le P. Anselme lui donne : 1° Jacques d'Urfé, né à la Bâtie, le 9 mai 1534; 2° François d'Urfé, né à la Bâtie, le 2 novembre 1535; 3° Claude d'Urfé, né au château d'Urfé, le 24 octobre 1536; 4° Antoine d'Urfé, né à la Bâtie, le 9 octobre 1542; 5° Antoinette d'Urfé, née en 1533; 6° Louise d'Urfé, née à la Bâtie, le 27 décembre 1537.

à monsieur Gaspard *de Montmorin*[1], seigneur de Botheon, fils de messire François de Montmorin, seigneur de Saint-Heran.

Claude d'Urfé, baron d'Entragues, seigneur de Gregnieu, Nervieu, Trezettes, Sugny et la Salle, fut guidon de messire Honoré de Savoye, comte de Tendes, en sa compagnie de cent hommes d'armes des ordonnances de sa majesté; il fut chevalier de l'Ordre du roy, gentilhomme de sa chambre, et son lieutenant general au gouvernement du pays de Forez, en l'absence de son frere aisné, lieutenant general en chef audit gouvernement. Comme second de la maison, il brisoit son escu d'un lambel d'argent; il portoit *ecartelé au premier et dernier d'Urfé audit lambel, au deuxieme et troisieme de Balsac,* armes de sa mere, qui avoit porté dans la maison la baronie d'Entragues. Il epousa[2] *Françoise de Sugny,* heritiere de cette maison, qui portoit d'azur, à une croix dentelée d'or; il en eut un fils et deux filles : le fils, Thomas d'Urfé, fut traitreusement assassiné[3] dans le chasteau d'Entragues par celuy auquel il en avoit donné le capitanage; la premiere des filles, Renée d'Urfé, mourut sans estre mariée[4]; la seconde, Isabeau, fut mariée à Claude *de Cremeaux*[5], chevalier, seigneur

[1] De gueules, semé de molettes d'éperon d'argent, au lion du même brochant.

[2] Le 25 avril 1563.

[3] Sans avoir eu d'enfants de Louise *de Bonnay,* sa femme.

[4] L'*Histoire généalogique* du P. Anselme porte au contraire qu'elle fut mariée, le 27 mars 1597, à François *d'Auzon*, seigneur de Montravel.

[5] De gueules, à trois croix recroisetées et fichées d'or, au chef d'argent, chargé d'une onde d'azur.

GÉNÉALOGIE.   53

dudit lieu[1] et de Chamousset. Et c'est par cette alliance que la maison de Cremeaux possede Entragues. Claude, pere de ces enfans, mourut le 9 may 1589, et fut enterré au couvent de la Bastie, où est son epitaphe[2]. Sa veuve, Françoise de Sugny, se remaria à Claude d'Albon[3], seigneur de Chaseul, chevalier de l'Ordre du roy et capitaine de cent hommes d'armes.

Venons maintenant à l'aisné.

CHAPITRE XIII.

JACQUES, 1er DU NOM,

Seigneur d'Urfé, de Saint-Just en Chevalet, de Bussy et Soltrenon (Souternon), de Rochefort et Saint-Didier, de Mays et Miribel, de la Bastie, Sainte-Agathe, etc., comte et souverain seigneur de Tendes et du Mare, chevalier de l'Ordre du roy, son conseiller et chambellan ordinaire, capitaine de cinquante hommes d'armes, bailly, gouverneur et lieutenant general pour sa majesté en Forez.

Le roy Henry II fit ce seigneur chevalier de son Ordre et son chambellan ordinaire, et luy donna l'office

[1] Saint-Symphorien, etc.

[2] La voici d'après un manuscrit que j'ai eu en ma possession : « Cy gist hault et puissant seigneur messire Claude d'Urfé, chevalier de l'Ordre du roy, gentilhomme ordinaire de sa chambre, baron d'Antreigues, seigneur de Gregnieu, Nervieu, Tresette, Suny (Sugny) et la Salle, qui fust guidon de messire Honoré de Savoye, comte de Tendes, en sa compagnie de cent hommes d'armes des ordonnances de sa majesté, et depuis, en l'absence de messire Jacques d'Urfé, son frere aisné, gouverneur du pays de Forest. Il deceda le 9e de may 1589. »

[3] De la Mure commet une erreur ; elle était veuve de ce seigneur lorsqu'elle épousa Claude d'Urfé. Voyez l'*Histoire généalogique* du P. Anselme.

de bailly de Forez en 1558, en laquelle mourut son pere. Le roy Charles IX lui donna une compagnie (d'hommes) d'armes, et le nomma commandant pour luy au pays en l'absence du duc de Nemours. Monsieur Henry-Alexandre de France, roy de Pologne, comte de Forez par appanage, et depuis roy Henry III, le fit son lieutenant general au gouvernement dudit pays.

Ce seigneur arma au pays contre les religionaires qui, de Maleval, Perault et Serrieres, au long du Rhosne, où ils s'estoient cantonés, y faisoient des courses horribles, et avec le canon qu'il y conduisit les en chassa glorieusement l'an 1574. Il tint toujours sur pied des troupes pour la defence du pays pendant ces troubles, et empescha les entreprises que vouloient faire ceux de cette nouvelle religion. Sur la fin des troubles encore, il empescha les troupes, tant de François que d'estrangers, des deux religions, qui se retiroient, de passer par le Forez. Enfin, outre les frais immenses qu'il fit pendant tout ce temps-là, il exposa plusieurs fois sa personne pour la conservation du pays.

Par contract passé à Compiegne, le roy present, du 23 may 1554, ce seigneur epousa madame Renée *de Savoye*, comtesse souveraine de Tendes et du Mare, fille aisnée de Claude de Savoye, admiral des mers du Levant, comte de Tendes, gouverneur et lieutenant general de sa majesté en Provence[1], et de dame Marie de Chabanes, sa (premiere) femme, morte en odeur de sainteté, enterrée à la Sainte-Baume, petite-fille de René,

[1] En 1565, Jacques d'Urfé était porte-guidon dans la compagnie de vingt lances de ce seigneur.

legitimé de Savoye, comte de Villars, de Sommerive et de Beaufort, seigneur d'Aspremont, de Gordans, de Saint-Julin, de Virieu-le-Grand, etc., grand maistre de France, et d'Anne de Lascaris, comtesse de Tendes, fille de messire Jean-Antoine de Lascaris, comte souverain de Tendes et de Vintimille, seigneur de Mare, de Presla et de Villeneufve, fils aisné de Honorat de Lascaris, et ainsi aisné de cette auguste maison qui autrefois a tenu l'empire d'Adrianople, de Trebisonde, et celuy-là mesme de Constantinople, qui luy fut osté par les Paleologues, depuis chassés par les Ottomans[1].

De là il appert que madame Anne de Lascaris, grand'-mere de cette dame d'Urfé, estoit fille de l'aisné de cette maison, en consideration de quoy le seigneur d'Urfé son mary, auquel par son mariage estoient venues les principales terres de cette maison, conserva le nom de Lascaris, et le fit porter par honneur à l'aisné de ses enfans, conjointement avec le sien, ce qui a toujours esté depuis observé en la maison d'Urfé, comme nous verrons. Cette Anne de Lascaris avoit pour sœur naturelle Caterine de Lascaris, epouse de Leonor de Chasteauneuf, chevalier, seigneur de Chasteauneuf et du Conjo, issu des comtes de Vintimille.

Cette dame d'Urfé eut un frere et trois sœurs. Son frere fut messire Honorat de Savoye, comte de Tendes, lequel mourant sans enfans, elle eut de sa succession de grandes possessions à Oneille, Vintimille, Provasi

---

[1] La famille d'Urfé, qui croyait descendre d'un Vulphe d'Allemagne, se vantait de tenir à deux souches impériales : la maison de Saxe en Occident et celle de Lascaris en Orient.

et Carpas en Savoye. Les trois sœurs [1] furent Madelene de Savoye, femme d'Anne de Montmorency, connestable de France; Isabeau de Savoye, dame du Bouchage, et Marguerite de Savoye, comtesse de Brienne.

Cette mesme dame d'Urfé portoit ses armes contrecartelé : le premier et dernier quartier ecartelé de Savoye, qui est de Rhodes, armes de son pere; deuxieme et troisieme de Tendes ou Lascaris, armes de sa grand'mere (dont elle tenoit la souveraineté de Tendes), qui sont de l'empire de Constantinople, de gueules à l'aigle eployé d'or; le deuxieme et troisieme grand quartier aussi ecartelé : premier et dernier de Chabanes, armes de sa mere, qui est de gueules, au lion d'hermines, couronné, armé et lampassé d'or; deuxieme et troisieme de Mare, qui est de Vintimille, de gueules, au chef d'or. Elle portoit ainsi son ecusson contreparti avec celuy d'Urfé, ainsi qu'on peut voir aux anciennes tapisseries de cette maison.

De cette dame, le seigneur d'Urfé son mary eut douse enfans : six fils et six filles, desquels il nous faudra parler chacun en son rang.

[1] De la même main est écrit dans la marge : « Il se trompe, c'estoient ses tantes. » Cette note semble indiquer que cette copie a été écrite par une personne instruite, peut-être par Pianelli de la Valette lui-même, possesseur de la plupart des manuscrits de de la Mure. Cette écriture a en effet beaucoup d'analogie avec la signature *Lavalette* qu'on voit dans quelques-uns des volumes qui sont aujourd'hui à la bibliothèque publique de Montbrison, et semble être de la même main que celle qui a fait les corrections dans l'*Histoire* (manuscrite) *des comtes de Forez* de de la Mure. Peut-être aussi est-ce l'écriture de Bienavant, neveu de l'auteur. Voyez pour tous ces détails la *Biographie forésienne*, à l'article de DE LA MURE.

GÉNÉALOGIE. 57

Ce seigneur deffendit et assista beaucoup le pays contre les desseins des religionaires; il se trouva en la bataille de Cognac contre eux en 1568; et l'an 1570, après avoir par diverses fois empesché l'armée de l'admiral de Coligny de passer la Loire, il luy fit perdre le dessein de marcher contre Montbrison, ayant sceu qu'il l'attendoit dans cette ville avec plusieurs troupes dont il l'avoit fortifiée [1].

Il mourut enfin dans son chasteau du Marc, le samedy 23 octobre 1574, et fut, selon son ordonnance testamentaire, porté au couvent de sainte Claire de Montbrison, où, par humilité, il vouloit que son corps fut mis soubs les pieds des religieuses. C'est pourquoy il a demeuré longtemps enterré au fonds de l'eglise, en la cave où depuis on a enterré les sœurs converses de ce monastere. Mais, l'an 1590, son fils aisné, Anne d'Urfé, luy fit eriger une sepulture au milieu du chœur de l'eglise, où il fit transporter ses ossemens. Là, sur une tombe de pierre, est elevée une table aussi de pierre, portée par quatre figures representans les animaux simboliques d'Esechiel, portans chacun un ecusson des pleines armes d'Urfé. Au milieu de cette table sont gravées lesdites armes d'Urfé, entourées de l'Ordre du roy [2] et couvertes de la couronne de comte. En cet ecusson, elles sont ecartelées au premier et dernier d'Urfé, au

---

[1] Voyez la *Description du païs de Forez*, à la fin de ce volume, à l'article *Montbrison*.

[2] Voyez, dans l'*Histoire du Forez*, t. II, p. 150, avec quelles cérémonies cet ordre lui fut conféré dans l'église Notre-Dame de Montbrison, par le seigneur de Saint-Chamond.

deuxieme et troisieme contrecartelé du blason de ses deux souverainetés : premier et dernier de Tendes, deuxieme et troisieme de Mare, qui est de Vintimille. Et tout autour de cette table sont gravées les qualités de ce seigneur, avec la datte de son trepas[1].

Madame Renée de Savoye, son epouse, mourut après luy, et cette illustre douairiere fit venir encore avant son trepas dans la maison d'Urfé le marquisat de Bagé en Bresse, et la comté de Rivole en Piedmont. Le duc de Savoye, Emanuel-Philibert, par acte du 16 novembre 1575, allegué tout au long par Guichenon, en son His-

---

[1] On lit dans l'*Essai statistique* de M. Duplessy : « Ces mausolées, composés d'une table de marbre portant une épitaphe, et sur laquelle reposait une statue grossièrement sculptée, ayant été déplacés en 1788, pour quelques réparations, on trouva, dans le caveau qu'ils couvraient, deux cercueils en sapin. L'un de ces cercueils renfermait des ossements qui paraissaient avoir appartenu à un personnage de haute stature. Ils étaient enveloppés dans un manteau de velours cramoisi brodé d'or, et dont la couleur s'était parfaitement conservée. La tête était couverte d'une toque de la même étoffe, également brodée. Tout auprès était une boîte de plomb en forme de cœur, d'une grande dimension, portant sur une des faces le millésime de 1551. Une autre boîte plus petite renfermait des papiers *dont on ne put lire les caractères*. L'autre cercueil contenait aussi des ossements d'une dimension plus qu'ordinaire, et couverts d'un manteau de velours vert dont le temps avait altéré la couleur et même le tissu. Les cercueils furent replacés avec les dépouilles mortelles qu'ils renfermaient, et *les religieuses employèrent les manteaux à des ornements d'église.* » Il est à remarquer que M. Duplessy ne s'est nullement récrié contre cette espèce de sacrilége, que l'intérêt de l'histoire seul aurait pu justifier ; seulement il s'est étonné qu'on ait trouvé dans les décombres de ce monastère une pierre sur laquelle était grossièrement sculpté le supplice d'un homme tiré à quatre chevaux. « Ce genre de supplice, dit-il, réservé dans les temps modernes aux seuls régicides, était-il connu dans l'*antiquité ?* » M. Duplessy n'a pas réfléchi en parlant ainsi :

toire de Bresse, en ses Preuves, la nomma premiere comtesse de Rivole, erigeant en sa faveur et des siens cette seigneurie en comté; et, par autre acte du mesme jour, sadite altesse la nomma premiere marquise de Bagé, par l'erection qu'elle fit en sa faveur et des siens de cet ancien comté de Bagé, creé tel en 1460, en faveur de Philippes de Savoye, fils de Louis, duc de Savoye, et d'Anne de Chypre, en marquisat, aux mesmes honneurs et prerogatives que ceux du duc de Nemours et de Genevois. Elle en portoit encore la qualité en 1580, en laquelle année elle fit le voyage de la terre sainte, et, passant par Rome, elle obtint du pape Gregoire XIII, à l'eglise de sainte Claire de Montbrison, une bulle insigne de pleniere indulgence à perpetuité pour les trois jours de Pentecoste, et du P. Paul, constable general de l'ordre des Freres Prescheurs, l'establissement de la confrairie du Rozaire en ladite eglise. Cette mesme dame d'Urfé fut premiere comtesse de Chasteauneuf en Bresse, par l'union que fit, en sa faveur et des siens, le duc de Savoye, Charles-Emanuel, de la baronie de Virieu-le-Grand et de la seigneurie de Chasteauneuf, par ses lettres patentes du 12 may 1582.

---

rien ne prouvait et ne donnait même à penser que cette sculpture *grossière* remontât à *l'antiquité,* puisque le tombeau dans lequel on la trouva n'avait guère plus de deux cents ans, et le monastère lui-même n'en avait pas trois cents. — Qu'on me permette de déplorer ici la perte de toutes les richesses historiques découvertes successivement sur les différents points de notre province. Personne n'est là pour sauver les dépouilles d'un passé qui nous devient chaque jour plus étranger. Il vaudrait mieux qu'on ne trouvât rien que de détruire ou de laisser perdre tout ce qu'on trouve.

Revenant de Rome, elle mourut à Parme, sur la fin de ladite année 1582 [1], et laissa, comme nous avons dejà dit, du seigneur d'Urfé son mary, six fils et six filles. Parlons des fils, et puis nous parlerons des filles.

Ces six fils furent : Anne, Claude, Jacques, Christophle, Honoré et Antoine. Anne, l'aisné, aura son chapitre après celuy-cy; Claude, second fils, mourut enfant, et est enterré à Chasteauneuf sur Cher; Jacques entra dans les droits de primogeniture par l'eslection que fit son frere aisné de la profession ecclesiastique, et ainsi aura son chapitre après luy.

Christophle d'Urfé, seigneur de Bussy, capitaine de cinquante lances des ordonnances de Savoye, commanda plusieurs fois en Savoye les armées de son altesse; il epousa en premieres nopces Charlotte *de la Chambre*, en Savoye, maison qui porte d'asur, semé de fleurs de lis d'or, à la bande de gueules brochant sur le tout, veuve de François Coste, chevalier de l'Ordre du roy, comte du Pont-de-Vesle et de Chastillon, qui mourut en 1590, après la mort duquel ces deux comtés furent adjugés à ladite Charlotte par droit de retention pour ses conventions matrimoniales, et ainsi, à cause d'elle, ce seigneur d'Urfé fut comte de Pont-de-Vesle et de Chastillon. Il n'en eut point d'enfans, et neantmoins fut son heritier. En secondes nopces, il epousa Marie *de la Forest*, fille de Jean de la Forest, baron de Grisse

---

[1] Elle ne mourut qu'en 1587, s'il faut s'en rapporter à un sonnet d'Anne d'Urfé, dont voici le titre : « Epitaphe de Renée de Savoye, espouse dudict Jacques d'Urfé, marquise de Bagé, comtesse de Chasteauneuf, mere de l'auteur, qui trepassa l'an 1587. »

et seigneur de la Forest en Auvergne, de Mortron et de Vernon, et de Françoise Coeffier d'Effiat. Cette maison de la Forest porte de sinople, à la bande d'or frettée de gueules. De cette dame, il n'eut que deux filles, sçavoir : Charlotte-Emanuelle d'Urfé, filleule du duc de Savoye Charles-Emanuel, et mariée à Henry *de Maillard*, marquis de Saint-Damien [1]; et Marie-Philiberte d'Urfé, mariée à Antoine *de Roquefeuil* [2], seigneur de la Bastide en Albigeois. Ce seigneur mourut à Conflans au service de son altesse [3].

Honoré d'Urfé, cinquieme fils, marquis de Valromey, baron de Virieu-le-Grand, capitaine de cinquante hommes d'armes, gentilhomme ordinaire de la chambre du roy, epousa Diane *le Long de Chenillac*, fille unique et heritiere de messire Antoine le Long, seigneur de

---

[1] Le contrat fut passé à Bourg, le 11 juin 1621, par-devant le notaire Regenbert. Honoré d'Urfé constitua à sa nièce une dot de vingt mille ducatons; mais cette dot n'était pas encore payée en 1731, comme le prouve une pièce judiciaire que j'ai en ce moment sous les yeux. Cet acte authentique mentionne différents jugements qui furent rendus antérieurement pour arriver à la vente des biens de cette famille, qui heureusement n'eut lieu qu'après son extinction. En cette année 1731, la moitié de cette dot qui restait à payer, c'est-à-dire dix mille ducatons, s'élevait, avec les intérêts, à 375,610 francs.

[2] Contrefascé d'or et de gueules de quatre pièces, un nœud de cordelière de gueules sur chaque demi-fasce d'or, et un nœud de cordelière d'or sur chaque demi-fasce de gueules.

[3] En 1596 ou 1598. L'*Histoire généalogique des grands officiers de la couronne* porte à tort, comme on le verra plus loin, qu'il mourut le 1er octobre 1594. Christophe fit la guerre pour la Ligue en Bourgogne dans l'année 1589. Vers le mois d'avril, il fut battu par Guillaume de Tavannes, gouverneur de cette province pour le roi, et fut forcé de lui rendre ses armes. (Voyez les *Mémoires de Guillaume de Tavannes*, 3ᵉ part.)

Chenillac, baron de Chasteaumorant, Chasteaubouc, Maulverneis, Changy, Pierrefite, etc., et de Gabrielle de Levis, sa femme, qui luy avoit porté Chasteaumorant, dont elle avoit herité par le deceds de ses freres sans enfans; le dernier desquels, Antoine de Levis, estoit archevesque d'Ambrun. Cette dame portoit les pleines armes des anciens seigneurs de Chasteaumorant, qui sont *de gueules, à trois lions d'argent, deux et un, armés, lampassés et couronnés d'or*, et pour le cimier deux bras de sauvage, ainsi qu'on peut voir en l'eglise de sainte Claire de Montbrison, aux armes pendans du milieu de la nef de la chappelle du scapulaire, où elles sont contreparties avec celles d'Urfé. L'an 1599, il fut comte de Chasteauneuf en Bresse, par la remise que luy en fit en ladite année Jacques d'Urfé, son frere. Il portoit alors qualité de baron de Chasteaumorant, chevalier du grand ordre de Savoye, colonel des gardes de son altesse de Savoye. Ayant longtemps porté ce titre de comte de Chasteauneuf, il fit eriger ce comté en marquisat soubs le tiltre de Valromey, par lettres patentes du roy Louis XIII, dattées à Paris, au mois de fevrier 1612. Et ainsi c'est luy qui a le premier porté la qualité de marquis de Valromey. Dans le tiltre de cette erection, le roy l'intitule : « Nostre amé et feal Honoré d'Urfé, gentilhomme ordinaire de nostre chambre, comte de Chasteauneuf, baron de Chasteaumorant et de Virieu-le-Grand; » et parle ainsi dans ces lettres à la recommendation de sa personne et de toute la maison d'Urfé : « Considérants combien sont recommendables les services que nous a fait et au feu roy Henry *le Grand*, nostre très-honoré pere, que Dieu absolve, nostre très-cher et bien amé Honoré d'Urfé; ayants aussi esgard aux signalés services que ses predecesseurs ont cy-devant rendus à nostre couronne, par lesquels ils ont jadis merité, pour marque de leur vertu, de parvenir aux plus belles et grandes charges et honneurs auprès desdits roys[1] nos devanciers; voulants à cette occasion donner audit sieur d'Urfé et à sa posterité quelque marque du contentement que nous en avons, etc. » Ce seigneur d'immortelle reputation deceda en Piedmont, sans laisser lignée, en 1621 [2], où il commandoit comme lieutenant de la compagnie des ordonnances de France du prince de Piedmont. Les ouvrages de ce seigneur ont esté si fort estimés, qu'il se voit encore une lettre aux archives de la maison, dattée du 1er mars 1614, cachettée de quarante-huit sceaux et signée de vingt-neuf princes et princesses, et de dix-neuf grands seigneurs et dames d'Allemagne, qui, soubs des noms empruntés de ses œuvres, luy rendent leurs civilités, le comblent d'eloges, et y temoignent souhaiter de voir un jour descrire les contrées de leur pays comme le doux coulant Lignon, disent-ils, et tout le pays de Forez a esté relevé par les ecrits de cet illustre. Voicy un eschantillon de cette curieuse lettre, et par lequel elle

---

[1] Ce qui suit, jusqu'au guillemet, a, par mégarde sans doute, été transcrit à la fin de l'alinéa, sur le manuscrit de de la Mure.

[2] Il y a erreur : Honoré mourut, le 1er juin 1625 (voyez *Hist. delle Alpi Marittime*, par Gioffredo, manuscrit de la bibliothèque de l'université de Turin, livre XXII), à Villefranche, en Piémont, petit village situé sur les bords du Pô, à sept lieues de Turin. (Voyez pour plus de détail les *Notices biographiques*.)

commence[1] : « Ces lignes, que vous jugerés aisement n'estre point ecrites, moins conceues par ceux de vostre nation, vous temoigneront d'abord le desir et la curiosité de quelques estrangers, desquels la premiere ambition est de vous connoitre aussi bien de veue qu'ils vous connoissent dejà par ce rare et divin esprit qui esclatte en chaque feuille, voire ligne, de vos inimitables œuvres; la seconde de pouvoir faire autant paroistre un jour les rivieres et contrées de leurs pays, moyennant vostre permission et faveur particuliere, que la riviere du doux coulant Lignon et la province de Forez se sont relevés depuis vos beaux escrits, ausquels seuls l'une et l'autre doivent avouer leur gloire et leur vie, de mesme que nous tous nos premiers et meilleurs contentemens, etc.[2] »

Antoine d'Urfé, sixieme et dernier fils, prieur de Montverdun en Forez, puis evesque de Saint-Flour et abbé de la Chaise-Dieu, qui, venant de Paris[3] au temps des dernieres ligues, soubs Henry *le Grand*, et s'acheminant par le Roannois à la Bastie, fut tué en passant prez

---

[1] On la peut lire tout entière dans le premier des deux volumes de l'*Astrée* publiés par le libraire Fouet (voyez les *Notices biographiques*); mais dans cet ouvrage elle porte la date de 1624, qui lui convient mieux que celle que lui donne ici de la Mure, car on y parle de la troisième partie de l'*Astrée*, qui n'était pas encore publiée en 1614.

[2] C'est ici que se trouvent, dans le manuscrit, les trois lignes dont il est question dans la note 1 de la page précédente.

[3] De la Mure parle ici d'un voyage à Paris sur lequel je n'ai aucun renseignement. Huet rapporte qu'un membre de la famille d'Urfé, qu'il dit être Anne, assista aux états de la Ligue. Serait-ce Antoine? Il était bien jeune, mais sa qualité d'évêque pourrait avoir suffi aux yeux des ligueurs.

de Villerais, l'an 1589[1], par les ligueurs qui tenoient cette place, et son corps fut porté et inhumé dans le couvent des cordeliers de la Bastie.

Voilà pour ce qui est des six fils; parlons maintenant des six filles.

Françoise d'Urfé, fille aisnée, epousa Claude *de Rochefort*[2], seigneur de la Valette lez Saint-Estienne de Furan, enseigne de la compagnie d'armes d'Anne d'Urfé, son frere aisné.

Marguerite d'Urfé, seconde fille, epousa Antoine *de Bron*[3], seigneur de la Liegue, chevalier de l'Ordre du roy, capitaine de cinquante hommes d'armes. Et cette dame est enterrée en l'eglise de sainte Claire de Montbrison, en la sepulture de son pere.

Madelene d'Urfé, troisieme fille, epousa Paul-Camille *Cavalque*, gentilhomme parmesan.

Gabrielle d'Urfé, quatrieme fille, mourut jeune.

Caterine d'Urfé, cinquieme fille, fut mariée en premieres nopces, par contract du 25 fevrier 1582, à Jean *du Planet*[4], ecuyer, seigneur de Beyviers et du Planet en Bresse, lieutenant d'une compagnie de chevaux legers

---

[1] Une main étrangère a écrit à la marge : « 1593. » De la Mure, dans son *Astrée sainte*, dit que cet accident eut lieu en 1595 ; l'*Histoire généalogique* du P. Anselme le met à la même époque ; la *Gallia Christiana*, en 1589. Il est étrange qu'aucune de ces dates ne soit vraie. Honoré, dans ses *Epistres morales* (p. 35 de la 1re édit.), dit que « le plus cher de ses freres par sa mort lui marqua de noir le 1er octobre, » qui précéda le 15 août 1595. Voyez plus loin la notice consacrée à Antoine.

[2] D'azur, à trois fleurs de lis d'or, au chef d'or, chargé d'un lion naissant de gueules.

[3] D'or, à la fasce de sable sommée d'un lion issant du même.

[4] D'azur, au taureau d'or.

pour son altesse de Savoye; et, en secondes nopces, à Antoine *de Monfaucon* [1], ecuyer, seigneur de Montaigu.

Diane d'Urfé, sixieme et derniere fille, fut religieuse à Soissons.

CHAPITRE XIV.

ANNE DE LASCARIS D'URFÉ,

Comte dudit lieu, souverain comte de Tendes et du Mare, marquis de Bagé, comte de Rivole, seigneur de Saint-Just en Chevalet, Rochefort, Saint-Didier, la Bastie, Sainte-Agathe, etc., chevalier de l'Ordre du roy, gentilhomme ordinaire de sa chambre, capitaine de cent chevaux legers et de cent hommes d'armes, bailly et gouverneur du pays de Forez; et depuis, s'estant fait d'eglise, conseiller du roy en ses conseils, son aumosnier ordinaire, seigneur-prieur de Montverdun, chanoine-comte de l'eglise de Lyon, doyen de Nostre-Dame de Montbrison, et vicaire general du cardinal Maurice de Savoye deçà les monts.

Ce seigneur Anne d'Urfé est le premier de la maison d'Urfé qui a porté avec son nom celuy de Lascaris. Le roy Charles IX, du temps duquel il n'y avoit que quarante-huit gentilshommes ordinaires de sa chambre, douse par quartier, nomma ce seigneur, n'ayant encore que l'age de douse ans, en l'une de ces places. Il estoit filleul d'Anne de Montmorency, connestable de France, son oncle maternel. Il soustint estant jeune l'honneur de la religion catholique par les armes en plusieurs rencontres contre les religionaires. Le roy Henry III luy donna

---

[1] *De Montfaucon*: Écartelé aux premier et quatrième de gueules, au faucon d'argent posé sur un mont du même; aux deuxième et troisième de gueules, à trois chevrons d'or.

GÉNÉALOGIE.

les provisions de bailly de Forez l'an 1574[1], dans lesquelles il l'intitule « chevalier, comte de Tendes. » Ce mesme roy luy donna des lettres patentes de l'erection de la seigneurie d'Urfé en comté, au mois de mars 1578, où il l'intitule « chevalier de son Ordre, marquis de Bagé; » et la maison d'Urfé peut montrer un panegyrique royal fait en sa faveur par son souverain, en memoire des fidelles services qu'elle a toujours rendus à la couronne. Voicy les termes honorables ausquels sont contenues ces royales lettres : « Reduisant en memoire, dit ce roy, la noblesse et antiquité de sa maison, » parlant de ce seigneur, « les vertueux et magnanimes faits des grands et nobles personages qui successivement en sont issus; qui ont esté employés en très-grandes et dignes charges, estats et gouvernements des provinces; mesme son ayeul ayant eu la charge de la personne du feu roy, nostre très-cher seigneur et frere, et de nous, dez nostre premiere jeunesse, et son pere commandé comme nostre lieutenant general en nostre pays de Forez, et que tous ceux de sadite maison ont faits infinis services à cette couronne, tant au fait des guerres que autres importantes charges, avec telle affection, prudense et conduite, que la memoire nous en doit estre perpetuelle : pour ces causes, etc. » Que se peut-il dire davantage, et ce roy ne comprend-il pas en peu de mots tout ce que les plus eloquentes plumes pourroient jamais ecrire à la recommendation de cette maison très-illustre?

Ce seigneur ensuite de ces lettres a donc esté le premier comte d'Urfé, et nous pouvons voir, par ces

---
[1] Le 3 novembre.

mesmes lettres, que la maison d'Urfé a eu beaucoup plus d'estats et de charges qu'il n'en est venu de memoire jusques à nous, particulierement pour ce qui regarde les gouvernements des provinces.

Il timbroit l'ecu de ses armes d'un bras armé, comme il paroist en l'ecusson que l'on en voit en relief contre la muraille [1] du parapel de la porte de la Croix de Montbrison.

Ce seigneur fit vouter l'eglise de sainte Claire de Montbrison, et y fit bastir la chappelle du scapulaire, l'an 1590, et sur le grand portail y fit mettre l'ecusson de ses armes, à l'instar de celuy que nous avons veu qu'il y fit mettre sur la sepulture de son pere. Il fut general et maistre de camp de l'armée qui fut levée dans la province de Lion contre la ligue populaire [2] qui s'estoit levée en Daufiné, et fut terminée en la ville de Moirans, trois lieues de Grenoble, en 1580. Il fut gouverneur du pays depuis l'an 1591 jusques à la fin des derniers troubles; pendant lequel temps il assista le pays de ses deux compagnies de gendarmes et chevaux legers, et entre autres rencontres se signala pour la defense de Montbrison contre les troupes du sieur de Chambaud [3]. Il fit construire la chappelle de saint Antoine, qui est au faubourg de la Madelene dudit

---

[1] Ces murailles n'existent plus; elles ont été remplacées par une belle promenade qui fait le tour de la ville.

[2] C'était un soulèvement général des paysans du Dauphiné; cette association reçut le nom de *Ligue des vilains*.

[3] Voyez plus loin, dans ce volume, la relation des événements qui eurent lieu à l'époque de la Ligue dans le Forez, et particulièrement au mois de juin 1590.

Montbrison, en memoire de l'ancienne commanderie dont ces troubles causerent la demolition.

Le roy Henry IV le fit son conseiller en ses conseils d'estat et privé, et depuis, luy ayant envoyé le brevet pour recevoir l'ordre du Saint-Esprit, ce seigneur s'en excusa sur le dessein que Dieu luy avoit donné de quitter le monde : qu'il executa en 1599, en laquelle il changea toutes ses qualités seculieres avec la condition ecclesiastique. En cet estat, il fut nommé par le prince Maurice, cardinal de Savoye, son vicaire general deçà les monts. Il fut desiré en la très-illustre eglise de Saint-Jean de Lion, et y fut receu comte. Il eut aussi le prieuré de Montverdun en Forez. L'an 1603, en juillet, il fut promeu aux trois ordres sacrés, en vertu d'un indult apostolique, dans le chasteau d'Urfé, par monsieur Robert de Berthelot, evesque de Damas, suffragant de Lion. En l'an 1604, il fut pourveu du doyené de l'eglise collegiale de Nostre-Dame de Montbrison; en laquelle il est enterré, vis-à-vis du grand autel, du costé de l'epistre, au lieu où estoit jadis l'oratoire des comtesses de Forez.

Il donna, l'an 1608, à la posterité ces cinq beaux livres d'hymnes spirituels, qui le font nommer par un evesque, en leur approbation, sacré et catholique autheur, et obligent un grand vicaire de dire qu'en iceux brille saintement la pieté et ancien zele de sa maison très-illustre au service de Dieu.

Venons maintenant à son frere et successeur.

CHAPITRE XV.

JACQUES IIe DU NOM,

Comte d'Urfé, de Rivole, de Sommerive et de Chasteauneuf en Valromey, marquis de Bagé, baron de Virieu-le-Grand, Marignan et Magnac, seigneur de Neufville, Argental, Saint-Hilaire, Saint-Just en Chevalet, Saint-Didier, Sainte-Agathe, la Bastie, Rochefort, etc., chambellan du roy, chevalier de son Ordre, lieutenant colonel de la cavalerie legere de France, mareschal grand-croix de la religion des saints Maurice et Lazare de Savoye, capitaine de cent hommes d'armes, bailly de Forez.

Ce seigneur commanda estant encore jeune à toute la cavalerie de Savoye, et c'est de luy dont les croniques de Savoye font mention soubs le tiltre de comte de Chasteauneuf qu'il portoit estant jeune, à cause que madame Renée de Savoye luy avoit laissé cette terre; et fut fait par le duc de Savoye mareschal grand-croix de l'un de ses ordres, qui est celuy des saints Maurice et Lazare.

Se retirant ensuite en France, au service du roy, il le fit chambellan de sa maison, luy bailla une compagnie (d'hommes) d'armes, et il fut enfin lieutenant general de la cavalerie legere de France soubs monsieur le comte d'Auvergne.

Son frere aisné se faisant d'eglise l'appella à sa succession, à laquelle fut adjousté le comté de Rivole et de Sommerive, qu'il eut par les droits de sa mere, et autres qui luy advinrent par sa femme, qui fut Marie, fille de messire Antoine *de Neufville*, baron de Magnac

GÉNÉALOGIE. 71

en Limousin[1], maison qui porte pour ses armes : d'argent, à la croix de sinople, que du Chesne, en ses Antiquités, nombre parmy les maisons les plus illustres de ce pays-là.

Ce seigneur porte ecartelé des armes de son pere et de sa mere, qui est Urfé et Savoye, ainsi que nous voyons sur les ornements qu'il donna à l'eglise Nostre-Dame de Montbrison, au convoy funebre de son frere aisné. Il fut fait bailly de Forez en la place de son frere l'an 1599, et l'an 1614 il fut nommé pour deputé de la noblesse du pays aux estats generaux de Sens par l'assemblée generale de la noblesse. Ce seigneur, plein d'un zele catholique, à l'exemple de ses predecesseurs, s'est toujours opposé dans le pays aux entreprises des religionaires[2]; et c'est luy qui a fait bastir sur le celebre mont d'Isoure cette devote chappelle qui y est en veue à toute la plaine, et est dediée à sainte Geneviefve.

Il a eu de son epouse deux fils et quatre filles. Son fils aisné et heritier est messire Emanuel de Lascaris d'Urfé, pour lequel il obtint du roy Louis XIII les provisions de la survivance de son office de bailly de Forez, l'an 1627[3]; et, dans ces lettres, ce roy l'intitule : «Jacques de Lascaris, marquis d'Urfé,» et luy donne cet eloge et à sa maison : «Mettant en consideration que le sieur Jacques de Lascaris, marquis d'Urfé[4], et

[1] Elle l'épousa par contrat du 12 juillet 1596, et mourut en 1639.
[2] En 1600, il les empêcha de s'établir à Saint-Germain-Laval.
[3] Le 22 mai.
[4] A partir d'ici presque tous les écrivains donnent le titre de *marquis* au chef de la famille d'Urfé. Il ne parait pas pourtant que la terre de ce nom ait été authentiquement érigée en marquisat, comme elle le fut en

ses predecesseurs auparavant luy se sont dignement acquittés de la charge de bailly du pays et comté de Forez, dont ils ont esté pourveus de temps en temps par les roys nos predecesseurs, etc. » Nous parlerons de ce seigneur Emanuel au chapitre suivant.

Son second fils mourut l'année de sa naissance.

Pour ses quatre filles, l'aisnée fut Geneviefve d'Urfé, fille d'honneur de la reyne Marie de Medicis. Ladite Geneviefve, par contract du 10 mars 1640[1], passé du consentement de leurs majestés, y presents et assistans comme parents et amis pour la maison d'Urfé plusieurs princes, ducs et pairs, et seigneurs de ce royaume, fut mariée à messire Charles-Alexandre, sire et duc *de Croy*[2],

---

comté (en 1578); nous voyons même que de la Mure donne encore le titre de *comte* au fils et successeur de Jacques. Je suis porté à croire qu'il y a erreur de la part de ceux qui ont employé la qualification de *marquis*, erreur provenant de ce que cette famille possédait un marquisat, celui de Bagé, d'où Anne d'Urfé a souvent été nommé d'une manière absolue *marquis de Bagé*, et même *marquis d'Urfé*, comme on peut le voir ci-après dans une lettre de son frère Honoré, à la date du 2 mai 1590. Ce qui me confirme dans mon opinion, c'est qu'à la même époque Anne ne prenait que le titre de comte d'Urfé dans les actes officiels.

[1] De la Mure est dans l'erreur : le contrat fut signé au Louvre, le 6 janvier 1617, par le roi et toute la famille royale. On trouve dans les *Historiettes* de Tallemant des Réaux de curieux détails sur les deux époux, mais principalement sur Geneviève d'Urfé, qui «estoit alors toute la fleur de chez la reine mere.» Le duc de Croy fut tué dans son palais, à Bruxelles, d'un coup d'arquebuse, le 5 novembre 1624.

[2] Écartelé aux premier et quatrième d'argent, à trois fasces de gueules (qui est de Croy); aux deuxième et troisième d'argent, à trois doloires de gueules, les deux en chef adossées (qui est de Renty); sur le tout l'écu ducal de Lorraine sur un écartelé : au premier parti de Hongrie et de France, au deuxième parti de Jérusalem et d'Aragon, au troisième parti d'Anjou et de Gueldre, au quatrième parti de Juliers et de Bar.

GÉNÉALOGIE. 73

marquis d'Havré (Havrec), prince et mareschal hereditaire de l'empire, comte de Fontenoy, vicomte de Hammachas (Havrache), chastellain hereditaire du chasteau de la ville de Mons, gentilhomme de la chambre de son altesse l'archiduc Albert, et capitaine de cent hommes d'armes de ses ordonnances. Voicy les princes et seigneurs qui, comme parents et amis, assisterent, du costé du seigneur et dame d'Urfé, aux conventions matrimoniales de leur fille : monseigneur Henry de Bourbon, prince de Condé, duc d'Angin (*sic*), comte de Soissons, Clermont et Valery, premier prince du sang et premier pair de France; monseigneur Charles de Valois, comte d'Auvergne, colonel general de la cavalerie legere de France; illustrissime prince Louis de Valois, evesque d'Agde; messire Emanuel de Crussol, duc d'Usés, pair de France; messire Anne de Levi, duc de Ventadour; messire Henry de Levi, comte de la Voulte; messire Louis de Lozieres Cardaillac, marquis de Themines; messire Antoine de Themines, seneschal et gouverneur du Quercy; messire Martin du Bellay, mareschal de camp; messire François, comte de la Rochefoucaud; messire Melchior Mitte de Chevrieres; messire Henry de Saux, marquis de Tavanes; messire Paul Hurault de l'Hospital, archevesque d'Aix; messire Baltasar du Plessis, seigneur de Liancour; et messire Cæsar de Balsac, colonel des carrabins de France. Cette duchesse est morte à Paris, et son cœur porté et enterré au couvent de sainte Claire de Montbrison [1].

[1] L'*Histoire généalogique* du P. Anselme porte que Geneviève se maria deux autres fois : 1° à Guy *de Harcourt*, baron de Sierray (Ciréi); et 2° en

La seconde fille est madame Anne-Marie d'Urfé, qui ayant esté mise la premiere de la maison d'Urfé religieuse au devot couvent de sainte Claire de Montbrison, jadis fondé, comme nous avons veu, par monsieur le grand escuyer de France Pierre d'Urfé, son bisayeul, accomplit la parole que la traditive de ce couvent porte qu'il profera en y mettant les religieuses, disant qu'il esperoit que dans la quatrieme generation on y verroit quelqu'une des filles de ses enfants : ce qui se voit en cette premiere religieuse de la maison d'Urfé et en une autre de ses sœurs qui l'y a suivy comme nous verrons. Ladite Anne-Marie d'Urfé, faisant profession en cette sainte maison, y prist le nom de sœur Anne-Marie de l'Assomption, et l'an 1640, en fevrier, elle fut esleue canoniquement abbesse de ce monastere, où, par ses exemples et soins, et ceux de madame sa sœur, par les aydes spirituelles des PP. recollects, qu'elle y a mis pour directeurs, et par toutes les voyes les plus saintes que l'esprit de son ordre luy peut suggerer, elle maintient et conserve en sa premiere vigueur cette grande regularité et reforme qui a toujours fleury en ce saint lieu depuis sa fondation, à la grande ædification de tout le pays.

1630, à Antoine *de Mailly*, seigneur de Frette. Tallemant des Réaux donne quelques détails sur ce dernier mariage, d'où naquit une fille qui reçut le nom de *Marie*, mais qu'on appelait communément la *petite duchesse de Croy*. Elle épousa un gentilhomme polonais de la maison de Schomberg, qu'elle connut à la cour du roi de Pologne (à Saint-Germain), où elle fut présentée par une de ses parentes. — Dans le XVIIe siècle, on a publié un portrait de Geneviève et un autre de sa fille: tous deux d'après Van Dyck; petit in-4°, taille-douce.

La troisieme fille fut mademoiselle Gabrielle d'Urfé, qui mourut fille à Paris[1], et dont le cœur fut porté et est enterré, comme celuy de la duchesse de Croy, sa sœur, audit couvent de sainte Claire de Montbrison.

La quatrieme fille, Elisabeth-Aymée d'Urfé, est encore religieuse professe de ce monastere soubs le nom de sœur Elisabeth-Aymée de Tous-les-Saints, concourant d'un merveilleux zele, avec celuy de madame sa sœur, pour le progrès spirituel de ce religieux monastere.

Leur mere mourut à Bagé, il y a longtemps, et y est enterrée; le pere est encore vivant, le plus vieux seigneur, et de la vieillesse la plus heureuse qu'on aye veu de longtemps en France[2], et a remis depuis longtemps la maison ez mains de son fils et heritier, monsieur Emanuel d'Urfé.

---

[1] C'est elle qui fit publier, dans cette ville, une mauvaise *quatrième partie de l'Astrée*. Voir, dans ce volume, l'article biographique d'Honoré d'Urfé.

[2] Ce seigneur vécut cent seize ans, dit-on; et, en effet, j'ai en ce moment sous les yeux une pièce de procédure (voyez ci-devant, p. 61, note 1) qui, sans préciser l'époque de sa mort, la laisse deviner, en citant un jugement rendu au Châtelet, le 10 juin 1674, « contre Charles Charpentier, curateur à la succession vacante de Jacques d'Urfé, deuxième du nom. » En supposant que le chiffre de son âge (cent seize ans) soit exact, on en pourrait conclure que Jacques était né en 1557 et qu'il mourut en 1673. Il n'est pas vrai, comme on l'a écrit, qu'il se soit remarié à l'âge de cent ans, et qu'il ait eu un enfant de ce mariage. Ce fait est pourtant consigné dans plusieurs ouvrages sérieux, et entre autres dans une notice manuscrite concernant Honoré, placée avec son portrait au commencement d'un des ouvrages les plus précieux de la Bibliothèque royale. Ce livre, qui est orné de moulures en cuivre, aux armes d'Urfé, a appartenu successivement à plusieurs membres de cette famille, et

Venons à luy maintenant, puisque ce n'est que pour venir à luy, et pour conduire jusques à luy la tige et la ligne directe de l'illustre maison d'Urfé, par la succession non interrompue de ses predecesseurs, qu'a esté dressé ce traité genealogique.

CHAPITRE XVI.

EMANUEL,

Comte d'Urfé et de Sommerive, marquis de Bagé, seigneur de la Bastie, Rochefort, Saint-Just, Saint-Didier, Sainte-Agathe, etc., chevalier de l'Ordre du roy, mareschal de camp en ses armées, bailly de Forez.

Ce seigneur, filleul du duc de Savoye, a esté pourveu par le defunt roy Louis XIII, comme nous avons veu, de l'office de bailly de Forez, à la survivance de monsieur son pere, dez l'an 1627. L'année après, il presida à l'assemblée generale de la noblesse du pays pour la deputation à la conference de toute la noblesse du gouvernement, et fut le premier des seigneurs choisis pour ladite deputation.

Par contract du 25 avril 1633, il s'est marié à trèsillustre et vertueuse dame madame Marguerite *d'Allegre*, fille de messire Christophle d'Allegre, marquis dudit lieu, chevalier de l'Ordre du roy, capitaine de cent hommes d'armes de ses ordonnances, vicomte de Mesy,

particulièrement à Honoré qui y a fait graver son nom au-dessus de l'écusson; c'est le célèbre *Romant de Miles et Amys*, sur vélin, en caractères gothiques, avec un grand nombre de gravures, imprimé par Antoine Verard, à Paris, de 1500 à 1502.

GÉNÉALOGIE. 77

seigneur et baron de Blainville, etc., et de dame Louise de Flageac, dame dudit lieu, Aubusson, Aurouse, Montparent, etc. Cette illustre maison d'Allegre porte ses armes de gueules, à la tour d'argent, accostée de six fleurs de lis d'or, trois de chaque costé.

Ce seigneur, en l'année 1649, ayant receu lettre de sa majesté pour la convocation de la noblesse du pays, la convoqua, et presida à cette illustre assemblée avec un applaudissement general; et fut fait en la mesme année mareschal de camp ez armées de sa majesté.

Il a eu de ladite dame neuf enfans : six garçons et trois filles. Le premier, Louis d'Urfé, filleul du roy Louis XIII; le second, François d'Urfé; le troisieme, Claude; le quatrieme, Emanuel; le cinquieme, Bonaventure-Charles-Maurice, filleul du duc de Savoye, et le sixieme, Joseph-Marie.

Pour les filles, la premiere, Marie-Françoise d'Urfé, epousa, l'an 1652, le seigneur de Langeac, de la maison *de la Rochefoucaud;* la deuxieme, Marie-Louise d'Urfé, est encore jeune, mais d'une vertu advancée; la troisieme n'a encore receu le nom.

[Ici finit le travail de de la Mure, et aussi, à proprement parler, la généalogie de la maison d'Urfé, car il ne reste pas un seul nouveau membre de cette famille à faire connaître. Néanmoins, comme ce nom a survécu plus d'un siècle encore après l'époque où s'est arrêté l'auteur (1660 environ), j'ai pensé qu'il convenait de compléter ce document curieux, et je joins ici, sous le titre de *Conclusion,* quelques notes que j'ai recueillies dans ce dessein.]

CONCLUSION.

Charles-Emmanuel de Lascaris-d'Urfé mourut à Paris, le 2 novembre 1685, à l'âge de quatre-vingt-un ans [1]. Il fut inhumé dans la chapelle du cardinal de Berulle, à l'institution des pères de l'Oratoire, où il s'était retiré. La destinée de sa famille fut étrange : elle s'éteignit presque subitement, au moment où elle avait acquis le plus d'éclat, et où le nombre de ses membres semblait devoir lui assurer un long avenir. Des six enfants mâles d'Emmanuel d'Urfé, un seul fut en état de perpétuer ce nom devenu célèbre : ce fut le plus jeune, et il mourut, comme on va voir, sans postérité.

1° Louis de Lascaris-d'Urfé, comte de Sommerive, baptisé le 30 mars 1647, dans la chapelle du Palais-Royal, à Paris, fut élevé enfant d'honneur auprès du roi Louis XIV. On lit, dans l'ouvrage intitulé *Segraisiana*, que, jeune et poussé par son zèle religieux, il alla un jour mutiler les statues antiques de marbre qui ornaient le jardin de la Bâtie, et qui y avaient été apportées par Claude d'Urfé, lorsqu'il était ambassadeur à Rome. Étant allé ensuite déclarer son action à son père,

---

[1] Sa femme, Marguerite d'Allègre, était morte le 5 novembre 1683, âgée de soixante et treize ans.

il lui en demanda pardon. « Mon fils, lui répondit celui-ci, vous avez été plus sage que moi; vous avez fait ce que j'aurais dû faire. » Ces statues qui blessaient la pudeur de Louis d'Urfé étaient d'un très-grand prix, et madame d'Urfé avait souvent refusé de les vendre. Celui qui manifestait étant enfant un zèle si scrupuleusement chrétien, fut sacré évêque de Limoges le 10 janvier 1677, et mourut en odeur de sainteté dans son séminaire, le 30 juin 1695, ayant employé tous ses biens au soulagement des pauvres. On trouve dans la *Gallia Christiana* une très-longue notice sur ce saint personnage [1]. Louis d'Urfé fut l'auteur ou du moins le patron de plusieurs ouvrages d'église qui se publièrent dans son diocèse et sous sa direction. En voici trois entre autres : I. *Rituale seu manuale Lemovicense* (Rituel à l'usage du diocèse de Limoges); *Lemovicii* (Limoges), 1678, in-8° [2]. — II. Ordonnances synodales; Limoges, Chapeloux, 1683, in-16. Cet ouvrage est indiqué dans la *Bibliothèque* du P. Lelong, dernière édition. — III. La pastorale du diocèse de Limoges; où l'on explique les obligations des ecclésiastiques et des pasteurs, et la manière de s'acquitter dignement des fonctions sacrées. Composé par l'ordre de monseigneur l'illustrissime et reverendissime Louis d'Urfé, evêque de Limoges. A Limoges, chez Pierre Barbou, imprimeur de mondit seigneur l'evêque, 1690, in-12. — Un second volume faisant suite à ce dernier et portant le même titre parut en

---

[1] On a imprimé de son temps, ou peu après sa mort, un portrait de ce prélat; in-8°, en taille-douce.

[2] Ce rituel se trouvait à la Bibliothèque royale : il a été égaré.

1694, un an avant la mort de Louis [1]; l'ouvrage fut continué par son successeur.

2° François de Lascaris-d'Urfé, doyen de l'église Notre-Dame du Puy, mort au château de Bagé. (Voyez son article biographique dans la *Gallia Christiana*.)

3° Claude-Yves de Lascaris-d'Urfé, prêtre de l'Oratoire, visiteur de son ordre en 1733.

4° Emmanuel de Lascaris-d'Urfé, doyen de l'église Notre-Dame du Puy, après François son frère, en 1686. (Voyez son article biographique dans la *Gallia Christiana*.)

5° Charles-Maurice-Bonaventure de Lascaris-d'Urfé, comte de Sommerive, mourut, âgé de trente ans, le 14 septembre 1682, sans avoir été marié.

6° Joseph-Marie de Lascaris-d'Urfé, marquis dudit lieu et de Bagé, etc., né vers 1652, et marié, en 1686, à Louise *de Gontaut* [2], fille de François de Gontaut, marquis de Biron, et d'Élisabeth de Cossé-Brissac.

7° Françoise-Marie de Lascaris-d'Urfé, épouse de Jean *de la Rochefoucauld* [3], marquis de Langeac, transmit le nom de sa famille à ses descendants, après la mort de son frère Joseph, arrivée, comme on va voir, en 1724.

8° et 9° Les deux autres filles furent religieuses à Sainte-Claire de Montbrison.

[1] Les deux volumes se trouvent dans la bibliothèque du séminaire Saint-Sulpice, où ils m'ont été communiqués par M. Carrière, directeur de l'établissement.

[2] L'écu en bannière, écartelé d'or et de gueules.

[3] Parti, au premier d'or, à trois pals de vair (qui est de Langeac), au deuxième burelé d'argent et d'azur, à trois chevrons de gueules, le premier écimé (qui est de la Rochefoucauld).

GÉNÉALOGIE. 81

Joseph-Marie de Lascaris-d'Urfé, marquis dudit lieu et de Bagé, comte de Sommerive, lieutenant des gardes du corps du roi, puis des chevau-légers de monseigneur le dauphin, lieutenant de roi du haut et bas Limosin, au mois d'août 1686, et bailli de Forez, mourut à Paris le 13 octobre 1724 dans la soixante et douzième année de son âge, sans avoir eu d'enfants de sa femme, Louise de Gontaut-Biron. Cette dernière lui survécut jusqu'en 1739.

Après l'extinction de la famille d'Urfé dans la personne de Joseph-Marie, Louis-Christophe de la Rochefoucauld, marquis de Langeac, ayant hérité des biens de cette maison, comme petit-fils de Françoise-Marie d'Urfé, en releva le nom et les armes en vertu des substitutions, et fut nommé bailli de Forez en 1724. Après avoir servi pendant quelque temps comme capitaine d'une compagnie dans le régiment de la Roche-Guyon (cavalerie), il fut nommé colonel de ce régiment, qui prit alors le nom d'Urfé. Louis-Christophe mourut de la petite vérole, au camp près Tortone, dans le Milanais, le 7 janvier 1734, dans la trentième année de son âge. Il avait épousé, le 11 septembre 1724, Jeanne *Camus de Pontcarré*, qui lui survécut plus de trente ans, et s'acquit une espèce de célébrité, dans le XVIIIe siècle. Tous les mémoires de cette époque font mention de la *marquise d'Urfé*, qui s'occupait d'alchimie, et travaillait sans relâche à la découverte de la pierre philosophale. Il n'est pas nécessaire d'ajouter qu'elle fut dupée par plusieurs fripons, qui, sous le prétexte de venir dans son riche laboratoire travailler au *grand œuvre*, lui ravirent plus de quinze cent mille livres, c'est-à-dire presque toute sa fortune.

Louis-Christophe de la Rochefoucauld-Lascaris-d'Urfé avait eu de sa femme :

1° Alexandre-François de la Rochefoucauld-Lascaris-d'Urfé, marquis de Langeac, qui mourut en 1742, âgé de neuf ans;

2° Adélaïde-Marie-Thérèse, née le 6 août 1727, mariée le 7 mai 1754, à Alexandre-Jean, marquis *du Chastellet*, gouverneur de Bray-sur-Somme;

3° Agnès-Marie, née en 1732, mariée en 1754 à Paul-Édouard *Colbert*, comte de Creuilly, mort le 26 février 1756. Elle mourut elle-même le 1ᵉʳ juillet de cette année.

En vertu d'une substitution graduelle et perpétuelle établie en 1511, par Anne de Lascaris, femme de René de Savoie, laquelle ordonnait que, les mâles venant à manquer dans sa famille, l'aînée des filles ferait prendre au mari qu'elle épouserait les nom et armes de Lascaris, Adélaïde-Marie-Thérèse de la Rochefoucauld-Lascaris-d'Urfé, marquise de Bagé, Langeac, Urfé, comtesse de Saint-Just, Saint-Ilpize, Arlet, la Bâtie, baronne d'Escars et autres lieux, transmit ces noms et titres à Alexandre-Jean du Chastellet son mari. Tous deux moururent malheureusement quelques années après, ne laissant qu'un fils réduit à un assez maigre patrimoine. Entraîné par les idées philosophiques, il fit la guerre d'Amérique avec le général de la Fayette, quoique estropié du bras droit par suite d'un accident qui lui était arrivé dans le Forez, où il passa les premières années de sa jeunesse. De retour en France, il continua à suivre le torrent révolutionnaire[1] pendant quelque temps; mais, dans une de ces crises si fréquentes à l'époque de la terreur, il fut compris dans une mesure générale et enfermé au Luxembourg, où il s'empoisonna, ainsi que plusieurs autres, pour se soustraire à l'échafaud.

Les propriétés de la famille d'Urfé ayant été mises en vente sur saisie réelle, après la mort de la marquise d'Urfé, le marquis de Simiane s'en rendit acquéreur et les revendit ensuite. Louis-François-Germain Puy de Mussieu acquit le château de la Bâtie, et sa famille, qui en a pris le nom, l'habite encore. Le château d'Urfé appartient à MM. Demeaux, de Montbrison. Quant à la magnifique bibliothèque commencée par Claude et enrichie par ses descendants, après avoir suivi à Paris la fortune de la famille d'Urfé, elle fut mise en vente en 1770. La plus grande portion, la plus riche du moins, fut acquise par le savant et célèbre duc de la Vallière, dont la bibliothèque, vendue après sa mort, en 1780, passa en grande partie dans la Bibliothèque royale. C'est là qu'on retrouve ces magnifiques éditions en vélin sur lesquelles Claude avait fait mettre son chiffre et ses armes. Une autre partie est allée enrichir la bibliothèque de l'Arsenal.

---

[1] Dès les premiers jours de la révolution, il rédigea, de concert avec Condorcet, une affiche ou placard démagogique.

II.

NOTICES BIOGRAPHIQUES.

AVANT-PROPOS.

Pour ne pas interrompre la suite des notes généalogiques, j'ai conduit le travail qui précède jusqu'à la mort du dernier rejeton de la famille d'Urfé, c'est-à-dire presque jusqu'à nos jours. Il faut maintenant revenir un peu en arrière, et, pour rendre au lecteur cette transition moins brusque, je placerai ici un rapide exposé.

La dernière moitié du xvi⁰ siècle et les premières années du xvii⁰ furent pour le Forez, comme pour toute la France, une époque mémorable, non-seulement à cause des faits d'armes extraordinaires qui la signalèrent, mais encore et surtout à cause des changements qui s'opérèrent alors dans l'organisation de la société. Par son importance historique, cette époque, qui vit crouler l'édifice féodal depuis longtemps miné, peut être comparée à celle qui, précisément deux siècles après, devait changer la face de la France et du monde. Il semble que les *provinces* aient eu hâte de vivre avant d'aller se perdre dans ce gouffre qu'on a nommé le *siècle de Louis XIV*.

Durant cette période, qui porte à plus juste titre le nom d'*époque des guerres religieuses*, plusieurs beaux esprits illustraient le Forez, et quelques-uns d'entre eux, maniant aussi bien l'épée que la plume, défendaient leur pays tout en le célébrant dans leurs écrits. Les plus remarquables de ces Forésiens furent, sans contredit, Anne et Honoré d'Urfé, dont les destinées offrent une particularité fort extraordinaire. A côté d'eux vient naturellement se placer leur jeune frère Antoine, mort à la fleur de l'âge et les armes à la main, quoique évêque.

Autour de ces trois personnages, dont je vais essayer d'esquisser la vie, s'en groupent plusieurs autres dont les noms doivent être à jamais gravés dans la mémoire de mes compatriotes. Leur réunion à Montbrison peut, jusqu'à un certain point, être comparée à l'académie libre de Fourvières, qui a tant intéressé les littérateurs lyonnais. Plusieurs de ces Forésiens ont bien acquis une aussi grande célébrité que les Gryphes et les Dolet, quand on n'aurait à citer que Claude du Verdier, dont la *Bibliothèque* est encore un ouvrage indispensable, et Jean Papon, dont les savantes recherches sur le droit ont mérité les plus grands éloges. Mais, à côté d'eux, il en est d'autres qui, sans avoir les mêmes droits à la renommée, en ont cependant au souvenir des littérateurs. C'est d'abord Étienne du Tronchet, secrétaire de Catherine de Médicis, après avoir été celui de son illustre compatriote le maréchal de Saint-André; du Tronchet, qui, dans ses *Lettres* en vers et en prose, presque toutes datées de Montbrison, nous apprend par quel miracle, lors du sac de cette ville, il échappa à la mort que lui destinait François de Beaumont, si déplorablement célèbre sous le nom de baron des Adrets. Après du Tronchet vient Jean Perrin, châtelain de Montbrison, qui avait écrit de curieux mémoires historiques dont il ne nous reste plus que quelques fragments; et ensuite Louis Papon, Claude de Tournon, Pierre Paparin, Pierre du Verdier, etc., qui tous nous ont légué quelque héritage littéraire [1].

Mais outre cet entourage, déjà si propre à exciter leur émulation, les trois d'Urfé eurent encore à conserver certaines traditions de famille; car la leur ne se recommandait pas seulement par l'antiquité et l'illustration de son origine, que les chroniqueurs ont pris plaisir à orner: elle avait aussi des titres historiques et littéraires. Déjà Pierre d'Urfé, leur bisaïeul, qui eut l'honneur de faire usage de l'imprimerie dans les premiers temps de son invention, à l'occasion de son *Ordonnance pour l'enterrement du bon roy Charles VIII;* Pierre d'Urfé s'était acquis, dans le

---

[1] Je ne parle ici que de ceux qui résidaient ordinairement à Montbrison; s'il fallait faire mention de tous les Forésiens qui cultivaient alors les lettres sur les différents points de leur province et de la France, cette nomenclature pourrait être considérablement augmentée, et je n'oublierais pas, entre autres, les frères Masson, mais surtout Papire, l'aîné, auquel la république des lettres est tant redevable.

xv° siècle, un renom extraordinaire; un volume entier ne pourrait suffire à raconter tous les événements de sa vie. Plusieurs fois en guerre contre son souverain, il embrassa successivement le parti du Bourguignon, du Breton, de l'Espagnol même; mais on lui pardonnera ses erreurs d'un moment, et qu'on doit plutôt attribuer à son éducation toute féodale et à son siècle qu'à son cœur, quand on saura qu'il fut un des principaux négociateurs du mariage de Charles VIII avec l'héritière de Bretagne. La France lui doit peut-être ce contrat justement célèbre qui mit le sceau à son unité nationale. Du reste, soldat valeureux, ses jours d'exil furent plus d'une fois funestes aux Turcs, ces anciens ennemis de la chrétienté; car, fidèle aux traditions d'une époque déjà bien éloignée, il ne voulut pas déroger aux vieilles coutumes chevaleresques, et fit deux fois le voyage de la terre sainte. De pareils pèlerinages, quelques années avant le règne de François Ier, suffisent pour caractériser le personnage.

Dans le même temps, son neveu, François d'Urfé, plus connu sous le nom de *seigneur d'Oroze*, se couvrait de gloire sur les champs de bataille de l'Italie, où il combattait à côté du *bon chevalier sans paour et sans reprouche*, son compagnon d'armes et son ami. On peut lire dans toutes les histoires contemporaines le récit de ces combats, qui étaient comme le dernier reflet de la chevalerie.

Un peu plus tard, Claude d'Urfé, fils unique de Pierre, fut un des plus nobles représentants de la renaissance. Son esprit, déjà cultivé par l'étude, se perfectionna dans ses différentes ambassades, à Rome, en Allemagne, au concile de Trente, et il fut jugé digne d'être gouverneur des enfants de France. En relation avec tous les littérateurs de son temps, auxquels sa riche bibliothèque était d'un grand secours, il contribua puissamment au développement intellectuel qui distingua cette époque, et plusieurs ouvrages lui furent dédiés comme à un de ces patrons dont la puissante protection était alors si utile aux gens de lettres. Mais ces derniers n'eurent pas seuls part aux largesses de Claude, il amena d'Italie et d'Allemagne d'habiles artistes, et leur confia le soin d'embellir le château de la Bâtie, où la famille d'Urfé, abandonnant son manoir féodal, était venue depuis peu fixer sa résidence. Bientôt de gracieux bâtiments, de somptueux jardins, de magnifiques marbres, enfin tout ce qui est du domaine de l'art, vint prêter un nouveau charme aux beaux rivages du Lignon.

Le fils de Claude, Jacques, que son père eut le bonheur de marier à une princesse de Savoie, ne paraît pas, il est vrai, avoir tiré grand parti des trésors bibliographiques que celui-ci lui légua; mais les guerres civiles qui, de son temps, désolèrent le Forez, et durant lesquelles, presque toujours en armes, il rendit au pays de si éminents services, sont pour lui une honorable excuse; et d'ailleurs on peut dire qu'en fait de travaux littéraires ses fils payèrent largement leur dette et la sienne.

NOTICES BIOGRAPHIQUES.

ANNE.

Anne d'Urfé, fils aîné de Jacques d'Urfé et de Renée de Savoie, dont le mariage avait été célébré à Compiègne en 1554, devant toute la cour, naquit l'année suivante, et probablement à Paris, où il passa les premières années de sa jeunesse, dans la maison de son parrain, Anne de Montmorency, qui était aussi son oncle du côté maternel. Il fut le premier de sa famille qui joignit à son nom celui de Lascaris, dont il hérita par les droits de sa mère. A peine âgé de douze ans, il fut nommé gentilhomme ordinaire de la chambre du roi Charles IX, et montra toujours depuis beaucoup de reconnaissance pour ce prince.

«Benevole lecteur (dit-il dans un fragment de préface resté manuscrit [1]), je ne fus jamais tant dominé de l'ambission, qu'il me soit entré dans l'ame le moindre desir

---

[1] La plupart des renseignements consignés dans cette notice sont tirés d'un très-volumineux manuscrit autographe d'Anne d'Urfé qui se trouve à la Bibliothèque royale (*Supplément français*, 183), sous ce titre: *OEuvres spirituelles et morales du marquis d'Urfé*, etc. Ce volume m'a été

qui se puisse dire de m'enrichir de l'honneur d'autruy, quelque pauvre et nessessiteux que j'en puisse estre. C'est pourquoy, afin que vous ne soyez trompé par le nom, il m'a semblé que je vous devois faire entandre qu'à sa mort nostre pere nous laissa cinq freres[1], dont nous fumes trois qui nous delectames à mettre par escrit : le plus jeune, qui en son an vint-deuxieme avoit esté esleu evesque de Sainct-Flour et longtemps auparavant abé de la Chaise-Dieu, où il avoit pris l'abit de relligion, a esté occis durant ses[2] malheureux troubles pour le service du roy[3], laissant un extresme regret aux bons esprits qui l'ont conneu pour la grande esperance qu'il donnoit de luy ; l'aultre[4] me surpasse beaucoup plus en savoir que je ne le passe en aage comme son ayné, et c'est luy qui a composé ses Epitres moralles qui sont imprimées despuis trois ou quastre ans[5], et fort bien resceues des lecteurs. Quant à moy, c'est chose certaine

d'autant plus utile, que, n'étant pas destiné à l'impression, il contient toutes les pièces, même les plus *mondaines*, qu'Anne a composées : c'est un brouillon général dans lequel on retrouve jusqu'aux hymnes qu'il a fait imprimer depuis, et dont on peut suivre là toutes les variantes. Il n'est pas besoin de dire que ce volume a été tout à fait inconnu aux biographes. Le passage cité ici est le commencement d'une préface qui était destinée à figurer en tête des *Hymnes de messire Anne d'Urfé*, dont il sera parlé plus loin.

[1] Jacques d'Urfé eut six fils ; mais un d'eux, Claude, mourut fort jeune. Voyez la Généalogie, p. 60.

[2] Anne d'Urfé écrit presque toujours le pronom démonstratif *ces* avec une *s*. Voyez la note qui précède les Lettres écrites du temps de la Ligue.

[3] Le fait est ici présenté sous un faux jour. Voyez l'article d'Antoine, dans la Généalogie, p. 64, et sa notice après celle d'Honoré.

[4] Voyez l'article d'Honoré après celui d'Anne.

[5] La première édition parut en 1598.

que je n'entray jamais en college ni en classe pour estudier, ma mere y contrariant par une opinion feminine, craignant que je ne fusse embabouiné de la secte nouvelle, pour quelques legeres responces qu'elle m'avoit ouy faire en mon enfance; au lieu de quoy j'ay passé toutte ma jeunesse à la suite de la cour[1] ou des armées. Il est vray que je ne fus jamais si jeune que mon esprit ne se montrat merveilleusemant amateur de la lecture; tellemant que le meilleur moyen qu'on pouvoit treuver pour me tenir en une place, avant que je susse ni *a* ni *b*, estoit de me lire un livre, lequel je retenois très-bien, et beaucoup mieux que je ne faicts à presant. Despuis j'ay continué cela jusques en mon an treizieme, que, me voullant mettre à escrire en prose, je fus persuadé par le sieur de Maucune, lors mon gouverneur, de m'adonner plustost à la poésie; à quoy me fortifia Loïs Papon, prieur de Marcilly, un des plus grands poetes de nostre siecle[2], duquel j'apris les reigles, et connoissant cella estre fort agreable à feu mes pere et mere, je continuay despuis, escrivant pour le plus souvant ses folles affections qui voullontiers commandent à nostre jeunesse. »

[1] Anne rappelle ces faits d'une manière bien positive dans un sonnet adressé à la célèbre Marguerite de Valois, et qui, par un contraste assez singulier, sert de dédicace à l'*Hymne de saincte Suzanne*. (*Hymnes de messire Anne d'Urfé*, p. 184.)

[2] J'espère être un jour à même de faire au public de curieuses révélations sur ce personnage dont Anne d'Urfé parle toujours avec beaucoup d'éloges, et qui méritait au moins une notice dans les biographies. Pour le moment, je me contenterai de dire que ce Louis était fils de Jean Papon, jurisconsulte auquel ses écrits ont fait donner le surnom de *Grand*.

Anne d'Urfé commença en effet fort jeune à s'occuper de poésie, et son compatriote du Verdier, un des illustres de l'académie forésienne, dit de lui : « C'est une chose admirable en ce seigneur, que la Muse aye commencé de luy inspirer la fureur poëtique ayant à peine attaint l'aage de quinze ans, despuis lequel temps il n'a cessé et ne cesse, parmy autres nobles et serieus exercices, de faire des vers; mais tels et si gaillards, que Pierre de Ronsard, qui en a veu, en prise grandement la façon et l'ouvrier. Ce que de sa benigne grace et naturelle bonté il m'en a monstré escrit de sa main, est la *Diane* contenant cent quarante sonnets par luy composez à Marignan, 1573. »

Ce petit poëme, dont il ne nous reste plus que ce qu'a conservé Antoine du Verdier, dans sa *Bibliothèque*[1],

---

[1] Première édition, in-folio, Lyon, 1585; p. 44-46. Je dois relever ici, une fois pour toutes, les contradictions les plus apparentes que contiennent les articles des biographes, à l'occasion de ce poëme. Tous ont répété, les uns après les autres, qu'Anne d'Urfé, dès son jeune âge, avait eu le bonheur de faire agréer l'hommage de ses sentiments à la belle Diane de Châteaumorand. Puis, après avoir parlé d'une prétendue haine qui divisait les familles de ces amants, circonstance qui devait rendre bien rares les occasions de se voir à deux ou trois personnes habitant les extrémités opposées de la province, ils racontent que Diane était déjà ou devint alors amoureuse d'Honoré. Or, de leur aveu même, celui-ci ne pouvait pas avoir plus de six à sept ans, puisqu'ils disent que l'âge d'Anne était le seul obstacle à son union avec Diane, et qu'il est positif qu'Honoré avait douze ans de moins que son frère. Mais ils continuent sans s'inquiéter de ces grossières invraisemblances. « Jacques d'Urfé, ajoutent-ils, envoya son fils aîné voyager en Italie, espérant que l'absence le guérirait de sa passion; mais ce délicieux climat ne fit qu'enflammer davantage l'amour d'Anne, qui, sous l'influence de ce sentiment, composa, à Marignan, son poëme de *Diane*, en l'honneur de sa maîtresse. » Ces dernières lignes peuvent donner une idée de la fertilité

fut écrit par Anne d'Urfé à l'âge de dix-sept ans. On a cru jusqu'ici qu'il avait été composé en l'honneur de Diane de Châteaumorand, qu'il épousa quelque temps après; mais c'est une erreur: il est facile de le prouver. D'abord Anne dit, dans son poëme, souffrir depuis deux ans des *perfections* de sa dame, et lorsqu'il épousa Diane, au moins un an après, elle n'avait encore que treize ans [1], et il n'est pas permis de supposer l'existence d'une passion sérieuse pour un enfant de dix ans. Mais il y a une preuve plus concluante encore: dans une pièce de vers intitulée *Stances au lecteur* [2], Anne nous apprend qu'avant d'avoir atteint *trois lustres* de son âge, il « aima d'une affection nompareille » une dame qui le payait de retour, mais qui fut forcée par ses parents de prendre un époux pendant qu'il était allé en Lorraine cueillir des lauriers

d'imagination des biographes. Un seul mot de du Verdier leur a fourni l'occasion d'orner leurs notices de ce voyage et de ses conséquences imaginaires. Notre savant compatriote dit qu'Anne composa son poëme de *Diane* à *Marignan*. Ils ont pris ce lieu pour la ville d'Italie, tandis qu'il s'agit d'un petit héritage appartenant à la famille d'Urfé, depuis son alliance avec la maison de Savoie; lequel héritage est situé sous le beau ciel de la Provence. On peut voir, dans la Généalogie, que Jacques, frère et successeur d'Anne, portait le titre de baron de Marignan (ou mieux *Marignane*). Au lieu de cet amour d'Anne pour Diane de Châteaumorand, dont on a tant parlé, s'il n'y eut pas de haine (ce qui pourrait plutôt s'expliquer, attendu que cette dame fut à une certaine époque, comme on verra, un obstacle à l'accomplissement des désirs de son mari), il y eut au moins beaucoup d'indifférence entre les époux. On ne trouve pas, dans tous les écrits d'Anne, un seul mot qui ait trait à son mariage ou à sa femme, avec laquelle cependant il vécut plus de vingt ans. Honoré a gardé un semblable silence. On trouvera, dans la notice de ce dernier, quelques renseignements sur Diane de Châteaumorand.

[1] Voyez plus loin l'acte de séparation, p. 103-104.
[2] Parmi les *Vers sur le tombeau de Carite*.

sur les champs de bataille pour être plus digne d'elle. Il ajoute que, « malgré ce rebut, pendant vingt-sept ans son amour fut entiere; » et en effet, sous le nom gracieux de *Carite*, on voit figurer dans toutes ses poésies cet unique objet de ses affections. Ainsi il est bien évident que c'est cette dame qu'Anne d'Urfé a voulu désigner dans ses vers.

On pourra demander pourquoi ce titre de *Diane* donné à un poëme fait en l'honneur de *Carite*? La chose est, en effet, assez singulière, mais elle semble pouvoir s'expliquer. Marié avec Diane de Châteaumorand (et du Verdier, qui a cité ce poëme, écrivait en 1585, c'est-à-dire une dizaine d'années après ce mariage), Anne pouvait craindre de donner de l'inquiétude à sa femme, en lui faisant connaître son ancienne affection, tandis qu'il lui était facile au contraire de se faire un mérite auprès d'elle de ces vers qui avaient été faits pour une autre. En effet, Anne d'Urfé se donne souvent à lui-même dans ses poésies le titre de *chantre de Carite*, dans des circonstances où il paraît vouloir faire allusion à son premier poëme.

Après avoir démontré que Diane de Châteaumorand n'a de commun que son nom avec le poëme de *Diane*, il reste à apprendre au lecteur quelle fut la femme qui sut inspirer à Anne d'Urfé une si profonde passion. Cette femme fut la dame de Luppé, Marguerite Gaste, sur le nom de laquelle il fit cette anagramme un peu libre et très-défectueuse : « Ma sagette peult te guerir. » On retrouve dans ses manuscrits plusieurs petites pièces de poésie qu'il adressa à cette dame dont le prénom rappelle le diminutif *Carite*[1], et qui prouvent d'une manière positive que Marguerite Gaste fut l'objet de ses chastes amours. En effet, cette dame épousa, dans le courant de l'année 1573, Jean d'Apchon, seigneur de Montrond, lieutenant au gouvernement du Forez, qui fut tué, le 31 mars 1574, dans un combat qui eut lieu aux environs de sa terre de Luppé, entre les catholiques du Forez et les protestants du Vivarais[2]. Si Anne d'Urfé ne l'épousa pas, alors qu'elle était redevenue libre, c'est que probablement il avait déjà contracté mariage avec Diane de Châteaumorand, soit par dépit, soit pour se rendre au désir de son père. Il faut en effet que son mariage avec cette dernière, placé en l'année 1576 par les biographes, ait eu lieu au plus tard dans les premiers mois de 1574; car, amoureux comme il le fut toute sa vie de sa chère Carite, Anne n'eût pas manqué de l'épouser lorsqu'elle fut libre, s'il l'avait été lui-même[3]. La date de ce mariage ainsi fixée explique

---

[1] Le nom de *Carite*, ou plutôt *Charite*, était celui des trois Grâces, dans la mythologie : cette circonstance avait probablement seule déterminé Anne à le donner à sa maîtresse. Dans la quatrième partie de l'*Astrée*, imprimée seulement après la mort de son frère, Honoré d'Urfé a mis en scène, mais très-secondairement, une *Carite*. C'était sans doute en souvenir fraternel, car il ne paraît pas que ce nom ait jamais été d'un usage commun.

[2] Voyez l'*Histoire du Forez*, t. II, p. 190.

[3] Quelque temps après, Marguerite Gaste épousa en secondes noces Aymard-François de Meuillon, seigneur et baron de Bressieu, qui, par les droits de sa femme, jouit aussi des seigneuries de Montrond, Veauche, etc., dont elle avait hérité de son premier mari. Elle eut du baron de Bressieu une fille, Catherine de Meuillon, qui épousa Rostaing de la Beaume. On verra que ce seigneur de Meuillon, royaliste, fut plus tard un des adversaires d'Anne d'Urfé, durant les troubles de la Ligue.

aussi pourquoi Anne n'éprouva aucune difficulté à obtenir dans cette même année 1574, et malgré sa jeunesse, aussitôt après la mort de son père, la charge de bailli de Forez qu'elle laissait vacante : c'était lui qui représentait alors dans le pays la maison d'Urfé, pendant les absences de Jacques, qui visitait fréquemment ses possessions du midi de la France, où il mourut au mois d'octobre.

Anne, pourvu de l'office de bailli en novembre, fut distrait de ses doux loisirs par les devoirs que lui imposait sa nouvelle charge. Néanmoins il ne brisa pas sa plume en ceignant l'épée, et comme le dit du Verdier, il ne cessa, « parmy autres nobles et serieus exercices, de faire des vers. » La France était alors horriblement déchirée par la guerre civile; et ce triste spectacle, qui avait déjà inspiré plus d'un poëte, fournit aussi à Anne d'Urfé le sujet d'un petit poëme intitulé *les Miseres de la France pendant les années* 1575 *et* 76; ouvrage qui a quelque rapport avec celui d'Étienne Valencier, autre Forésien qui avait déjà publié une *Complainte de la France touchant les miseres du siecle*. Les *Miseres de la France* se composent de vingt et un sonnets, y compris celui adressé en forme de dédicace à Henri III. Le poëme a été plus tard augmenté d'un autre sonnet dédicatoire adressé à Henri IV, dans lequel l'auteur s'excuse de l'imperfection de ses vers en rappelant qu'il les a composés à vingt ans et chargé de soins publics,

De deptes, de procès et de neuf freres ou sœurs[1].

[1] Ce sonnet est biffé et remplacé par un autre adressé au duc de

Au mois de mars 1578, Henri III érigea, en faveur d'Anne, la terre d'Urfé en comté; peut-être était-ce la récompense de ses services dans la campagne de Languedoc qu'il fit vers cette époque, comme il nous l'apprend dans un de ses sonnets « fait sur le Pila, » une des plus hautes et des plus célèbres montagnes du Forez.

En 1580, les plaintes énergiques du tiers état de la province du Dauphiné avaient été traduites en résistance ouverte par les habitants des campagnes[1]. François de Mandelot, gouverneur de Lyon, se mit en mesure d'étouffer rapidement ce mouvement populaire, qui faisait craindre beaucoup de la part des paysans des environs de cette ville. Il appela les forces de la province, et le bailli de Forez fut nommé mestre de camp de cette armée. La *ligue des vilains*, comme on l'appelait, fut bientôt comprimée, et Anne revint dans son pays.

Malgré le tumulte des camps, il s'occupait toujours de littérature. Du Verdier nous apprend, dans sa *Bibliothèque*, imprimée en 1585, qu'Anne lui avait montré un poëme qu'il venait d'achever récemment, et qui portait pour titre : *La Hieronyme*, « imité de Torquato. » Il n'en reste aucun vestige, à moins qu'il ne soit fondu dans un ouvrage d'un nom différent[2] dont il sera parlé plus loin. Du Verdier mentionne encore vingt sonnets pastoraux[5] et plusieurs autres pièces d'une moindre

Nemours (Saint-Sorlin). On aura plus loin l'explication de cette substitution.

[1] CLERJON, *Histoire de Lyon*, t. V, p. 281.

[2] Les *Discours de la Judic*.

[5] La *Biographie universelle* porte *posthumes* : on n'a pas pris garde que du Verdier était mort longtemps avant Anne d'Urfé.

importance qui ne se retrouvent plus dans les manuscrits d'Anne.

Mais la Ligue vint bientôt interrompre ces agréables passe-temps. La guerre prit un caractère si actif dans la province, qu'il ne fut plus possible au bailli de Forez de songer à autre chose qu'aux rudes travaux des armes. Pour un temps sa muse se tut, ou, comme il le dit lui-même,

> Elle eut la bouche close et quitta son ouvrage,
> Laissant moisir *ses* vers au coffre prisonniers.

On verra plus loin le récit détaillé des événements qui eurent lieu dans le Forez du temps de la Ligue : ici il suffira de rappeler les principales circonstances de la vie d'Anne d'Urfé qui se rapportent à cette époque.

Dès le début de la campagne, en 1589, nommé lieutenant pour la Ligue dans son pays, par le duc de Nemours, nouveau gouverneur de la province, le bailli de Forez s'associa complétement au mouvement politique dirigé par les échevins de Lyon, ces hommes du peuple anoblis, dont le but apparent était la liberté, et le but indirect l'affaiblissement de l'influence nobiliaire et l'élévation des gens de commerce. Déjà la bourgeoisie, cette nouvelle puissance, avait emporté de son énorme poids la balance des destinées de l'état, et tous les nobles de la province se trouvaient à la solde de cette commune révolutionnaire, qui ne leur épargnait même pas les réprimandes.

En décembre 1592, au milieu des passions du moment, le duc de Nemours croyant avoir sujet de se méfier du bailli de Forez, qui avait cependant donné plus d'un témoignage de fidélité à la Ligue, lui retira le commandement du château de Montbrison, après s'en être emparé par surprise. Offensé d'un pareil affront, qui ne s'effaça jamais de sa mémoire, Anne se retira dans sa terre d'Urfé [1], et y attendit la première occasion de reparaître sur la scène d'une manière convenable : elle se présenta bientôt. Les échevins de Lyon, après tous les sacrifices qu'ils avaient imposés à leur ville, s'apercevant que le duc de Nemours n'avait pas les mêmes desseins qu'eux, poussèrent le peuple à la révolte, et parvinrent à s'emparer de la personne de leur nouveau maître, qu'ils mirent sous bonne garde dans le célèbre château de Pierre-Scise.

D'un autre côté, en apprenant la disgrâce du bailli de Forez, Henri IV s'était hâté de lui envoyer le titre de lieutenant général pour le roi dans sa province. Délié de ses engagements envers la Ligue par la mesure qu'avait prise à son égard le duc de Nemours, et flatté des prévenances royales, Anne se déclara pour Henri IV, et le fit reconnaître d'abord dans ses terres, et bientôt après dans tout le reste du Forez.

Croyant avoir acquis par là suffisamment la reconnaissance du monarque, il en espérait quelque témoignage public d'estime; mais il avait, dans la province, un compétiteur plus actif que lui et aussi puissant : c'était Mitte Myolans de Chevrières, seigneur de Saint-Chamond, et gendre du royaliste Guillaume de Gadagne.

---

[1] Peut-être fit-il alors un voyage à Paris, comme député pour la Ligue. Voyez une note placée dans la relation des événements de cette époque.

Le roi, qui avait d'abord su profiter très-adroitement de leur division pour les attirer tous deux à son parti, fut sans doute fort embarrassé quand vint le moment de récompenser leurs services. Pour conclure, Anne d'Urfé fut sacrifié, soit qu'il en eût rendu de moins importants que Chevrières, soit qu'on le jugeât moins à craindre que celui-ci. On lui avait promis le gouvernement du Forez, seul, séparé du Lyonnais, comme en avait déjà joui Jacques, son père, et, au lieu de cela, on lui retira le titre de *lieutenant pour le roi en Forez*, et le seigneur de Saint-Chamond fut nommé « lieutenant general de monsieur de la Guiche, gouverneur en chef des pays de Lyonnois, Forez et Beaujolois. »

Une aussi fâcheuse conclusion était bien faite pour dégoûter Anne des affaires; aussi résolut-il de vivre désormais dans ses terres, sans nul souci des choses du monde,

<blockquote>Chassant et bastissant et composant des vers,</blockquote>

comme il dit dans son *Gentilhomme champestre* qu'il écrivit à cette époque. Il nous apprend, dans ce poëme, tous les motifs qu'il avait de haïr les grands et la cour, après les injustices dont il avait été victime de la part des deux princes qu'il avait servis en dernier lieu, le duc de Nemours et Henri IV.

En conséquence de cette détermination, Anne remit à son frère Jacques, lorsque celui-ci épousa Marie de Neuville, le 12 juillet 1596, tous les biens de la maison d'Urfé (dont il était détenteur comme chef de la famille), à la charge d'acquitter les dettes, de pourvoir aux *légats et apanages* de ses frères et sœurs, et de lui assurer à lui-même une certaine somme d'argent et un état honorable, c'est-à-dire l'usufruit de plusieurs terres[1].

Henri IV s'efforça de détourner Anne de son projet de retraite en le nommant son conseiller d'état et privé; mais cette tentative fut vaine : le coup était porté, et le bailli de Forez refusa plus tard le collier de l'ordre du Saint-Esprit que lui envoya le roi, donnant pour excuse la résolution qu'il avait prise de se faire ecclésiastique.

Pour accomplir ce dessein, il était nécessaire qu'Anne fît rompre les nœuds qui l'unissaient à Diane de Châteaumorand, et on eut recours au pape, qui seul en France avait alors le pouvoir de « délier. »

Ce divorce a été rendu célèbre par tous les biographes, qui se sont efforcés d'en faire la base de leur roman,

---

[1] Anne s'était réservé l'usufruit de ses seigneuries d'Urfé, Saint-Just, Saint-Didier, Rochefort, Bussy, « et autres dependances de ladite comté d'Urfé; » 1000 écus sur les seigneuries de la Bâtie, Julieu et Sainte-Agathe; 666 écus de rente et revenu annuel sur le marquisat de Bagé; 1000 écus de rente « à disposer après son deceds, » et 3333 écus en principal « pour en faire ce que bon luy sembleroit, et autres retentions et reserves portées audit acte. » J'ai entre les mains un document fort curieux qui rappelle les difficultés qui s'élevèrent entre Anne et Jacques à l'occasion de cette donation : c'est un projet de rétrocession qui, quoique signé par les deux parties contractantes, n'a pas eu de suite. Il est daté de Saint-Just, le... du mois de... 1596. On y apprend qu'Anne fut sur le point de reprendre sa donation, parce que Jacques n'acquittait aucune des charges qui en étaient la conséquence, prétendant qu'il avait trouvé « les affaires de leur maison si embrouillées par dettes si grandes et appanages de ses autres freres et sœurs, que ladite donation luy estoit plustost pernicieuse qu'utile. » Ces charges diverses s'élevaient, en effet, à 60 ou 80 mille livres de rente. Sur le dos de cette pièce, dont la lecture est extraordinairement difficile, on a écrit : « Contract non passé. » (Voyez page 98.)

sans se soucier de vérifier les faits. Pour renverser l'échafaudage qu'ils ont élevé avec si peu de scrupule, il suffira, je pense, de citer la pièce même émanée de la cour de Rome, et dont le texte latin se trouve tout entier dans un manuscrit de la bibliothèque de Lyon (n° 1264). En voici le début et le principal objet :

« Clément, serviteur des serviteurs de Dieu, à son vénérable frère l'archevêque de Lyon, ou à son très-cher fils l'official, salut et bénédiction apostolique.

« Notre très-chère fille en Christ, Diane de Châteaumorand, du diocèse de Lyon, nous a exposé qu'à peine nubile, c'est-à-dire âgée de treize ans environ, elle fut donnée en mariage par ses parents à notre très-cher Anne d'Urfé, marquis de Bagé, avec lequel elle cohabita pendant plusieurs années, sans qu'il l'ait jamais connue charnellement, à cause de son impuissance et de sa frigidité (*ob impotentiam et frigiditatem ipsius Annæ, nunquam carnaliter cognita fuit*); c'est pourquoi, ayant reconnu qu'il est incapable d'avoir lignée, et le mariage contracté avec ledit Anne n'ayant eu aucun effet, elle désire en faire déclarer légalement la nullité, et être autorisée à contracter mariage avec un autre........ Nous donc, ayant pouvoir...... autorisons.... etc.

« Donné à Rome, aux ides de janvier 1598. »

Sans doute tout ici ne doit pas être pris à la lettre : il y a la part des formules consacrées; on ne saurait d'ailleurs allier la *frigidité* d'Anne avec son perpétuel délire amoureux, non plus qu'avec certaines poésies qu'on me dispensera d'analyser ici; mais il reste positif que Diane n'avait que treize ans lors de son mariage, ce qui détruit, comme on a pu voir déjà, la fable inventée par les biographes.

Après cet acte solennel, Anne abandonna les affaires, se démit de sa charge de bailli[1], dont Jacques, son frère puîné, fut pourvu, et se retira dans son château d'Urfé, où il se fit ordonner prêtre en 1599, mais sans fonction spéciale, et conservant toute sa liberté. C'est de cette époque que date un gros manuscrit autographe[2] qui se trouve aujourd'hui à la Bibliothèque royale (*Supplém. franç.* 183), et qui contient plusieurs petits poëmes, dont on va lire ici une courte analyse.

Le premier est l'*Hymne au duc de Savoye*, dans laquelle Anne nous apprend que ses détracteurs lui donnaient, par dénigrement, les noms de *savoyard*, *étranger*, malgré tout son amour pour la France. Il est probable, en effet, que ce fut à ses sentiments bien connus pour les princes de Savoie qu'il dut la perte de sa charge. Du reste, son affection avait un motif bien excusable, puisqu'il était allié à cette maison par sa mère. L'*Hymne au duc de Savoye* est terminée par un pompeux éloge de Henri IV, destiné à lui servir de palliatif.

Cette pièce est suivie d'un *Discours* (en vers) *à monsieur le prince de Piedmont*. Anne y exhorte le jeune prince à suivre les bons exemples de ses aïeux, et à être en tout soumis à ses parents. Il l'engage surtout à se garantir des accès de jalousie, qui causent trop souvent la ruine

---

[1] Quelques vers qu'on trouve dans ses manuscrits feraient supposer que sa démission ne fut pas tout à fait volontaire.

[2] C'est celui qui est mentionné dans la note placée à la première page de cette notice.

des familles, et qui en particulier avaient fait beaucoup de mal à la sienne. Ce discours a été imprimé avec quelques retranchements et modifications sous le titre d'*Hymne de la vertu* dans les *Hymnes de messire Anne d'Urfé*.

Après ce *Discours* vient une pièce intitulée l'*Hymne des anges*; elle est précédée d'un sonnet dédicatoire qui montre l'hésitation d'Anne dans le choix de ses patrons. Le nom de la reine Marguerite y avait d'abord été inscrit, puis il a été effacé et remplacé par celui de la comtesse d'Auvergne, Charlotte de Montmorency; enfin le nom de la reine Marie de Médicis est venu s'y placer, et c'est ainsi qu'il a été imprimé, sauf quelques changements.

Il en est de même de l'*Hymne du sainct sacrement* qui suit celle des anges : dédiée d'abord au comte d'Auvergne, puis au roi, puis enfin imprimée avec une dédicace adressée au cardinal de Joyeuse.

De même, l'*Hymne de l'honneste amour*, dédiée au roi dans le volume imprimé, l'avait d'abord été à mademoiselle de la Roche-Turpin, Judith de la Curée. Dans la première ébauche de ce poëme, Anne d'Urfé, après avoir décrit l'âge d'or, apprend à cette demoiselle qu'il a perdu ses ans et sa peine à servir l'ingrate Carite.

Anne écrivit aussi des *Sonnets de l'honneste amour*, car ce sujet de l'honnête amour est un de ceux qu'il aimait de prédilection. Ces sonnets sont dédiés à madame de Précord, qu'il nomme sa *Perle*, et qu'il compare à la *marguerite*, dont elle portait le nom, ainsi que sa chère Carite. C'est à cette dame de Précord qu'il dut plus tard la détermination qui lui fit quitter tout à fait le monde; car, tout ecclésiastique qu'il était, il hésitait encore, et appelait parfois, dans sa sainte ferveur, le ciel à son aide, comme on le voit dans ses *Sonnets spirituels*. Quelques vers qu'il écrivit à cette époque nous font connaître plusieurs dames qui daignaient encore lui témoigner de l'amitié, entre autres une « belle Claudon, qui avoit gagé de le rendre amoureux, » et une demoiselle de la Goutte, à laquelle il fit présent des « discours de son Philocarite. »

« Quoyque son humilité, dit de la Mure[1], le poussat à finir ses jours en simple ecclesiastique, Dieu voulut neantmoins qu'il le glorifiat dans son clergé par les employs et benefices qui lui furent donnez; car aussi-tôt le prince Maurice, cardinal de Savoye, le nomma son vicaire general deçà les monts, l'illustre chapitre de l'eglise metropolitaine de Lyon le desira et le receut avec honneur au nombre de ses chanoines-comtes, et le prieuré de Montverdun en Forez luy fut encore donné; de sorte que se voyant engagé par tous ces liens à rendre ses services à l'eglise, il voulut s'y consacrer entierement. C'est pourquoy, l'an 1603, au mois de juillet, il receut les ordres sacrés dans la chappele du château d'Urfé, des mains de monsieur l'evesque de Damas, suffragant de Lyon. Et ainsi par sa qualité sacerdotale se trouva disposé à remplir la premiere dignité de l'eglise collegiale et royale de nostre Dame de Montbrison, laquelle lui fut conferée l'année suivante 1604, le vingtieme jour de septembre. Estant doyen de Montbrison, il n'oublia rien pour faire fleurir le culte divin en cette eglise par

---
[1] *Astrée sainte*, p. 386.

les exemples d'assiduité qu'il y donna, et par les pieuses libcralitez qu'il y fit; y ayant donné, outre un ornement pour la sacristie, une belle tapisserie pour le chœur. Il s'occupa encor, dans la residence qu'il fit au cloistre de cette eglise, à composer en vers françois des hymnes spirituels, qu'il redigea en un volume qu'il donna au public l'an 1608, sous l'approbation dudit evesque suffragant, qui le nomme devot et catholique auteur, ainsi que le grand vicaire du dioceze de Lyon asseure en sa permission qu'en ces hymnes brille saintement la pieté et ancien zele de sa maison très-illustre au service de Dieu. »

Il convient de parler ici de ce livre d'hymnes qu'Anne fit imprimer à Lyon chez Louys Garon, ainsi qu'il résulte du privilége. « Le libraire fut Pierre Rigaud, en rue Merciere, au coing de la rue Ferrandiere. » C'est un in-4° imprimé, sauf quelques petites pièces, en caractère italique d'une forme assez gracieuse. Il contient 234 pages, y compris le titre, la préface, etc., et se compose de cinq hymnes, toutes précédées au moins d'un sonnet dédicatoire :

1° *Hymne du sainct sacrement*, dédiée au cardinal de Joyeuse;

2° *Hymne de l'honneste amour*, dédiée au roi;

3° *Hymne des anges*, dédiée à la reine;

4° *Hymne de la vertu*, dédiée au dauphin;

5° *Hymne de saincte Suzanne*, dédiée à la reine Marguerite de Valois.

Le livre est précédé d'une dédicace générale à monseigneur le cardinal de Joyeuse, dans laquelle on lit :

BIOGRAPHIE. — ANNE. 109

« J'ai prins la plume en la main (où j'ay porté l'espée vingt-cinq ans pour mesme sujet), taschant, par les meilleures raisons que j'ay peu, repousser les coups que les ennemis de l'eglise catholique, apostolique et romaine taschent d'enfoncer contre ce sainct sacrement de l'autel. »

On lit dans le gros volume manuscrit de la Bibliothèque royale (*Supplém. franç.* 183) une longue épître au roi, en vers, qui était destinée, dans le principe, à figurer en tête de ce volume d'hymnes, et dans laquelle Anne nous apprend qu'il avait le dessein de publier ses *œuvres spirituelles et morales*[1] en trois livres. Cette intention est positivement exprimée à la fin d'une préface en prose, dont on a déjà vu le commencement[2], et qui se termine ainsi : « Je continuay despuis, escrivant pour le plus souvent ses folles affections qui voullontiers commandent à nostre jeunesse, jusques à mon an quarantiesme, qu'ayant assez reconnu la vanité des honneurs mondains par ceux que j'ay possedez, je me resollus changer de profession et par mesme moyen de suget d'escrire, apliquant ceste muse, qui avoit tant chanté les choses profanes, aux celestes et moralles, comme vous pourez voir par se premier livre[3] que je metz au jour dedié à

[1] Voici le titre qu'il devait donner à son ouvrage, tel qu'il est écrit au verso du premier feuillet du gros manuscrit : *Œuvres poetiques spirituelles et moralles d'Urfé*. C'est sans doute cette indication qui a fait donner à ce volume, dans le catalogue de la Bibliothèque royale, ce titre, qui ne lui convient pas précisément, puisqu'on y trouve de la prose et quelques pièces de vers fort peu morales. Comme ce manuscrit contient presque tout ce qu'a écrit Anne, on a été plus exact en mettant seulement sur la couverture : *Œuvres du marquis d'Urfé*. Voyez la note de la page 91.

[2] Voyez ci-dessus, p. 91 et suiv.

[3] C'est probablement par suite d'une erreur typographique qu'on a

nostre grand roy, esperant, avec l'aide de Dieu, qu'il sera bientost suivy des deux aultres acomplissant le premier tome, pour estre dejà faicts, mais non encores transcrits, à quoy j'espere de m'employer bientost si je reconnois que se premier vous ait esté agreable, ainsy que je le desire de tout mon cueur, et que vous le resceviez d'un œil favorable, quand se ne seroit pour aultre merite que pour l'affection que j'ay eu de vous plaire et profiter tant à presant qu'à la posterité, dont je requiers devotemant celluy qui peult touttes choses, et qu'il luy plaise de nous donner à touts sa saincte grace. »

Je ne sais ce qui a pu empêcher l'impression des deux autres livres qu'Anne promettait ici; mais il est certain qu'il en avait déjà préparé les matériaux. Une note qu'on trouve dans son manuscrit fait même connaître son premier projet d'impression, dont l'ordre a été dérangé :

« Il fault au premier livre, dedié au roy : L'himne du sainct sacrement, dediée à sa magesté;—Les emblesmes, dediez à monsieur le conte (d'Auvergne); — Les parafrases, dediez à monsieur le doyen (de Lyon); — Les quatrins, dediez à monsieur de Sainct-Marcel; — Les sonnets spirituels, dediez à monsieur l'evesque [1]; —

---

placé en tête de chacune des cinq hymnes qui composent le volume imprimé un feuillet sur lequel on lit : *second, troisième, quatrième, cinquième livre*. Le compositeur, lisant sur la page de titre : *Le premier livre des hymnes de messire Anne d'Urfé*, et trouvant cinq pièces bien distinctes, aura cru devoir régulariser le manuscrit; et l'erreur n'aura pu être rectifiée parce qu'Anne, qui demeurait à Montbrison, ne vit probablement pas les épreuves de son livre, qu'on imprimait à Lyon.

[1] Claude Garnier, évêque de Genève.

L'himne de la vie champestre, dediée à monsieur de Maucune.

« Le second livre, dedié à la royne : L'himne des anges, dediée à elle; — Les sonnets des miseres de la France; — L'himne de l'honneste amour, dediée à mademoiselle de la Roche-Turpin; — Les sonnetz de l'honneste amour, dediez à madame de Precord; — Le petit office de saincte Madelaine, dedié à madame la prieuse de Sainct-Tommas; — L'himne du jeune, dediée à monsieur le chanoine Paparin. »

D'après cela, on doit sans doute considérer comme étant le second livre des œuvres d'Anne un volume manuscrit provenant de la bibliothèque de la Vallière, qui se trouve actuellement à la Bibliothèque royale sous le n° 105. C'est un in-4° mis au net par un scribe, avec pages blanches devant chaque pièce destinées à recevoir les sonnets louangeurs, selon l'usage du temps. Ce volume, qui aurait eu à peu près le même nombre de pages que le premier, se compose de six pièces :

1° *Hymne de monseigneur le duc de Savoye*, à son altesse sérénissime;

2° *Hymne de saincte Catherine*, à madame la duchesse de Guise, Henriette-Catherine de Joyeuse;

3° *Hymne de la vie du gentilhomme champaistre*, sans suscription dédicatoire, mais dédiée en effet à la noblesse forésienne;

4° *Vers sur le tombeau de Carite;*

5° Généalogie de la famille d'Urfé, avec corrections de la main d'Anne;

6° Quelques sonnets religieux (autographes).

En suivant cet ordre, il n'aurait pas été difficile de trouver la matière d'un troisième livre dans les pièces inédites du gros volume manuscrit d'Anne (Bibliothèque royale, *Supplém. franç.* 183), même en remplaçant dans le second livre, dont on vient de voir la composition, quelques pièces qui ne rentrent pas précisément dans le cadre des *œuvres spirituelles*, telles que la généalogie et les vers à Carite. Les pièces qui auraient pu former ce troisième volume sont, entre autres :

1° *Hymne du jeune* (entièrement refondue sous le titre d'*Hymne de l'abstinance*);

2° *Sonnets de l'honneste amour*, dédiés à madame de Précord;

3° *Quatrins*, dédiés à Claude de Galles, seigneur de Saint-Marcel-d'Urfé;

4° *Psaumes parafrasés*, dédiés à M. de Chalmazel, doyen du chapitre de Saint-Jean de Lyon;

5° *Office de saincte Madelaine*, dédié à Anne de Colligny, dite de Salligny, prieure de Saint-Thomas-le-Monial, près de Montbrison;

6° *Sonnets sur les misteres du sainct rosaire de la bienheureuse vierge Marie*, dédiés aux religieuses de Sainte-Claire de Montbrison;

7° *Simbolle de sainct Athanase;*

8° *Sonnets spirituels*, dédiés à l'évêque de Genève;

9° *Discours de la Judic.*

Enfin il aurait été possible de faire un quatrième et dernier volume de mélanges, contenant la Généalogie, la *Description du païs de Forez*, les *Sonnets des miseres de* la *France*, les *Emblesmes*, les *Epitaphes*, les *Sonnets divers*, les *Vers sur le tombeau de Carite*, etc.

Voici maintenant l'analyse des principales pièces, dans l'ordre qui vient d'être indiqué, en commençant par le volume imprimé. Et d'abord il faut noter que ce volume est plein de pièces de vers (sonnets, etc.) à la louange d'Anne, et écrits par des Forésiens qui cultivaient alors les lettres, non-seulement à Montbrison, mais à Roanne, à Saint-Étienne, etc. C'est d'abord Flory du Vent, secrétaire de la famille d'Urfé[1], et probablement auteur de la généalogie qui se trouve dans le manuscrit d'Anne; après lui vient son fils aîné, le sieur de la Croix; puis Antoine Gagnieu, sans doute frère de celui qui figura dans le conseil *anti-nemouriste* tenu à Montbrison, en décembre 1592, chez Louis Berthaud : son sonnet autographe se trouve encore dans le gros volume manuscrit d'Anne; le sieur du Crozet (Papon), « conseiller du roy et de monseigneur le prince de Condé, lieutenant general des eaues et forests aux pays, comté et ressorts de Forests;» de la Roue[2], « pharmacien de l'auteur;» Claude de la Salle, gentilhomme Roannais; un sieur *Agneau d'Or*, qui termine son sonnet louangeur par cette phrase du patois forésien : *voé ce que voé*[3] (c'est ce que c'est); et plusieurs autres.

---

[1] Il fut compromis à l'époque des guerres civiles. (Voyez plus loin, dans la Correspondance, la lettre n° XXVII.)

[2] Je pense qu'il s'agit du savant docteur de la Roue qui avait écrit un mémoire fort curieux sur les eaux minérales du Forez, et qui avait aussi légué à nos pères un manuscrit plein de détails historiques sur cette province. Il ne reste aucune trace de l'un ni de l'autre de ces ouvrages.

[3] Cette formule reparaît souvent dans les productions forésiennes de

L'*Hymne du sainct sacrement*, telle qu'elle se trouve dans le volume imprimé, n'est qu'une longue paraphrase théologique.

L'*Hymne de l'honneste amour* est précédée d'un sonnet dédicatoire dans lequel on retrouve quelques-unes des idées de l'épître au roi dont il a déjà été question. Anne y rappelle qu'à l'époque de la Ligue un certain esprit de rivalité qui s'était glissé entre lui et ses frères faillit causer la ruine de sa famille, mais il ne donne aucun détail sur cet événement.

Anne avait eu d'abord l'intention, comme il a été dit plus haut, de dédier son *Hymne du sainct sacrement* à Henri IV, dont on avait quelque raison de suspecter la conversion à la foi catholique. Y avait-il dessein prémédité de lui faire un reproche? Il est permis de le supposer lorsqu'on connaît l'amour que le bailli de Forez portait aux familles très-catholiques de Guise, de Nemours et de Savoie, pour lesquelles il réserve ses poésies intimes. Quoi qu'il en soit, le roi ne put se soustraire à la leçon ; lui qui ne se piquait pas de continence dut trouver un bien rude reproche (s'il la lut) dans l'*Hymne de l'honneste amour*, qui lui était dédiée. Il est juste de dire pourtant que la leçon est perdue dans une foule de louanges qui valurent à l'auteur le titre d'aumônier du roi.

cette époque. La petite pièce de vers de Flory du Vent, qui est un tour de force littéraire, se termine ainsi :

AU LECTEUR :

Avant que me reprendre aprens qu'il n'est commun
Mettre vingt vers en quatre et cinq quatrains en un.
Voé ce que voé.

L'*Hymne des anges*, qui vient ensuite, contient le premier jet d'un poëme qui a beaucoup de rapports avec celui que Milton devait donner au monde un demi-siècle plus tard. Sans avoir la prétention de comparer l'*Hymne des anges* au célèbre poëme anglais, il est permis de faire un rapprochement qui est honorable pour les deux auteurs. Or il est certain qu'on retrouve chez Milton quelques-unes des idées d'Anne d'Urfé; et, par exemple, dans les deux poëmes, la révolte de Lucifer ou Satan a pour prétexte l'affection que Dieu porte à la race humaine au détriment des anges. D'où on peut conclure que tous deux ont puisé leur sujet dans quelque ouvrage de même origine, ou même que l'auteur anglais avait eu occasion de lire le poëme français. On a bien rapporté l'idée première du *Paradis perdu* à une petite pièce que Milton aurait vu jouer sur le théâtre d'une ville d'Italie : pourquoi n'aurait-il pas connu les vers de notre compatriote, à qui Ronsard avait dit, dans un sonnet placé en tête de ce volume d'hymnes :

> Poursuy doncques d'Urfé; car, ou je me deçoy,
> Ou France ne verra de long temps après toy
> Aucun qui joigne mieux les armes et les muses?

Les vers d'Anne sont, il est vrai, tout à fait oubliés aujourd'hui; mais lorsque Milton vint en France, l'*Astrée* était encore la *folie de l'époque,* et le nom d'Honoré d'Urfé, son auteur, qui avait un grand retentissement, pouvait servir de passe-port aux œuvres de son frère, en supposant qu'elles eussent besoin de patronage.

Je le répète, au reste, ce petit poëme de mille vers

en tout, dont trois cents environ consacrés à la guerre des anges, ne peut être mis en comparaison avec l'œuvre de Milton ; mais j'ai pensé qu'il ne serait pas sans intérêt pour la littérature de constater l'existence de ce travail, remarquable sous plus d'un rapport, longtemps avant le poëme épique dont l'Angleterre est si justement fière, et qu'on pouvait revendiquer pour Anne d'Urfé l'honneur d'avoir fourni le sujet de ce poëme.

Je dois dire en terminant que cet épisode de la guerre des anges ne se trouve pas dans toutes les copies de l'*Hymne des anges* qui sont dans le gros volume manuscrit de la Bibliothèque. Il paraît que cette idée ne surgit que tard dans l'esprit d'Anne. Elle est seulement consignée dans une de ces copies qui paraît la troisième et dernière. On y trouve même quelques passages qui n'ont pas été imprimés, entre autres un discours de Lucifer qui a peut-être été retranché comme trop impie. Avant d'en venir aux mains avec l'archange Michel, que Dieu a envoyé pour chasser du ciel les anges rebelles, l'orgueilleux chef des révoltés dit à celui-ci :

. . . . Qui peut t'enfler le cœur,
A venir t'opposer à mon bras belliqueur ?
. . . .
Seroit-ce point celuy qui nous a tant pipé,
Nous chantant son pouvoir ? Croys-moy qu'il t'a trompé
S'il t'a promis sur nous la victoire certaine,
D'autant que nostre force essede trop la tiene.
Mais qui le peut garder de venir au combat,
S'il est si fort qu'il dit, pour finir le debat ?
C'est luy seul que je veux (puisqu'il se glorifie)
Combattre main à main, et lequel je defie.

> Pour ce retire-toy et le laisse venir,
> S'il croit contre moy seul sa gloire maintenir,
> Qui ne puis l'estimer aultrement que fort lasche,
> Puisqu'il t'envoye aux coups cependant qu'il se cache...

Mais si ce beau sujet de poëme ne vint que tardivement à l'esprit d'Anne d'Urfé, il est juste de dire qu'il se produisit avec tous ses détails, et qu'il ne manqua à cet auteur qu'une occasion pour le mettre au jour. Un peu plus de jeunesse et de vigueur, et peut-être il aurait enrichi la France de ce poëme dont nos voisins ont eu la gloire. En effet, l'œuvre entière de Milton fermentait dans sa tête, et, n'ayant pu concevoir un plan général pour la résumer, il l'éparpillait dans toutes ses poésies. Ainsi on retrouve dans un autre poëme, que sa mort interrompit (les *Discours de la Judic*, dont il sera fait mention plus loin), un épisode qui pourrait servir de complément au fragment qui se trouve dans l'*Hymne des anges*, c'est la lutte de Satan contre Dieu après sa défaite dans le ciel.

L'*Hymne de la vertu*, dédiée au dauphin, qui fut depuis Louis XIII, n'est autre que le *Discours au prince de Piedmont*, auquel seulement Anne a fait quelques coupures et quelques ajoutés, afin de l'approprier aux nouvelles circonstances. Dans un discours qu'il fait tenir à la Vertu, on remarque un passage où il recommande au jeune prince l'oubli de ce qui s'était passé du temps de la Ligue, durant lequel, dit-il, le zèle catholique, et non l'esprit de rébellion, avait fait dégaîner les épées.

La cinquième et dernière pièce du volume imprimé est l'*Hymne de saincte Suzane*, dédiée, par un contraste assez frappant, à la reine Marguerite de Valois, dont la vie désordonnée n'autorisait pas celle de Henri IV, mais lui servait d'excuse. Le sujet de ce poëme est entièrement puisé dans l'Écriture; et l'un des brouillons de cette hymne, sur lequel se lit une dédicace « à mademoiselle de Sainct-Polgue, Isabeau de Sainct-Pulgan (Pulgean), »porte même le titre d'*Histoire de Suzane*. Anne y parle beaucoup des vertus de Marguerite de Valois, « la perle de France. » Tous les poëtes de ce temps s'accordaient à chanter cette femme célèbre, couvrant le scandale de ses faiblesses par l'éclat de tant de qualités de l'esprit et du cœur. Anne n'était pas le premier de sa famille qui adressât ses œuvres à Marguerite: son jeune frère Antoine, comme lui dans les ordres, avait déjà, dès 1593, dédié une de ses épîtres à cette princesse si fâcheusement placée par les circonstances. A voir cet universel concert de louanges, de la part des contemporains les moins suspects, on doit se méfier du jugement qu'on a porté depuis de la pauvre Marguerite.

Anne d'Urfé nous a conservé dans son gros manuscrit autographe quelques vers écrits à l'occasion de son premier volume. Voici, entre autres, un « quatrin qu'un certain Zoyle inconnu escrivit au pied du premier livre de l'auteur :

> Le livre d'Urfé a dans soy
> Quelque traict qui donne appetit ;
> Mais pour l'offrir à si grand roy
> Je le treuve estre bien petit. »

On a vu qu'Anne d'Urfé avait eu d'abord l'intention de dédier ses hymnes à Henri IV : il est probable que ces vers furent écrits sur quelque exemplaire manuscrit de son livre qui, selon l'usage, circula dans les mains des amis de l'auteur avant l'impression; peut-être furent-ils cause du changement de dédicace. Voici la réponse qu'Anne fit à ce quatrain :

> Tu panses parler contre moy,
> Disant que mon livre est petit,
> Et je voudrois que checun dit,
> Après l'avoir leu, comme toy.

Venons maintenant au petit volume manuscrit d'Anne d'Urfé que possède la Bibliothèque royale (*Fonds de la Vallière*, 105), et qui, selon toute probabilité, devait être le deuxième volume de ses œuvres.

Ce manuscrit n'est pas un autographe, comme le porte à tort le catalogue de la bibliothèque célèbre du duc de la Vallière (n° 3218); quelques vers seulement, placés à la fin, sont de la main d'Anne, ainsi que les corrections faites à la Généalogie vers 1615.

L'*Hymne au duc de Savoye*, qui est la première pièce de ce volume manuscrit, est celle dont il a déjà été parlé (page 104); mais, pour suivre l'ordre chronologique, il semble nécessaire d'en dire encore un mot ici, parce qu'Anne y a fait des changements qui sont tout à fait en harmonie avec sa nouvelle position. C'est bien toujours au fond la même hymne, mais la forme en a été sensiblement changée. L'admiration d'Anne pour son altesse sérénissime semble s'accroître à mesure qu'on s'éloigne de l'époque où on aurait pu lui faire un reproche de son amour pour une famille étrangère. Il termine en disant qu'il éprouverait mille regrets d'avoir sitôt quitté la profession militaire, s'il voyait enfin les galères de Savoie fendre le sein des mers pour aller reprendre au Turc l'île de Chypre, ne pouvant pas autrement que par ses prières s'associer à cette glorieuse action.

L'*Hymne de saincte Catherine* est le poëme le plus étendu qu'Anne d'Urfé ait achevé : il se compose de quinze cents vers environ. Ce n'est qu'une longue paraphrase de la vie de sainte Catherine, dont le martyre honora la ville d'Alexandrie d'Égypte. Dans le sonnet dédicatoire, adressé à Henriette-Catherine de Joyeuse, duchesse de Guise, Anne fait le plus grand éloge de cette princesse, à laquelle il était lié de parenté à différents degrés. Il termine par une invocation à sainte Catherine, « patronne des Urfez, » la priant de le garantir « des aiguillons mondains lesquels nous font pescher. » Sa patronne exauça ses vœux, mais d'une manière peut-être un peu cruelle. Sa chère Carite, dont le souvenir le rattachait toujours au monde, mourut vers l'année 1615. Il n'est pas nécessaire de dire que cette circonstance réveilla douloureusement son ancienne affection. Les vers qu'il fit en cette occasion montrent son chagrin et sa résignation philosophique. Voici un fragment d'un de ses sonnets :

. . . .
Vanité ! vanité ! qu'une demi-deesse
Qu'aultre n'a secondé en sa perfection,
Ayant mis tout le monde en admiration,
Soit reduicte à ce point, enclose en ceste caisse.
Vanité ! vanité ! de voir ces vermisseaux
Jouir de cette chair, de ces membres si beaux,
Au lieu de tant d'amants n'ayant rien qui luy tienc.

Mais reconfortons-nous que ce tout perira
Comme ce corps icy lorsque Dieu le dira :
Il fut baty de rien, il fault qu'il y reviene.

L'*Hymne de la vie du gentilhomme champaistre* est, à quelques modifications près, le poëme dont j'ai déjà parlé page 104. C'est une espèce de mémoire justificatif dans lequel Anne explique sa conduite durant et après la Ligue.

Les *Vers sur le tombeau de Carite* se composent de quelques pièces de vers écrites à l'occasion de la mort de la personne à laquelle Anne donnait ce nom, telles que : *Stances à Carite aprez son dessez, Sonnets sur le tombeau de Carite, Quatrin à Carite, Stances au lecteur.* Dans cette dernière pièce, Anne raconte toute l'histoire de ses amours, depuis l'instant où, jeune encore et enflammé des perfections de sa dame, il écrivit en son honneur un poëme qui ne peut être que celui connu sous le nom de *Diane* (poëme qu'il dit ailleurs avoir anéanti lorsqu'il entra dans les ordres), jusqu'à l'époque de la mort fatale de Carite, qu'il célébra par ses chants funèbres *durant quinze jours*. Il nous apprend encore dans ces vers, que pendant les quinze années qui suivirent l'époque où il s'était voué au service de Dieu, et quoique « son amour fut entiere, » il n'eut point avec Carite d'autre relation qu'une lettre qu'il lui écrivit à l'occasion d'un « *Agnus Dei* faict de façon nouvelle, » qu'elle lui avait envoyé.

La généalogie qui se trouve dans le petit volume manuscrit d'Anne d'Urfé est intitulée : « C'est la genealogie de l'illustre maison et ancienne race des Urfez, anciennement ditz Altorfs, puis Vulphes, Guelphes, Ulfe et maintenant Urfé, extraicte et tirée de divers autheurs, et entre aultres de Reynerus et Ramutius, dans le panegiriq à Jullius, des fondations d'esglises, mariages et testaments. » Il est inutile de parler ici de cette pièce, qui se trouve analysée dans l'avant-propos et les notes qui accompagnent, au commencement de ce volume, l'œuvre moins incomplète de de la Mure. J'ai quelques raisons de croire que cette généalogie est l'œuvre de Flory du Vent, secrétaire de la maison d'Urfé, qui, au rapport de Fodéré [1], connaissait mieux l'histoire de cette famille qu'elle-même.

Quant aux sonnets qui terminent le volume, et qui ont pour objet les mystères de l'incarnation de Jésus-Christ, ils sont sans importance.

Pour achever notre revue bibliographique, il faut revenir au gros manuscrit de la Bibliothèque royale. Ce manuscrit contient deux copies de l'*Hymne du jeune* : la première est dédiée à Gaspard Paparin, auteur du livre de l'Amour divin, ami d'Anne d'Urfé, et, comme lui, chanoine de l'église Notre-Dame de Montbrison ; la seconde, écrite après la mort de Gaspard, et considérablement augmentée, porte le titre d'*Hymne de l'abstinance*, et est dédiée au chapitre de l'église Saint-Jean de Lyon, dont Anne faisait partie. Dans cette seconde version, Anne met dans la bouche de son saint ami Paparin toutes les raisons qu'il peut imaginer pour prouver les avantages et l'utilité du jeûne.

Les *Sonnets de l'honneste amour* sont dans le goût de l'*Hymne de l'honneste amour* ; les *Quatrins spirituels*, dédiés

[1] *Narration historique des couvents de saint François*, p. 982-83.

à la noblesse forésienne, ont aussi quelque analogie avec ces deux pièces. L'auteur y engage les hommes à fuir les plaisirs mondains, et à ne rechercher que *l'amour honneste*. Les *Emblesmes* se composent d'une foule d'axiomes moraux ou autres sur différents sujets : il est inutile de s'en occuper ici, non plus que de la *Description du païs de Forez*, document curieux qui se trouve reproduit en entier à la fin de ce volume. On peut aussi se dispenser de faire l'analyse de quelques poésies religieuses, qui offrent généralement peu d'intérêt, et dont le sujet d'ailleurs a été admirablement traité par des plumes bien supérieures à celle d'Anne. Ces poésies sont quelques *Psaumes de David*, le *Simbolle de sainct Athanase*, le *Petit office de saincte Madelaine*, des *Sonnets sur les misteres du sainct rosaire de la vierge Marie*, des *Sonnets spirituels*, etc.

Il reste à parler des *Discours de la Judic*, poëme malheureusement inachevé. On conçoit qu'un travail qui n'a pu être *remis quelquefois sur le métier* doit offrir beaucoup d'imperfections de style; mais l'œuvre en elle-même est pleine de traits saillants. Ce qui en a été écrit se compose d'environ seize cents vers, divisés en trois chants ou discours. C'est dans ce poëme qu'on trouve le second épisode de la guerre des anges. Satan, chassé du ciel après sa révolte, veut encore, redoublant d'audace, lutter contre le maître de l'univers. Déjà, par ses artifices, il a séduit tous les peuples de la terre, qui lui ont élevé des autels. Un seul reste fidèle au vrai Dieu; c'est le petit peuple juif. Dans un conseil tenu aux enfers, on décide sa ruine; et, pour y parvenir, Satan envoie les Furies souffler à Nabuchodonosor l'idée infernale de se faire adorer par toutes les nations, et d'exterminer celles qui refuseraient de se conformer à sa volonté. En conséquence, Holopherne est envoyé pour contraindre le peuple d'Israël. Le poëme est interrompu ici, précisément à l'endroit où Judith doit paraître sur la scène, c'est-à-dire lorsque le lieutenant de Nabuchodonosor vient d'arriver avec son armée sous les murs de Béthulie. Ce poëme pourrait bien être, sous un autre titre, celui que du Verdier désignait en 1585 sous le nom de *Hieronyme*, et dont on ne connaît pas un seul vers.

Je ne dois pas négliger de dire que j'ai découvert un fragment du *Philocarite* d'Anne d'Urfé. Ce devait être un roman pastoral, à en juger par le peu qui se trouve sur les six feuillets dont je suis possesseur, et qui paraissent avoir été arrachés avec très-peu de précaution d'un manuscrit autographe doré sur tranche dont ils faisaient partie. Ce fragment, que de la Mure sauva peut-être à grand'peine, et sur la première page duquel est écrit de sa main : « Blason des armes de la noblesse de Forez, par monsieur le doyen d'Urfé, » contient une description des écussons qui se trouvent dans l'antique salle de la *Diana*, à Montbrison, et dont on trouvera la liste dans la *Description du païs de Forez*.

Anne d'Urfé, dans cette *Description*, nous fait aussi part du dessein qu'il avait eu d'écrire une histoire généalogique des familles nobles du Forez. « Mais, remarquant, dit-il, que cela ne pouvoit estre mis au jour sans deplaire à quelques-uns, j'ay mieux aimé laisser cette entreprise imparfaite. » Tout en respectant son scrupule, nous devons regretter qu'il n'ait pas eu le courage d'entreprendre un travail qui serait aujourd'hui d'un si grand intérêt pour l'histoire de la province, et que, par goût et par position, il était si bien à même d'écrire.

Pour terminer, il faut dire un mot des *Epitaphes*, genre de poësies qui s'accordait assez avec l'âge d'Anne d'Urfé. C'est un recueil de sonnets qui offre quelque intérêt historique, parce qu'il y a mentionné plusieurs de ses parents et amis qu'il eut le chagrin de voir descendre dans la tombe, et sur lesquels il nous a laissé quelques détails biographiques. Retiré dans le fond de son cloître, il était alors en relation avec les principaux écrivains de l'époque, qui, comme Étienne Pasquier, lui envoyèrent et reçurent de lui des épîtres en vers, sans parler de celles qu'il adressa à ses compatriotes : du Verdier, Papon, etc.

« Les actes capitulaires de l'eglise de Montbrison, dit de la Mure[1], sont honorez du nom de ce seigneur en qualité de son chef et doyen depuis le 20° septembre de l'année 1604, jusques au 13° decembre de l'année 1611, auquel jour fut receu et instalé son successeur et resignataire, qui fut Matthieu Girard, de Montbrison, en faveur duquel il se demit de cette dignité, parce que, se voyant avancé en âge, il voulut achever ses jours dans la vie d'un simple ecclesiastique, selon ses premiers desirs; et la continua en effet ainsi avec grande douceur et edification, jusques à l'année 1621, en laquelle il fit une très-chretienne et sainte mort, après laquelle son corps fut porté, selon sa disposition testamentaire, en

---

[1] *Astrée sainte*, page 386.

ladite eglise collegiale de Montbrison, où étoient ses plus tendres devotions, et y fut inhumé avec tout l'eclat et appareil dû à ses bienfaits et merites, du costé droit du chœur, sous la voute où siegent les officians du grand autel. » (Voyez, dans la Généalogie, pag. 66-69.)

HONORÉ.

Honoré d'Urfé, le cinquième des fils de Jacques, naquit à Marseille, le 11 février 1568 [1]; il fut baptisé dans l'église des Accoules, et fut tenu sur les fonts par Escalin des Aimars, baron de la Garde, général des galères de France, et par Honoré de Savoie, comte de Tende, son oncle. Quelques biographes ont écrit qu'il fut élevé près de ce parent; mais il dit positivement, dans ses ouvrages, avoir passé les premières années de sa jeunesse sur les bords du Lignon, et par conséquent dans le Forez. Ce qu'il y a de certain, c'est qu'il se trouvait, en 1583, avec ses deux plus jeunes frères, Christophe et Antoine, au collége de Tournon, en Vivarais. Probablement il y étudiait depuis quelques années, puisque les jésuites, qui avaient l'administration de cet établissement, eurent assez de confiance dans ses forces pour le charger, tout jeune qu'il était, de la rédaction d'un petit livret destiné à conserver le souvenir des cérémonies qui eurent lieu à l'occasion de la première entrée de Madeleine de la Rochefoucauld dans la ville de Tournon, dont elle avait épousé le seigneur [2].

---

[1] Ruffy, dans son *Histoire de Marseille*, dit en 1567; mais je pense qu'on datait encore l'année du jour de Pâques dans cette ville; car Honoré d'Urfé dit être dans sa vingt-septième année au mois de février 1595. (Voyez les *Epistres morales*, 1re édit. p. 15.)

[2] Le premier ouvrage que les biographes attribuent à Honoré est son *Sireine*, imprimé seulement après l'année séculaire 1600. Continuant la fable inventée au sujet d'Anne, ils ont dit que ce poëme renfermait le

Le choix que les pères du collége firent en cette occasion mérite de fixer notre attention. D'abord il marque le haut degré de considération qu'on avait pour la maison d'Urfé dans un établissement où se trouvaient tant d'autres gentilshommes de la première noblesse; en second lieu, il semble indiquer qu'Honoré avait déjà donné des preuves de capacité. Tout le monde sait avec quel discernement les jésuites découvraient le mérite de leurs élèves : Honoré justifia plus tard leur choix. Mais revenons au livret.

C'est un petit volume in-8° de 136 pages en tout, tiré par forme (8 pages); il a pour titre :

« La triomphante entrée de tresillustre dame madame Magdeleine de la Rochefoucaud, espouse de hault et puissant seigneur messire Just-Lois de Tournon, seigneur et baron dudict lieu, comte de Roussillon, etc., faicte en la ville et université de Tournon, le dimenche vingtquatriesme du moys d'avril 1583. » A Lyon, par Jean Pillehotte, à l'enseigne de Jésus, 1583, avec permission.

récit allégorique d'un voyage qu'Honoré fit à Malte (où il allait, disent-ils, prêter le serment de l'ordre) pour tâcher d'adoucir par l'absence le chagrin que lui causait le mariage de Diane de Châteaumorand avec son frère. J'ai déjà dit, et il suffit de rapprocher les dates pour s'en convaincre, qu'Honoré n'avait que six ans lorsque son frère épousa Diane, en 1574, ou au plus neuf ans si on suppose, contre toute probabilité, que ce mariage n'eut lieu qu'en 1576 (voir page 97), et je n'ai pas besoin de répéter qu'à cet âge il n'était pas amoureux, et que par conséquent il ne fit pas de vers pour célébrer un amour supposé, aussi bien, je crois, que le voyage à Malte, dont on ne trouve aucun indice : tout au plus était-il alors en âge d'entrer au collége de Tournon, où nous le trouvons en 1583.

En voici la dédicace :

« Monsieur, il n'y a pas long temps qu'un de mes bons amys me donna un livret de l'Entrée magnifique de madame la comtesse, vostre femme (n'agueres imprimé sans vostre sceu comme j'entends, et sans celui de messieurs du college), lequel[1] dit bien, à la verité, une partie de ce qui se passa pour lors; mais un peu trop succinctement, ce me semble, principalement touchant ce qui s'est faict en vostre université. C'est pourquoy je me suis desliberé d'en escrire quelque peu d'avantage; car de raconter tout par le menu, il me seroit impossible, joinct qu'il y a beaucoup de choses qui ne se peuvent representer par escrit devant les yeux d'un chacun comme elles ont esté faictes : et mesmes que la pluspart des escholiers, mes compaignons, avoient desjà mandé leurs affiges et compositions à leurs parens, qui çà qui là; de sorte qu'il m'a esté encores mal-aisé de recouvrer le peu d'epigrammes que je mets icy, et des jeux latins et françois que nous avons exhibez à l'honneur de voz nopces; lesquels derechef je vous offre bien humblement, au nom de toute la noble jeunesse qui, par la singuliere liberalité de feu monseigneur le cardinal vostre oncle, de tressaincte memoire, et par vostre faveur aussy, estudie en ceste tant florissante academie, souz la sage et heureuse conduite de messieurs les peres de la compagnie du nom de *Jesus* (qui pour

---

[1] Cet autre petit livret, dont je ne crois pas qu'aucun bibliographe ait parlé, se trouvait à la Bibliothèque royale; mais il a été égaré le jour même où je devais en avoir communication. Il a pour titre : *Discours.... sur l'entrée de madame de Tournon*, Lyon, 1583, in-8°, huit ou douze pages.

l'avancement d'icelle, tant aux bonnes lettres qu'aux bonnes mœurs, n'oublient certes rien de leur charge). Avec la permission desquels et asseurance que vous mesmes le desiriez bien fort, et l'aviez ainsi requis, je me suis hazardé (entre plusieurs de mes compagnons d'escole qui l'eussent faict beaucoup mieux que moy) de publier, encores une fois, ce petit livre sous vostre protection et sauvegarde : vous priant de n'avoir tant d'esgard aux fautes que les plus clairs-voyans ou mal affectionnés Aristarques y peuvent remarquer, qu'à la bonne affection qui seule nous incita pour lors à celebrer une partie de vos louanges, et de celles de madame vostre espouse, et maintenant nous induit à les mettre en plus claire evidence, etc.

« A Tournon, de nostre estude, ce deuxiesme de juillet, jour de la visitation nostre Dame, mil cinq cens quatre vingts et trois.

« Vostre bien-affectionné serviteur,

« Honoré d'Urfé, *chevalier de Malte.* »

Honoré, qui joua même un assez beau rôle dans cette fête comme auteur de plusieurs des pièces contenues dans ce petit volume, entre de suite en matière, et raconte, avec beaucoup de détails, les cérémonies qui eurent lieu à l'occasion de cette entrée triomphante de la dame de Tournon.

« Ce jour mesme, dit-il, l'on dressa tout autour de la basse cour du college des eschaffauts en forme de theastre, avecques des barrieres, à fin que plus aisément l'on peut exhiber les jeux preparez. Le premier fut d'une *moresque* inventée principalement, et jouée par les freres d'Urfé, de la Mante, Larisse, et par quelques autres gentilshommes escholiers, jusques au nombre de dix; trois desquels estoient habilez en Mores noirs avec leurs hauts-baretins de satin rouge, verd et jaune, passementez d'argent, à tout de beaux pennaches, de grandes escharpes de toile d'or et d'argent, de beau tafetas rouge aux franges d'or, leurs juppes volantes et chausses larges jusques au talon; et trois autres estoient couverts de lierre, deux de mousse, et deux de peau de chievre, accoustrez en satyres; pour signifier que par le moyen de ce mariage plusieurs de differente volonté seroient raliez ensemble en bonne paix. Chacun d'eux avoit au bras gauche la targue peinte diversement avec des chiffres et divises belles et fort à propos; en la main droite ils portoient l'arc coloré avec sa fleche de mesme. »

Ici vient un petit dialogue en vers joué par Honoré, son frère Christophe et quelques autres écoliers. Au milieu de ce divertissement, et pour donner le temps aux acteurs de reprendre haleine, Antoine d'Urfé[1], « habillé en riche gentilhomme, vient, comme tout esbahi, » débiter une pièce de vers. Après quoi, « les Mores, sauvages et satyres s'en viennent l'espée au poing, faisans une fort plaisante entrée, demarchans à la cadance des luts, tantost s'accouplans, tantost se separans; puis tous ensemble commencent à jouer la moresque, se frappans d'accord au son des instrumens, maintenant simple, à mesure entiere, haute et basse, en carré contre deux à la fois, maintenant entre-lassée à demymesure, en rond, contre six à la fois, tantost de taille,

[1] Il n'avait alors qu'une douzaine d'années.

tantost de revers, et à la parfin d'estocade, se meslans avec une merveilleuse dexterité les uns avec les autres, et neantmoins se rencontrans si bien que de dix coups ils n'en sembloient qu'un; chose beaucoup plus plaisante à veoir qu'on ne sauroit pas dire. »

Honoré interrompt ce jeu, pour inviter ses compagnons à chanter avec lui « les louanges de l'espoux et de son espousée, » et ils entonnent une ode « chantée sur le lut en fort belle musique, les acteurs repetans la moitié des couplets et dançans comme les Mores font. »

La pièce terminée, « ils s'en revont en dançants, comme ils estoient venus, et laissent fort contente et satisfaicte toute l'assistance des seigneurs, gentilshommes, dames et damoiselles, et du grand peuple qui estoit là present. »

A voir la forme *bocagère* de cette espèce de divertissement, et le rôle important qu'y joue Honoré, il est permis de croire qu'il fut pour beaucoup dans sa composition; la *Biographie universelle* lui attribue au contraire, sans aucun motif, un *épithalame* imprimé aussi dans ce petit volume, et dans lequel, dit-on, il tint le rôle d'Apollon, « vêtu d'une grande robe de taffetas cramoisi et orange, et la tête entourée d'un soleil rayonnant; » mais il est positif que ni lui ni ses frères ne jouèrent aucun rôle dans cette pièce, qui fut représentée trois jours après sur un théâtre construit à cet effet dans la cour du collége. Seulement Honoré termina encore cette séance en débitant quelques vers de sa façon à la louange du « conte très-valeureux, grand seigneur de Tournon. »

Le quatrième jour, les écoliers donnèrent aux époux un spectacle d'un genre tout nouveau. On vit « en la court du college et eglise d'iceluy les murailles du haut en bas tresrichement tapissées des oraisons, dialogues, epithalames, eglogues, odes, hymnes, anagrammes, emblemes, enigmes, epigrammes, faicts en œufs, en tours, en balances, en coutelas, en halebardes, lances, æsles, et en autres gentilles inventions en plusieurs langues, principallement en latin et en grec; prose, vers lyriques, heroïques, elegiaques, et autres en une infinité de sortes. Le tout sur les louanges de ceste alliance. Chose esmerveillable du bel exercice des escoliers, et de la varieté de la tractation de cest argument, et de la peine incroyable prinse par eux à peindre leurs emblemes et enigmes, et à escrire quatre ou cinq rames de papier, dont tout estoit couvert, jusques aux troncs des six arbres qui sont en ladicte cour. De quoy tous les plus doctes estrangers qui le virent s'esmerveillerent fort, principalement monsieur, lequel, considerant le travail que lesdicts escholiers avoient pris pour honnorer l'entrée de madame la comtesse sa femme, requit monsieur le recteur de leur donner congé de jouer les deux jours suivants : ce qui luy ayant esté accordé, la plus grand part des enfans cria : *Vivat! Vivat!* et dès lors commencerent à jouir de la grace impetrée. »

Cette conclusion était bien digne du « labeur des pauvres escholiers. » Parmi les pièces de poésie que nous a conservées Honoré, il s'en trouve une qui fut débitée et peut-être composée par Christophe, son frère. Elle est intitulée : *Echo du grand pont de Doux.* C'est un dialogue dans le goût du temps, entre la nymphe des eaux du Doux et le pont bâti sur ce torrent par les libéralités du cardinal de Tournon.

La *Triomphante entrée* est terminée par une ode de plusieurs pages dont Honoré est probablement l'auteur, car voici ce qu'on lit en tête :

« Afin qu'en ce livret n'y eust point de pages vuides, j'ai bien voulu mettre, pour heureusement finir ce petit ouvrage nostre, une ode fort excellente du nom de Jesus chantée le premier jour de l'an :

> Ouvrez-moy voz oreilles,
> Dressez voz cœurs là sus, etc. »

Après sa sortie du collége, qui dut avoir lieu vers l'année 1585, Honoré d'Urfé, rentré dans son pays, vécut quelques années au château de la Bâtie [1], dans cette quiétude d'esprit qui précède ordinairement l'âge des passions. Il écrivit alors, en l'honneur de mademoiselle de la Roche-Turpin, un petit poëme dont nous ne connaissons que le titre, que nous a conservé son frère dans un sonnet adressé à cette dame. Il était intitulé *le Triomphe d'amour*.

---

[1] Voici dans quels termes il parlait de cette époque de calme et de bonheur, trente ans après, dans la préface de la troisième partie de l'*Astrée* : « Belle et agreable riviere de Lignon, sur les bords de laquelle j'ay passé si heureusement mon enfance et la plus tendre partie de ma premiere jeunesse, quelque payement que ma plume ait pu te faire, j'advoue que je te suis encore grandement redevable pour tant de contentemens que j'ai receus le long de ton rivage, à l'ombre de tes arbres fueillus et à la fraîcheur de tes belles eaux, quand l'innocence de mon aage me laissoit jouir de moi-même, et me permettoit de gouster en repos les bon-heurs et les felicitez que le ciel, d'une main liberale, repandoit sur ce bien-heureux pays que tu arrouses de tes claires et vives ondes. »

Mais bientôt les circonstances vinrent tirer Honoré de sa retraite. Forcé de prendre un parti, au milieu du conflit politique qui déchirait la France, il se fit ligueur, entraîné sans doute par l'exemple de son frère et par les idées dominantes de l'époque. A son début dans la carrière militaire, placé sous les ordres du duc de Nemours, dont l'avenir, si brillant et si court, s'ouvrait sous d'heureux auspices, il fut un des plus rudes champions de la Ligue. On peut le voir figurer dans la narration historique qui se trouve à la suite de ces notices, et à laquelle il est nécessaire de se reporter maintenant pour bien comprendre certains faits dont il va être parlé.

Malgré la modification importante qui s'était opérée en 1593 dans les opinions de son frère, Honoré resta ligueur. Au mois de février 1595, il fut arrêté à Feurs, dans un conseil où il assistait, et que probablement il présidait, en qualité de lieutenant du duc de Nemours, titre qu'il porta lorsqu'Anne se fut déclaré royaliste. « Je n'ay pas toutesfois, dit-il[1], esté pris à force..... mais

---

[1] *Epistres morales*, 1re édit. p. 85 et 86. — Les biographes racontent, on ne sait sur quel fondement, qu'Honoré d'Urfé, durant le cours des guerres de la Ligue, ayant été fait prisonnier par les soldats de la reine Marguerite de Navarre, alors retirée au château d'Usson en Auvergne, fut jeté dans les prisons de cette princesse, où l'amour vint adoucir les rigueurs de sa captivité. Selon eux, il aurait eu part aux faveurs de cette princesse, ce qui, disent-ils, explique l'aversion qu'Henri IV eut toujours pour l'auteur de l'*Astrée*, quoique ce livre lui fût dédié. Il est peu raisonnable de supposer qu'Honoré d'Urfé fut fait prisonnier par les troupes de Marguerite, puisque tous deux suivaient le même parti ; mais il n'est pas impossible qu'il l'ait connue durant l'une ou l'autre des deux campagnes que nos ligueurs forésiens firent en Auvergne.

surpris à l'espere : autrement j'auroy honte de ma prise, au lieu que je n'ay que regret de sa perfidie.... »

La perfidie dont il parle ici est celle d'un prétendu ami, qui le trahit, soit en le dénonçant aux royalistes [1], soit en le dénigrant aux yeux du duc de Nemours. « Il se figuroit, dit Honoré, de se prevaloir de ma charge, si je demeuroy les mains liées, et il luy est advenu non autrement qu'à l'enfant peu advisé qui, voyant la flamme de la chandelle, espris de sa beauté, y porte la main sans jugement pour la prendre, et pensant se l'estaindre entre les doigts, treuve que tuant la beauté de cette flamme, il ne luy en reste autre chose qu'une bruslure qui luy en cuyt par après longuement. »

« Il reste de satisfaire, dit-il ailleurs, au desir qu'à l'advanture tu auras de sçavoir qui est celuy dont je plains la perfidie. Sçaches que c'est une personne qui a pensé

> Pour se mettre en honneur de se prendre à Ronsard,

et qui se voyant incogneu a creu que brusler le temple de Diane le feroit renommer. Que cela te suffise, attendant que mon espée t'en rende plus claire cognoissance; car c'est elle et non pas cette plume qui m'a esté donnée en partage pour marquer mes ennemis [2]. »

On ne sait si Honoré assouvit sa vengeance sur le

---

[1] Si les termes mêmes d'Honoré ne s'y opposaient, j'aurais placé ce fait en février 1594, qui est l'époque à laquelle Feurs se rendit aux royalistes. Alors il n'aurait pas été difficile d'expliquer la présence du ligueur Honoré dans cette ville, surtout après la soumission de Sury, qui lui avait été enlevé en octobre 1593. Voyez, plus loin, le récit des événements qui eurent lieu dans le Forez du temps de la Ligue.

[2] *Epistres morales*, 1re édit. 1598, p. 28. (Épitre au lecteur.)

misérable auteur de sa ruine; il dit seulement qu'au sortir de sa prison, qui fut d'environ un mois et demi, il se rendit auprès du pauvre duc de Nemours, que sa mauvaise fortune conduisait au tombeau.

« ...J'allay, dit-il, en Savoye [1], vers ce grand prince nostre maistre, qui peu auparavant y estoit venu de Vienne, comme si les destins le guidoyent, à fin qu'il vint fermer les yeux dans la province où desjà tant d'autres princes de son sang avoyent et regné et fini leurs jours. Il avoit desjà souffert un très-grand assaut de son mal, et fut à tel terme que plusieurs l'avoyent tenu pour mort. Il sembloit que le ciel nous le voulust conserver encores luy redonnant assés de force pour monter à cheval et pour rejoindre ses troupes. Mais après avoir supporté, plus avec le desir qu'il avoit de ne nous point abandonner sentant l'ennemy si près, que par force qui luy fut restée de sa derniere maladie, il fut en fin contraint de se retirer à Annecy, où avec quelques particuliers il faisoit dessain de se guerir en repos. Mais helas! celuy qui dispose de nous, ne voulant nous le laisser plus long temps, l'appela, après une très-longue et inaccoustumée maladie. Très-longue, car il eust quatre mois la fievre continue; inaccoustumée, d'autant que jamais les medecins ne sceurent recognoistre au vray quelle elle estoit [2].

---

[1] A la fin du mois de mars 1595, le duc de Nemours s'était rendu à Turin, auprès du connétable de Castille, pour l'engager à passer dans le Lyonnais avec une armée. Voyez la *Notice sur le duc de Nemours*, par M. Péricaud; Lyon, 1827, in-8°, p. 31.

[2] Quelques auteurs disent que le duc de Nemours mourut de la maladie qui avait emporté, si jeune aussi, le malheureux roi Charles IX.

« ...Au commencement, croyant son mal proceder de tristesse, je me figuroy qu'il estoit plustost long que dangereux. De sorte qu'attendant sa guerison je me retiray près de là, avec mon frere de Bussi [1], employant le temps tantost à la lecture, tantost aux promenoirs, tantost à visiter ces grands rochers et agreables precipices des ruysseaux. Mais, lors que j'attendoy quelque nouvelle de sa santé, ne voilà pas un de mes amis qui m'advertit qu'on ne luy esperoit vie! Quel tressaut fut le mien! et quel le desplaisir qui m'en demeura! Juge-le, Agathon, si jamais ce que tu as aimé a esté en telle extremité. Je monte à cheval, et ne prens repos que je ne sois près de luy. Je le trouvay tellement abattu de la perte du sang, qu'on ne pouvoit luy estancher, qu'il n'avoit quasi la force de lever les bras. Aussi est-il allé traçant ses derniers jours de son sang, et la dernière goutte a esté le dernier moment de sa vie [2]. »

Après la mort du duc de Nemours, qui arriva dans la nuit du 15 août 1595, Honoré d'Urfé revint à Montbrison, qui était menacé d'un siège par les royalistes. Il

---

[1] Christophe d'Urfé : on a donc eu tort de placer sa mort au 1er octobre 1594, dans l'*Histoire généalogique des grands officiers de la couronne*, puisque ceci se passait en 1595. On l'a probablement, dans cette occasion, confondu avec son jeune frère Antoine. Voyez pag. 140.

[2] *Epistres morales*, 1re édit. p. 131 et suiv. — Honoré entre ici dans de très-longs et très-curieux détails sur les circonstances de la mort du duc de Nemours, qui, pendant sa longue agonie, fit preuve d'une grandeur d'âme vraiment extraordinaire. Après avoir joué dans nos provinces un rôle si brillant, ce jeune prince mourut le 15 août, pleuré de toute une cour de gentilshommes de son âge qui s'étaient volontairement associés à sa fortune. Le marquis de Saint-Sorlin, son frère et son héritier, prit alors le titre de duc de Nemours.

n'y fut pas plus tôt arrivé, que, par un coup de la fortune, dont on ignore les circonstances, il fut jeté de nouveau en prison dans cette ville qu'il était venu défendre.

Encore tout ému de la mort de celui qu'il se plaisait à nommer *son maître*, et voyant s'approcher le terme de la lutte dans laquelle il se trouvait engagé, Honoré s'occupa, pour charmer les ennuis de sa prison, à écrire un ouvrage philosophique auquel il donna le titre d'*Epistres morales*. Cet ouvrage, dont la dédicace est datée de *Montbrison, le 24 septembre* 1595, est précédé d'un avis au lecteur dans lequel on lit :

« Ces discours que je te presente ne te sçauroyent estre si desagreables que l'occasion de leur naissance me l'a esté. Ils sont nez d'un fascheux loisir que m'a donné la prison où je suis encores. Toutesfois, comme des fleurs plus ameres l'abeille tire son miel, j'ay pensé que de ce fascheux temps je pourroy tirer quelque soulagement par ma plume. Or, tel qu'il a esté, je te le mets devant les yeux, non point pour en recevoir ton jugement, mais à fin que tu t'en serves si tu en as affaire. C'est pour ta necessité, et non point pour ta dispute que je t'en fay part. L'experience plus que la science luy fait voir le jour; car si je suis medecin de la fortune, je ne suis point de ceux qui se servent de la vie des malades pour s'asseurer en leur doctrine, mais de ceux qui, quasi du tout fondez sur la preuve, cognoissent mieux quelles herbes sont propres au mal qu'ils n'en sçavent la raison. Ce n'est point sur autruy que j'ay fait ces experiences : moy seul en suis et le patient et le medecin. Par ainsi n'en fais difficulté, puis que je te traite comme moy-mesme.

« Quelles ont esté mes playes, sans les chercher de plus loing que depuis un an en çà? Mes amis les sçavent, à qui l'affection les a fait ressentir autant qu'à moy la fortune. Tant y a que mes coups ordinaires ont esté la mort de mes amis (que la guerre en plusieurs sortes m'a devorez); d'un frere [1] que j'avoy tousjours particulierement tant aymé, que sa memoire sera en mon ame, comme l'esperance qu'il naissoit en chascun, à jamais regrettée; et, pour conclusion, de ce maistre pour la consideration duquel j'avoy desdaigné tout'autre consideration. Les moindres blesseures ont esté deux prisons : l'une n'attendant entierement l'issue de l'autre; et encor que toutes deux par trahison, l'une toutesfois par mes ennemis, et l'autre par ceux que je tenoy pour mes amis. De sorte que je puis dire avec beaucoup de raison :

> Quelle terre et quell'eau me recevra en fin ?
> Ou que reste-il plus à mon cruel destin ?
> Puis qu'avecques les Grecs je n'ay point d'asseurance,
> Ny avec les Troyens qui cherchent, pour vengeance,
> Mon sang, comme offencez....... »

Ce livre d'*Epistres morales* mérite, sous plusieurs rapports, de fixer l'attention. Il est écrit sous forme de lettres que l'auteur est censé adresser de sa prison à un de ses amis, personnage fictif qu'il appelle Agathon. Le style en est noble et pur, et les dissertations philosophiques dont elles sont pleines montrent qu'Honoré

---

[1] Antoine d'Urfé. Voyez la note 1 de la page 138.

était très-familiarisé avec les moralistes anciens. Mais la partie la plus intéressante est celle qui lui est personnelle, et où il cherche à justifier sa conduite durant les troubles de la Ligue. Pour cela, il s'efforce de prouver que le duc de Nemours, dans cette guerre, n'avait pas été mû par l'ambition, mais uniquement par ses scrupules religieux. Chaque fois qu'il parle de ce jeune prince (et cela arrive souvent), il épuise en son honneur toutes les formules laudatives :

« Je vouloy clorre cette lettre (dit-il dans la vingt-deuxième épître), mais j'ay tant devant les yeux la memoire de ce grand prince mon maistre, qu'à la plus part de mes conceptions il faut que le ressouvenir de ses actions ait lieu. Après que Vienne luy eust esté soustraicte de la sorte que tu sçais, il tomba en cette grande maladie dont il ne releva depuis. Et encore que ses affaires allassent en decadence, à cause du grand coup que cette ville luy avoit donné, si ne laissa-il d'estre fort recerché de ses ennemis. Je vis lors quelques uns de ses serviteurs qui le conseilloient d'accommoder ses affaires, puis que le temps le requeroit et que l'occasion en estoit belle. Tant s'en faut, leur respondit-il, c'est à cette heure qu'il faut que nostre resolution se change, s'il est possible, en opiniastreté, pour faire paroistre que non point l'ambition, mais la religion nous a mis les armes à la main. Et, en ma mauvaise fortune, pour le moins, j'ay ce contentement de pouvoir rendre preuve irreprochable de mon intention; car puis que tenant fort peu en France, et ayant opinion d'y devoir tenir encor moins dans peu de temps, si toutesfois, à cause de ma religion, je refuse de très-belles et honorables conditions des ennemis[1], où est l'ambition dont autresfois on m'a tant accusé?

« Et il est très-veritable, amy Agathon, que, par ce moyen, ce grand prince ne laissa personne en doute que ce fut le sainct dessein du service de Dieu qui l'eut armé en ces dernieres guerres, puis que se voyant delaissé des siens, et ses ennemis très-grands et s'accroissans de jour en jour, le requerir toutesfois d'amitié avec de très-belles offres, il ne les voulut jamais escouter. »

« Or sus, Agathon (dit Honoré à la fin de ses épîtres), c'est assés couru. Plions les voiles; laissons les rames hors de l'eau; tornons la veue au rivage, et entrons desormais dans le port. Nous avons assés essayé les vents; nous nous sommes assés fiez à la mer : courons à la terre ferme, et ne nous laissons plus endormir au doux branle de l'onde.....

« Qui a esté plus accompagné de bon heur, et qui pour un temps a plus ressenti de ses douceurs que ce grand prince que nous avons servy? Je croy que de toutes les choses qui peuvent avoir ce tiltre, une fois ou autre, il en a été possesseur. Toutesfois, quand on luy dit que le S. Pere recevoit son ennemy au giron de l'eglise : Tant mieux, dit-il, lors nous vivrons en un repos honorable. Tu vois comme il avoit desir de se rendre au port après avoir tant voyagé, et comme il

---

[1] Henri IV prétendait aussi, de son côté, être sollicité par le duc de Nemours. Voyez, dans le récit des événements qui eurent lieu en Forez du temps de la Ligue, la dernière note qui accompagne l'extrait de l'instruction donnée au sieur de la Fin, au mois de décembre 1593.

jugeoit que pour le repos les mouvements honorables mesmes estoient à desdeigner.

« Or, si tu croyois que la retraitte que je te sonne fut pour te clorre dans les montagnes affreuses, ou pour te separer, comme un Timon, entierement de la compagnie des hommes, tu te tromperois beaucoup ; je veux que tu te retires seulement de la mer sur le rivage, à fin qu'estant là tu puisses jouyr d'un estat asseuré, et considerer le danger que tu auras esvité par le naufrage des autres ; et, s'il est necessaire, pour advertir encores ceux qui tenteront le voyage de quels dangers ils ont à se garder ; et d'autant qu'il y a plusieurs fares qui sont faux, que la fortune allume seulement pour nous faire perir, leur donner les marques de celuy auquel ils doivent dresser leur routte.

« . . . . . Je sçay que tu me mettras devant les yeux, puis que c'est un bien si souverain, pourquoy je ne me l'eslis. S'il m'estoit permis, Agathon, avec quel contentement le feroy-je ! Je suis trop engagé au combat ; il faut que nous sçachions à qui le champ de bataille demeurera ; et, si j'ay la victoire, tu cognoistras que je ne te donne conseil que je ne vueille prendre pour moy ; mais à cette heure elle seroit estimée fuite et non pas retraitte. »

Pour bien comprendre ces dernières lignes, il faut se rappeler qu'Honoré écrivait dans Montbrison assiégé par les troupes royales. Ç'aurait été, en effet, une lâcheté de sa part d'abandonner alors, par la seule raison qu'il était devenu le plus faible, ce parti qu'il avait cru devoir embrasser comme le plus juste. Il le jugeait bien déjà perdu, mais il attendait que le sort des armes lui permît de se retirer avec honneur, et c'est ce qu'il put faire bientôt.

Après la soumission du Forez au roi, ne pouvant être que fort mal reçu à la cour de Henri IV, Honoré se retira auprès du duc de Savoie, son parent, qui l'accueillit parfaitement, comme on doit le penser, à ce double titre de ligueur et d'allié. Il eut d'ailleurs occasion de rendre à ce prince quelques services dans la guerre qu'il soutenait alors contre la France, principalement au sujet de sa province de Maurienne, et il en reçut plusieurs charges honorables. Mais ces charges, que sa naissance et sa position lui faisaient un devoir d'accepter, ne l'empêchèrent pas de suivre son premier dessein. Vers la fin de l'année 1596, ayant pu jouir enfin de ce calme auquel il aspirait après la tempête, Honoré suivit l'exemple de son frère aîné, et s'adonna entièrement à la littérature. Chambéry était sa résidence ordinaire; il s'y lia d'amitié avec plusieurs personnages de distinction, dont il fit sa société habituelle. C'est dans cette espèce de retraite qu'il écrivit son *Sireine*, qu'il conçut le plan de la *Savoysiade*[1], et qu'il mit en ordre ses *Epistres*

[1] Je possède un précieux monument de cette époque : c'est un très-volumineux manuscrit autographe d'Honoré d'Urfé dans lequel se trouvent, entre autres poésies, les premiers brouillons de la *Savoysiade* et une copie du *Sireine* datée de Chambéry, le 24 novembre 1596, avec ce titre : *Le Sireine du jeune Urfé*. Il paraîtrait, en effet, comme le dit le libraire dans l'avis au lecteur qui précède la 2ᵉ édition de ce poème, qu'Honoré l'avait commencé dans sa jeunesse. Cette circonstance, jointe à quelques autres, me porte à croire que l'auteur fit entrer dans ce nouveau travail tout ou partie de son *Triomphe d'amour*, dont le sujet, à en juger par le titre, devait avoir quelque analogie avec celui du *Sireine*. Si on veut

morales, qui furent publiées quelque temps après, et dans les circonstances dont on va parler.

Au commencement de l'année 1598, Honoré tomba dangereusement malade. Regrettant de ne pas voir près de lui son ami intime, Antoine Faure, sénateur au souverain sénat de Savoie, et auteur d'un ouvrage de droit qui jouit pendant quelque temps d'une grande célébrité, il remit le manuscrit de ses *Epistres* à une personne de confiance, avec prière de le lui faire parvenir de sa part, s'il venait à mourir avant d'avoir eu le plaisir de le voir. Mais Faure, ayant eu avis de cette maladie, accourut aussitôt, et eut le bonheur, comme il le dit dans la dédicace, de trouver le malade en bon train de convalescence. Néanmoins Honoré ne voulut pas que sa guérison privât son ami d'un don qu'il lui avait fait dans un moment aussi solennel, et il confirma en santé le legs qu'il avait fait au lit de la mort. Antoine Faure saisit cette occasion pour faire imprimer ce livre, qu'il avait souvent lu et admiré, dit-il, dans le cabinet de l'auteur, qui, malgré ses supplications, n'avait jamais

---

bien remarquer, en outre, que ce poëme (comme les *Epistres morales*, imprimées vers le même temps) est dédié à une dame qui n'est pas nommée, et qui pourrait bien être mademoiselle de la Roche-Turpin, on ne sera pas éloigné de croire, avec moi, qu'Honoré a voulu peindre son *exil long et malheureux*, dans ce poëme qui représente le pauvre berger Sireine « paissant ses bœufs sur les bords de l'Éridan (le Pô). » Un sentiment plus vif encore que celui de l'amour du pays faisait peut-être regretter au poëte les rives du Lignon. Éloigné des lieux dans lesquels il avait laissé tous les objets de son affection, son imagination l'y ramenait sans cesse, et nous devons peut-être à cet exil les plus charmantes descriptions de son célèbre roman de l'*Astrée*, auquel il préludait déjà.

voulu jusque-là consentir à le rendre public. Dans la dédicace, adressée au duc de Savoie, Faure n'hésite pas à mettre les leçons d'Honoré au-dessus de celles de Sénèque, dont la vie, dit-il, démentait les écrits.

Cet ouvrage fut imprimé pour la première fois en 1598, dans le format in-12, sous ce titre : « Les Epistres morales du seigneur d'Urfé, escuyer et chambellan ordinaire de S. A., colonel general de sa cavalerie et infanterie françoise, et capitaine de cent chevaux legers de ses ordonnances. Dédiées à son Altesse. » Imprimé à Lyon, par Jacques Roussin, avec privilége du roi. On doit remarquer que Roussin avait déjà imprimé, en 1592, les opuscules d'Antoine d'Urfé, et entre autres la première épître de ses *OEuvres philosophiques*, ouvrage qui, à en juger par l'unique pièce qu'on en connaisse, devait être tout à fait dans le goût des *Epistres morales*. Peut-être même ce dernier ouvrage dut-il sa naissance au premier, dont Honoré aurait connu le plan et possédé les manuscrits. Voyez, plus loin, la notice qui concerne Antoine.

Cette première édition des *Epistres morales* forme un petit volume de 348 pages [1], tout compris (préface, dédicace, etc.). Sur la première page du texte on lit : *Premier livre*. En effet, dans les éditions subséquentes, Honoré ajouta à ses épîtres un second et même un troisième *livre*; mais ils ne contiennent rien de bien remarquable, et pour nous, au reste, n'ont pas l'intérêt du premier, qui est plein de renseignements biographiques.

[1] Il y a dans les dernières pages une erreur de folios (346, 347, etc. pour 336, 337, etc.).

BIOGRAPHIE. — HONORÉ.   147

Ces deux nouveaux livres sont entièrement consacrés à des dissertations philosophiques.

Je connais huit éditions de cet ouvrage : celle de 1598, dont on vient de lire le titre; deux de 1603 et 1608, in-12, à Paris, chez Micart; une de 1619, in-8°, à Paris, chez Robinot; quatre de 1619, 1620, 1623 et 1627, in-12, à Lyon, chez Jean Lautret. Celle de 1603 contient le second livre; celle de 1608, le troisième; enfin celle de Robinot, 1619, intitulée : *Epistres morales et amoureuses du marquis d'Urfé, etc.*, a été augmentée de quelques lettres tirées de l'*Astrée*. Cette innovation ne paraît pas avoir bien réussi, et les éditions de Lautret, imprimées postérieurement, ne contiennent que les trois livres d'épîtres [1]. L'usage d'user et d'abuser des noms et des réputations remonte bien haut dans l'histoire de la librairie : dans toutes ces éditions, l'esprit de spéculation a fait subir à cet ouvrage de bien fâcheuses mutilations. Tantôt c'est le retranchement d'une préface, tantôt celui d'une simple date; mais d'une date qui donnait la clef des réflexions philosophiques dont l'ouvrage est plein. C'est sans doute dans la crainte de nuire à la *nouveauté* de leur publication que les libraires ont retranché, par exemple, dans quelques éditions, cette rubrique essentielle, qui se trouve à la première : « Montbrison, le 24 septembre 1595. » Du reste, l'ouvrage en lui-même n'a presque point subi de changement, malgré le « revu et augmenté par l'auteur » qu'on lit sur le titre de chaque édition [2].

---

[1] Celle de 1619 ne contient même que les deux premiers.
[2] Les *Epistres morales* ne passèrent pas inaperçues dans le Forez, où

En 1599, par suite de certains arrangements de famille, Jacques d'Urfé, qui venait d'être nommé bailli de Forez, en remplacement d'Anne son aîné, remit à Honoré le comté de Châteauneuf en Bresse, dans lequel étaient compris la terre et le château de Virieu-le-Grand, que celui-ci habitait parfois. Cette cession précéda de fort peu de temps le mariage d'Honoré avec Diane de Châteaumorand, et n'eut peut-être lieu que pour faciliter son établissement. Honoré épousa cette dame vers l'année 1600, non par amour, comme on l'a cru, mais par intérêt, comme il le disait lui-même : pour ne pas laisser sortir de sa maison les grands biens qu'elle y

les actions de notre ligueur pouvaient être jugées. Un de ses contemporains, Marcellin Allard, de Saint-Étienne, publia une satire intitulée *Gazette françoise,* dans laquelle il semble que l'auteur ait eu l'intention (autant qu'il est permis d'en juger aujourd'hui) de critiquer non-seulement la conduite d'Honoré, mais encore celle de tous les personnages qui avaient joué un certain rôle dans notre pays durant les derniers troubles. Le style de cet ouvrage est bien loin de celui des *Epistres,* quoique Marcellin ait semé à profusion, dans son livre, les citations latines, espagnoles et italiennes. On y trouve parfois un esprit fin ; le plus souvent pourtant il est lourd et obscène, mais toujours plaisant. On dirait qu'il se ressent du désordre des guerres civiles. Les sonnets et autres poésies placées au commencement de ce livre, et composées par des Forésiens qui n'y ont inscrit que leurs initiales, viennent confirmer ce que j'ai dit déjà, que beaucoup de personnes dans la province s'occupaient alors de littérature. Cet ouvrage, dont l'impression ne fut achevée qu'en 1606, était déjà prêt deux ans auparavant, comme le prouve la date du privilége. Marcellin fit encore imprimer un dialogue en patois forésien intitulé : « Ballet, en langage foresien, de trois bergers et trois bergeres se gaussant des amoureux qui nomment leurs maistresses leur doux souvenir, leur belle pensée, leur lis, leur rose, leur œillet, etc. » Cet ouvrage semble être une critique grossière de l'*Astrée* et du *Sireine,* dans lesquels Honoré, à l'exemple de son frère aîné, a peint les sentiments les plus délicats.

BIOGRAPHIE. — HONORÉ. 149

avait apportés. Un mariage fait dans de telles vues ne pouvait être heureux, et celui-ci ne le fut pas. Diane, qui avait six ou sept ans de plus que son nouveau mari, était malpropre, et toujours entourée de grands chiens qui entretenaient dans sa chambre et jusque dans son lit une saleté insupportable. Après avoir vécu quelque temps avec elle à Châteaumorand, Honoré, désespérant d'en avoir un héritier, se sépara de sa femme, mais de corps seulement, et sans formalités légales. Il aurait craint sans doute de fatiguer le pape par la demande de nouvelles dispenses, ayant eu déjà deux fois recours à lui[1] : la première pour faire rompre ses vœux de chevalier de Malte, la seconde pour être autorisé à épouser cette même Diane sa belle-sœur [2].

[1] Son jeune frère Antoine avait eu aussi plusieurs fois recours au pape, soit pour dispense d'âge, soit pour obtenir l'investiture de l'abbaye de la Chaize-Dieu (voir la lettre n° VII). Anne l'aîné en avait de même obtenu au moins deux dispenses : l'une pour son divorce, l'autre pour entrer dans les ordres. Aussi rapporte-t-on que le saint-père avait dit que la famille d'Urfé n'aurait pas trop d'un pape pour elle seule, tant elle lui donnait d'occupation. (Voyez les *Mémoires* [publiés sous le nom] *de madame de Créqui.*)

[2] J'ajouterai ici quelques détails concernant Diane de Châteaumorand, à laquelle les biographes ont fait jouer un rôle très important dans la vie d'Anne et d'Honoré d'Urfé, et qui a joui dans le XVII° siècle d'une très-grande célébrité.

Cette dame, unique héritière de sa maison, survécut quelque temps à Honoré, son second mari. Le 31 octobre 1625, elle fit donation de ses biens à Jean-Claude de Levis, son parent, et cadet de la maison des nouveaux seigneurs de Couzan, à la charge par lui de porter le nom et les armes de Châteaumorand. Ce même Lévis jouit du marquisat de Valromey. Segrais rapporte que le marquis d'Urfé (neveu d'Honoré), qui avait connu Diane, disait qu'elle était devenue fort grosse avec l'âge; qu'elle était idolâtre de sa beauté, et que, par l'extrême soin qu'elle en prenait, elle se

Mais revenons aux travaux littéraires d'Honoré d'Urfé, que son mariage est loin d'avoir interrompus. Après la publication de ses *Epistres morales*, il s'occupa de mettre la dernière main à son poëme du *Sireine,* comme on le voit dans l'exemplaire autographe que je possède, et dont la dédicace, adressée au duc de Savoie, est datée « de Virieu-le-Grand, le premier juillet 1599 [1]. » L'année

rendait insociable : toujours enfermée, toujours masquée, toujours en garde contre le soleil. Un jour, raconte-t-il, elle fit un voyage en Forez, et vint se loger dans la petite abbaye des bénédictines de Bonlieu, qui n'est qu'à une (demi-) lieue de la Bâtie. Quoique Marie de Neuville, sa belle-sœur, n'eût jamais été en bonne intelligence avec elle, elle ne laissa pas d'envoyer Charles-Emmanuel, son fils aîné, lui faire un compliment et la prier de ne point prendre d'autre logis que le sien. Elle s'en excusa sur ce que les vitres y étaient mal entretenues ; il repartit que, depuis qu'elle en avait fait enlever les vitres de cristal qui y étaient, on avait eu soin d'y en faire mettre de verre. Voilà, lui répliqua-t-elle un peu émue, des discours que vous avez appris de votre mère : il en faudrait d'autres pour m'attirer chez vous. (Je dois dire que tout ce récit ne s'accorde guère avec ce qu'on lit dans *Moréri*.)

Selon Huet, deux autres membres de la famille d'Urfé se laissèrent prendre aux charmes de Diane, ce qui lui attira, dit-il, de cruelles médisances de la part de Saint-Géran. Après la mort de son mari, ajoute-t-il, elle se tint éloignée de la famille, qui n'avait pas pour elle toute la considération qu'elle croyait devoir en attendre, et n'eut avec elle d'autre correspondance que celle qui était nécessaire pour la conservation et la jouissance de ses droits.

[1] Le second livre du *Sireine* est aussi daté de Virieu, le 20 décembre 1596. La Bibliothèque royale (*fonds la Mare* 9835-5) est en possession d'un acte (sur parchemin) très-curieux, daté de cette résidence, le 18 avril 1602. « Ce sont les adveux et denombrement que presente au roy illustre seigneur Honoré d'Urfé, comte de Chasteauneuf, baron de Virieu-le-Grand, seigneur de Senoyl, ez provinces et bailliages de Bugey et Valromey, desdites terres, etc. » On y dit que le revenu total de ces trois terres ne s'élève « qu'à trois cents escus cinquante-six sols, ou pour un coup à la somme de neuf cents trente escus au denier trente. » Bien entendu

suivante, il en offrit à Marguerite de Savoie, fille de ce prince, un exemplaire qui se voit encore dans la bibliothèque de l'université de Turin. C'est un beau volume in-4° orné de lettres d'or. On lit dans la dédicace particulière à cet exemplaire, et qui est datée de Virieu, le 16 juin 1600, que « ces vers qu'il ose lui présenter sont dus au repos que son altesse (son père) a procuré » au pays[1]. C'est ce qu'on lit en d'autres termes dans la dédicace de mon exemplaire. Mais ce qui rend ce dernier plus précieux, c'est qu'il est le brouillon original, et que, d'après les indications, toutes de la main d'Honoré, qui sont répandues dans le manuscrit, il est évident qu'il a servi de copie à l'exemplaire de Turin. En effet, le premier livre de mon manuscrit, qui avait 139 strophes, n'en a plus que 127, comme ce dernier, après les ratures et les transpositions. Il en est ainsi des deux autres livres. La première édition du *Sireine*, que je n'ai jamais pu me procurer, et que l'éditeur de la seconde dit être si défectueuse, fut, je crois, imprimée sur une copie de ce manuscrit, qui en effet est bien moins étendu que les autres exemplaires.

que l'estimation en est faite au taux le plus bas. Les témoins qui ont signé avec Honoré sont : « Gaspard de Genetines, seigneur de la Tenaudiere en Lyonnois; Gaspard de Jas, seigneur dudit lieu en Forez, et François de Fronsac, seigneur de la Chenal audit pays de Forez; tous trois gentilshommes de la suite dudit seigneur. » A en juger par cette dernière phrase, il paraît qu'Honoré commença dès lors à avoir un grand train de maison.

[1] Je dois tous ces renseignements à M. Arri, bibliothécaire de l'université de Turin et membre de l'académie de cette ville, qui a eu l'obligeance de me fournir les notes les plus détaillées sur les manuscrits d'Honoré qui se trouvent dans la capitale du Piémont.

Voici, au reste, l'avis du libraire :

« Je te fay voir, amy lecteur, le Sireine de monsieur d'Urfé en meilleur estat qu'il n'estoit pas ces années passées, que je l'imprimay sur une très-mauvaise coppie, changée et deffaillante presque en toutes les parties principales de l'œuvre, par ce que celuy qui me la donna ne prit pas garde que depuis l'autheur l'avoit plusieurs fois retouchée, et que celuy qui la luy avoit donnée l'avoit escrite à la haste, comme la prenant à la derobée et à l'inseu de l'autheur. De quoy j'ay bien voulu t'advertir, et ensemble te dire qu'encore que l'autheur feist cet essay de son esprit en son enfance, et à peine sorty de ses premieres estudes, il est toutesfois tel qu'en ce subjet tu jugeras qu'il ne doit ceder aux meilleurs escrits de nostre siecle. »

Je suis loin de partager toutes les préventions de l'éditeur; mais, d'un autre côté, le jugement de Malherbe n'était-il pas trop sévère ? On rapporte[1] qu'ayant vu les premiers essais d'Honoré, le *restaurateur des lettres françaises* le détourna de la poésie, en lui représentant qu'il n'avait pas assez de talent pour cela, et qu'un gentilhomme comme lui devait craindre le blâme de passer pour un mauvais poëte. L'accueil favorable que le public fit aux vers d'Honoré, dont il avait déjà parfaitement accueilli la belle prose, dut adoucir pour celui-ci la rigueur du jugement de Malherbe.

Le *Sireine* fut réimprimé pour le moins aussi souvent que les *Epistres morales*. J'en connais sept éditions, y compris la première, que je n'ai jamais vue : une de

---

[1] Voyez l'ouvrage intitulé *Segraisiana*.

1606, in-12, chez Micard, à Paris; une de 1611, in-8°, chez Toussaint du Bray, à Paris[1]; une de 1615, in-8°, chez J. Brunet, au Pont; une de 1617, comme l'édition de 1606; une de 1618, comme celle de 1611; enfin une autre de 1618, « jouxte la copie imprimée à Paris, chez J. Micard. » Plusieurs de ces éditions portent : « Revu et augmenté par l'auteur; » mais en réalité il n'y a fait que quelques légers changements. La dernière édition de du Bray (1618) est cependant augmentée de quelques *autres poésies du sieur d'Urfé* : ce sont des pièces de vers, sonnets, etc., tirés des trois premiers volumes de l'*Astrée*. Un exemplaire de la dernière édition que je viens de mentionner, et que je crois être une contrefaçon[2], se trouve à la Bibliothèque royale. Il est joint à un autre ouvrage d'Honoré sur la première page duquel on lit : « Paraphrase sur les cantiques de Salomon. » Comme ce dernier livre, qui est sans date, est, je crois, d'une époque bien postérieure, j'en parlerai plus loin.

Le *Sireine* est divisé en trois chants ou livres : *le Départ*, *le Séjour* et *le Retour;* il contient en tout 601 strophes de six vers chacune dans l'édition de 1606, et 603 dans les dernières, soit 3618 vers de huit syllabes. Le manuscrit de la bibliothèque de l'université de Turin ne contient que 391 strophes, ou 2346 vers. Quelques éditions sont précédées du quatrain suivant, adressé par un nommé Matel à Honoré d'Urfé :

---

[1] Cette édition est la plus défectueuse; elle est fort mal imprimée, et accompagnée d'un très-long *errata*. L'exemplaire qui se trouve à la bibliothèque de l'Arsenal (*Belles-lettres*, 6722. A.) est un « present de l'Autheur » au P. Sirmond, confesseur de Louis XIII.

[2] Ceci montre tout le cas qu'on faisait du livre.

Monsieur, ce n'est pas peu de se voir des premiers
Sur le rang des vaillants et doctes de la France;
Mais vous faites bien mieux, qui venez des derniers,
Les passer en doctrine et les vaincre en vaillance.

Le poëme débute ainsi :

> Je chante un despart amoureux,
> Un exil long et mal-heureux
> Et le retour plein de martyre.
> Amour qui seul en fus l'autheur,
> Laisse pour quelque temps mon cœur,
> Et viens sur ma langue les dire.
>
> Vous de qui l'œil m'a surmonté,
> Et qui m'a faict par sa beauté
> Tant de blessures incurables,
> Voyez Sireine, et sa pitié
> Fasse qu'en vous mon amitié
> Ne se plaigne de coups semblables.

Sireine, jeune berger au service d'un riche pasteur, est forcé de faire un voyage sur les bords du Pô pour les intérêts de son patron. Pendant son absence, Diane [1], sa maîtresse, est contrainte par ses parents d'épouser un de ses voisins, riche mais vieux et laid. Elle fait prévenir Sireine, afin qu'il se hâte d'arriver pour faire rompre l'union projetée; mais celui-ci arriva trop tard. Le sacrifice étant consommé, force lui fut de céder au sort. Toute l'œuvre roule sur le dévouement. Voici ce qu'en dit le libraire dans son avis au lecteur: « Des deux parties de l'amour, plaisir et ennuy, n'ayant choisi que la

---

[1] Ce nom est, à mon avis, le seul rapport que ce poëme ait avec Diane de Châteaumorand. Voyez la note qui se trouve à la première page de cette notice.

derniere pour son subject, (Honoré) l'a traictée si heureusement que par force il faut louer le jugement qu'en un tel aage il a monstré soit de l'eslection, soit pour la liaison de la fable. » Le talent consistait alors à prouver la puissance de la raison sur l'amour, comme il consiste aujourd'hui à prouver la puissance de l'amour sur la raison. Ces deux manières de voir ont peut-être tort et raison en même temps : je laisse à d'autres le soin de les juger. Je dirai seulement qu'on trouve déjà dans ce poëme, et sous le nom de Sireine, le personnage de Céladon : celui d'Astrée ne devait pas tarder à être créé. En effet, il l'était peut-être déjà, car toute l'*Astrée* se résume dans cette strophe du *Sireine :*

> « Le devoir, belle, n'a pouvoir
> (Dict le berger pour l'esmouvoir)
> Où l'amour parfaict a pris place. »
> — « L'amour (respond-elle) est au cœur ;
> Mais s'il n'y vit avec l'honneur,
> La honte incontinent le chasse. »
>
> Le Retour, 175.

Tandis que les libraires spéculaient sur ses deux derniers ouvrages, Honoré d'Urfé était occupé d'un poëme qui, quoique resté manuscrit et inachevé, n'est pas sans importance ; c'est la *Savoysiade*, dont beaucoup d'auteurs ont parlé, mais qu'aucun ne s'est donné la peine de lire. Je ne puis m'expliquer pourquoi on a si souvent répété que ce livre était une histoire de la Savoie ; Guichenon lui-même, qui en avait un exemplaire dans sa bibliothèque, a écrit : « Honoré d'Urfé avoit projeté l'histoire de la Savoye en vers heroïques françois qu'il intituloit *la*

Savoysiade; mais il n'acheva que la vie de Berold. » Le fait est qu'Honoré n'eut pas du tout ce dessein; son ouvrage est simplement un poëme héroïque sur l'origine presque fabuleuse de la maison de Savoie, dont Bérold passe pour être le fondateur. Comme l'histoire n'a rien dit de ce personnage que son nom, Honoré a pensé que la poésie lui donnait le droit de le faire agir en héros, et c'est de ce droit qu'il a usé. Rien n'est moins historique que ce poëme, dont toute l'action, au reste, se passe en quelques jours. L'auteur prend plaisir à faire paraître les noms des plus illustres familles avec lesquelles il était lié alors, lui d'Urfé, au xvii° siècle, sans s'inquiéter de leur récente origine : bien entendu qu'il n'oublie pas la sienne [1].

Je ne connais que trois copies de ce poëme, dont je possède le brouillon original, portant l'indication des lieux où a été commencé et fini chaque livre ou chant. Cet exemplaire est d'autant plus précieux, qu'on y trouve tous les essais de l'auteur. On y voit, par exemple, que le dessein d'Honoré avait été primitivement d'intituler son livre *la Beroldide;* mais comme le nom de Bérold, son héros, n'était pas assez connu, il changea ce titre en celui de : *la Savoye,* qui fut lui-même ensuite modifié, pour recevoir une terminaison poétique. On trouve encore dans cet exemplaire un essai de la *Beroldide* en vers libres, et de plus un brouillon en prose contenant très-sommairement le plan du poëme, pièce d'autant plus

---

[1] C'était alors un usage assez répandu. Anne fait aussi paraître un Lascar, *ayeul des Lascaris* dont il portait le nom, dans son poëme intitulé *les Discours de la Judic.*

BIOGRAPHIE. — HONORÉ. 157

importante que l'ouvrage n'a pas été achevé. Par les dates qui se trouvent inscrites dans cet exemplaire, on apprend que le poëme, dont le premier livre fut « parachevé à Cenoy[1], le 25 aoust 1599, » fut presque tout entier écrit à Châteaumorand, de 1603 à 1605[2]. Le dernier livre porte : « Commancé à Montormantier[3], le 25 juillet 1605. »

Voici l'indication, par ordre de dates, des trois copies de la *Savoysiade* dont on connaît l'existence :

1° Celle des archives de la maison de Savoie, qui se compose de neuf livres, et se termine par cette souscription qu'on croit[4] de la main d'Honoré : « J'ay finy à Virieu le 29 d'aost 1606[5]. »

2° Celle de la bibliothèque de l'Arsenal, qui se compose aussi de neuf livres, et se termine ainsi : « Fin du neufviesme livre de la Savoysiade, que j'ay fini d'escrire à Virieu-le-Grand, le 29 decembre 1606. TRUFFIER. »

3° Enfin l'exemplaire de la bibliothèque de l'université de Turin, qui n'a que huit livres et est précédé d'une dédicace à Emmanuel de Savoie, signée d'Honoré d'Urfé, avec cette date : « De Turin, 16 aost 1615. »

[1] Sans doute Senoyl, une de ses terres. Voyez la note 1 de la p. 150.
[2] Le quatrième livre porte : « Commancé à Chasteaumorand, à mon retour de Lorette, le 15 fevrier 1605. »
[3] Le Dictionnaire géographique de l'abbé d'Espilly mentionne une localité de ce nom qui est située dans le Bassigny, en Champagne.
[4] Je n'ai pu le voir de mes propres yeux : ces renseignements m'ont été fournis par M. Arri, à qui m'avait recommandé M. le marquis de Brignole, ambassadeur de Sardaigne, par l'entremise duquel j'ai reçu aussi quelques notes de MM. Pronis et Lazzera, de l'académie de Turin.
[5] Comme on ne voit plus guère Honoré à Châteaumorand, je crois qu'il faut placer vers cette époque sa séparation d'avec Diane.

J'ajouterai qu'à cette époque (1615) il parut un long fragment de ce poëme, ainsi que quelques autres poésies d'Honoré, tirées de l'*Astrée*, dans un ouvrage intitulé : *Les Delices de la poesie françoise*, par F. de Rosset, in-8°, chez Toussaint du Bray [1].

L'exemplaire de la *Savoysiade* qui se trouve à la bibliothèque de l'Arsenal est un manuscrit in-4° ayant près de 8000 vers (environ 260 pages). Il est relié et couvert en veau. Il a appartenu à différents bibliophiles; deux y ont laissé leur nom : *Du Tillot* et *Paulmy*. On lit sur un des feuillets de garde : 23 *l*. 10 *s*. C'est probablement l'indication de la modique somme qu'il a coûté à un des acquéreurs. Les gardes et la couverture elle-même sont surchargées de notes biographiques concernant Honoré; mais elles ne contiennent rien autre que ce qui se trouve dans les biographies imprimées. Entre ces notes, cependant, il en est une fort curieuse, c'est la dernière : elle fait voir que le propriétaire n'avait jamais parcouru le livre. Il est vrai, comme le porte cette note, que ce manuscrit présente plus d'une difficulté au lecteur : d'abord parce qu'il est écrit sur un papier presque jaune, et qui, en outre, en plusieurs endroits, a bu l'encre de façon à rendre quelques pages presque illisibles, et ensuite parce que l'écriture elle-

---

[1] Ce libraire, qui était l'éditeur privilégié des ouvrages d'Honoré, le mit encore à contribution lorsqu'il fit imprimer, en 1620, le *premier* et le *second livre* des *Delices de la poesie françoise*, par I. Baudouin, 2 vol. in-8°. En dépit du jugement de Malherbe, on retrouve dans cet ouvrage et dans plusieurs recueils publiés à cette époque des pièces de vers d'Honoré, dont quelques-unes, qui étaient inédites, sont encore en original dans le manuscrit autographe que je possède.

même, qui se ressent de la difformité des caractères employés par les copistes à cette époque, est irrégulière et manque d'orthographe.

Si Honoré ne termina pas la *Savoysiade*, c'est qu'il avait entrepris un travail d'un intérêt plus réel pour lui, et qui lui demanda depuis tous ses loisirs. Il s'occupait alors de son célèbre roman de l'*Astrée*. Jeté, comme par un destin fatal, sur une rive étrangère, où il voyait vainement s'user sa vie, il se rappelait toujours avec bonheur les bords gracieux du Lignon, où il avait passé en liberté les plus belles années de sa jeunesse. C'est sous l'influence de ses doux souvenirs, et dominé qu'il était par une idée vraie des besoins ou des goûts de son époque, qu'il écrivit cet ouvrage, dont le premier volume, dédié à Henri IV, parut en 1610[1] (Paris, in-4°).

[1] Je donne cette date sur la foi des plus savants bibliographes, car je n'ai, je l'avoue, jamais vu aucun exemplaire de cette édition. Le plus ancien volume de l'*Astrée* que je connaisse est de 1612, aussi in-4° (à la Bibliothèque royale); mais il n'est évidemment pas de la première édition, d'abord parce qu'il n'y est fait nulle mention du privilége, et ensuite parce que la dédicace de ce volume, adressée à Henri IV, prouve qu'il fut remis de son temps à l'imprimeur, c'est-à-dire en 1610 au plus tard. Un passage des *Mémoires de Bassompierre* (t. XIX, p. 385 de la collection de Petitot) ferait même supposer qu'il fut imprimé deux ans auparavant; car on y apprend qu'au mois de janvier 1609 le roi, pendant une attaque de goutte, se faisait lire toutes les nuits « le livre de l'*Astrée*, qui estoit lors en vogue. » La même incertitude existe pour la date d'impression du second volume : après avoir vainement cherché par tous les moyens possibles à la découvrir, je me suis adressé à plusieurs bibliographes, et entre autres à M. Brunet, qui n'ont rien pu m'apprendre sur ce sujet. La disparition de la première édition (in-4°) des premiers volumes de ce roman peut s'expliquer par l'usure et aussi par la défaveur où elle dut tomber lorsqu'on ne put compléter cet ouvrage, dont les deux (et peut-être les trois) derniers volumes n'ont été imprimés que dans le format in-8°. Un

Pour se faire une idée du succès prodigieux qui accueillit ce livre, succès qui est attesté par les écrits de tous les contemporains, il suffit de se reporter vers l'époque célèbre où il fut publié, et dont il est inutile de faire ici la peinture. Tout le monde sait aujourd'hui, en effet, dans quelle situation se trouvèrent les esprits après les guerres religieuses qui signalèrent les quarante dernières années du xvi° siècle. On se mit à jouir avec délices de ces années de paix dont l'avénement de Henri IV au trône fut le résultat; et la noblesse en particulier, qui marchait à la tête de la société, parut, pendant un temps ne plus songer qu'au repos. L'amour devint presque l'unique occupation de ces hauts et puissants seigneurs que la paix laissait inoccupés dans leurs châteaux, dans leurs hôtels; ce ne fut pas une passion, mais une mode, un sujet de *devis*: « On l'analysa, on le quintessencia, on discuta sa théorie sans détriment pour la pratique; il devint science et art; il eut son code. Bref, au Louvre, à Chantilly, à l'hôtel de Soissons, l'on releva ou peu s'en faut les cours d'amour des troubères d'outre-Loire. Il fallait une littérature à ce mouvement des esprits; une littérature, non de peuple et de théâtre, mais de ruelle et de cercle : les romans de la chevalerie étaient morts avec Pierre du Terrail, le dernier des chevaliers. Il n'y avait plus assez de naïveté ni de poésie dans les cœurs pour qu'on s'y pût complaire [1]. »

grand hasard pourra seul aujourd'hui faire découvrir dans quelque vieille bibliothèque l'édition originale. Ce serait un service à rendre à la bibliographie et à l'histoire même que de la faire connaître au public.

[1] HENRI MARTIN, au mot *Astrée* dans le *Dictionnaire de la conversation*.

Honoré mit ces circonstances à profit pour traiter, sous la forme du roman, les plus hautes questions de morale et d'histoire. Pour lui l'*Astrée* ne fut qu'un cadre où il rangea dans un certain ordre les matières qui faisaient depuis longtemps l'objet de ses études. Du reste, écrite en belle prose, accompagnée de sonnets, madrigaux, quatrains et autres poésies à la mode, la lecture de sa pastorale devint un agréable passe-temps pour toute cette société oisive, élégante et spirituelle, dont les arrêts littéraires devaient avoir une grande influence sur le jugement du public.

C'était la première fois que le roman s'aventurait dans une pareille route; et le public approuva cette innovation. L'apparition du premier volume de cet ouvrage fit une véritable révolution; aucun livre peut-être, ni avant ni depuis, ne fut accueilli avec autant d'enthousiasme. Tout ce qui était lettré alors fut dans l'admiration. Le religieux lui-même dans sa cellule, et le magistrat dans son cabinet, commentaient les discours des bergers du Lignon. Pellisson nomme l'auteur de l'*Astrée* un des plus rares et des plus merveilleux esprits que la France ait jamais portés; la Fontaine, qui a essayé sans succès d'en tirer un opéra, n'estimait rien tant que ce roman, après les ouvrages de Marot et de Rabelais; et Segrais, sur la fin de sa vie, disait qu'il trouvait ce roman si beau, qu'il le lirait encore avec plaisir. Enfin durant tout le xviie siècle ce ne fut qu'un concert de louanges [1], et dans le xviiie les auteurs les

---

[1] Donner les noms des auteurs qui ont parlé de l'*Astrée* avec éloge, ce serait citer tous ceux qui se sont occupés de peindre les passions humaines,

plus célèbres ne craignirent pas d'en porter un jugement favorable [1].

Voici ce qu'on lit dans l'*Esprit de saint François de Salles* [2] qu'a écrit Pierre Camus, évêque de Belley :

« Messire Honoré d'Urfé, marquis de Valromey, autheur de ce fameux roman qui porte le nom d'Astrée,

Corneille, Boileau, la Fontaine, etc. etc. — M. Octave Puy de la Bâtie, qui habite l'ancienne demeure de la maison d'Urfé sur les bords du Lignon, a recueilli les passages les plus remarquables des auteurs célèbres qui ont parlé d'Honoré et de son livre; ce recueil, quoique bien incomplet, est déjà volumineux. Il a aussi été publié plusieurs petits romans dont ce personnage est le héros. Je citerai, entre autres, une nouvelle d'un de ses compatriotes, M. de la Goutte, insérée dans le *Mercure* de juin 1683, et un travail plus considérable qui se trouve dans un ouvrage anonyme imprimé à Cologne en 1700 (in-12), et intitulé : *Histoire des amours de Grégoire VII, du cardinal de Richelieu, de la princesse de Condé, et de la marquise d'Urfé*. Les bibliographes attribuent ce livre à une demoiselle Durand. Il s'en trouve un exemplaire à la bibliothèque de l'Arsenal, n° 15840.

[1] Je citerai, entre autres, l'abbé Prévost, qui dit que « c'est un composé enchanté d'intrigues intéressantes, mais naturelles, de situations heureuses, telles que la scène ne nous en offre point de si touchantes. » La Harpe a déclaré, il est vrai, n'avoir jamais pu achever la lecture de l'*Astrée*; mais l'auteur de la *Nouvelle Héloïse*, Jean-Jacques Rousseau, en faisait encore ses délices quelques années avant sa mort, et au moment où il se sentait le plus accablé d'ennuis. Ce contraste est peut-être plus concluant que toutes les digressions pour faire juger du mérite de ce livre. Malgré l'apparente étrangeté de cette proposition, je ne crains pas d'avancer que plusieurs épisodes du *Gil Blas* de le Sage, publié au commencement du xviiie siècle, sont calqués sur ceux de l'*Astrée*. Combien d'autres ne pourrait-on pas citer, jusqu'à l'époque où Florian vint clore la pastorale avec le siècle? Je ne terminerai pas cette note sans dire que je connais encore aujourd'hui de très-fervents admirateurs de ce roman.

[2] Aucune bibliothèque publique de Paris ne possède cet ouvrage complet (6 vol. in-8°, 1640). Voyez, pour la citation, t. VI, p. 119.

estoit un des plus braves et des plus vertueux cavaliers que j'aye jamais cognu. Sa naissance estoit de Forests, d'une maison fort illustre, du partage de laquelle luy estoit escheu le marquisat de Valromey et la comté de Chasteauneuf, qui estoient dans mon diocese, et quoy que son sejour ordinaire [1] fut aux cours de France et de Savoye, ses ancestres ayant eu alliance avec les princes des Allobroges, lorsqu'il venoit en ses terres y faire quelque demeure, et y respirer cette douce liberté qui ne se trouve point dans les cours, qui est un païs d'esclavage et de servitude, j'estois pasteur de cette ouaille, et outre cette amitié particuliere dont il me favorisoit, j'avois le bon-heur de sa frequente conversation.

« Outre le conseil de notre bienheureux pere (saint François), qui me donna, comme de la part de Dieu, la commission d'escrire des histoires devotes [2], ce bon seigneur n'eut pas peu de pouvoir par ses persuasions d'y animer mon ame, me protestant que s'il n'eust point esté de la condition dont il estoit, pour une espece de reparation de son Astrée, il se fut volontiers addonné à ce genre d'escrire auquel il avoit beaucoup de talent. Et certes qui considerera bien l'Astrée, et en jugera sans passion, recognoistra qu'entre les romans et livres d'amour, c'est possible l'un des plus honnestes et des plus chastes qui se voyent, l'autheur estant l'un des plus modestes et des plus accomplis gentils-hommes que l'on

---

[1] Après la publication de son *Astrée*, Honoré commença à fréquenter la cour, où il ne trouvait plus que des admirateurs et des amis.

[2] L'évêque de Belley est un des premiers qui se soient occupés d'écrire des *romans dévots*.

se puisse figurer. Outre sa valeur, qui ne respiroit que Mars, dans les exercices duquel il est mort avec beaucoup d'honneur, quand la paix luy donnoit le loisir de vaquer à ceux de Minerve, il reussissoit merveilleusement en l'une et l'autre eloquence, libre et nombreuse, je veux dire en l'art oratoire et en la poesie. Il estoit fort versé en la philosophie et en l'histoire; il avoit les mathematiques en un haut point, avec la cognoissance des langues latine, grecque, italienne, espagnole, allemande. Il a fait des Epitres morales qui tesmoignent assez ce qu'il eust pû dans des sujets plus serieux, s'il eust voulu s'y occuper; mais l'air de la cour ne luy sembloit pas propre à chanter ce ramage, comme le peuple de Dieu, qui ne vouloit chanter les cantiques du Seigneur parmy les Babiloniens.

« Une fois notre bienheureux pere m'estant venu visiter à Belley, selon nostre coutume annuelle........ monsieur d'Urfé, estant alors en son chasteau de Virieu, principale demeure de son marquizat, qui n'est esloigné de Belley que de trois lieues, il prit la peine de nous venir voir. Sa conversation, toute pleine d'attraits, charmoit tous ceux qui avoient tant soit peu d'esprit pour en gouster la douceur; ses entretiens, pleins d'honneur et de civilité, estoient dignes de son genie.....

« Entr'autres propos symposiaques que nous eusmes durant et après le repas, il me souvient d'une agreable remarque de monsieur d'Urfé, qui, parlant de l'ancienne amitié qui estoit entre nostre bienheureux, monsieur le president Faure et luy, dit que chacun des trois avoit peint pour l'eternité, et fait un livre singulier et qui ne periroit point : notre bienheureux, sa Philothée, qui est le livre de tous les devots; monsieur Faure, le Code Fabrian, qui est le livre de tous les barreaux, et luy l'Astrée, qui estoit le breviaire de tous les courtisans. Nous nous entretinsmes fort gracieusement de cette genereuse remarque. »

On ne sera pas surpris que l'auteur d'un livre qui causait tant d'enthousiasme se soit laissé éblouir de sa propre gloire, quand on voit le bienheureux saint François, l'évêque de Belley, et tant d'autres célèbres ecclésiastiques s'occuper si sérieusement d'un roman dont toutes les pages ne sont cependant pas chastes. Encouragé par son immense succès, Honoré s'occupa à écrire la suite de son ouvrage; mais ce ne fut qu'en 1616[1] que put paraître la seconde partie. La troisième, qui fut dédiée à Louis XIII, parut en juin 1619[2]. Devenu alors un personnage célèbre, l'auteur de l'*Astrée* se voyait détourné de ses travaux littéraires par les exigences de la société. Ces volumes, d'ailleurs très-gros, lui demandaient d'autant plus de temps qu'il n'avait pas renoncé à la profession des armes. Guichenon nous apprend qu'il se signalait alors dans les armées du duc de Savoie, son parent, et qu'il reçut[3], ainsi que son frère Jacques, qui servait aussi ce prince étranger, quoique bailli de Forez, l'ordre

---

[1] Cette date est celle d'un exemplaire in-4° qui se trouve à la Bibliothèque royale; mais il est probable que ce volume avait été imprimé auparavant, peut-être même en 1610, si, comme on peut le supposer, la première partie avait paru avant cette année. Voyez la note de la page 159.

[2] In-8°, à Paris, chez Toussaint du Bray. — Les deux premiers volumes avaient été déjà plusieurs fois réimprimés in-8°.

[3] Honoré avait déjà l'ordre de Saint-Lazare. Voyez p. 62.

de l'Annonciade le 2 février 1618, en récompense de ses services pendant la campagne de l'année précédente.

Après la publication de son troisième volume, Honoré s'était encore rapproché de la cour de Savoie, et avait fixé sa résidence dans une *cassine* près de Turin, sur les bords du Pô, ce fleuve célèbre qu'il avait chanté dans son premier poëme (*le Sireine*). Là, quand la guerre lui laissait quelque loisir, il se hâtait de le mettre à profit en préparant la suite de l'*Astrée* que le public attendait avec la plus vive impatience.

Enfin, en janvier 1624, *madamoiselle d'Urfé*, sa nièce (Gabrielle), fit imprimer à Paris (in-8°, chez François Pomeray), sous le titre de *Quatrieme partie de l'Astrée*, un fragment de manuscrit qu'elle lui avait arraché peut-être par ses importunités. Ce volume, qui est très-rare, diffère un peu par le fond et encore plus par la forme de la quatrième partie qui fut publiée trois ans après par Baro [1].

Honoré d'Urfé reçut à cette époque une lettre fort curieuse, qui lui fut adressée par vingt-neuf princes ou princesses et dix-neuf grands seigneurs ou dames d'Allemagne, qui, ayant pris les noms des personnages de l'*Astrée*, avaient formé, sous le nom d'*Academie des vrais amants*, une réunion pastorale à l'imitation de celles de ce roman. Dans cette lettre, datée du *carrefour de Mercure*, le 10 mars 1624, Honoré est supplié de vouloir

---

[1] Il ne contient que la moitié environ du volume de ce dernier, et, quoique imprimé en très-gros caractère, n'a pas plus de 700 pages. Il n'a pas non plus été divisé en douze livres comme les première, deuxième et troisième parties qui étaient déjà publiées.

bien prendre pour lui le nom de Céladon, qu'aucun des membres de cette étrange académie n'avait eu l'audace d'usurper, dans le sentiment de son imperfection. Soit que le volume publié sous le nom de la demoiselle d'Urfé ne fût pas encore connu en Allemagne, soit que ses défauts l'eussent fait rejeter tout d'abord comme un enfant bâtard, les membres de l'académie des vrais amants prient instamment l'auteur de l'*Astrée* de vouloir bien leur donner enfin la quatrième partie, qu'ils attendent depuis si longtemps, l'assurant qu'ils ont relu si souvent les trois premières, qu'ils pourraient sans peine, grâce à leur mémoire, les redonner au monde, supposé que tous les volumes en fussent anéantis.

Honoré d'Urfé fit à cette lettre une réponse [1] qui est datée de Châteaumorand, le 10 mars 1625, précisément un an après. Elle ne contient rien de remarquable : seulement il dit aux princes allemands qu'il se trouve trop honoré de leur épître, et qu'il leur dédie non-seulement la quatrième partie de l'*Astrée*, mais encore toutes les productions de sa plume.

Il paraît en effet qu'Honoré d'Urfé fit un voyage en Forez quelque temps avant sa mort, guidé par un sentiment instinctif qui lui faisait prévoir sa fin : ce fut comme un adieu qu'il vint faire aux rives du Lignon.

« La derniere fois que mes yeux eurent le plaisir de le voir, dit Pierre Camus [2], il passoit en Savoye, et de là en la guerre de Piemont, où il mourut dans une grande charge et parmy les fonctions militaires. Il me vint de

---

[1] Voyez la cinquième partie de l'*Astrée* de l'édition de Borstel, 1625.
[2] Ouvrage déjà cité, t. VI, p. 122.

sa grace dire adieu; il desira pour la prosperité de ses armes la benediction de son evesque; et le dernier repas qu'il ait fait en France fut chez nous, où parlant de mon Agathonphile et de ma Parthenice, qu'il avoit leus, disoit-il, avec contentement, il ajouta : c'est à cette heure que je puis dire :

..... terras Astræa reliquit [1].

Si vous continuez, vous ferez perdre terre à tous les romans. Je luy dy que, sous un monarque si juste que celuy qui nous commande, nous devions faire de meilleurs presages, et dire plustost :

..... terras Astræa gubernat [2].

« La memoire de ce seigneur, qui m'est douce comme l'espanchement d'un parfum, me sera en esternelle benediction. »

Au mois de mai 1625 [3], Honoré se trouvait à l'avantgarde de l'armée qui prit la Pièvc, ville de l'état de Gênes, soulevé à l'instigation de l'Espagne [4]; mais il fut forcé d'abandonner les camps à la suite d'une chute de cheval, qu'aggravèrent les rudes travaux de la guerre [5].

[1] Astrée quitte la terre.

[2] Astrée gouverne la terre. Jeu de mots sur le nom de Louis XIII, que les flatteurs ont surnommé *le Juste*, la justice étant personnifiée par la déesse Astrée.

[3] GUICHENON, *Histoire de la royale maison de Savoye*.

[4] C'est ce qui explique certain passage de la préface d'un des volumes de l'*Astrée* publiés par le libraire Fouet (sixième partie, voir plus loin), où on lit que l'Espagne est cause de sa perte.

[5] Déjà d'ailleurs il avait ressenti les atteintes des incommodités de la vieillesse : depuis quelque temps il éprouvait un affaiblissement dans la vue. Quelques auteurs disent qu'il mourut d'une fluxion de poitrine.

Il se retira à Gênes, et de là se fit transporter à Villefranche en Piémont, où il mourut le 1ᵉʳ juin, assisté dans ses derniers moments par Charles-Emmanuel, son neveu, et par mademoiselle d'Urfé, sa nièce. Son corps fut ensuite porté à Turin pour y être enseveli avec honneur [1].

De la Mure [2] dit que sur la fin de ses jours Honoré s'occupa d'ouvrages de dévotion, et que dans sa dernière maladie il dicta aux assistants une paraphrase en prose sur l'hymne *Stabat mater dolorosa,* qui était restée dans les archives de la maison d'Urfé, où il la put lire. Peut-

---

[1] GIOFFREDO, *Historia delle Alpi marittime,* ouvrage cité p. 63. — Si je comprends bien les paroles de Baro, le corps d'Honoré fut plus tard apporté en Forez, et enterré sur les bords du Lignon, peut-être à Boulieu, sépulture de la famille d'Urfé; Baro s'exprime ainsi, s'adressant à la bergère Astrée, dans la préface du cinquième volume : «Mais prends garde, si tu ne veux m'offenser cruellement, de ne retourner point sans moi revoir le lieu bienheureux qui t'a donné la premiere nourriture, et qui triomphe aujourd'hui de la dépouille de ce corps qui fut autrefois l'organe de l'esprit qui te forma.»

Une note, qui m'a été communiquée récemment, relate un fait curieux qui pourrait bien servir d'explication à ce qui précède. A peu de distance du château de la Bâtie, il y a un petit tertre formant un carré long bordé autrefois de six arbres (trois de chaque côté), et connu sous le nom de *tombeau de Céladon.* La tradition porte qu'un d'Urfé y a été enterré. Ce tertre, qui est aujourd'hui en culture, perd insensiblement sa forme primitive; il n'y reste déjà plus que deux tilleuls à demi brisés par les orages. Avant la révolution, ce lieu se trouvait dans un petit bois, et servait de but de promenade aux visiteurs. A en juger par la forme du terrain, il semble que ce monticule ait été arrosé par un bras du Lignon. Était-ce une allégorie, ou une épigramme, ou réellement le tombeau d'Honoré? Il est peut-être aujourd'hui impossible de répondre à cette question.

[2] *Bibliothèque forésienne,* manuscrit de la bibliothèque publique de Montbrison.

être est-ce à cette époque que fut imprimé son livre des *Paraphrases*.

A peine Honoré était-il dans la tombe que les spéculateurs se hâtèrent d'abuser de son nom. L'année même de sa mort, le libraire Fouet publia une cinquième et une sixième partie de l'*Astrée* (Paris, in-8°), faisant suite à la mauvaise quatrième partie publiée sous le nom de mademoiselle d'Urfé. Il s'était probablement préparé à l'avance pour être sitôt prêt.

La publication de ces deux volumes, le premier desquels est précédé d'une lettre d'un « sieur de Borstel, gentilhomme ordinaire de la chambre du roy, conseiller et agent près sa majesté pour quelques-uns des princes de l'empire, » est attribuée par les bibliographes à Borstel (ou Borstet), sieur de Gaubertin, auteur de quelques autres ouvrages. En effet, ce qui n'est pas d'Honoré d'Urfé dans la sixième partie est signé des lettres M. D. G., qui peuvent bien être les initiales de *Monsieur De Gaubertin*. Je dis ce qui n'est pas d'Honoré dans la sixième partie, car il paraît que l'auteur anonyme avait eu communication du manuscrit de la quatrième partie qui fut publiée plus tard par Baro, et dont il fit sa cinquième et une partie de sa sixième partie, le surplus seulement étant de sa composition.

Mais un fait assez curieux, c'est que cette lettre de Borstel qui précède le premier de ces deux volumes apocryphes est la lettre d'envoi de l'étrange missive de l'*Academie des vrais amants* dont il a déjà été question. Ce même volume contient aussi la réponse d'Honoré. On pourrait douter de l'authenticité de ces deux documents, si le premier ne s'était trouvé en original, sur parchemin, avec les sceaux pendants, aux archives de la maison d'Urfé [1].

Le libraire Fouet ne se serait probablement pas arrêté à cette sixième partie de l'*Astrée,* qui ne contient pas la conclusion, si la famille du défunt, et en particulier mademoiselle d'Urfé, sa nièce, n'eût réclamé au duc de Savoie le manuscrit de la vraie quatrième partie, qui était achevée, et ne l'eût remis, avec les autres notes d'Honoré, à Baro, son secrétaire, son ami et son élève, avec prière d'achever le roman d'après les desseins du maître.

Baro fit paraître cette quatrième partie, dédiée à la reine Marie de Médicis, en novembre 1627 (Paris, in-8°). Elle est précédée d'une préface dans laquelle il dit qu'outre le chagrin que lui a causé la perte d'Honoré, il a « failli mourir de douleur quand il a vu que l'interest d'un infame gain avoit porté un libraire à dechirer ses escrits et sa reputation, voulant faire passer pour legitimes deux enfants supposés, qui, sous l'autorité de son nom, n'ont pas laissé de courir toutes les parties du monde. » Il ne dit rien du volume publié sous le nom de mademoiselle d'Urfé, et dont l'imperfection du reste était évidente.

Dans cette même préface, Baro prétend que le dessein de son maître avait été de faire de toute son œuvre « une tragi-comedie pastorale, dont les cinq parties ou volumes formoient les actes, et les douze livres de chaque volume les scenes. » Cependant, à en juger par

[1] Voyez page 63 de ce volume.

le privilége des premiers volumes d'une édition de Toussaint du Bray, on peut croire que son dessein primitif ne comportait que trois parties (ce qui aurait peut-être été plus sage), mais que son succès l'entraîna, et qu'il aima mieux laisser languir son sujet principal que de s'arrêter en si beau chemin.

Baro fit ensuite paraître, la même année (décembre 1627), la cinquième et dernière partie ou *Conclusion d'Astrée*, qui est presque entièrement de sa composition, et qui peut-être seule lui valut l'honneur d'être admis à l'Académie. Elle est dédiée à « très-haut et très-puissant seigneur messire Ambroise Spinola [1], » auquel il adresse cet éloge : « Je ne m'esloigne nullement du dessein qu'avoit feu monsieur d'Urfé de ne mettre cet ouvrage que sous la protection des couronnes, puisque ny luy ny moy n'avons jamais sceu faire de la difference entre posseder des empires et les meriter. »

Cette quatrième et cette cinquième partie furent *éditées* par le libraire François Pomeray, qui avait aussi publié la quatrième partie de la demoiselle d'Urfé, et elles furent seules depuis admises dans les éditions complètes de l'*Astrée*.

Après l'historique qui précède, je n'ai pas pensé qu'il pût être intéressant de constater le nombre des éditions de ce roman qui parurent dans le XVIIᵉ siècle [2]. Il suffira de dire qu'il fut imprimé en différents formats et en

[1] Ce nom figure dans le poëme de la *Savoysiade*.

[2] Je ne connais, à proprement parler, que trois éditions complètes : celle de Baro, terminée en 1627, et celles de Sommainville, en 1633 et 1647; mais les premiers volumes ont été imprimés plusieurs fois.

différentes langues [1]. La meilleure et la plus complète édition française est celle de Rouen (Paris), 1647, en 5 vol. in-8° de trente lignes à la page, et d'environ six mille pages en tout. Elle est imprimée correctement, et ornée de près de quatre-vingts gravures en taille-douce dues au burin de Michel Lasne, artiste alors en grande vogue [2].

Je vais donner une analyse de ce célèbre roman; mais il est nécessaire que je termine auparavant ce qui reste à dire de la vie littéraire d'Honoré d'Urfé. Peu de temps avant sa mort, comme en font foi les dates des priviléges d'impression, il avait cédé aux libraires deux ouvrages qui ne nous arrêteront qu'un instant, attendu leur peu d'importance.

Le premier est un volume in-8° de XL et 429 pages, intitulé : « La Sylvanire ou la morte vive, fable bocagere de messire Honoré d'Urfé, marquis de Bagé et Veromé, comte de Chasteauneuf, baron de Chasteaumorand, et chevalier de l'ordre de Savoye, etc. » A Paris, chez Robert Fouet, rue Saint-Jacques, au Temps et à l'Occasion, 1627, avec privilége du roi. Ce privilége est du 2 avril 1625.

---

[1] La Bibliothèque royale possède le premier volume d'une édition en allemand, et le premier volume d'une autre édition en italien; mais il est positif qu'il fut traduit en plusieurs autres langues.

[2] Ces gravures se trouvaient déjà dans l'édition que le même libraire (Sommainville) donna en 1633; mais la partie typographique dans cette édition, que les bibliophiles estiment pourtant, est bien moins soignée que dans celle de 1647. La Bibliothèque royale possède un exemplaire de cette édition de 1633 qui a appartenu à Huet, évêque d'Avranches; il est annoté de sa main, ce qui le rend très-précieux.

Il est à remarquer que Fouet est le libraire qui avait publié déjà la *Cinquième* et *la Sixième partie d'Astrée* de Borstel. Sans doute qu'à l'occasion de la publication de la *Sylvanire* il avait obtenu communication du manuscrit de la quatrième partie, communication dont il avait abusé.

La *Sylvanire* est un poëme dramatique en vers non rimés, ou vers blancs. Il est dédié à Marie de Médicis, mère du roi, qui avait engagé l'auteur à tenter en français un essai de ce genre, à l'imitation des poëtes italiens. « Vous pardonnerez à ma bergere (lui dit-il dans sa dédicace) de s'estre presentée sous vostre nom. Et quoique cette hardiesse pourroit estre estimée presomption, si en est-elle en quelque sorte excusable, puisque ses habits italiens ne vous peuvent estre estrangers, et que mesme c'est par vostre commandement qu'elle est ainsi revestue, y ayant quelques années qu'il pleust à vostre majesté de me le commander. »

Honoré expose ensuite, dans un assez long *avis au lecteur*, les raisons qui l'ont enhardi à tenter ce premier essai, dont il ne se dissimule pas les défauts, mais que d'autres, dit-il, pourront perfectionner : « Je considerois que, sans vanité, les Italiens se peuvent vanter d'estre aujourd'hui les plus exacts observateurs des lois de la poesie dramatique, tant en la composition qu'en la representation de tels poemes. Je ne pouvois m'imaginer que ce ne fut avec beaucoup de raison qu'ils en eussent banny la rime de cette sorte. Eux, dis-je, qui ont si bien et si heureusement expliqué leurs pensées en tant d'autres si beaux vers rimez, avec lesquels ils ont eslevé leurs poesies au plus haut degré qu'il semble que leur langue puisse attaindre : car je voyais le Tasse, dont la Hierusalem est admirable; l'Arioste, dont le Roland furieux a tant esté approuvé de chacun; le Guarini, de qui les vers lyriques sont si pleins d'esprit et d'amour : le premier avoir fait son Torrismond et son Aminte en vers libres et non rimez; l'autre, tant de comedies et tragedies de mesme sorte, et le dernier son Pastor fide; et tous ces poemes estre tellement approuvez avec raison de chacun, que j'eusse pensé faire un grand tort à de si grands personnages de croire que la seule raison de deployer leurs pensées avec moins de contrainte leur eust fait choisir cette sorte de vers libres, puis qu'ils ont fait paroistre en tant d'autres escrits qu'ils possedoient de façon la rime, qu'ils l'ont toujours fort heureusement fait obeyr à leurs conceptions, et non pas leurs conceptions à la rime. »

La *Sylvanire* est en cinq actes et en vers de six syllabes, et quelques-uns de dix. Certains passages sont rimés, et ne sont pas indignes de figurer avec les autres poésies d'Honoré. Le sujet et les personnages de cette pièce sont pris dans la quatrième partie de l'*Astrée* ; la scène est sur les bords du Lignon, où était en quelque sorte enchaîné l'esprit de notre compatriote. On y voit avec plaisir paraître, comme personnage secondaire, *le gentil et inconstant Hylas*, qui joue un des principaux rôles dans l'*Astrée*.

Voici le thème de cette pièce :

Aglante et Tirinte aiment la bergère Sylvanire, mais les parents de celle-ci veulent la marier au riche et vieux

Théante. Tirinte, en apprenant cette nouvelle, forme le projet de se donner la mort; son ami Alciron, pour le détourner de ce dessein, lui promet la possession de Sylvanire, s'il veut suivre ses instructions. Alors il lui remet un miroir qui, par un effet magique, fait tomber en léthargie, pendant quelque temps, la personne qui s'y est regardée. Tirinte parvient à y faire mirer Sylvanire, qui ressent presque aussitôt l'effet surnaturel du talisman. Ses parents dans le deuil la font enterrer. Tirinte, qui sait à quoi s'en tenir, vient le lendemain lever la pierre du sépulcre, et la fait revenir à elle; mais lorsqu'il veut lui parler de son amour et prendre quelque privauté, elle se met à crier, et on vient à son secours. La ruse de Tirinte est découverte : traduit devant la cour des druides, il est condamné à mort. Heureusement pour lui, il existait une loi qui donnait la vie à un coupable de cette sorte s'il trouvait une femme qui voulût l'épouser, et le cas se présenta. Fossinde aimait Tirinte sans pouvoir en être aimée. Quand elle sut qu'il allait être jugé, elle vint déposer contre lui pour aggraver sa peine, s'il était possible; puis, quand elle fut certaine de sa condamnation, elle lui offrit sa main. Sa haine était calculée, et son amour quelque peu égoïste. Quant à Sylvanire, les druides ordonnèrent à son père de la marier à Aglante qui seul l'avait aimée d'une *amour vraie* [1].

[1] Un auteur de pièces de théâtre qui, comme tous ses confrères du xviie siècle, a puisé plusieurs de ses sujets dans l'*Astrée*, Jean Mairet, de Besançon, mort en 1686, a mis en vers rimés la *Sylvanire* d'Honoré, à laquelle il n'a presque rien changé. Le seul mérite de cette tragi-

L'autre ouvrage d'Honoré d'Urfé est un petit in-16 de quelques pages, qui ne mérite presque pas d'être mentionné; il est intitulé : « Les tristes amours de Floridon, berger, et de la belle Astrée, naïade, par messire Honoré d'Urfé; ensemble les fortunées amours de Poliastre et de Doriane. A Paris, chez Nicolas Rousset, en sa boutique à la grand'salle du Palais, du costé de la cour des aydes; 1628, avec privilege. » On pourrait douter que ce petit opuscule du *berger désolé* fût d'Honoré, si le privilége n'était daté du 3 février 1625, c'est-à-dire deux mois avant sa mort.

Il me reste à dire un mot ici du volume que j'ai signalé aux bibliographes (page 153), et qui serait mieux désigné sous le titre de *Poésies religieuses* que sous celui de *Paraphrases*, car il contient non-seulement des paraphrases, mais encore des cantiques, des prières, des stances, des méditations, etc. Les deux exemplaires [1] que j'en connais sont sans titre. Je ne serais pas éloigné de croire qu'il fut joint à la dernière édition du *Sireine* pour en faciliter la vente. Ces deux ouvrages ne sont pas cependant d'un format identique. Le volume dont nous nous occupons en ce moment, et qui se compose de soixante et seize feuillets, est chiffré à chaque page, et chacune d'elles contient vingt-trois lignes; tandis que le *Sireine* n'est chiffré qu'à chaque feuillet, et ne contient que vingt et une lignes à la page. Les caractères, du reste, sont semblables, et les deux pièces sortent peut-être de

comédie est d'être ornée d'estampes gravées par Michel Lasne. Cet ouvrage se trouve à la bibliothèque de l'Arsenal.

[1] A la Bibliothèque royale et à l'Arsenal.

la même imprimerie. En général ce livre offre peu d'intérêt; le sujet a été si souvent exploité qu'il est difficile d'y trouver rien de neuf. Ce genre de poésie était alors fort à la mode. On a vu qu'Anne d'Urfé avait aussi écrit des paraphrases sur les cantiques de Salomon. Entre ces deux auteurs cependant on doit donner la préférence à Honoré : son frère lui-même lui rendait cette justice qu'il n'était pas son aîné en littérature.

La bibliothèque de l'université de Turin possède encore un opuscule d'Honoré d'Urfé : c'est un jugement sur l'*Amédéide*, poëme (en italien) de Gabriel Chiabrera, écrit à l'instigation de Charles-Emmanuel, premier duc de Savoie, et à lui dédié. Ce jugement, qui se compose de 11 pages petit in-folio, est un manuscrit autographe [1].

Il ne reste plus, pour terminer cette notice, qu'à placer ici une analyse du roman de l'*Astrée*. Je vais essayer d'en donner une idée au lecteur en en résumant, aussi complétement que possible, le principal épisode; car il n'est pas permis de songer à analyser tout l'ouvrage qui forme plus de *six mille pages*, et contient près de *quarante histoires* différentes, dont quelques-unes sont aussi étendues que les romans qu'on publie de nos jours. Heureusement tous ces épisodes, qui tiennent bien par quelque point au sujet principal, peuvent cependant, sans trop d'inconvénients, en être détachés.

---

[1] Je ne mentionnerai pas ici une foule de poésies insérées dans différents recueils du temps, et dont il serait très-difficile d'avoir une nomenclature exacte.

« Auprès de l'ancienne ville de Lyon, du costé du soleil couchant, il y a un pays nommé Forests, qui, en sa petitesse, contient ce qui est de plus rare au reste des Gaules; car estant divisé en plaines et en montagnes, les unes et les autres sont si fertiles et scituées en un air si temperé, que la terre y est capable de tout ce que peut desirer le laboureur. Au cœur du pays est le plus beau de la plaine, ceinte, comme d'une forte muraille, de monts assez voisins, et arrousée du fleuve de Loire, qui, prenant sa source assez près de là, passe presque par le milieu, non point encore trop enflé et orgueilleux, mais doux et paisible. Plusieurs autres ruisseaux en divers lieux la vont baignant de leurs claires ondes; mais l'un des plus beaux est Lignon, qui, vagabond en son cours aussi bien que douteux en sa source, va serpentant par cette plaine depuis les hautes montagnes de Cervieres et de Chalmazel, jusques à Feurs, où Loire, le recevant et lui faisant perdre son nom propre, l'emporte pour tribut à l'Ocean [1]. »

---

[1] *L'Astrée de messire Honoré d'Urfé;* Rouen (Paris), 1647, in-8°, t. I, p. 1. Un de mes amis de Paris s'enquit de moi un jour si le Lignon n'était pas une rivière imaginaire, ainsi que le pays d'Astrée; on peut se faire une idée du plaisir que j'éprouvai à lui certifier l'existence de l'une et de l'autre, et à lui dépeindre cette riante contrée, que tant de visiteurs ont voulu voir depuis l'apparition du roman d'Honoré d'Urfé. Entre les plus célèbres, je citerai le Poussin, qui « touché de la lecture d'*Astrée*, vint dans sa jeunesse sur les bords du Lignon, étudier la belle nature, et faire un choix de sites pittoresques. » (*Voyage au Mont-Pila, sur les bords du Lignon*, etc. Paris, in-12, imprimé vers l'année 1800, par Portmann, pour le libraire Desenne. C'est la relation d'une excursion faite vers 1795, par deux amis qui ont gardé l'anonyme. Cet ouvrage fort rare m'a été donné par M. Aimé-Martin.)

Tel est le pays, en effet plein de charme, où d'Urfé déroule toute sa pastorale. Quant à l'époque, elle ne pouvait être mieux choisie pour l'arrangement d'une fable : c'est celle où le monde romain croule sous les coups des barbares, pour faire place au monde chrétien. C'est dans le Forez, au ve siècle, qu'Honoré a placé tous ces heureux bergers, qui vivent dans une paix continuelle. Il suppose cette province libre au milieu de la mêlée des peuples barbares; le gouvernement qu'il y établit est assez étrange pour mériter d'être rappelé : le pouvoir suprême est remis aux mains des femmes, qui se le transmettent héréditairement depuis un nombre infini de siècles. L'origine de cet établissement est, comme presque toutes les origines, assez douteuse, et se fonde sur deux versions principales qui la font émaner, l'une de la déesse Diane, l'autre de Galathée, *femme d'Hercule*. Je ne sais si elles rappellent quelque ancien mythe du pays, car aujourd'hui on ne retrouve plus, même dans la mémoire des vieillards, que fort peu de traditions locales. Il semble que la révolution, qui fut si sanglante dans notre province, y ait coupé et interrompu à tout jamais le fil de l'histoire traditionnelle, en l'écrasant dans les esprits terrifiés sous une foule d'intérêts nouveaux. Il s'agit bien vraiment des contes de la veillée lorsque les faisceaux du licteur menacent toutes les têtes! Peut-être cette idée de gouvernement féminin fut-elle suggérée à l'esprit d'Honoré par l'état présent des choses. A l'époque où il écrivait, il y avait près d'un siècle que la province du Forez faisait partie du douaire des reines de France, et longtemps auparavant il avait formé l'apanage de quelques duchesses de Bourbon[1]. Ces faits sont de ceux que les traditions se plaisent à embellir.

Au reste voici une de ces versions, telle qu'elle est racontée par Galathée, la fille d'Amasis, et son héritière présomptive :

« .... Nostre grande princesse Galathée, fille du roy des Celtes, femme du grand Hercule et mère de Galathée qui donna son nom aux Gaulois, qui auparavant estoient appellez Celtes, pleine d'amour pour son mary, le suivoit partout où son courage et sa vertu le portoient contre les monstres et contre les geants. Et de fortune, en ce temps-là, ces monts qui nous separent de l'Auvergne et ceux qui sont plus en là à la main gauche, qui se nomment Cemenes et Gebenne, servoient de retraite à quelques geants qui, par leur force, se rendoient redoutables à chacun. Hercule en estant adverty y vint, et parce qu'il aymoit tendrement sa chere Galathée il la laissa en cette contrée, qui estoit la plus voisine, et où elle prenoit beaucoup de plaisir, fut en la chasse, fut en la compagnie des filles de la contrée, et parce qu'elle estoit royne de toutes les Gaules, lors que Hercule eust vaincu les geants, et que la necessité de ses affaires le contraignit d'aller ailleurs, devant que partir, pour laisser une memoire eternelle du plaisir qu'elle avoit eu en cette contrée, elle ordonna ce que les Romains disent que la deesse Diane avoit fait[2]. Mais que ce soit Galathée ou Diane, tant y a que par un privilege surnaturel nous

---

[1] Voir l'*Histoire du Forez*.
[2] C'est la seconde version.

avons esté particulierement maintenues en nos franchises, puis que de tant de peuples, qui comme torrens sont fondus dessus la Gaule, il n'y en a point eu qui nous ayent troublé en nostre repos : mesmes Alaric, roy des Visigots, lors qu'il conquit avec l'Aquitaine toutes les provinces de deçà Loire, ayant sceu nos statuts, en reconfirma les privileges, et, sans usurper aucune authorité sur nous, nous laissa et nos anciennes franchises............. Et ainsi je sceus que d'une ligne continuée Amasis ma mere estoit descendue de celle que la deesse Dianc ou Galathée avoit esleue. Et c'est pourquoy, estant dame de toutes ces contrées, et ayant encore un fils nommé Clidaman, elle nourrit avec nous quantité de filles et de jeunes fils des druydes et des chevaliers, qui, pour estre en si bonne escole, apprennent toutes les vertus que leur aage peut leur permettre [1]. »

Telle était la composition de la société placée à la tête du pays; quant au peuple, il se composait presque uniquement de bergers qui, des rives du Furan à celles de l'Allier, couvraient le pays de troupeaux. Ces bergers eux-mêmes, principalement ceux des bords du Lignon, descendaient de nobles de race, qui ne s'étaient faits bergers qu'après avoir longuement ressenti les coups de la fortune dans une position plus relevée.

Voici maintenant l'aspect du pays, tel qu'Honoré le suppose dans son roman. La butte de Marcilly, couronnée aujourd'hui par les ruines d'un vieux château, est alors entièrement couverte d'une vaste et riche ville,

[1] L'*Astrée*, t. I, p. 65-67.

séjour des *nymphes*[1] et capitale de la contrée; Montbrison est une maison de campagne, entourée de vastes jardins; Isoure est une autre maison de campagne, ordinairement habitée par Galathée : dans ses jardins se trouve la fameuse *fontaine de vérité d'amour,* inabordable jusqu'à ce qu'un *vrai amant* et une *vraie amante* se soient exposés aux griffes des lions et aux coups des licornes qui la défendent; à Montverdun se trouve un collége de prêtres de la religion druidique, et une prêtresse qui est chargée de transmettre les oracles prononcés dans les antres qui occupent tout l'intérieur de la montagne; à Bonlieu, séjour des vierges chrétiennes durant le moyen âge, Honoré a placé l'habitation des vierges druidesses. Il est bon de faire remarquer qu'à quelques exceptions près, Honoré (qui ne dit pas un mot de la religion chrétienne, déjà si puissante au ve siècle, et qui aurait pu lui offrir de si riches épisodes) nous fait de la religion druidique un culte tout chrétien, ayant sa trinité, sa vierge mère, etc. Un temple dédié à Vénus se trouve sur la butte de Saint-Romain-le-Puy. Feurs, Moind et d'autres bourgs existent déjà; mais il n'y a point d'autre grande ville que Marcilly.

Céladon, jeune berger des bords du Lignon, aime la bergère Astrée, et en est payé de retour. Déjà bien des obstacles sont venus troubler ces chastes amours, car les parents des deux amants sont brouillés; mais ils sont parvenus à les vaincre tous, et à pouvoir se dire quelquefois ces doux mots : « Je t'aime. » Pour cacher plus

[1] Honoré donne ce nom à toutes les dames de la cour d'Amasis, sans doute parce qu'il leur attribue une origine divine.

facilement leur bonheur, il fut convenu entre eux que Céladon feindrait d'aimer quelque autre bergère, et ce fut là la source de tous leurs malheurs.

Semire, jeune étranger arrivé depuis peu de temps dans le Forez, n'avait pu voir la belle Astrée sans en devenir éperdument amoureux. Il voulut lui parler de son amour; mais il s'aperçut, à la froideur dont elle accueillit sa déclaration, que son cœur était possédé par un autre, et il fit tant qu'il découvrit enfin quel était l'heureux mortel qu'elle favorisait. Que ne peut l'amour! Il crut que, s'il parvenait à brouiller ces deux amants, ses services seraient moins défavorablement accueillis, et, pour rompre la sainte union qui unissait ces deux cœurs incomparables, il profita de l'amitié que Céladon feignait pour la bergère Aminthe. Il n'eut point de peine à tromper l'esprit sans feinte de la belle Astrée. La jalousie est le propre d'un grand amour: elle résolut d'oublier celui que son cœur adorait.

« De fortune, ce jour l'amoureux berger, s'estant levé fort matin pour entretenir ses pensées, laissant paistre l'herbe moins foulée à ses troupeaux, s'alla asseoir sur le bord de la tortueuse rivière de Lignon, attendant la venue de sa belle bergere, qui ne tarda guere après luy; car esveillée d'un soupçon trop cuisant, elle n'avoit pû clorre l'œil de toute la nuit. » Céladon vit paraître sa chère Astrée; mais combien son visage et ses manières étaient changées! Pensive, elle suivait son troupeau, et elle passa près de lui sans le regarder, sans lui dire un seul mot. Il s'approcha d'elle et voulut lui parler; mais elle l'accueillit avec dédain et le repoussa, en lui disant:

« Va-t'en, déloyal, et garde-toi bien de te jamais faire voir à moi que je ne te le commande. » Céladon désolé, tenant encore à la main le ruban par lequel il avait essayé de retenir cette cruelle, se retourna, et, sans se plaindre, se précipita dans le Lignon, qui coulait à ses pieds. Astrée, effrayée, reconnaissant trop tard à cette action désespérée tout l'amour que lui portait ce berger, tomba en pamoison, et se serait infailliblement noyée dans la rivière qui emportait toutes ses espérances de bonheur, si ses vêtements ne l'eussent retenue quelque temps sur l'eau. Des bergers que le hasard avait conduits près de là allèrent à son secours, et, l'ayant retirée du Lignon, la portèrent dans sa cabane.

Ce fut une désolation dans tout le hameau, quand on y apprit la mort de Céladon, car il était très-aimé. Tous les bergers, à la suite de Licidas, son frère, se mirent à la recherche de son corps; mais ce fut en vain. Ils ne trouvèrent que son chapeau, qu'Astrée fit demander par Philis, son amie. Elle craignait qu'on ne découvrît une ruse que les deux amants employaient pour s'écrire sans craindre les témoins, et qui consistait à placer les lettres dans la doublure de ce chapeau, qu'ils se jetaient ensuite comme en jouant. Astrée y en trouva une en effet que Céladon n'avait pas eu le temps de lui remettre, et qui acheva de la désabuser. Le désespoir faillit la conduire au tombeau. Son père et sa mère, dont elle était le seul enfant et l'idole, désolés de la voir dans cet état, ne purent résister à leur chagrin; ils en moururent. Dans un autre temps, un pareil malheur aurait été beaucoup plus sensible à Astrée qu'il ne le fut alors. Le ciel, qui la destinait à d'autres assauts, lui redonna peu à peu la santé, grâce aux soins de ses deux amies Philis et Diane, qui ne la quittaient plus.

On ne sut jamais bien précisément de quelle manière était arrivé le malheur de Céladon, car celle qui seule le pouvait dire se garda bien d'avouer ce qu'elle considérait comme un crime irréparable de sa part. On crut qu'il était tombé dans le Lignon par accident.

Quant à lui, il fut jeté par le courant un peu plus loin sur le sable, de l'autre côté de la rivière, et secouru par trois *nymphes* qui se promenaient dans ce lieu. Après lui avoir fait rendre l'eau qu'il avait avalée, elles le placèrent sur leur char, et l'emmenèrent dans le palais d'Isoure, en prenant bien garde toutefois de n'être vues de personne avec ce précieux fardeau. Céladon revint à lui, et sut qu'il était redevable de la vie à la nymphe Galathée et à deux de ses suivantes, Sylvie et Léonide. Mais, dès le second jour, il s'aperçut qu'en retour de la vie qu'on lui avait conservée, on voulait lui ravir la liberté. Galathée s'était sérieusement éprise de lui tandis que, durant sa convalescence, il l'entretenait de ses amours avec Astrée, et lui contait l'histoire de son père Alcippe. La nymphe oubliait insensiblement tous les services et tout l'amour de Lindamor, pendant que celui-ci se couvrait de gloire dans le camp du roi des Francs, où il servait avec Clidaman, le frère de Galathée. Cette dernière croyait, au reste, comme on verra, accomplir les destins en se laissant aller au cours de cette nouvelle affection, et c'est ce qui explique la facilité avec laquelle elle franchissait la distance qui la séparait de ce berger, de noble extraction d'ailleurs, ainsi qu'il a été déjà dit.

Heureusement pour Céladon, Léonide devint aussi amoureuse de lui, et, piquée de jalousie, parvint, avec le secours du grand druide Adamas, son oncle, à le tirer de cette espèce de prison, où il était tombé en langueur, désolé de sa bonne fortune. Le moyen qu'elle employa fut de l'habiller en nymphe comme elle, ce qui lui permit de sortir du château dans un moment d'agitation durant lequel on ne songea pas à lui.

Au sortir du palais d'Isoure, au lieu de retourner vers sa bergère qui le pleurait et l'aimait toujours, vers ses amis qui le regrettaient, Céladon, se remettant en mémoire l'impératif commandement d'Astrée, de ne reparaître devant elle que « lorsqu'elle le lui commanderait, » résolut de se retirer dans un lieu solitaire sur les bords du « doux coulant Lignon. » En revoyant son hameau, du haut d'un monticule, il ne put retenir son émotion, et composa une pièce de vers dont voici un échantillon.

> Icy mon beau soleil repose
> Quant l'autre paresseux s'endort,
> Et puis le matin quand il sort,
> Couronné d'œillet et de rose,
> Pour chasser l'effroy de la nuict,
> Deçà premierement reluit
> Le soleil que mon cœur adore,
> Apportant avec luy le jour
> A ces campagnes qu'il honore
> Et qu'il va remplissant d'amour.....
>
> Fontaine qui des sicomores
> Le beau nom t'en vas empruntant,

> Tu m'as veu jadis si contant,
> Et pourquoy ne le suis-je encores?
> Quelle erreur puis-je avoir commis
> Qui rend les dieux des ennemis?
> Sont-ils sujets, comme nous sommes,
> D'estre quelquefois envieux?
> Ou le change, propre des hommes,
> Peut-il atteindre jusqu'aux dieux?....

Céladon trouva, sur les bords du Lignon, une caverne pour l'abriter; il vécut là quelque temps de racines et de fruits, résigné, et attendant du ciel son destin.

Un jour qu'il se promenait aux environs de la grotte qui lui servait de retraite, il aperçut le berger Sylvandre endormi sur l'herbe; il le reconnut facilement, et songea à se servir de lui pour faire parvenir une lettre à sa bergère. Grâce à Dieu, les bergers de ce temps avaient toujours du papier dans leur panetière et une écritoire à leur service [1]. Après avoir écrit sa lettre, Céladon vint la mettre sur l'estomac du *berger sans affection*, car c'est ainsi qu'on nommait Sylvandre avant qu'il fût devenu amoureux de la belle Diane, et Céladon ne connaissait

---

[1] Ce fait s'explique pour Céladon par le passage suivant : « Ce qui donna « plus de soulagement à ce berger, ce fut que la nymphe (Léonide, qui « avait découvert sa retraite, et n'avait pu l'en tirer) luy porta de l'ancre « et du papier, parce qu'estant seul il s'amusoit à mettre par escrit les « passions qu'il ressentoit, ce qui le contentoit beaucoup quand il les « luy relisoit : les playes d'amour estant de telle condition que plus elles « sont cachées et tenues secrettes, plus aussi se vont elles envenimant, et « semble que la parole avec laquelle on les redit soit un des plus souverains « remedes que l'on puisse recevoir en l'absence. » L'*Astrée*, t. II, l. VIII, p. 555.

pas cette nouvelle affection. Sylvandre ne fut pas peu étonné en se réveillant de trouver cette lettre qui portait pour suscription : « A la plus aimée et la plus belle bergère de l'univers. » Il finit par croire que quelque bon génie avait voulu être son secrétaire en cette occasion, et que la lettre s'adressait à sa nouvelle maîtresse[1]. Il s'en revint donc tout joyeux. Quand il fut arrivé près de Diane, il laissa par mégarde tomber cette lettre de sa poche, et Philis, la ramassant, alla la lire près d'Astrée, qui reconnut l'écriture de Céladon. Cachant leur émotion, elles résolurent de ne rien dire de leur découverte, et après avoir demandé à Sylvandre dans quel lieu il avait trouvé cette étrange missive, elles le firent prier par sa maîtresse de vouloir bien les y conduire; ce qui fut aussitôt accordé.

On se mit donc en route, et, pour abréger la longueur du chemin, Sylvandre et Hylas se mirent à disputer, à leur ordinaire. Ces deux bergers sont, dans l'œuvre d'Honoré, les deux types extrêmes : le premier, de la constance, le second, de l'inconstance; mais ce défaut, chez ce dernier, est si plaisant, qu'on le préfère parfois à Sylvandre, dont la métaphysique est souvent ennuyeuse. Du reste, tous deux sont de savants docteurs, nourris dans les écoles des Massiliens[2], et ils

[1] Il est essentiel d'observer que, dans le style de l'*Astrée*, le mot de *maîtresse* n'a pas la signification qu'on lui donne aujourd'hui, qui exclut toute idée de chasteté. La maîtresse de Sylvandre est, en d'autres termes, la *dame de son cœur*; il est tout à elle sans qu'elle lui ait donné le moindre sujet de croire qu'il est aimé.

[2] Tout le monde sait que les écoles de Marseille jouissaient d'une réputation méritée dans la Gaule, même avant la conquête des Romains.

rompent toujours plus d'une lance avant que de se fatiguer.

On arriva enfin dans le bois qu'habitait Céladon ; mais comme c'était un lieu consacré qu'on visitait rarement, en cherchant l'endroit où il avait reçu la lettre, Sylvandre égara la compagnie. On continua de marcher. Ces bergers et ces bergères furent bien surpris de trouver dans ce bois un temple dédié à la déesse Astrée. Les voûtes en étaient faites avec des branches d'arbres repliées. A l'entrée, on lisait :

> Loin, bien loin, profanes esprits :
> Qui n'est d'un sainct amour espris
> En ce lieu sainct ne fasse entrée.
> Voicy le bois où chaque jour
> Un cœur qui ne vit que d'amour
> Adore la deesse Astrée.

Cette inscription retint Hylas, qui, piqué d'un scrupule religieux, n'osa s'avancer dans ce temple. Tous les autres y entrèrent après s'être préalablement purifiés avec l'eau d'une petite fontaine qui coulait presque à la porte. La première chose qui les frappa fut un tableau sur lequel étaient écrites *les douze tables des lois d'amour*, que lut à haute voix Sylvandre. Ils pénétrèrent ensuite plus avant, et découvrirent une porte qui donnait entrée dans un autre temple plus petit, sur l'autel duquel se trouvait un portrait que tout le monde trouva fort ressemblant à Astrée. Bien plus, de tous les côtés se trouvaient des inscriptions évidemment écrites de la main de Céladon ; mais le style en était si ambigu qu'Astrée, au comble de la surprise, commença à croire que c'était l'âme en peine de son berger qui avait fait tout ceci.

Pendant que cette troupe était dans le petit temple, Hylas s'était enhardi jusqu'à aller lire les *tables d'amour;* et ayant par hasard découvert une écritoire derrière ce tableau, il eut l'idée de corriger ces tables dans le sens de son inconstance. Comme il était très-adroit, il eut bientôt fini ce travail, et remit le tableau à sa place; puis, quand Sylvandre revint, il le traita de menteur, pour avoir lu le contraire de ce qui était écrit. Avant qu'on eût reconnu la tromperie d'Hylas, il s'écoula encore quelque temps; de sorte que la nuit vint avant qu'on eût songé à revenir au hameau. Comme il faisait beau et que les chemins étaient peu connus, il fut convenu qu'on coucherait cette nuit sur l'herbe, et les bergers, après avoir étendu quelque partie de leurs vêtements dans un même lieu, pour servir de lit aux bergères, se retirèrent ensemble un peu plus loin.

Le lendemain matin, en faisant sa promenade ordinaire, Céladon vint jusqu'à l'endroit où reposait toute cette compagnie, que les fatigues de la veille retenaient encore dans le sommeil. Ayant reconnu Astrée, il retourna rapidement dans sa grotte pour écrire un billet qu'il vint lui placer sur le sein... Qui peindra le supplice du pauvre berger?... Il n'y put tenir... Il succomba à la tentation de lui voler un baiser qui la réveilla. Comme le soleil levant lui donnait à plomb dans la vue, et qu'elle avait les yeux à peine ouverts, elle n'entrevit Céladon, qui s'enfuit aussitôt, qu'au milieu d'une auréole de lumière, et le trouva tellement changé par le dur régime auquel il s'était condamné, qu'elle se figura n'avoir vu que son ombre. Elle fut confirmée dans son opinion après avoir lu la lettre ambiguë qu'il lui écrivait. Se rappelant alors que les âmes des mortels qui n'avaient pas reçu la sépulture erraient pendant cent ans dans les lieux qu'ils affectionnaient le plus, et se souvenant qu'on n'avait pas élevé de tombeau à Céladon, elle résolut de lui en faire dresser un.

Ce fut le grand druide Adamas qui se chargea de la cérémonie et de ses préparatifs. Quoiqu'il fût bien certain de l'existence de Céladon, puisque c'était lui qui, pour occuper l'esprit de ce berger, dont Léonide lui avait fait connaître la retraite, l'avait engagé à construire le temple d'Astrée dont il vient d'être question, il fut bien aise de lui fournir une occasion de reconnaître combien sa bergère l'aimait, afin de le porter à se déclarer. Entreprise inutile : il répondait toujours qu'il ne reparaîtrait pas sans commandement. Mais, lui disait le druide, elle vous croit mort, comment pourrait-elle vous commander de paraître? Comment que ce soit, répondait Céladon, elle me l'a commandé, et comment que ce soit je lui veux obéir. Mais, ajouta Adamas, vous avez déjà contrevenu à ses ordres, car vous l'avez vue. Elle ne m'a pas défendu de la voir, répliqua Céladon, mais bien de me faire voir. S'il en est ainsi, reprit le druide, je puis vous procurer ce plaisir tant qu'il vous plaira. Je vous ai déjà dit que j'ai une fille qui vous ressemble beaucoup. Elle est élevée au pays des Carnutes. Vous n'avez qu'à prendre des habits de druidesse, que je vous apporterai, et vous viendrez chez moi, où je vous ferai passer pour ma fille. Céladon, après avoir hésité un instant, se rendit à l'avis du grand druide, et fut bientôt installé chez lui.

La ruse réussit complétement; tout le monde y fut trompé : Astrée elle-même, qui se prit d'une telle amitié pour la nouvelle Alexis, dont le visage lui rappelait les traits chéris de Céladon, qu'elle ne voulait plus la quitter; voire même elle prétendait la suivre au collége des Carnutes, où elle désirait se consacrer au dieu Teutatès.

Pendant quelque temps, Céladon fut au comble de ses vœux; il pouvait caresser sans crainte sa chère maîtresse, et abusait parfois du privilége au point que des gens plus clairvoyants que ceux de ce temps-là se seraient aisément aperçus qu'il y avait dans le sentiment qui unissait ces deux êtres plus que de l'amitié. Hylas lui-même devint amoureux de la belle Alexis, et se mit à lui faire la cour tout ouvertement, à son ordinaire. Et comme on le plaisantait sur ce qu'il ne pourrait pas l'épouser avant un siècle[1] : « Je vous asseure, dit-il, que vous me dites une chose qui me rendrait amoureux de la belle Alexis, si je ne l'étois pas. Car depuis que j'ay commencé de voir des femmes, je n'en ay encor jamais aimé une seule que je ne l'aye haye aussi-tost que j'ay pensé à l'epouser. De sorte que si Alexis ne se contente d'un siecle, je lui en donne deux, et que cependant elle m'aime. Et puis il faut que je vous die une ambition d'amour qui m'est venue. J'ay aimé des filles, des femmes et des vefves; j'en ay recherché des moindres, d'égales à moy et de plus grande qualité que je n'estois; j'en ay

[1] Il s'agit ici d'un siècle de lunes. Voyez l'*Astrée*, t. II, p. 980.

servy de sottes, de ruzées et de bonnes; j'en ay trouvé de rigoureuses, de courtoises et d'insensibles à la haine et à l'amour[1]..... Bref, je puis dire n'avoir rien laissé d'intenté en ce qui concerne l'amour, de quelque condition ou humeur que puisse estre une femme, sinon de servir une druyde ou vestale. Et j'avoue qu'en cela je suis encore novice, ne m'estant jamais rencontré à propos pour en faire l'apprentissage; et pense que les dieux m'ont envoyé cette belle Alexis afin que je me puisse vanter d'estre le plus parfait et capable amant qui fut jamais. » Tous ceux de la troupe se mirent à rire oyant le dessein d'Hylas; et Florice prenant la parole : « Et quoy, Hylas, dit-elle, ne craignez-vous point le foudre de Tharamis, recherchant cette fille qui luy est dediée? — Et pensez-vous, respondit-il, en haussant la teste comme par mepris[2], que tout ce qui est au monde ne soit pas à luy sans qu'il luy soit dedié? »

Tandis que la fausse Alexis goûtait auprès d'Astrée un bonheur qu'il lui aurait été impossible d'espérer quelques jours avant, et qui faillit plus d'une fois la trahir au milieu des caresses de sa bergère, l'amour, ce dieu cruel et doux, qui ne laisse jamais jouir d'un bonheur sans épines, l'amour mettait bien à une autre épreuve le gouverneur de la province, Polémas. Depuis longtemps il avait offert *ses services* à la belle Galathée, et quoiqu'il fût chevalier de mérite, *si advint-il* néanmoins qu'elle lui préféra Lindamor. L'amour qu'elle

---

[1] Je n'achèverai pas cette nomenclature. On a fait avec raison à Honoré le reproche d'*épuiser* ses sujets.

[2] Florice est une de ses anciennes maîtresses.

porta pendant quelques jours à Céladon l'avait bien détournée un instant de sa première affection; mais la fuite du berger la confirma dans sa bonne volonté pour ce chevalier, digne en tout d'ailleurs d'être l'époux de celle qui était destinée à prendre les rênes du gouvernement après la nymphe Amasis.

Polémas, assuré du bonheur de son rival, avait résolu d'être l'instrument de sa propre fortune; mais avant d'employer ouvertement la force, il avait essayé de la ruse. Un de ses amis s'habilla en druide, et vint s'installer près de Montbrison, à Savigneux, où se trouvait un petit bois. Là ses dévotions extérieures attirèrent quelques personnes, parmi lesquelles se trouvèrent les deux suivantes de Galathée, qu'il trompa très-adroitement. La princesse vint elle-même consulter ce prétendu ermite, qui, après les cérémonies d'usage, lui fit voir dans une glace un lieu sur les bords du Lignon : « Là, tel jour, à telle heure, lui dit-il, comme inspiré par le dieu Teutatès, vous verrez celui qui doit faire votre bonheur; si vous en épousez un autre, attendez-vous à être malheureuse tout le reste de votre vie. » Tout réussissait à souhait; le ciel semblait être complice de cette trahison. Mais que les hommes sont vains! Galathée trouva, comme on a vu, Céladon sur le lieu que le faux druide lui avait indiqué : Polémas y vint trop tard. Ce n'est pas tout : Léonide entendit un jour à Poncins, dans une maison où elle se reposait, le récit tout entier de cette tromperie, raconté dans une chambre voisine par le trompeur Climanthe lui-même, et elle la fit connaître à son oncle, le grand druide Adamas, qui promit de faire châtier exemplairement ce sacrilége. Il fut convenu qu'on feindrait d'être toujours dans l'erreur, et qu'on tâcherait d'attirer Climanthe à Marcilly. Le trompeur fut trompé : c'était un homme vain, qui comptait trop sur son adresse pour pouvoir douter de la réussite de son plan. Il vint donc à Marcilly; mais quand il vit qu'au lieu de le conduire à Galathée, on le menait en prison, connaissant le supplice qui lui était réservé, il se brisa la tête contre la muraille.

Polémas averti de ce qui venait d'arriver par le traître Méronte, habitant de la ville, résolut de ne plus différer l'exécution de ses projets. De longue main il s'était préparé à la guerre, faisant d'immenses magasins d'armes et de munitions, enrôlant le plus de soldats qu'il pouvait, et tâchant de se mettre dans les bonnes grâces de tous les souverains des états voisins. Fier de l'appui que lui promettait le roi des Bourguignons, dont la capitale était alors Lyon, et ayant entre les mains toutes les forces de la province, il pensait avoir facilement raison de deux femmes, Amasis et Galathée, et du vieillard Adamas, qui était leur conseiller intime; car tous les chevaliers Ségusiens ou Forésiens se trouvaient à l'armée du roi des Francs. Mais le ciel, plus prévoyant que les nymphes, avait pourvu à la défense de leur pays, en concentrant autour de Marcilly la fleur des chevaliers étrangers, qui tous, ou presque tous, sur la foi des oracles, venaient consulter la *fontaine de vérité d'amour*. Ils rendirent grâce aux dieux de leur avoir fourni l'occasion de faire paraître leur courage en soutenant les dames et la justice.

Polémas, à la tête de sa nombreuse armée, vint assiéger Marcilly. Il prenait pour prétexte de sa levée de boucliers l'intérêt des princesses, qui, disait-il, étaient sous la dépendance du grand druide. Il doutait si peu de la victoire, qu'il avait prié un des envoyés du roi des Bourguignons d'attendre un peu, pour en pouvoir porter la nouvelle à son maître. Il se repentit bien de cette fanfaronnade lorsque, sur le soir, il se vit repoussé de toutes parts avec un grand désavantage pour lui. Adamas, avec sa prudence ordinaire, avait pourvu à tout. Polémas ayant appris par le traître Méronte le nouveau sujet qu'il avait d'en vouloir au grand druide, voulut s'en venger d'une manière éclatante. Pensant, comme tout le monde, que Céladon fût véritablement sa fille, il l'envoya saisir par une compagnie de gens d'armes dans le hameau d'Astrée, où Adamas l'avait laissé dans l'espoir qu'il trouverait une occasion pour se faire connaître à sa maîtresse. *De fortune,* ce jour-là la *feinte Alexis* avait pris les habits d'Astrée, et réciproquement Astrée ceux d'Alexis; de sorte que les *solduriers* de Polémas, voyant paraître la bergère avec des habits de fille druidesse, la prirent pour Alexis, et un d'eux, l'ayant mise de force sur son cheval, l'emmena. Céladon, qui était accouru aux cris d'Astrée, vit ce rapt sans pouvoir l'empêcher. Il se mit à courir après les cavaliers; mais, haletant et couvert de sueur, il n'arriva au camp de Polémas que quelque temps après eux. Il était facile de voir que ce cruel avait quelque méchant dessein : il y eut alors entre les deux amants un combat de générosité. Astrée, pour sauver Alexis, soutenait qu'elle était bien la fille du druide, et en donnait pour preuve les habits dont elle était revêtue; Céladon, au contraire, s'efforçait de prouver que c'était lui qui l'était. Polémas, étonné de ce conflit, crut le faire cesser en déclarant que la fille du druide serait le lendemain exposée aux flèches des assiégés; mais ce fut bien alors que tous deux, avec plus d'acharnement, soutinrent être Alexis. Polémas était ému d'une pareille preuve de dévouement, et ne put se défendre d'une pointe d'amour pour Astrée, à qui cette espèce de querelle semblait donner encore plus de beauté. Mais la haine fut plus forte que l'amour. Il ordonna que pour les mettre d'accord on les exposerait ensemble aux coups des assiégés. Dans son malheur, ce fut une grande consolation pour Céladon de pouvoir mourir avec celle qu'il ne pouvait sauver.

Le jour venu, Astrée et Céladon furent attachés l'un à côté de l'autre. On mit avec eux la nymphe Silvie, ainsi qu'un chevalier qu'à sa ressemblance on avait pris, malgré ses protestations, pour un des seigneurs de la cour d'Amasis. Derrière chacun d'eux étaient attachées des lances qui devaient les percer s'ils faisaient un pas en arrière. On les fit ainsi avancer du côté d'une des portes de Marcilly à laquelle ils devaient mettre le feu avec la torche qu'on leur avait mise entre les mains. Le haut des murs de la ville était couvert de soldats qui n'osaient tirer une seule flèche, dans la crainte de blesser ces malheureuses victimes, en voulant frapper les soldats auxquels elles servaient « comme de mantelets. » Le plus morne silence régnait dans les camps; la douleur était peinte sur les visages des assiégeants comme sur celui des assiégés.

Tout à coup le capitaine qui commandait à la petite troupe d'escorte des prisonniers commande à un de ses soldats, qui était son frère, de couper les cordes qui les liaient. « Sachez, dit-il à Astrée, que je suis Semire, à qui les dieux ont conservé la vie pour qu'il la puisse donner en expiation du crime qu'il commit jadis; et vous, Celadon, ajouta-t-il, en se tournant de son côté, de telle sorte qu'il ne fut pas entendu d'Astrée, montrez aujourd'hui que vous êtes fils du vaillant Alcippe. » En même temps il lui donna une épée et *un rondache.*

Ils se trouvaient ainsi quatre hommes armés, en comptant le chevalier étranger, auquel le frère de Semire avait aussi donné des armes, et ils commencèrent à repousser les premiers soldats, tandis que les deux femmes, Astrée et Sylvie, s'avancèrent vers le fossé, où on leur jeta de grands paniers attachés à des cordes, à l'aide desquels on les tira plus mortes que vives pardessus les murailles.

Pendant que ceci avait lieu, deux courageux chevaliers, auxquels on n'avait pas voulu ouvrir les portes, n'avaient pas craint de se précipiter du haut des murs de la ville dans le fossé pour venir au secours de ces prisonniers. Ils se trouvèrent donc bientôt six; mais ils allaient succomber devant le nombre, car Polémas ayant vu ce qui s'était passé, et que les soldats de Semire osaient à peine se défendre contre leur chef, fit avancer un corps de troupes plus considérable. Alors celui qui avait le commandement suprême des forces de la ville, voyant le moment où les six héros allaient succomber malgré leur courage, ordonna une sortie par une porte secrète qui donnait dans le fossé. Ce renfort permit de battre en retraite, et tout le monde, à peu près, put rentrer dans la ville. Mais Semire, blessé mortellement, devait payer de sa vie son action généreuse. Céladon, quoique blessé lui-même à l'épaule, ne voulut pourtant jamais l'abandonner, et, aidé du frère de celui-ci, parvint à l'apporter dans la ville, où il mourut sans avoir divulgué autrement le secret du déguisement de Céladon, et après avoir obtenu d'Astrée son pardon.

Ici finit, à proprement parler, l'œuvre d'Honoré d'Urfé. Comme on a vu, aussitôt qu'il fut mort, le libraire Fouet s'avisa de faire continuer l'ouvrage. Le travail du continuateur n'est pas sans mérite; mais ce n'est plus ni le même style ni le même plan. Dans cette édition, Semire ne meurt pas de ses blessures, et son histoire, qu'il raconte à son tour, est l'épisode le plus remarquable de la portion de la sixième partie signée M. D. G. La partie dramatique de cette édition est peut-être plus attachante que celle de la conclusion de Baro (qui ne contient qu'une histoire nouvelle, le reste du volume étant consacré à achever toutes celles qui n'avaient pas été terminées dans les volumes précédents); mais cette dernière étant la seule admise aujourd'hui, peut-être parce que seule elle conduit l'ouvrage à fin, sera aussi la seule dont je m'occuperai.

Après l'enlèvement d'Astrée, les bergers du Lignon résolurent de s'armer le mieux qu'ils pourraient, et de venir offrir leurs services à la nymphe Amasis. Le vieux Phocion, oncle et tuteur d'Astrée, se rappelant son ancienne profession, se mit à la tête de cette petite troupe, et après avoir averti le grand druide de leur résolution, au moyen de flèches auxquelles étaient attachées des lettres, ils parvinrent assez heureusement à entrer dans la ville du côté de la montagne, qui n'avait pu être investi par les troupes de Polémas.

Ce dernier ayant été repoussé une seconde fois, jugea convenable d'attendre les secours que lui avait promis le roi des Bourguignons. Il fit donc proposer à Amasis une trêve de quelques jours, qui fut acceptée par elle, ou plutôt par le prince Godomar, qu'elle avait, par le conseil du druide, investi de tout pouvoir. Ce prince, fils du roi des Bourguignons, espérait que, pendant cet intervalle, son frère Sigismond, qui était alors retenu prisonnier à Lyon par ordre de leur père, parviendrait à faire naître quelques difficultés qui retiendraient les troupes que Gondebaud avait promises à Polémas. D'un autre côté il espérait que Lindamor et Clidaman donneraient enfin signe de vie.

La trêve venait de finir, et Polémas se disposait de nouveau à attaquer Marcilly avec trente-deux mille hommes de troupes fraîches que lui avait envoyées Gondebaud. La nymphe Amasis ayant reçu coup sur coup plusieurs nouvelles fâcheuses, entre lesquelles la plus sensible était celle de la mort de son cher fils Clidaman, en qui elle avait mis sa dernière espérance, s'abandonna à toute sa douleur. Elle se résignait à la mort, mais ne pouvait supporter l'idée de voir sa fille devenir l'épouse du déloyal Polémas. Godomar lui-même, malgré tout son courage, commençait à douter; le druide seul, confiant dans la justice de Teutatès, attendait, impassible, son jugement. Dans cette occurrence, sa présence d'esprit fut fort utile à la nymphe : ce fut lui qui découvrit la trahison de Méronte. Ce méchant homme travaillait depuis plusieurs jours à une mine qui, partant de sa maison, et passant sous le fossé de la ville, aurait permis aux soldats de Polémas d'y entrer sans coup férir. Tout semblait conspirer pour amener la ruine de Marcilly. Du haut des murs on pouvait voir facilement le matin deux camps placés à une faible distance l'un de l'autre, et personne ne doutait que le premier ne fût celui de Polémas et le second celui des Bourguignons, qui se disposaient à attaquer de deux côtés différents. Chacun était dans la plus vive anxiété.

Cependant le terme des prospérités de Polémas était arrivé. A peine il avait vu les corps du traître Méronte et de son fils pendus aux murailles, qu'il reçut un défi en forme pour combattre en champ clos le lendemain en présence des deux armées et de la ville, et finir ainsi cette guerre civile sans plus d'effusion de sang. Comme il avait du courage, il accepta sans hésiter le combat de trois contre trois qui lui était proposé, et, le lendemain, tout étant préparé, ils entrèrent en lice presque sous les murs de Marcilly. Les habitants de cette ville furent pendant quelque temps dans une anxiété impossible à décrire, ne pouvant s'expliquer la raison de ce tournoi. Enfin Polémas fut vaincu, et le vainqueur, suivant les conditions du combat, lui ayant fait trancher la tête, la fit porter à Galathée. Quelle fut la joie des assiégés, mais de la nymphe surtout, qui, en même temps qu'elle était délivrée de Polémas, retrouvait enfin son cher Lindamor! C'était lui qui, après des travaux infinis, était parvenu à rassembler l'armée qu'on avait pu voir de la ville. Il était accompagné des princes Sigismond et Rossiléon, qui avaient été dans le combat ses deux chevaliers tenants.

Les affaires de Céladon étaient toujours dans le même état : la crainte d'encourir la disgrâce de sa bergère retenait chaque jour l'aveu prêt à s'échapper de sa bouche. Cependant Adamas, intéressé à rendre heureux ces deux amants, puisque les oracles lui avaient prédit de longs et heureux jours s'il y parvenait, y était encore excité par la crainte de porter un fâcheux coup à sa réputation si on venait à reconnaître qu'il était l'inventeur de cette ruse peu délicate. Enfin, un jour il fut décidé que l'explication aurait lieu. Céladon exigeait un commandement exprès de sa bergère pour se découvrir; Léonide, la nièce du grand druide, les conduisit tous deux dans un bois, et, après quelques cérémonies cabalistiques, obtint à grand'peine d'Astrée le commandement tant désiré. Aussitôt Céladon, tremblant et pâle comme la mort, se jeta à ses pieds; mais la bergère Astrée, dont la pudeur était effrayée de toutes les privautés qu'elle avait permises à cette feinte druidesse, et désolée d'une telle trahison, le rebuta plus sévèrement que la première fois, malgré les raisons de Léonide.

Céladon n'espérant plus vaincre cette cruelle, et pensant la satisfaire en se donnant la mort, songea à se détruire. Pour rendre cette mort utile aux amants à venir, il résolut de s'exposer aux coups des animaux qui défendaient la *fontaine de vérité d'amour*. En chemin, il rencontra Sylvandre, qui, aussi désespéré que lui, en songeant qu'on allait donner Diane, sa maîtresse, à un autre, voulut absolument partager son sort. D'un autre côté, Astrée, qui se croyait déshonorée, et Diane, qu'on voulait contraindre dans ses affections, eurent la même idée. Elles se rendirent donc aussi à la *fontaine de vérité d'amour;* et là tous quatre n'attendaient plus que la mort. Mais loin de leur faire du mal, lions et licornes, par un des mille prodiges qui signalèrent cette journée, furent changés en statues de marbre, et servirent ainsi à l'ornement de la fontaine, qui devint alors abordable. Adamas déclara que c'était une preuve de leur vertu à tous, et il parvint facilement après cela à réconcilier les deux amants. Alors chacun vint se mirer dans cette fontaine, qui avait le privilége singulier de lever tous les doutes d'amour. L'amant aimé se voyait toujours dans son eau avec l'objet de son affection; au contraire, si la personne qu'il aimait avait de l'amour pour un autre, il le voyait au lieu de lui, et s'il n'aimait personne, il s'y voyait seul. Il n'est pas besoin d'ajouter que tous les couples amoureux que les oracles avaient envoyés en Forez virent leurs désirs accomplis : la cérémonie des mariages clôt le livre.

En terminant ce résumé, je dois dire qu'on aurait tort de juger de tout l'ouvrage par l'épisode des amours d'Astrée et de Céladon, qui est le principal, mais non pas peut-être le plus attachant du livre. Ce roman, véritable bibliothèque à l'usage de l'amoureux du temps, dans laquelle se trouvent résolues et expliquées toutes les *difficultés d'amour*[1], contient quelques autres épisodes qui ne seraient pas lus sans intérêt aujourd'hui (indépendamment de la partie historique qui concerne les Francs, les Bourguignons, les Visigoths, les empires d'Orient et d'Occident, etc.) : tel est, par exemple, celui de l'amour du roi Euric, ou plutôt de Daphnide et Alcidon; telle est encore l'histoire dramatique de Rossiléon et Rosanire.

Je crois superflu d'émettre mon opinion sur ce roman célèbre, qui a été si souvent et si hautement approuvé par les plus illustres écrivains du XVIIe et du XVIIIe siècle. Que dirais-je, en effet, qui pût infirmer ou corroborer le jugement qu'en ont porté Boileau et la Fontaine, par exemple, ces deux hommes de génie, de caractères si différents, qui sont d'accord cependant pour louer Honoré d'Urfé? Le premier trouve qu'il soutint son *Astrée* « d'une narration également vive et fleurie, de fictions très-ingénieuses et de caractères aussi finement imaginés qu'agréablement variés et bien suivis; » le second, résumant sa pensée, nous dit, dans son langage si naïvement spirituel :

> Estant petit garçon, je lisois son roman,
> Et je le lis encore ayant la barbe grise.

---

[1] « L'Astrée de messire Honoré d'Urfé, etc., où par *plusieurs histoires*, et souz personnes de bergers et d'autres sont deduits les *divers effets* de l'honneste amitié. » Gabriel Chapuis, de Tours, avait déjà écrit sa seconde partie de la *Diane* de Montemayor, « où, par plusieurs histoires deguisées, sous les nom et style de bergers et bergeres sont decrits les veritables et estranges effets de l'honneste amour. »

Tout cela ne veut certes pas dire que ce livre soit sans défaut (il n'est pas donné à l'homme d'atteindre à la perfection), mais prouve au moins qu'on a eu grand tort de le juger de nos jours avec les goûts et les passions du moment.

J'ajouterai qu'une circonstance particulière vint encore accroître l'intérêt que le public portait au roman de l'*Astrée*. On crut y voir une allégorie de la vie d'Honoré et de ses contemporains. En général, il faut se défier de ces explications qui laissent toujours une porte ouverte au doute. Une fois lancé dans le champ des suppositions, on eut bientôt trouvé dans le monde réel tous les personnages mentionnés dans ce livre. Patru, dans une *clef de l'Astrée*, qu'il écrivit longtemps après l'apparition du dernier volume de ce roman, a même été jusqu'à donner l'explication des événements qui y sont racontés. Sans prétendre rejeter entièrement ses éclaircissements, je dirai qu'ils sont au moins fort inexacts en ce qui concerne Honoré et son frère Anne, car c'est cette clef qui a servi de base aux articles biographiques dont j'ai été plus d'une fois forcé d'attaquer les récits. Je ferai remarquer que Patru, qui n'avait que dix-neuf ans quand il passa en Piémont, se rendant en Italie, où il allait étudier, nous dit lui-même qu'Honoré, se méfiant de sa jeunesse, ne voulut jamais, malgré ses instantes prières, lui faire aucune confidence. Il les lui promit, il est vrai, pour son retour; mais lorsque Patru revint en France, l'année suivante, Honoré était mort. Si, en effet, comme l'auteur l'a dit dans une lettre à Étienne Pasquier[1], son

---

[1] Voyez les Œuvres complètes de celui-ci, in-fol. t. II, p. 531.

livre *n'est véritablement que l'histoire de sa jeunesse,* il faut croire que nous n'en avons pas la clef, et quant à moi je désespère de la trouver; mais peut-être ne serait-il pas difficile de prouver qu'en cette circonstance Honoré a usé d'un innocent mensonge pour se donner de l'intérêt et une excuse auprès de ce maître en littérature, surtout si l'on songe à ce qu'il écrivait ailleurs, connaissant la manie de son temps pour les interprétations :

« Si tu te trouves parmy ceux qui font profession d'interpreter les songes et de descouvrir les pensées plus secrettes d'autruy (dit-il à sa bergère), et qu'ils asseurent que Celadon est un tel homme et Astrée une telle femme, ne leur responds rien, car ils sçavent assez qu'ils ne sçavent ce qu'ils disent; mais supplie ceux qui pourroient estre abusez de leurs fictions de considerer que si ces choses ne m'importent, j'aurais eu bien peu d'esprit de les avoir voulu dissimuler et de ne l'avoir sceu faire. Que si en ce qu'ils diront il n'y a guere d'apparence, il ne les faut pas croire, et s'il y en a beaucoup, il faut penser que, pour couvrir la chose que je voulois tenir cachée et ensevelie, je l'eusse autrement deguisée : que s'ils y trouvent en effet des accidents semblables à ceux qu'ils s'imaginent, qu'ils regardent les paralleles et comparaisons que Plutarque a faites en ses Vies des hommes illustres [1]. »

Pour moi, j'avouerai que rien dans le cours du roman ne m'a semblé pouvoir s'appliquer d'une manière directe à ce qu'on sait de la vie d'Honoré et de celle de son frère, malgré les explications de Patru, de Huet et des autres.

[1] Préface du premier volume de l'*Astrée*.

Il m'a donc paru plus simple de penser, et Honoré le dit dans la dédicace du premier volume et dans la ravissante préface du troisième[1], que ce livre était un enfant de la paix et du riant souvenir de ces belles années de jeunesse qu'on regrette toujours à quarante ans. Qu'on se mette un instant à la place de cet homme plein d'esprit et d'activité, dont la vie s'était écoulée comme un roman, dans la guerre civile et les intrigues amoureuses; puis qui avait été jeté par le sort loin de son pays, et condamné à la paix par les circonstances encore plus que par son âge, et il ne sera pas difficile de se rendre compte des motifs qui dictèrent ces chants consacrés à l'illustration de ce pays qu'il aimait, et où il avait véritablement vécu, c'est-à-dire ressenti l'ambition et l'amour.

Dans le xviiie siècle, lorsqu'on eut perdu de vue les circonstances dans lesquelles ce roman avait été publié, et que les esprits se trouvèrent détournés par la philosophie critique de ces disputes métaphysiques dont le goût était né durant les guerres de religion; alors il ne resta guère à ce livre que sa réputation ancienne, et ceux qui ne l'admiraient que parce qu'on l'avait admiré, le trouvant ennuyeux, s'avisèrent de l'abréger. En 1713, une dame anonyme publia la *Nouvelle Astrée*, petit in-12 de 200 pages, dans lequel se trouve résumé d'une manière assez complète le principal épisode de ce roman[2]. Quelques années après, l'abbé Souchay pensant que

---

[1] Voyez-en un fragment, ci-dessus, p. 134, note.

[2] Il avait déjà été fait un essai de ce genre sur la fin du xviie siècle. On voit encore, à la Bibliothèque royale, le premier volume (petit

c'était aller trop loin que de réduire tout d'un coup ce roman au quarantième environ, le publia en 5 tomes formant 10 petits volumes in-12 (Paris, Witte, 1733). Il conserva tous les épisodes du roman; mais il en retoucha le style, et en abrégea les discours. Son ouvrage est accompagné de mauvaises gravures en taille-douce. Ces éditions ne paraissent pas avoir eu beaucoup de succès. En effet, l'*Astrée* n'est pas un ouvrage qu'on puisse à loisir abréger ou résumer. Tel il est, tel il doit rester : c'est un type. Il a servi de modèle à une infinité d'ouvrages, qui lui empruntèrent jusqu'à son titre. De nos jours encore, le nom de Céladon sert à désigner « un amant délicat et passionné[1]. » Peu d'ouvrages ont eu l'honneur d'ajouter un mot à la langue : c'est un genre de gloire que celui-ci partage avec la comédie du *Tartufe*, le chef-d'œuvre de notre scène. Ce qui nous choque aujourd'hui dans l'*Astrée*, ce sont ces longues digressions et dissertations où l'auteur étale sa science et son érudition; mais ce fut justement là ce qui lui mérita un accueil si flatteur, alors qu'on n'avait pas une idée bien claire de ce que nous appelons aujourd'hui l'intérêt dramatique, et que d'ailleurs on avait plus de temps et moins de livres à lire; ce fut là ce qui le distingua des romans qui l'avaient précédé, et qui a fait dire de lui dans l'*Histoire littéraire* des Bénédictins qu'Honoré d'Urfé tira les romans de la barbarie dans laquelle ils avaient végété jusqu'à lui.

in-12, à Paris, chez Claude Barbin, 1688) d'une analyse de l'*Astrée*, qui n'a peut-être jamais été achevée.

[1] Voyez le *Dictionnaire de l'Académie*, nouvelle édition (1835).

Pour terminer cette notice, je dois dire qu'il a été publié une grande quantité de portraits d'Honoré d'Urfé. Le plus remarquable de tous est celui gravé d'après Van Dick, qui l'avait peint sans doute à l'époque de sa plus grande célébrité. Il ne faut pas confondre ce portrait, qui est in-folio, avec un autre du même format qu'a gravé plus tard Van Schouppen, d'après le premier, et qui porte la date de 1699. Il existe encore à Paris, chez un peintre de ma connaissance, un petit portrait à l'huile, de la grandeur de la paume de la main, sur le derrière duquel on lit: « Honoré d'Urfé. » Ce portrait a en effet quelque ressemblance avec celui de Van Dick, et, comme il est du temps, on peut le croire exact; mais le costume que porte le personnage laisse douter si ce n'est pas Anne qu'on a voulu représenter. L'inscription étant beaucoup plus moderne que le portrait, ne résout pas ce doute, car elle peut être le résultat d'une erreur commise à une époque où le nom de l'auteur de l'*Astrée* éclipsa celui de tous les membres de sa famille. (Voyez, dans la Généalogie, p. 61-64.)

ANTOINE.

Antoine d'Urfé, le plus jeune des fils de Jacques, naquit en 1571, et probablement dans le château de la Bâtie. Dès ses premières années il montra d'heureuses dispositions; et si une mort fatale n'était venue l'enlever dans le plus bel âge de la vie, sans doute il aurait réalisé les espérances qu'il avait fait concevoir.

Antoine fit ses études au collége de Tournon. Il débita, sur le petit théâtre qui y fut improvisé lors de l'entrée de la dame du lieu, en 1583, une assez longue pièce de vers, qui est imprimée dans le livret que son frère Honoré publia à cette occasion [1]. Ce petit volume contient encore un anagramme qu'Antoine fit sur le nom de cette dame, et qui figura dans la décoration de la cour du collége; le voici :

MAGDALEINE DE LA ROCHEFOCAUD.

(*Dol n'a deceu la grace de ma foi.*)

Quoy qu'on die, le dol des songes de Calvin
N'ha, madame, deceu la foy qu'avez apprise
Par la grace de Dieu au sein de son eglise,
Tesmoin de vostre nom l'anagramme divin [2].

Au sortir du collége, et bien jeune encore, Antoine se voua à l'état ecclésiastique; il fit profession dans l'abbaye de la Chaise-Dieu, maison de l'ordre de saint Benoît,

---

[1] Voyez p. 127 et suiv. de ce volume, et p. 31 de la *Triomphante entrée de la dame de Tournon*.

[2] *Triomphante entrée*, etc. p. 119.

située en Auvergne et sur les confins du Vélay et du Forez. Soit pour ses qualités personnelles, soit à la considération de ses frères, il fut d'abord pourvu du titre de prieur de Montverdun, un des principaux prieurés dépendants de cette abbaye, et bientôt après[1] il obtint, par l'élection des religieux, presque tous ligueurs, le titre même d'abbé de la Chaise-Dieu, en remplacement de Pierre de Fretat de Sarra, qui, quelques jours avant, avait été forcé de se démettre de sa charge. La *Gallia Christiana* porte que cette élection ne fut jamais confirmée[2], et que Nicolas de Neuville fut nommé par le roi abbé *commanditaire*. On verra plus loin[3] une lettre fort curieuse d'Anne d'Urfé concernant cette élection : elle apprend, entre autres choses, qu'Antoine fit à cette époque un voyage à Rome, et obtint du pape l'investiture de son bénéfice.

Dans le cours de l'année 1592, Antoine, âgé seulement de vingt et un ans, fit imprimer, chez Jacques Roussin, à Lyon, deux ouvrages intitulés :

1° « L'honneur, premier dialogue du Polemophile. Avec deux epistres appartenantes à ce traicté, l'une de la preference des platoniciens aux autres philosophes ; l'autre des degrés de perfection. » In-4° de VI et 43 pages.

2° « La vaillance, second dialogue du Polemophile. Dedié à monseigneur le duc de Nemours. » In-4° de VI et 36 pages.

---

[1] Le 16 juin 1589, selon la *Gallia Christiana* (t. II, col. 349) ; le 22 du même mois, selon de la Mure (*Astrée sainte*, p. 324).

[2] *Nam rex ei opposuit Nicolaum de Neuville.*

[3] Dans la Correspondance, lettre n° VII.

Le titre de ces deux pièces est orné d'un écusson aux armes de la maison d'Urfé, surmonté d'une crosse et d'un bonnet épiscopal, privilége spécial réservé aux abbés de la Chaise-Dieu.

Quoique ayant chacun titre, préface, etc., ces deux dialogues furent imprimés en même temps, comme le prouve l'attestation unique du docteur de Sorbonne qui se trouve à la fin du second, et qui est datée du mois de mars 1592. Tous deux sont accompagnés de mauvais vers louangeurs dus aux amis de l'auteur et à son frère Honoré. En tête du dialogue de l'*Honneur*, on lit, dans une courte dédicace :

« Monseigneur (le duc de Nemours), depuis que par vostre commandement je revins de Bourgongne, je n'avoy jamais peu donner un seul jour à mes muses, la calamité de ce temps et de ce pays *m'occupant tout des pensers de la guerre;* jusques à ce que vostre grandeur ayant par son arrivée [1] intimidé l'ennemy, et à moy par mesme moyen donné loisir de r'avoir un peu mon haleine, et reprendre les anciennes erres de mon estude, j'ai façonné ce traicté de *l'Honneur*, rude à la verité et mal poli; mais qui toute fois n'est deu qu'à vous seul, auteur de la tranquillité qui me l'a fait enfanter, et en qui reluit infiniment ce lustre de vertu qui en est le suject.... »

Vient ensuite un avis au lecteur :

« Voyant (amy lecteur) presque tous ceux qui publient aujourd'huy leurs escrits estre entierement tenduz et bandez à certains termes recerchez et esquises façons

[1] Ce fut en avril 1591 que le duc de Nemours vint dans son gouvernement du Lyonnais. Voyez la narration historique qui suit les Notices.

de parler, je t'ay bien voulu advertir, avant que passer outre, de n'attendre de mesme de moy, qui au contraire me suis plustost estudié de frayer un nouveau chemin à nos nepveux, traictant des plus hauts poincts de philosophie en nostre langue vulgaire, sans superstition d'innover les mots qui pouvoient mieux exprimer mes conceptions, et qui ne sembleroyent desormais estranges aux plus delicates aureilles, si nos predecesseurs eussent fait de mesme, ostans nostre jeunesse françoise de la peine qu'elle a à mendier les sciences és langues estrangeres, qui l'ameinent souvent à la vieillesse avant que luy estre familieres. Si ton appetit est conforme à ceste mienne intention, peut-estre que tu trouveras quelque contentement en la lecture de ce dialogue; autrement je te conseille de le changer avec des Amadis ou autres livres de semblable estoffe, desquels je n'envie ny l'honneur à leurs autheurs, ny le goust à toy. A Dieu. — *Spes, si fata volent.* »

Puis il entre ainsi en matière :

« L'Uranophile, las d'estudier, sortoit de son cabinet pasle, morne, refrogné et comme resvant à quelque poinct trop difficile de sa philosophie, quand voici survenir le Polemophile, son compagnon, qui (un peu plus gaillard, brusque et deliberé que de coustume) s'adresse à l'Uranophile avec un tel langage : Et quoy? ne cesserez-vous jamais d'alambicquer vostre cerveau avec ces frivoles, inutiles et chimeriques contemplations? Vous mesme m'avez enseigné autresfois que les plus parfaictes actions sont les plus imparfaictes lorsqu'elles sont exercées hors de leur saison, d'autant qu'elles n'atteignent leur but naturel, d'où despend toute leur perfection. Or rien ne sauroit estre plus hors de saison parmy ces cruelles et sanglantes guerres civiles, que s'appliquer aux sciences abstraictes, qui se contentent de voir ce qui en est sans descendre aux remedes. Et puis le repos (qui est le plus requis à l'estude) fut-il jamais moindre que durant cette generale combustion de toute nostre France? Nous voyons que la nature a donné aux bestes non seulement le moyen de jouyr de leur perfection lorsqu'on le leur permet; mais aussi la puissance de forcer les empeschemens de cette jouyssance : et les armes qu'elle a distribuées aux autres animaux par parcelles, elle nous les a toutes en un coup données, nous ornant de la raison ; par qui l'art militaire a pris pied entre les hommes, pour repousser toutes les difficultés opposées à la paix et aux biens qui l'accompagnent. Laissons donc maintenant ceste vaine oisiveté, cedons à la fortune, qui nous convie à changer de façon de vivre, et s'efforcer de rompre par les armes les obstacles de la tranquillité que requierent nos estudes, n'estant moindre folie estudier parmy ces guerres que vouloir faire du soldat en paix. Aussi bien est-il impossible d'acquerir maintenant par les lettres aucune reputation; car l'esprit des grands, entierement occupé à la force et violence, n'a ny le vouloir ny le loisir de songer à nos muses. Parquoy il vaut mieux fuir de ces tenebres et se constituer en un estat où nos actions reluisent devant tout le monde, comme est celuy de la guerre. Pour moy, j'y suis entierement resolu, et desireroy fort que vous fussiez de la partie, pour n'estre contraint de vous fausser compagnie. »

Après ce préambule, qui peint si bien l'état d'esprit dans lequel se trouvait alors Antoine d'Urfé, jeune homme à l'âme exaltée et patriotique, trop tôt sans doute chargé de la mission du prêtre chrétien, l'Uranophile demande à son interlocuteur quelle est la cause qui l'induit à prendre les armes. « La fin doncques où tend ceste mienne entreprise n'est pas une seule (pour vous en dire la saine verité), mais deux ensemble : l'une principale qui est l'amour de mon Dieu et de ma religion, qu'on tasche bannir de ce royaume jadis très-chrestien ; l'autre depend et est comme attachée à ceste-cy : qui est l'accroissement de mon honneur et reputation. » Après avoir félicité le Polémophile de la noblesse de ses sentiments, l'Uranophile lui demande « s'il ne s'abuse point en ce nom d'honneur, comme font la plus part des hommes ; » et le Polémophile avouant ses doutes, prie son compagnon de les lui éclaircir. « Ils descendirent du roc sur lequel estoit bastie leur demeure par une crevasse naturellement entaillée de certains degrez qu'on eust jugez estre artificiels, et, après avoir quelque temps tournoyé çà et là, en fin ils se trouverent à l'entrée d'une prairie esmaillée de diverses fleurs, et costoyée d'un clair ruisseau, qui la formoit par son enceinte en mode d'un demy-cercle ; et d'une viste course s'alloit mesler dans l'Allier. Mais ce qui rendoit ce lieu plus agreable estoit l'ombrage espais des spatieux ormes, sur qui on oyoit d'ordinaire mille gentils oiselets degoiser mignardement leur ramage. »

Ici vient un dialogue tout à fait métaphysique dans lequel apparaissent Aristote et Platon. Sous la plume d'Antoine d'Urfé, les raisons de l'Uranophile semblent plutôt celles d'un homme qui cherche à se convaincre de ce qu'il dit que celles d'un homme convaincu; on croit l'entendre se donner des raisons pour calmer son ardeur guerrière au milieu du conflit politique; et cette conjecture devient plus vraisemblable si on réfléchit au genre de mort qui, deux ans après, devait anéantir tout cet avenir de jeune homme.

En se quittant, les deux amis conviennent de se rendre le lendemain au même lieu pour discuter de la même manière la question du mot *Vaillance,* qui est le sujet du second dialogue; mais avant d'y arriver, je dois dire un mot des deux épîtres jointes au premier.

La première est adressée par Antoine à son frère Honoré, qui était alors appelé le chevalier d'Urfé. Il le fait juge des raisons pour lesquelles il préfère les platoniciens aux autres philosophes :

« Je me plains à vous, cher frere, de ce malheureux siecle où nous sommes, qui repreuve comme faux tout ce qu'il n'a pas accoustumé d'ouyr : comme si sa cognoissance estoit la regle de la verité des choses, au lieu que s'il estoit un peu plus modeste, il se contenteroit de prendre la verité au contraire pour regle de sa cognoissance. Je dy cecy parce que j'ay sceu par quelques miens amys que *plusieurs, ayant gousté la lecture de mon petit dialogue de l'Honneur,* ont trouvé de si mauvaise digestion la preference que j'y donne à la secte platonique sur toutes les autres, que, pour cet accessoire, ils ont rejetté aussi toute l'œuvre, la condamnant d'opinions extravagantes et fausses. »

Je ne sais s'il faut conclure des mots que j'ai soulignés, que le dialogue de l'*Honneur* avait déjà été imprimé une première fois, ou si seulement Antoine entend parler d'une copie manuscrite qui aurait circulé dans le public avant l'impression, selon l'usage du temps; mais cette dernière opinion me paraît la plus probable. Comme il ne pouvait traiter à fond cette question de la préférence des platoniciens dans une épître de cinq pages, Antoine renvoie ses censeurs à ses Épîtres philosophiques, où il espère, dit-il, « avec l'aide de Dieu, » traiter plus exactement cette matière. De ces *Epistres philosophiques* qu'il promettait au public, je ne connais qu'une pièce, la seule, je crois, qu'il ait eu le temps de publier. J'en parlerai bientôt.

La seconde épître jointe au dialogue de l'*Honneur* est adressée « à monsieur Antoine-Emanuel Chalom, docteur és droicts et vicaire general substitué en l'archevesché de Lyon. » Elle traite des *degrez de perfection*. C'est encore une réponse à ses détracteurs ; mais elle est toute théologique, et ne roule guère que sur « l'essence divine. »

Le dialogue de la *Vaillance* est aussi précédé d'une épître dédicatoire et d'un avis au lecteur.

Dans l'épître dédicatoire, Antoine, s'adressant au duc de Nemours, lui dit qu'il a été « meu à intermettre l'estude des sciences plus propres de sa vocation, desquelles ce temps n'est aucunement capable, pour recercher et esplucher les conditions et la nature de la vraye vaillance ; » et qu'il lui a dédié son travail parce qu'il est le « premier exemplaire » de cette vertu.

Dans son avis au lecteur, il s'exprime ainsi :

« N'espere pas (amy lecteur), en ce dialogue non plus qu'au precedent, trouver ramassez tous les beaux dicts de plusieurs graves personnages qui ont esbauché ceste matiere premiers que moy. Je te renvoye à eux pour voir leurs opinions et conceptions, et m'estudieray seulement de t'exprimer les miennes propres. »

Il entre ensuite dans l'explication des mots *forme* et *matière*, qui sont les termes fondamentaux de la dispute philosophique, et qui étaient à peine employés de son temps. Puis il continue : « Cecy te peut suffire pour ceste heure (amy lecteur), attendant que je te fasse considerer toutes ces choses un peu plus hautement : ce que je feray si je recognoy que ces premiers essais t'agreent. Car estant encore seulement sur le vingtuniesme an de mon aage, j'espere, avec l'aide de Dieu, que le temps ne me manquera point à te rendre participant du reste de mes estudes. A Dieu. — *Spes, si fata volent.* »

Le dialogue de la *Vaillance* est, comme celui de l'*Honneur*, une dissertation toute scolastique, qui ne peut réellement pas être soumise à l'analyse. Seulement à la fin il semble que l'Uranophile ait eu le dessein de donner des conseils au Polémophile sur la conduite à tenir à la guerre, car on ne voit pas qu'il l'ait détourné de son projet belliqueux.

Parmi les vers louangeurs qui accompagnent ce dialogue, se trouve un sonnet de P. Mathieu, docteur ès droits, qui vient confirmer ce qui a déjà été dit[1] de l'illustration littéraire dont jouit le Forez vers l'époque

---

[1] Voyez pages 87 et 88, et la note 2 de la page 147.

où vivaient les d'Urfé; il est adressé « A monsieur de la Chaze-Dieu sur ses discours platoniciens :

> Platon du grand Orphée apprend la cognoissance
> Des idées, l'object de ses doctes amours :
> Urfé les prend du ciel, et passe en peu de jours
> D'Orphée et de Platon le lustre et l'excellence.
> Platon discourt de l'ame en son adolescence :
> A trois lustres Urfé produit tant de discours
> Que comme un autre Orphée il fait ouïr les sourds,
> Dessauvage les cœurs, et confond l'ignorance.
> Le Moyse des Grecs, sous Urfé son soustient
> Reluit par l'univers françoisement chrestien,
> *Et transporte en Forets sa docte academie.*
> Urfé, soucy du ciel, honneur des bons esprits,
> L'enthousiasme sainct qui luit en vos escrits
> Eternise Platon et sa philosophie. »

Il faut faire la part de la flatterie que contiennent ces vers; mais en somme les Dialogues d'Antoine d'Urfé, écrits d'ailleurs dans le goût du temps, sont pleins de science, et on avait raison d'espérer en ce jeune homme, qui aurait par la suite modifié ce qui dans ses productions sentait trop le collége.

J'ai découvert un troisième opuscule d'Antoine d'Urfé. Malheureusement la pièce n'est pas complète; il y manque une feuille, c'est-à-dire huit pages qui contenaient sans doute un titre général, une dédicace et un avis au lecteur. Tout me fait croire que cette pièce est la première de celles qui devaient composer ses *Epistres philosophiques*. Elle se compose de 16 pages in-4° semblables à celles des Dialogues. Le titre secondaire qui se trouve sur la première page du texte est celui-ci : « Epistre premiere, De la beauté qu'acquiert l'esprit par les sciences. A madame Marguerite de France, royne de Navarre. »

C'est une chose digne de remarque que le plus jeune des d'Urfé et ensuite son aîné, tous deux dans les ordres, aient cru devoir dédier quelque partie de leurs œuvres à cette femme si cruellement critiquée. Il faut bien que ses défauts aient été pardonnables et son mérite réel; car leur enthousiasme a été partagé par une foule d'autres contemporains respectables. Quel dommage que cet ange de bonté, de grâce, d'amabilité, ait été si barbarement sacrifié aux exigences de l'implacable politique!

Voici en quels termes Antoine s'adressait à cette princesse, qui habitait alors le château d'Usson en Auvergne, où elle cultivait les Muses, après avoir fait la guerre en Amazone :

« Madame, dès la premiere fois que le bruit de vos graces, vrayment fatal à tout nostre siecle, me vint frapper les aureilles, j'entray en la mesme curiosité qu'on lit de Socrates, qui, rencontrant un jeune homme de singuliere beauté, après l'avoir contemplé fort long temps, le pria de parler, à fin qu'il le peut voir, comme s'il n'eust pas encores veu le personnage mesme, d'autant que ce corps terrestre n'est que l'escorce ou habillement dont le vray homme interieur est envelopé. De mesme aussi je m'enquis fort curieusement combien vostre majesté s'estoit estudiée d'adjouster aux dons de nature les beautez qui concernent la plus noble partie de nostre ame, c'est-à-dire l'entendement. Et Dieu sçait quel contentement je receu scachant la perfection que vostre divin esprit s'estoit acquise en toutes les sciences.

Mais qui ne se fut resjouy voyant reluyre dans la tempestueuse mer où flottent miserablement presque tous les esprits d'aujourd'huy, agitez de passions et ambitions autant viles et contemptibles de leur nature que furieuses et turbulentes, un phare eminent au havre de tranquillité, qui semble appeler à soy ce peu de personnes qui suyvent les Muses et ne se laissent point du tout emporter à la furie des vagues? »

Après d'autres louanges de ce genre, Antoine entre en matière, et, dans un discours aussi savant que celui des Dialogues, il s'efforce de prouver que la beauté sans instruction est d'autant plus choquante qu'elle attire plus les regards. « Aussi, dit-il, le divin Platon, qu'on ne sauroit (à mon advis) jamais trop souvent alleguer, conseilloit aux personnes belles de se regarder souvent dans un mirouer, à fin que par là elles fussent incitées à rendre leur esprit conforme et correspondant à leur corps. » Puis il termine ainsi : « .... Si j'ay failly, pour le moins puis-je veritablement asseurer que ce n'est pas pour avoir en aucune maniere mescogneu vostre grandeur (madame), et ne l'avoir pas assez justement ballancée avec ma petitesse : ains, tout au contraire, c'est pour avoir choisi et recogneu vostre majesté pour l'idée de toute perfection, de toute beauté, et pour avoir veu d'autre part que la foiblesse de mon esprit estoit telle, que, pour concevoir quelque chose de la beauté bien à propos, il luy en falloit proposer un très-accomply patron. »

C'est là tout ce à quoi se réduisent les œuvres d'Antoine d'Urfé; du moins c'est tout ce que j'en ai pu découvrir [1]. Ses *Epistres philosophiques* ne virent pas le jour; mais peut-être n'en avons-nous pas tout perdu, si déjà il en avait écrit quelque chose. Sans doute ses papiers restèrent à ses frères, et peut-être à Honoré, qui l'affectionnait particulièrement. Or Honoré écrivit vers le même temps ses *Epistres morales,* qui, je le pense, furent enrichies des conceptions de son jeune frère.

On a pu voir qu'Antoine d'Urfé avait manifesté dans ses écrits beaucoup d'admiration pour le duc de Nemours; ce fut sans doute à ses sentiments bien connus comme ligueur qu'il dut son élection à l'évêché de Saint-Flour. Les habitants de cette ville l'élurent vers le mois de mars 1593, au préjudice de Pierre de la Baume, qui était déjà leur évêque. Mais Antoine ne jouit pas longtemps de cette charge; il ne fut même jamais consacré; car, forcé d'abandonner la ville de Saint-Flour, lorsqu'elle tomba au pouvoir des royalistes, et s'étant réfugié en Forez, il y fut tué d'un coup d'arquebuse à la tête, le 1er octobre 1594, près de Villeret en Roannais. Il ne justifia que trop ainsi la fatale réticence qui se trouvait dans sa noble devise : *Spes, si fata volent!* Les destins ne le voulurent pas !

Les circonstances de sa mort sont racontées bien diversement [2]; mais l'opinion la plus probable est qu'il

---

[1] Un de ses petits-neveux, évêque comme lui, attacha son nom à plusieurs publications religieuses. Voyez la Généalogie, p. 79.

[2] Soit qu'il ait été réellement dans l'erreur, soit qu'il ait eu le dessein de disculper le jeune d'Urfé de sa participation aux troubles de la Ligue, de la Mure (écrivant en 1674) raconte ainsi cet événement : «Venant de son dioceze (dans la Généalogie, il dit qu'il venait de Paris) au païs de Forez, pour y visiter par bonheur ceux de sa parenté, et allant de

mourut les armes à la main pour la querelle des *nemouristes* : c'est ce qui résulte des termes mêmes de son épitaphe composée par son frère aîné. La chose, au reste, paraît tout à fait vraisemblable quoique peu évangélique. Mais qui aurait le courage de blâmer cette action chez un jeune homme de vingt-trois ans, emporté par sa bouillante ardeur? A la rigueur, chassé de son évêché et de son abbaye, et n'ayant pas vu confirmer ses deux élections, il n'était plus ni évêque ni abbé.

De la Mure dit que son corps fut porté à la Bâtie, et inhumé, avec grand deuil de la famille, en l'église du couvent des cordeliers qui était attenant aux murs du château. Il ajoute qu'on voyait encore de son temps plusieurs portraits de ce jeune évêque, « si malheureusement et inhumainement massacré, lesquels font voir dans les traits de son visage des marques d'une modestie, bonté et ingénuité particuliere. » Il dit ailleurs : « Se voyant nommé evesque, il redoubla son zele à la vertu et son application à l'etude; en sorte mesme qu'on remarque de luy, aux memoires de sa maison,

Chasteaumorand à la Bastie, étant tombé entre les mains des emissaires de quelques ligueurs qui tenoient la petite ville de Villerez dans le Roannois, et de là faisoient des courses sur les personnes qui passoient, il fut l'innocente victime de la rage de ces furieux. » (Voyez l'*Astrée sainte*, p. 324.)

La *Gallia Christiana* contient aussi un récit détaillé qui n'est pas exact au fond, puisque Honoré n'avait pas encore épousé Diane, mais qui l'est peut-être dans l'accessoire. On y lit qu'Antoine d'Urfé, venant visiter son frère Honoré et sa femme, à Châteaumorand, fut tué d'une arquebusade tirée par les gens du château, qui, chargés de faire le guet, selon l'usage, durant ce temps de troubles, l'avaient pris, lui et son escorte, pour un parti ennemi.

qu'il ne faisoit jamais voyage qui fut un peu long, qu'il ne fit conduire aprés soy une bibliotheque portative, et n'eut dans son train des chevaux chargez de livres pour s'en servir dans les desseins des compositions devotes qu'il avoit conceues et commencées; mais que sa mort prematurée, qui luy arriva par un accident causé par le mal-heur des temps dans lesquels il vivoit, ne luy permit pas d'achever et donner au public. »

Voici l'épitaphe qu'Anne d'Urfé composa pour son frère, « evesque eleu [1] de Sainct-Flour et abé de la Chase-Dieu :

> Les ardeurs de jeunesse, et le cueur genereux,
> Qui jamais ne manqua en neul de se lignage,
> Fict *perir au combat,* en la fleur de son aage,
> Cest Antoine d'Urfé par un coup malheureux.
>
> Il estoit très-savant et d'honneur amoureux,
> Et ne luy manqua point la beaulté du visage;
> Docte predicateur, et qui fut d'avantage
> A bien faire les vers estremement heureux.
>
> Il avoit faict son cours à la philosophie;
> Il estoit fort profont en la teologie,
> Estant tousjours guidé par UNE ARDENTE FOY [2].
>
> Ce que voyant le ciel, pour en frustrer la terre,
> Luy mit dedans l'esprit ceste *ardeur à la guerre*
> Par laquelle il perit, pour le tirer à soy. »

[1] L'élection fut son seul titre; il ne fut ni confirmé par le roi, ni consacré par aucun ecclésiastique. (Voy. la *Gallia Christiana*, t. II, col. 432.)

[2] Anagramme des mots *Antoine d'Urfé*: c'est par inadvertance qu'Anne a écrit le dernier mot avec un *y*.

III.

RÉCIT DES ÉVÉNEMENTS

QUI EURENT LIEU

DU TEMPS DE LA LIGUE

DANS LE FOREZ.

AVANT-PROPOS.

Il me reste maintenant à faire connaître l'épisode le plus intéressant de la vie des personnages dont j'ai entrepris la biographie : je veux parler de la participation des d'Urfé aux troubles de la Ligue. J'en ai fait à peine mention dans leurs Notices, parce que j'ai jugé plus convenable de réunir en un seul corps de récit tout ce que j'avais à dire sur les événements de cette époque. C'était en effet le seul moyen d'éviter des répétitions et des coupures d'autant plus fâcheuses qu'en procédant autrement il ne m'aurait pas été permis d'entrer dans tous les développements qu'on trouvera ici, et qui serviront à faire mieux apprécier le rôle important que jouèrent en ce temps-là les d'Urfé.

On comprend bien d'avance que je ne me suis pas astreint dans ce travail à ne mentionner que ce qui était relatif à ces derniers, car alors la plupart des faits mêmes seraient restés sans explication, et la curieuse correspondance qui vient après cet essai, et dont il m'importait surtout de donner l'intelligence, n'aurait été qu'une énigme pour le lecteur, à moins que je ne l'eusse accompagnée de notes et de commentaires plus volumineux encore que ce travail. Mais si, d'un côté, et par les considérations qui précèdent, j'évite le reproche de m'être trop étendu sur des détails étrangers en apparence au sujet principal, je crains bien, de l'autre, d'être réduit à me défendre du reproche opposé, et qui, je le sens, serait beaucoup moins injuste : celui de n'avoir donné qu'une relation incomplète. Sans avoir la prétention de me disculper entièrement, je ferai remarquer qu'il n'entrait pas nécessairement dans mon dessein de raconter tout ce qui s'est passé dans le Forez à cette époque; mais seulement de donner une idée assez exacte de l'aspect de ce pays et des événements auxquels les d'Urfé prirent part; d'ailleurs il aurait été difficile, après deux ou trois siècles et plusieurs révolutions, de recueillir plus de renseignements sur un des points de l'histoire d'une petite province dans laquelle il ne reste pas même un souvenir traditionnel des faits dont j'avais à m'occuper. J'aurais été bien pauvre, je l'avoue, ou plutôt je n'aurais jamais songé à entreprendre ce travail, si je n'avais découvert dans les archives de Lyon une collection de lettres écrites par nos ligueurs aux échevins de cette ville durant les troubles, et qui contiennent une foule de détails dignes de voir le jour. Mais quelle que soit l'importance de cette collection, qui d'ailleurs n'est pas complète, on concevra facilement qu'elle ne pouvait à elle seule combler toutes les lacunes qui se trouvent dans ma narration. Réduit presque à cette unique source historique, je me suis déterminé à publier textuellement quelques fragments de ces lettres, ne me réservant que le choix et l'encadrement des pièces. J'ai pensé que cette espèce de mosaïque ne serait pas sans intérêt pour ceux qui aiment à étudier l'histoire dans les documents originaux.

Une chose m'a surpris, à l'époque où je m'occupais de déchiffrer cette curieuse correspondance : c'est qu'aucun Lyonnais n'ait encore songé à en tirer parti. Quant à moi, en présence de cette masse de renseignements, et assuré, comme je l'étais, de trouver dans les archives de Lyon (le plus riche dépôt communal de France peut-être) tous les documents propres à compléter cette collection précieuse, j'ai hésité un instant si je n'entreprendrais pas un travail spécial sur la *Ligue lyonnaise*. Cette manière plus générale d'envisager l'histoire aurait été certainement beaucoup moins aride pour moi; mais je renonçai à ce projet dans la crainte de donner trop de temps à un travail qu'un autre fera sans doute un jour beaucoup mieux que moi.

RÉCIT DES ÉVÉNEMENTS

QUI EURENT LIEU

DU TEMPS DE LA LIGUE

DANS LE FOREZ.

Lasse de la contrainte sous laquelle elle avait grandi mystérieusement, la Ligue venait enfin de jeter le masque qui l'avait cachée longtemps à la royauté, et de montrer au grand jour sa force et sa puissance. Une grande victoire remportée sur le parti protestant avait mis le comble à son triomphe : le duc de Guise, son chef, venait de battre complétement, à Auneau, l'armée des reîtres venus au secours de leurs coreligionnaires de France. Châtillon, abandonné de ces auxiliaires, fuyait précipitamment au milieu de populations exaspérées qui ne cherchaient que l'occasion d'achever sa ruine. Il traversa le Forez vers le milieu du mois de décembre 1587, pour gagner le Vivarais, province toute protestante, où commandait le religionnaire Chambaud. Mandelot, informé de son passage, quitta Lyon pour venir lui couper la retraite; mais ses troupes, levées à la hâte[1], furent épouvantées au seul aspect des débris

---

[1] CLERJON, *Histoire de Lyon*, t. V, p. 305.

des vieilles bandes protestantes, et son entreprise reçut dans le pays même le surnom ridicule de *bataille de virecul*. Jacques Pape, seigneur de Saint-Auban, compagnon de Châtillon, a écrit l'histoire de cette retraite remarquable [1]; malheureusement les noms de lieux y sont tellement défigurés que plusieurs ne sont pas reconnaissables. Il raconte ainsi ce qui leur arriva dans le Forez :

« . . . . . . Cette charge que nous fismes à monsieur de Piedefou fust cause que nous demeurasmes cinq à six jours sans estre tant importunez; de fait qu'avions jà gagné force pays avec nostre armée, avec laquelle nous fusmes jusques à cinq ou six lieues de Roanne, à une abbaye nommée Marcigny-les-Nonains, où estoit le rendez-vous, et où monsieur de Chastillon print congé de monsieur de Bouillon et de nostre armée, voyant les chefs resolus de rendre leurs drapeaux au roy, et d'accepter ces honteuses capitulations qui furent acceptées [2]. Ayans separé nos troupes, nous prismes encore le quartier du mareschal de camp qui nous fut donné à un village nommé Saint-Laurens, où nous arrivasmes et logeasmes bien tard, et en partismes bien matin, afin de faire bonne journée, et laisser nostre armée derriere; de laquelle estans separez, et de ce mesme jour le tocsain fust sonné sur nous avec des cloches par les villages et des cornets sur les costaux, trouvant tout le pays en alarme, et tousjours suivis, de costau en costau, par les paysans

---

[1] Du Bouchet, *Histoire de la maison de Coligny*. Voyez dans les Preuves, p. 661.

[2] A la Clayette, où l'armée s'était rendue en sortant de Marcigny.

du pays, conduits par quelques gendarmes et gentilshommes à cheval, qui nous aboyoient de loin.

« Nous passasmes cette journée comme cela, sans autre empeschement, et vinsmes coucher à un village en Forests nommé Furmigieres[1], duquel estans partis le lendemain, nous nous trouvasmes le matin près de Feurs audit pays, à nostre gauche six-vingts chevaux en bataille à une harquebusade de nous, qui fust cause qu'ayant prié Dieu nous mismes en ordre de combat, et voyant qu'ils ne bransloient nullement, prinsmes nostre chemin (non suivant nostre premier dessein, lequel monsieur de Chastillon changea sur la place très-apropos, avec un beau jugement), mais à main gauche, pour nous retirer du costé du Rhosne, par le droit chemin de Lyon en Vivarais, et cette troupe se contenta de nous voir prendre nostre chemin, et s'en allerent repaistre, nous laissans à dos quelques deux ou trois nobles de ce pays-là à cheval avec cinquante ou soixante maraux de paysans après eux, armez d'harquebuses et armes d'aste, qui nous suivoient de loin tousjours en queue, y estans affriandez parce que, par maniere de dire, presque de cent en cent pas nous leur laissions ou chevaux ou mulets, auxquels nous donnions des coups d'espée aux jarrets et dans les flancs, afin qu'ils ne s'en prevalussent. Tant y a qu'il y en avoit assez pour les eschauffer à la curée. Monsieur de Mouy et moy, qui estions commandez derriere, nous desro-

---

[1] L'orthographe de ce mot a été tellement altérée, qu'il m'est impossible de deviner quel peut être le village dont Jacques Pape entend parler ici.

basmes une fois avec cinq chevaux derriere une metairie, pour leur faire une charge, où l'un de ces nobles fust tué par monsieur de Besignan et un cheval noir pris, et cinq ou six pendars tuez; et après cela nous reprismes la queue de nos troupes qui faisoient tousjours chemin. Mais nous n'y fusmes long-temps sans revoir la cavalerie du matin; non toute, selon nostre jugement, mais il y en avoit quelques soixante armez et des harquebusiers à cheval environ vingt-cinq ou trente. De quoy nous advertismes soudain monsieur de Chastillon, le supplians de nous envoyer dix ou douze armez, pour leur faire une charge, et de vouloir faire un peu halte; à quoy il ne vouloit entendre, ains mandoit de marcher tousjours et gagner chemin. De sorte que tous nos messagers s'en revindrent sans pouvoir gagner autre chose; qui fut cause que monsieur de Mouy s'en alla le trouver luy-mesme, et luy remontrer que le vray moyen de gagner temps estoit de faire cette charge; ce qui fut cause que monsieur de Chastillon vint à la queue, et le voyant venir je commençay la charge, à cause d'un que j'avois commandé derriere, lequel je voyois devoré d'harquebusades. Elle nous fut si heureuse, que ne perdismes qu'un harquebusier à cheval, et l'ennemy y perdit vingt ou vingt-cinq armez ou harquebusiers à cheval, et contraignismes monsieur de Mandelot qui y estoit de se retirer luy quatriesme. On dit que son prevost de Lyon fut autheur de nous chastouiller de si près, à quoy il ne gagna guieres, car il y fut tué. Et de là nous allasmes coucher à un village appelé Duerne, sur ledit grand chemin de Lyon en Auvergne; duquel nous partismes suivant nostre coustume dés la pointe du jour, et prismes nostre chemin au-dessous de Rivirieu (Riverie)..... »

Jacques Pape entre ici dans de minutieux détails concernant les différentes attaques qu'ils eurent à essuyer. Une entre autres faillit anéantir leur petite troupe. Mandelot ayant pris un chemin plus court que celui qu'elle suivait, vint lui présenter la bataille; Châtillon, qui, de coteau en coteau, observait tous les mouvements de son ennemi, voyant qu'il n'y avait pas moyen de l'éviter, vint dire à ses compagnons qu'il fallait se résoudre promptement à prendre un parti; « qu'ils n'estoient pas à mille pas, cavalerie et infanterie; chose qui estoit comme incroyable qu'ils eussent tant diligenté. Monsieur de Chastillon nous dit en outre qu'ils estoient extremement forts, qu'ils avoient plus de cent chevaux coureurs, et leur troupe paroissoit de trois cents chevaux et cinq à six cents harquebusiers à pied, autant avancez que leur cavalerie : si bien qu'il fut question de prendre une prompte resolution, sans long propos, n'ayans que deux moyens proposez à tenir : ou de choisir les bons chevaux, et nous en aller, ou de combattre; sur lesquels fallut que, par un commandement, je disse mon opinion le premier, quoyque non obstant la necessité presente je voulusse deferer aux autres. Tant y a que, sans y insister avec longueur, tous me presserent de dire mon advis, qui fut que de choisir les bons chevaux et nous en aller, c'estoit autant que de nous perdre tous avec honte; que nul de nous ne se pouvoit vanter d'avoir un bon cheval, parce qu'ils estoient tous sur les dents; au pis aller, que faisans de cette façon nous n'estions pas une douzaine qui nous pourrions sauver prenant un tel parti : partant qu'il valoit mieux mourir tous ensemble avec honneur que de vivre avec reproche. Que souventes fois aux combats la victoire n'avoit point été donnée au grand nombre; que Dieu la donnoit à qui bon luy sembloit; que nous avions eu infinis tesmoignages de son assistance; qu'il falloit esperer en luy et combattre sous sa conduite. Tous unanimement respondirent qu'il falloit suivre mon advis, et au mesme instant nos troupes se trouverent au-devant de nous sur un pendant de colline, lieu qui sembloit nous favoriser infiniment pour surprendre nos ennemis, qui nous avoient suivis de vue deux grandes lieues, eschauffez à la curée de nos meschans bagages, desquels, comme a jà esté dit, de cent en cent pas nous leur laissions des pieces. De sorte que sur nostre resolution Dieu nous envoya ce lieu du tout propre à faire tourner nos gens à couvert tous l'espée à la main, à la teste desquels se mit monsieur de Chastillon, qui me commanda avec tous les armez, qui estoient au plus trente-cinq, de donner : ce que nous fismes avec si grande et merveilleuse assistance de Dieu, qu'il ne nous cousta chose quelconque de mettre en pieces et plaine vau de route les cent ou six-vingts premiers coureurs. Après cela, nous estans ralliez, et nous trouvans postez à propos, donnasmes sur trente lances ralliées, desquels eusmes aussi bon marché que des premiers; après lesquels deffaicts nous eusmes encore à faire à autres trente lances, ne nous en pouvant desdire, et les traistasmes comme leurs compagnons. Et nous mena cette troisieme charge au bord d'un bois où leur infanterie estoit en bataille; laquelle aussi nous chargeasmes, parce qu'aussi bien, pour aller à eux ou pour nous retirer, il nous falloit boire leurs harquebusades; et passasmes tout à travers sans que (ou de surprise ou d'effroy) ils nous tirassent que trois harquebusades. Par cette quatriesme charge, avec les precedentes, ayans eu affaire avec tant de gens, nous nous trouvasmes fort escartez; de sorte que partie de ces escartes, avec l'insolence qu'amene avec soy une victoire tant inesperée, fit qu'aucuns des nostres allerent chastouiller monsieur de Mandelot, qui estoit avec son gros sur un petit costau à nostre main gauche; sur lesquels il envoya un drapeau accompagné de quatre-vingts chevaux, qui firent une petite charge, et se contenterent de ramener à nostre gros ces escartez. Mais Dieu voulut qu'ils ne recogneurent pas l'advantage qu'ils avoient acquis par cette charge, ayans coupé entre nostre gros et eux monsieur de Chastillon et une vingtaine des meilleurs hommes qu'il eust; mais cette charge fut faite comme sur l'heure d'entre chien et loup, laquelle heure nous servit de couverture pour prendre nostre party, qui fut bien scabreux, comme il sera dit cy-après. Mais avant que d'y venir je dirai que monsieur de Chastillon se trouva fort empesché pour nous rejoindre, car nous ne croyions pas qu'il fust derriere. Tant y a qu'avec l'assistance du Tout-puissant, qui benit nostre resolution, il demeura des ennemis bien six-vingts sur la place, et des nostres trois ou quatre; mais messieurs de Lyramond, de Reboul, et le jeune Chamerolles furent prisonniers. Monsieur de Chastillon se trouvant entre deux, se retira luy cinquiesme du costé du Rhosne, et moy me retiray de ce mesme costé avec sept de nos gens, sans sçavoir rien les uns des autres, et Dieu voulut que je recouvray un guide, et prins mon chemin vers Saint-Agreve que je luy demandois, et en iceluy chemin rencontray quelques gens de cheval, qui, par bon et heureux rencontre, se trouva la troupe de monsieur de Chastillon, lequel avoit son cheval fort boitteux, accident qui nous mettoit en grand accessoire. Nous arrivasmes à Saint-Pierre-de-Bœuf, où l'hoste du lieu nous fist repaistre et ferrer nos chevaux, et prismes pour guide le lendemain un maistre d'escolle, qui sçavoit bien le pays, qui nous conduisit par chemins escartez. » C'est de la sorte que Châtillon parvint enfin dans le Vivarais.

Tandis que le chef des protestants était réduit à fuir devant des paysans armés, les ligueurs de Paris préparaient au duc de Guise un de ces triomphes merveilleux que les temps de révolutions seuls connaissent. En vain Henri III lui défendit de venir; le sujet roi brava son maître, qui fut lui-même obligé d'abandonner sa capitale, et se vit ensuite contraint d'accepter une trêve.

Les états généraux ayant alors été convoqués à Blois pour le 15 septembre 1588, les agents de la Ligue se donnèrent une peine infinie pour y faire députer ses partisans les plus exaltés, et parvinrent en effet à lui assurer la majorité dans cette assemblée. Le Forez, en particulier, y envoya le célèbre Pierre d'Épinac[1], archevêque

---

[1] Ce nom a été écrit de plusieurs façons. Je me conforme ici à l'orthographe que ce prélat avait lui-même adoptée dans sa signature, quoique

de Lyon, qui exerça une si grande influence sur les événements de cette époque. Le reste de la députation se composait de Guillaume de Gadagne, seigneur de Bouthéon, député pour la noblesse, et de trois députés du tiers état dont on n'entendit guère parler : Benoît Blanchet, lieutenant général du Roannais; Jean Retournel, syndic du pays, et Jean du Rosier [1], capitaine châtelain de Feurs.

Il est inutile de rappeler ici ce qui se passa à Blois jusqu'au moment où le roi, à la veille peut-être de se voir détrôner en pleine assemblée, résolut la mort du duc de Guise. Seulement il convient de noter le fait de la nomination du duc de Nemours, frère utérin de ce dernier, au gouvernement du Lyonnais, après la mort de Mandelot, en novembre 1588. Cette faveur insigne accordée par le roi à un parent [2] de la maison de Lorraine, dont il se disposait à tirer une si terrible vengeance, fut-elle le résultat de la faiblesse ou de la dissimulation? Il semble que les faits soient venus appuyer la seconde conjecture. En effet nous allons voir qu'Henri III comptait empêcher ce ligueur d'être en état de lui nuire dans son gouvernement; et en attendant il lui adjoignit comme lieutenant le royaliste Guillaume de Gadagne,

---

son véritable nom fût d'Apinac, puisque sa famille le tirait d'une petite localité qui se nomme encore ainsi.

[1] Un des aïeux de M. du Rosier, aujourd'hui député du département de la Loire (arrondissement électoral de Feurs).

[2] Le duc de Nemours et le marquis de Saint-Sorlin étaient nés d'un second mariage d'Anne d'Este avec Jacques de Savoie, premier duc de Nemours, et étaient par conséquent frères utérins des ducs de Guise et de Mayenne.

qui eut ordre de se rendre incontinent à son poste, pour y préparer les événements.

Ce fut le 23 et le 24 décembre que le roi fit assassiner le duc de Guise, puis son frère le cardinal. La conséquence nécessaire de cette fatale mesure fut l'incarcération des principaux ligueurs, et entre autres du duc de Nemours et de Pierre d'Épinac. Un simulacre d'états continua à délibérer pendant quelque temps sous la première impression de la terreur; mais bientôt le courage revint à la Ligue, et Henri III put se convaincre de l'inutilité de ces meurtres, qui achevèrent de déchaîner contre lui les fureurs du parti qu'il avait cru anéantir.

Le jour de Noël, au soir, arriva à Lyon la nouvelle des événements de Blois, apportée par les courriers de la Ligue, qui avaient devancé ceux du roi. Le duc de Mayenne, qui se trouvait dans cette ville, où il prolongeait son séjour sous prétexte d'y attendre du renfort pour l'armée catholique du Dauphiné, dont il avait obtenu le commandement, aurait pu dès lors s'emparer du rôle que la mort des chefs de sa maison lui laissait. Il pouvait sonner à Lyon le tocsin de l'insurrection en profitant de l'indignation générale que souleva l'assassinat du duc de Guise et du ressentiment qu'éprouvèrent les Lyonnais en particulier, en apprenant en même temps l'emprisonnement de leur archevêque et de leur gouverneur. Mais, dans cette circonstance critique, dit Clerjon[1], aucun des partis qui se disputaient la ville ne se montra énergique. Au lieu d'agir, Mayenne garda

[1] *Histoire de Lyon*, t. V, p. 311.

la nouvelle jusqu'au lendemain matin, qu'il se rendit à Saint-Nizier, et là, trouvant l'official de l'archevêque, il l'engagea à faire un tour avec lui dans la galerie peinte. Il fit appeler le seigneur de Bouthéon, Anne d'Urfé et quelques autres notables, auxquels il fit part de ce qui avait été exécuté à Blois. Il leur demanda ensuite si en demeurant dans la ville il serait en sûreté. On lui répondit qu'on ne pouvait l'assurer de rien, et que, si le roi donnait quelques ordres, on serait forcé d'obéir.... Le duc de Mayenne quitta Lyon le jour même, laissant dans la consternation et l'abattement les partisans de sa cause.

D'un autre côté, Alphonse d'Ornano, colonel de la garde corse, qui avait été dépêché par le roi pour surprendre Mayenne, arriva précisément quand celui-ci venait de s'échapper de la ville. L'envoyé de la cour, dit Clerjon, aurait dû au moins avoir des instructions pour saisir à Lyon l'autorité, rallier les royalistes et comprimer les ligueurs. Son seul titre de lieutenant de la province du Dauphiné ne lui donnait aucun pouvoir dans la ville, où tout resta entre les mains du seigneur de Bouthéon, des échevins, qui penchaient en majorité pour la Ligue, et des capitaines penons, presque tous ligueurs déclarés. La faction, d'abord terrifiée, reprit donc peu à peu de l'assurance, puis de l'audace, et enfin n'eut qu'à se montrer pour être la maîtresse.

Lyon se déclara définitivement pour la Ligue le 24 février 1589. Tout était prêt d'avance: on avait désarmé et intimidé les réduits et les politiques [1]. Dès la pointe

---

[1] On appelait *réduits* ceux qui avaient abjuré le protestantisme, et *politiques* les catholiques timides qui voulaient la paix.

du jour les chefs du complot ont donné le signal; les penons[1] ont appelé le peuple aux armes; des chaînes ont été tendues dans les rues, des barricades élevées aux carrefours; on a cerné dans leurs maisons le lieutenant du gouverneur et tous les citoyens dont on pouvait craindre la résistance. Tant de précautions étaient superflues : personne ne prétendait disputer à la Ligue son facile triomphe. Une assemblée générale des notables pris dans les divers ordres fut convoquée à l'hôtel-de-ville, où se trouvaient les échevins. Là un d'entre eux donna lecture d'une déclaration dressée par Claude de Rubis, pour expliquer et justifier la prise d'armes; ensuite on arrêta les premières mesures à prendre dans les circonstances où l'on se trouvait.

Les ligueurs lyonnais, sentant l'importance qu'il y avait pour eux à être maîtres du pays qui environne leur populeuse cité, songèrent à se faire des partisans dans les provinces voisines, et à cet effet il fut écrit, au nom des consuls, des lettres justificatives à toutes les villes et à tous les gentilshommes du gouvernement, avec prières de se joindre à eux. La proposition fut généralement bien accueillie. On voit encore dans les archives de Lyon les lettres de la plupart des Forésiens influents, tels qu'Anne d'Urfé, bailli de Forez; Chevrières, seigneur de Saint-Chamond[2]; Chalmazel, Cousan, Cremeaux, etc. La plus explicite de toutes est celle

---

[1] C'est ainsi qu'on nommait la garde urbaine qui, depuis des temps très-reculés, était chargée de la garde de la ville.

[2] Dans une lettre du 10 mars, ce dernier recommande aux échevins d'écrire particulièrement, dans cette circonstance, au châtelain de Feurs.

du bailli[1]; aussi lui valut-elle la commission de lieutenant général en Forez, que lui envoya, le 12 avril, le duc de Nemours, qui, dans ses lettres, le traitait de *très-cher cousin*. Dans sa réponse aux échevins de Lyon, Cremeaux écrit de Chamousset qu'il s'est enfin dépêtré du Dauphiné, où il se trouvait avec de la Baume, et qu'il leur amène ses troupes, qui, suivant ses propres expressions, sont toutes « belitres et pieds-nuds. »

Cependant tous les gentilshommes forésiens n'approuvèrent pas l'insurrection lyonnaise; quelques-uns même manifestèrent leur opposition d'une manière très-prononcée : de ce nombre étaient Bertrand d'Albon, seigneur de Saint-Forgeux[2], et Aimard de Saint-Priest, seigneur de Saint-Étienne.

Le Forez allait donc être jeté de nouveau dans le tourbillon de la guerre civile; mais, à vrai dire, depuis l'époque où le baron des Adrets avait signalé sa venue[3] dans la ville de Montbrison d'une façon si tristement célèbre, le pays n'avait jamais joui d'un instant de repos.

Pour commencer, Chambaud et Saintres, religionnaires retirés dans le Vivarais, enhardis par la division des catholiques, firent une audacieuse excursion dans le Forez. Bourg-Argental les repoussa vigoureusement, et célébra longtemps par une procession publique la

---

[1] Voir le n° 1 de la collection des *Lettres écrites du temps de la Ligue*.

[2] Oncle de l'archevêque de Lyon et de Guillaume d'Albon, seigneur de Chazeul, tous deux ligueurs.

[3] 14 juillet 1562. Voir l'article qui concerne Montbrison dans la *Description du païs de Forez*.

mémoire de cet événement; Montbrison[1] et le reste de la province ne durent leur conservation qu'au courage d'Anne d'Urfé, de Chevrières, du baron de Cousan, du vicomte de Châteauclos, des capitaines la Rochette, Bellegarde, la Brande, la Lice, Baron, du Bois, Mondain, etc. Chambaud échoua aussi contre la commanderie Saint-Jean des Prés de Montbrison, où s'était enfermé le commandeur Claude de la Salle. En désespoir de cause, ce religionnaire fit une tentative sur le Puy, qui s'était aussi déclaré pour la Ligue.

En ce moment, Saint-Vidal, gouverneur de cette ville, en était absent. Il était allé demander aux échevins de Lyon quelques secours pour résister aux forces du catholique de Chaste[2], réunies avec celles des protestants. En revenant il passa par Montbrison, et faillit tomber entre les mains des coureurs de Chambaud. C'est ce qu'il apprend aux échevins de Lyon, dans une lettre datée de Monistrol, le 30 avril. Il leur dit qu'il se trouvait alors à Saint-Rambert, et *asseura* les villes de Chazelles et de Saint-Galmier. « J'allai ensuite à Montbrison, écrit-il, voir le marquis de Baugé (Anne d'Urfé) et l'estat de ses affaires, qu'il avoit très-bien disposées, où j'eus avis que cent ou six-vingts chevaux m'attendoient en chemin; lesquels parurent près de cette ville (Monistrol) un peu après mon arrivée en icelle. »

[1] Le pétard que Chambaud avait attaché à la porte de la Madeleine de Montbrison fut porté avec cérémonie à l'église Notre-Dame, où on rendit grâce à Dieu de l'insuccès de cette tentative.

[2] François de Clermont de Chaste, sénéchal du Puy, et nommé récemment par le roi gouverneur pour lui à la place du ligueur Saint-Vidal, mais catholique comme ce dernier.

Les royalistes qui venaient de harceler Saint-Vidal se portèrent sur Saint-Étienne, qu'ils occupèrent sans difficulté, les habitants en étant presque tous *politiques;* mais ils n'y restèrent pas longtemps, et s'enfuirent à l'approche des troupes que les consuls de Lyon y envoyèrent, sous la conduite du capitaine Moulceau. Dans une lettre que ce dernier écrit aux consuls lyonnais, il leur apprend qu'il est arrivé à Saint-Étienne le 1er mai; qu'il ne trouvait rien sur la route; que tous les villages étaient abandonnés, et que, craignant quelque embûche, il avait toujours tenu cent cinquante soldats prêts à l'aventure. Il déclare que les habitants de cette ville sont fort mal disposés; qu'ils veulent à toute force recevoir le marquis de Saint-Priest, leur seigneur, qui était alors à Rochetaillée, château voisin, appartenant à François de Meuillon, seigneur de Bressieu, royaliste. De l'Hospital [1], un des capitaines de Saint-Priest, eut même l'audace de venir *pratiquer* les habitants de Saint-Étienne à la vue d'un des corps de garde des ligueurs, et beaucoup de monde l'alla voir. Le peuple, encouragé par la présence de ce royaliste, se mutina contre les troupes de Philibert de Saconay, qui commandait dans cette ville [2]; de sorte que Moulceau se vit sur le point d'être forcé de l'abandonner avec ses compagnies et quelques personnes résolues à suivre l'union. « Peu après, dit Moulceau, l'Hospital demanda à parler à

---

[1] Il existe encore des membres de la famille *de l'Hospital.*

[2] Les termes de la lettre de Moulceau me font croire que Philibert de Saconay, seigneur de Bursinel, avait alors le gouvernement de Saint-Étienne pour la Ligue.

monsieur de Saconey; mais ce fut après avoir parlé à tous ceux de la ville. Cependant l'humeur de ce peuple s'augmentant toujours à contraindre nos soldats, dans certains logis, à leur payer la depense, avec des menaces grandes; et comme nos soldats n'avoient argent, j'en ai baillé à ceux qui estoient pressés, afin qu'ils payassent; taschant toujours de gagner temps, et nous retirer le soir comme nous avions resollu. Mais monsieur de Saconey s'en revint satisfait dudit l'Hospital, qui ne pretendoit rien attenter contre cette ville, ni moins contre monseigneur de Nemours, à qui il est très-affectionné serviteur, et qu'il ne s'est retiré de cette ville qu'à cause d'une querelle; que bientost Chattes[1] se doit despartir de l'union de Chambaud, et autres huguenots, etc. » Malgré cet accord apparent, Moulceau prévient les consuls de Lyon qu'il tient toujours armée la moitié de sa compagnie; mais il craint bien que ce pays ne soit perdu, attendu les *pratiques* de l'Hospital et de Saint-Priest. Il finit en déclarant que la présence du duc de Nemours peut seule réconforter le parti.

Le lendemain, les habitants de Saint-Étienne firent dire à Moulceau[2] qu'on n'avait plus besoin de lui; mais lorsqu'il allait partir, on fut averti que les royalistes étaient à Fougerolles, Cornillon, Firminy et au Chambon, et il fut prié de rester. Comme on avait fait courir le bruit qu'ils viendraient l'attaquer le soir même, le capitaine Moulceau fit appeler quelques habitants, et leur dit qu'ils eussent à faire entendre à l'ennemi que

[1] On écrit indifféremment *Chaste* ou *Chatte*.
[2] Lettre du 2 mai.

Moulceau et sa troupe avaient affronté le chaud et le froid pour pouvoir se mesurer avec lui, et qu'il leur ferait le plus grand plaisir s'il voulait bien se présenter. « Sur les trois heures, écrit cet officier, on vit venir quelques cavaliers qui venoient reconnoistre, qui fut cause que l'allarme me donna bien à bon essient, où je reconnus un grand nombre de peuple en cette ville qui se mit en bon devoir de les recueillir, d'où je fus tout esbahi, à cause de l'emotion que j'avois veue le jour precedent, qui tendoit à une pernicieuse sedition. Cela me fit croire que nous estions suffisant pour rompre la teste à tous ces ennemis, quand mesme ils seroient trois fois plus forts; et en effet ils n'oserent venir. Sur la nuit je fus tout esbahi qu'on me vint dire, dans mon corps de garde, que monsieur de l'Hospital estoit arrivé en sa maison avec son train seulement, ce qui contenta une partie du peuple. De sorte que beaucoup de personnes chez qui nos soldats estoient logés leur refuserent les portes; et je leur donnai argent pour se nourrir, attendant toujours à quoi on se resoudroit. Le matin on s'est assemblé, et après beaucoup de propositions et de debats faits tant de ceux de la ville que de ceux du sieur l'Hospital, ils ont fait accord dont je vous envoie la copie. Par cela je vois bien que ledit l'Hospital a envie de conserver sa patrie, mais aussi qu'il n'a nul envie d'estre de l'union. Tout ceci s'est fait par avis de monsieur de Saconey, qui desire unir les deux partis [1]. »

---

[1] Moulceau écrit en *post-scriptum* : « Il m'a semblé que je devois vous avertir qu'un nommé Henri Lambet de cette ville fut cause de la sedition

Par l'accord fait entre de l'Hospital et les habitants de Saint-Étienne, il fut convenu que cette ville serait exempte de garnison, tant d'un parti que de l'autre, position bien difficile à garder en temps de guerre civile. En conséquence Moulceau fut obligé de se retirer. Quant aux troupes royalistes, elles se dirigèrent du côté du Dauphiné pour aller repousser le duc de Savoie, qui, profitant du désordre, s'était emparé du marquisat de Saluces, et menaçait les provinces voisines.

En se retirant de Saint-Étienne, Moulceau se rendit à Saint-Chamond, où il fut fort bien reçu. Chevrières méditait alors un coup de main et songea à utiliser ces troupes. En apprenant la reddition de Saint-Étienne il avait envoyé prévenir les habitants de Bourg-Argental de se tenir sur leurs gardes, car à chaque instant les royalistes faisaient quelques nouveaux progrès. Dans le moment même le bruit courut que la garnison de Montrond venait d'être considérablement augmentée, ce qui ne laissa personne en doute sur le parti que suivait le baron de Bressieu, seigneur du lieu. Les ligueurs étaient d'autant plus fâchés d'apprendre cette nouvelle que le château était fort, et qu'on pouvait de là facilement intercepter le passage de la Loire.

Sur le point de partir pour accompagner Chevrières dans son expédition, Moulceau crut devoir écrire la lettre suivante [1] aux consuls de Lyon :

qui se fit samedi dernier, et tendoit à nous faire charger. Monsieur de Saconey et les gens de bien vous prient de le faire saisir dans vostre ville, où il s'est retiré. »

[1] De Saint-Chamond, le 6 mai 1589.

« Messieurs, je vous ai ci-devant amplement escrit, et le jour mesme qu'arrivasmes en cette ville j'escrivis promptement à monsieur le baron de Vaux, lequel je priois vous faire entendre comme monsieur de Chevrieres nous avoit retenus ici, et que je desirois sur cela savoir vostre volonté. Depuis je lui ai remontré (ores qu'il le sente bien) que moi et toute la compagnie mesme estions à vous, et que je n'en pouvois en rien disposer, sinon par vostre commandement; car il me dit qu'il ne me retenoit pas pour des affaires particulieres; mais pour une utilité très-necessaire à la ville de Lyon, sur laquelle tendent tous les desseins des ennemis. Car en effet nous en avons averé ce qui en est : leur deliberation ayant esté de venir mercredi de nuit donner dans Saint-Chamond, et piller le bourg, car ils ne se vouloient amuser au chasteau; mais ils faisoient estat d'en emmener pour cent mille escus de prisonniers, et tout d'un train donner à Rive-de-Gier et à Briniais, et jusques au pays de Lyonnois, saccageant les granges de Lyon, et emmenant tous les prisonniers qu'ils eussent peut trouver, sachant qu'il n'y a force dans Lyon, et notamment de cavalerie pour les empescher de faire cette bottade, de laquelle ils faisoient estat de se bien retirer à leur profit. Mais l'arrivée de monsieur de Chevrieres et la nostre leur ont fait reculer leur entreprise; laquelle ils disent encore qu'ils executeront tard que tard, pour l'envie qu'ils disent avoir sur les Lyonnois. Et de fait, ils ont tant d'avertissements de Lyon, qu'ils savent tout ce qui s'y fait, je ne sais par quel moyen. J'ai dit à monsieur de Chevrieres qu'il vous escrivist si voliez que demeurissions encore avec lui, ce qu'il dit avoir dejà fait, et que ce ne sera que pour peu de jours. A la verité il nous fait meilleur traitement que n'ont pas fait ceux de Saint-Estienne; car pour le moins il nous fait bien nourrir, et ceux de cette ville ont souffert que j'aye nourri partie de nos soldats de ma bourse, ce que possible treuverez estrange. Mais je voyois ce peuple si divisé et prest à se ranger du costé de l'ennemi, que je taschois toujours à leur donner des sujets pour tenir bon, et leur fis croire que la ville de Lyon ne leur porteroit jamais que toute utilité, comme vous saurez plus amplement par le capitaine Marc, present porteur; lequel s'en va pour vous prier, messieurs, m'envoyer argent pour bailler aux soldats, qui sont tous deschaux; et aussi pour en distribuer de çà à leurs femmes, qu'ils disent en avoir grand'-faute. Et sans ce que en leur presence j'ai dit à ce capitaine Marc, la plus part des soldats me laissoient, et ce seroit dommage que la compagnie se rompist, car c'est la plus belle qui soit en ces quartiers : vous assurant que j'ai plus de huit-vingts soldats avec moi, et bons hommes, en vollonté de bien faire, pourveu qu'ils aient de l'argent. Aussi monsieur de Chevrieres fait plus estat de cette compagnie que de toute autre. L'ennemi est encore près de Monistrol, et pretend toujours rebrousser chemin de çà. Monsieur le marquis d'Urfé arrive aujourd'hui à Saint-Rambert avec six cents arquebusiers et cinquante lances; le regiment de monsieur de Disimieu est ici auprès : tellement que, avec d'autres troupes qui sont ici aux environs, messieurs de Chevrieres et d'Urfé auront promptement plus de quinze cents hommes, qui sera assez pour chasser l'ennemi loin. »

C'est ce qui eut lieu en effet. Le seigneur de Saint-Chamond, emmenant avec lui les troupes de Moulceau et la compagnie du sieur de Malezieu, vint rejoindre Anne d'Urfé, et ensemble ils dégagèrent Saint-Vidal, que de Chaste assiégeait dans Monistrol. Enfin, après un mois d'absence, le gouverneur du Puy put rentrer dans cette ville.

Tous les ligueurs de la province attendaient avec la plus vive impatience la venue du duc de Nemours, qui s'était enfin échappé des prisons royales, au grand effroi de Henri III. Le 22 mai ce jeune prince fit son entrée dans la ville de Lyon, avec toutes les cérémonies d'usage, et aux acclamations de tout le peuple.

On s'occupa aussitôt d'organiser un conseil d'état pour siéger auprès du gouverneur. Ce conseil se composa, pour le clergé, du grand vicaire de la Baume, et de monsieur de Chalmazel, doyen de l'église; pour la noblesse, du seigneur d'Alincourt et des gentilshommes qui seraient députés par les villes du Forez et du Beaujolais; pour le consulat, de quatre échevins qui seraient nommés par leurs collègues, de quinze en quinze jours, avec faculté aux autres échevins d'assister au conseil avec voix délibérative toutes les fois qu'ils le voudraient. On y avait joint, en outre, deux trésoriers des finances, deux membres de la justice, et enfin deux notables bourgeois.

Sur la demande des gentilshommes de la province,

on fit ensuite subir quelques modifications à cette constitution, qui donnait trop de prépondérance à la ville de Lyon. La noblesse dut être représentée au conseil d'état par des membres élus en nombre égal dans les trois provinces; le nombre des échevins qui devaient assister aux séances fut limité à quatre; enfin on y admit pour chacune des trois provinces un procureur syndic du plat pays, élu à cet effet, mais avec pouvoir seulement de faire des remontrances et réquisitions, sans avoir voix délibérative. Quand tout fut à peu près réglé de manière à faire, en quelque sorte, de tout le gouvernement un petit état indépendant, le duc de Nemours, qui ambitionnait aussi la couronne de France, retourna à Paris. Dans sa route, il crut devoir soumettre Mâcon, qui hésitait à se déclarer pour la Ligue, et dont l'hésitation contenait Villefranche. En partant de Lyon, il laissa pour gouverneur son jeune frère le marquis de Saint-Sorlin, et pour lieutenant le seigneur de Chevrières, à la place du royaliste Guillaume de Gadagne, qui avait dû se trouver fort heureux d'être échappé à l'exaspération des Lyonnais, et s'était retiré dans une de ses terres, à Beauregard.

Voici maintenant dans quelles circonstances se trouvait le Forez vis-à-vis des provinces voisines :

Du côté du Bourbonnais, Chazeron, gouverneur pour le roi, lui était resté fidèle, grâce aux remontrances du Forésien Antoine de Laval, « geographe du roi, et capitaine de son Parc-lez-Moulins. »

En Auvergne, excepté Clermont, toutes les villes avaient suivi l'exemple de Riom, qui s'était déclarée pour la Ligue dès les premiers troubles. Marguerite de Valois, femme de Henri IV, retirée alors dans le château d'Usson, était à la tête du mouvement ligueur qui avait pour but d'exclure son mari de la couronne.

Dans le Vélay, les choses étaient moins avancées, parce que le parti royaliste était plus fort. Marguerite de Valois, Anne d'Urfé et Chevrières tentèrent sans succès, une première fois, de mettre d'accord au profit de la Ligue les habitants du Puy et leur gouverneur royaliste de Chaste. Le seigneur de Saint-Chamond, supplié de nouveau et par les deux partis [1] de vouloir bien s'occuper de la conclusion d'une trêve, fit dire à Saint-Vidal de suspendre les hostilités, et se rendit lui-même au Puy, avec les sieurs de Villiers et de Charnay. Après de fort longs débats, il fut décidé, le 21 juin, que « la ville reconnoistroit le roi sans se departir de la Ligue. » Les habitants du Puy offrirent à Chevrières, pour ses bons offices dans cette occasion, un cadeau en or, argent ou bijoux, qu'il refusa, n'attachant probablement pas beaucoup de prix à l'espèce de transaction qui venait d'être conclue, et qui en effet n'eut aucun résultat.

Du côté du Vivarais, les protestants, s'appuyant sur les forces du duc de Montmorency, qui commandait dans le Languedoc, donnaient de sérieuses inquiétudes à la Ligue. Ils menaçaient à la fois Vienne, Lyon, le Vélay et le Forez. Dans la nuit du 16 au 17 juin, des protestants partis de la ville d'Andance essayèrent de

---

[1] De Chaste lui avait envoyé de l'Hospital pour traiter de cette affaire.

surprendre Condrieu, dont les habitants n'avaient juré l'union qu'à contre-cœur; mais la Ligue y avait fait entrer deux compagnies sous les ordres des capitaines Malezieu et Conflans, qui repoussèrent vigoureusement l'ennemi. Cet échec rassura les catholiques.

Enfin, dans le Forez même, la résistance était établie sur plus d'un point [1], et entre autres aux châteaux de Montrond et de Rochetaillée. Ce dernier, situé près de Saint-Étienne, était une place assez forte pour le temps, et exigea un siége régulier. Les ligueurs furent obligés, pour le soumettre, de faire venir de Lyon quelques pièces d'artillerie [2]. Le 11 juin Chevrières écrivait aux échevins de Lyon « que son sejour dans ces quartiers [3] estoit pour une entreprise qui n'a pas reussi; car, voulant surprendre quelques places du seigneur de Bressieu [4], un orage affreux, qui a fait perir quelques soldats, les a assaillis sur la montagne de Pila. Je vous envoie, dit-il, le seigneur de Trocesar pour vous demander deux couleuvrines, car je me suis entendu avec monsieur d'Urfé. J'ai logé messieurs de Sacconaye et de Haut-Villar près de Rochetaillée pour

---

[1] On trouve dans un de nos chroniqueurs le nom de quelques-uns des lieux qui soutinrent alors un siége, mais sans aucun renseignement précis.

[2] Outre le seigneur de Saint-Priest, qui devait se trouver dans la place, Beneyton (*manuscrit*) rapporte qu'elle fut défendue en dedans par de la Brosse, et au dehors par le maréchal de l'Armusil. De la Mure (*manuscrit*), de son côté, donne le nom de quelques-uns des assiégeants : Anne d'Urfé, Chevrières, Bellegarde, la Brande et son frère, les capitaines la Conche, Saint-Martin, Chevalier, et leurs compagnies.

[3] On le réclamait peut-être à Lyon pour sa lieutenance.

[4] Seigneur aussi de Rochetaillée, Montrond, Veauche, Luppé, etc.

commencer à faire la guerre. » Le 30 juin, après un siége assez actif, les assiégés furent forcés de se rendre.

Vers cette époque fut négociée la délivrance du célèbre Forésien d'Épinac, archevêque de Lyon, détenu depuis les événements de Blois. Le roi mit sa liberté au prix d'une rançon de 30000 écus, qu'il accorda, dit-on, au capitaine de ses gardes, du Gast, l'assassin du cardinal de Lorraine. La ville de Lyon paya 6000 livres sur cette rançon. D'Épinac se retira à Paris, auprès du duc de Mayenne, et fut choisi pour chancelier et chef du conseil de l'union.

Réduits à faire emprisonner, bannir, exproprier les politiques pour subvenir aux frais de la guerre, les échevins de Lyon s'efforçaient de conserver les relations commerciales de leur ville avec le dehors. Ils eurent à cette occasion plusieurs démêlés avec les ligueurs de Paris et des autres provinces de la France, qui prétendaient faire admettre, à l'égard des *bigarrats*, certaines maximes peu propres à encourager les entreprises mercantiles, qui demandent avant tout de la bonne foi et de la confiance. Quoique Anne d'Urfé ne partageât pas cette manière de voir, il eut cependant aussi une discussion avec les chefs lyonnais à l'occasion de l'arrestation de quelques marchands auvergnats, qui avait été opérée dans le Forez, pendant son absence, par son frère Jacques [1]. Aux lettres quelque peu aigres des consuls, Anne avait de fort bonnes raisons à alléguer, parfois même il prenait vis-à-vis d'eux un certain ton menaçant [2].

---

[1] Paillard d'Urfé. Voyez la lettre n° II.
[2] Voyez les lettres n°ˢ II, IV, V.

« Messieurs, leur écrit-il un jour, vous plaignez bien la perte de ces marchands, et ne vous souciez de celle d'un honneste homme de nostre party auquel on a osté ses montures, son argent et toutes ses ardes, sans qu'il leur fict la guerre, allant pour mes affaires. Croyez que cela n'encourage pas les personnes à continuer. Nous n'avons pas tant de noblesse de nostre costé, qu'on doive faire si peu d'estat de la perte de ceux qui en sont, qui pourroient bien, s'ils le connoissent, le quitter là. »

Anne veut parler du jeune Genetines, dévalisé, près de Châteaumorand, par quelques Auvergnats, qui, s'étant emparés du château de Montgilbert, faisaient des courses dans les environs. Le bailli de Forez déclare même ailleurs qu'il ne fut pas fâché, sous un certain rapport, de l'arrestation des marchands auvergnats, parce qu'il espérait pouvoir par là faire rembourser à Genetines l'argent qu'il avait été obligé de donner pour obtenir sa liberté. On finit par s'entendre relativement à cette affaire.

« Après la mort d'Henry III [1], dit un chroniqueur du Forez, messire Anne d'Urfé, gouverneur en ce pays pour la Ligue, fist lever la main à touts ceux qui vouloient suivre ce party en l'assemblée generale du pays qui fust faicte chez monsieur le juge Papon, à Montbrison [2]. Plusieurs y firent serment de fidelité à la Ligue;

---

[1] Il fut frappé le 1ᵉʳ août 1589, et mourut le lendemain.

[2] On croit qu'il habitait la maison Plaisançon, au bas de la Grand'-Rue. C'était une des notabilités de la province. Sa mort fut presque inaperçue l'année suivante au milieu des troubles.

mais pourtant il fust remarqué que plusieurs habitants de Montbrison tenoient le party du roy. C'est pourquoy le marquis d'Urfé, ayant en ladicte ville sa compagnie de gents d'armes, dict qu'il leur feroit un affront s'ils ne changeoient de party. Si bien que le 15° d'aoust 1589, les gents d'armes dudict marquis se resolurent de battre des enfants[1] de Montbrison qui ne tenoient le party de la Ligue, et en effect en blesserent plusieurs, et s'attaquerent mesmes à Jean Perrin, escuyer, sieur de Montboup, Messimieu et Chenereilles, qui, ayant signalé sa valeur à leur resister (ayant donné un jour la chasse à douze avec une pertuisane), fust contrainct neantmoins de sortir de la ville, et se retirer à la Corée, et mesmes, sans la protection de monsieur de Thory, gentilhomme nivernois, guidon de la compagnie dudict seigneur d'Urfé, eust eu de la pene d'eschapper cest orage. »

Voici le serment qui fut prêté dans cette assemblée générale dont parle le chroniqueur qui vient d'être cité :

« Nous promettons à Dieu, sa glorieuse mere, anges, saincts et sainctes de paradis, de vivre et mourir en la religion catolicque apostolique et romaine, et d'y employer nos vies et biens sans y rien espargner, jusques à la derniere goutte de nostre sang. »

Dans la même assemblée, un accord fut conclu entre le Forez et le Lyonnais; accord par lequel il fut convenu que les deux pays « se secourroient mutuellement de vies, biens et moyens. » Pour commencer, les consuls

---

[1] Ce mot est pris ici pour *habitants, natifs de*...... et correspond parfaitement au patois *ména*.

de Lyon envoyèrent à Anne d'Urfé deux coulevrines qui lui étaient nécessaires pour presser le siége de Montrond.

Le baron de Bressieu, à qui appartenait ce château, ne pouvant le secourir, se vengea sur les terres du seigneur de Virieu. Celui-ci demanda du secours au capitaine Moulceau, qui était alors en garnison à Condrieu; mais ce dernier, faisant au reste tout ce qu'il put pour l'attirer dans l'union, lui répondit que, comme il s'était toujours montré neutre, c'était à messieurs de Lyon qu'il devait s'adresser. Ayant reçu cette réponse, le seigneur de Virieu écrivit de suite à Chevrières.

« Peu à peu, dit Moulceau dans sa lettre aux échevins [1], il viendra au point que ce sera un grand bien. Cependant, continue-t-il, les ennemis s'irritent de jour en jour; et vous dirai bien que si jamais l'on eut envie de nettoyer le pays, c'est maintenant qu'il faut donner; car le sieur de Bressieu ne sait plus où se torner; mais s'estant laissé embarquer à la folie, la honte le retient. De fait j'ai advis que dans Saint-Julien (où il s'est retiré) n'a pas trente hommes, et dans Andance autant, et dans Luppé soixante, et en neuf de ces lieux n'a pas vivres pour une compagnie. Cependant monsieur de Virieu se prepare fort, et m'a fait dire que les compagnies de monsieur de Chevrieres et de monsieur de Rochebonne, et les regiments de messieurs de Conflans et de la Grange doivent bientôt arriver, et que, en les attendant, il voldroit investir Luppé, et à ces fins m'a envoyé demander des soldats, ce que ne lui ai voulu

---

[1] Lettre du 7 août.

accorder, parce qu'il n'y doit aller que les forces ne soient arrivées, s'il ne veut perdre ses hommes mal à propos, car il a trop peu de gens et non aguerris. Et puis j'attends commandement de monsieur le marquis et de vous autres. Et d'ailleurs j'eus ici advertissement que le capitaine Finet, qui commande Andance, passe tous ses jours en Dauphiné, pour aller en une sienne grange qu'il a là auprès; qui fut cause que je renforçai la fregate [1] d'une douzaine de bons soldats, et la fis departir ici sur la nuit, pour surprendre ledit Finet, s'il estoit possible, et par mesme moyen leur commandis de rompre le port d'Andance, pour rendre cette frequentation plus difficile du Dauphiné. Ils ne peuvent estre de retour que ce soir, mais je m'asseure bien qu'ils ont effectué quelque chose de ce que je leur ai commandé, car ils sont bien armés et pourvus de tout ce qu'il leur faut. »

Lorsque Moulceau s'attendait à recevoir la nouvelle de la réussite de sa petite expédition, il eut « advertissement que la fregate estoit assiegée dans le Rhone [2], au droit de Serrieres, qui l'occasionna à s'embarquer promptement pour l'aller secourir avec quatre-vingts arquebusiers et quinze cuirassiers, depeschant un homme en diligence à monsieur de Virieu, et à monsieur de Villars (qui se trouvaient tous deux au château de Virieu), pour se rendre en cest endroit avec leurs forces. » En arrivant Moulceau vit que c'était une fausse alerte,

[1] On donnait ce nom à un grand bâtiment que le consulat lyonnais entretenait pour son service sur le Rhône.
[2] Lettre du 8 août.

« et la fregate libre à pleine voile. » Ils ne purent surprendre Finet, « parce qu'il y a partout des traistres, et qu'on lui avoit donné avis du depart de la fregate. » En revenant sur ses pas, Moulceau rencontra messieurs de Villars et de Virieu, qui arrivaient. Ils voulaient attaquer Andance, attendant à chaque instant des forces qu'ils avaient demandées au marquis de Saint-Sorlin; mais Moulceau refusait de se joindre à eux, ne voulant pas avec si peu de monde aller « donner contre des murailles. » Le seigneur de Virieu ayant commencé l'attaque, il fallut bien venir à son aide; mais cette entreprise fut sans résultat, quoique les assaillants eussent reçu le renfort sur lequel ils comptaient.

Anne d'Urfé fut plus heureux de son côté; grâce aux coulevrines que les consuls de Lyon lui avaient prêtées, il fut bientôt maître de Montrond, et leur écrivit de Firmini, le 21 août[1], pour les remercier. « Montrond et Cornillon, leur dit-il, sont rendus entre noz mains à très-belles composissions. On nous a promis Andance. Je veilleray à bien achever ce qui est à faire. Ramenant les pieces, je vous rendray graces de l'amitié que vous avez montré à tout se païs. » Le baron de Bressieu, n'ayant pu réussir dans une dernière tentative qu'il fit pour secourir Montrond, alla ravager le village de Malleval, dont il emmena prisonniers presque tous les habitants.

Il existait entre la ville de Lyon et le plat pays, principalement avec la noblesse, des divisions qui compromettaient les affaires de la Ligue dans la province. Pour y remédier, le marquis de Saint-Sorlin convoqua les

[1] Lettre n° III.

états de tout le gouvernement à l'Arbresle, le 15 septembre. Pierre Mathieu, officier de l'archevêque, en fit l'ouverture. Après quelques contestations sur le titre qu'on devait donner à l'assemblée, on convint de se lier par un serment d'union conforme à celui de la Ligue générale. « Fust advisé que pour empescher les entreprises, secretes menées et intelligences des ennemis de la religion catholique et leurs adherents, il estoit necessaire d'entretenir d'ordinaire le nombre de douze cents hommes de pied, soubs la charge de six capitaines, et huit-vingts lances soubs cinq compagnies d'ordonnances. » Ce qui devait coûter par an 63852 écus, pour les hommes de pied, et 37583 écus pour la gendarmerie.

L'assemblée aurait aussi voulu que le conseil d'état chargé de l'administration du gouvernement fût renouvelé *par élection;* mais la proposition parut trop libérale aux yeux des nouveaux courtisans du pouvoir naissant. On objectait que ce serait attenter à l'autorité du gouverneur, à qui seul il appartenait de choisir ceux en qui il devait mettre toute sa confiance.

Le bailli de Forez éprouva quelques désagréments[1] dans cette assemblée, et la ville de Lyon en fut également peu satisfaite : le consulat écrivit à ses chargés d'affaires près des ducs de Nemours et de Mayenne, à Paris, pour protester contre tout ce qui y avait été fait. « La noblesse du pays, disait-il, est la pluspart très-mal affectionnée à messieurs les princes et au parti de la sainte union, comme il est assez apparu en la derniere assem-

[1] Lettre n° IV.

blée de l'Arbresle par le serment captieux qu'ils y ont fait. » Quant aux levées de deniers dont les états s'étaient plaints, il déclarait être étranger à celles qui avaient été faites dans la province, et qu'il n'en avait pas eu le maniement; que la ville de Lyon, au contraire, avait à demander le payement de 30000 écus fournis par elle, sous la promesse du duc de Mayenne de les faire rembourser par une levée sur le pays.

En effet, Lyon avait bien la plus forte part des charges de la guerre à supporter, et dans le moment même on y poursuivait à toute outrance la vente des biens des politiques; mais il est vrai de dire aussi que cette ville avait tout à gagner à cette constitution fédérative.

Lorsqu'il fallut lever les deniers réclamés dans les trois provinces du gouvernement, le marquis de Saint-Sorlin adressa à l'élection[1] du Forez, à Montbrison, une commission dans laquelle on lisait :

« Le plus grand fruict que les princes, seigneurs, gentilshommes, villes et communautez catoliques attendent et desirent de la derniere prise des armes est l'honneur de Dieu et la conservation de nostre sainte religion catolique, apostolique et romaine, n'y ayant aulcun espoir de paix avec ceux qui font la guerre ouverte à Dieu et à son service; avec esperance que dans peu de temps ce mesme Dieu, qui par sa bonté infinie nous a garentis des embuches des ennemys de son sang, delivrera de

---

[1] Le 8 décembre. — L'*élection* était un arrondissement de perception plus ou moins vaste, au chef-lieu duquel se trouvait un tribunal établi pour juger les différends qui concernaient les tailles, les aides et les gabelles. Jusqu'au xviie siècle le Forez ne forma qu'une seule élection.

captivité le roy[1] nostre souverain seigneur, en laquelle il est detenu par ceux qui s'efforcent de ruiner l'eglise de Dieu.

« Ceste necessité doncques d'obvier aux pernicieux desseings de nos ennemys nous contrainct de faire la guerre, n'y ayant aulcun autre moyen d'y resister, etc. »

Au milieu du conflit d'intérêts qui déchirait le pays, la ville de Vienne, comme beaucoup d'autres, s'efforçait de rester neutre, ou du moins de ne recevoir aucune garnison étrangère. Deux hommes s'y disputaient l'influence : l'un était Saint-Marc, le gouverneur, ligueur déclaré; l'autre, Lesseins, dont les actes équivoques avaient souvent excité l'inquiétude de l'union. La guerre dans le Dauphiné se rapprochant de Vienne, ce dernier penchait à amener par une pacification une sorte de neutralité dans cette ville, qui se serait gouvernée municipalement.

Sur un avis qui lui est donné par Saint-Marc, Chevrières passe le Rhône avec quelques troupes, s'empare de Vienne, et fait arrêter Lesseins et les autres habitants considérés comme politiques. Toutefois ce triomphe fut incomplet, car Scipion Maugiron, neveu de Lesseins, s'étant réfugié au château de Pipet, qui dominait la ville, y resta le maître malgré les efforts de Chevrières.

Aussitôt que ce coup de main des Lyonnais fut connu

---

[1] C'était le cardinal de Bourbon, simulacre de roi, que la Ligue avait proclamé sous le nom de Charles X. Il était alors prisonnier de Henri IV. « L'estat et couronne de France » s'administraient bien sans lui. Ni son âge ni sa captivité n'inquiétaient la Ligue.

dans le Dauphiné, il y eut une prise d'armes générale pour les chasser de Vienne. Ce n'était plus seulement affaire d'opinion, mais un sentiment de *nationalité* soulevé contre la domination lyonnaise. Chevrières fut enfin obligé d'entendre à un accommodement, par lequel la ville de Vienne était censée devoir rester neutre, mais qui en réalité laissait tout le pouvoir au royaliste Maugiron. Ce traité mécontenta au dernier degré le consulat lyonnais, qui entra dès lors en défiance de Chevrières [1]. Celui-ci cependant, pressé par les circonstances les plus impérieuses, avait terminé cette affaire pour pouvoir porter secours au Forez, qui se trouvait alors envahi sur tous les points, et que le consulat ne songeait guère à défendre, malgré les lettres pressantes du seigneur de Saint-Chamond [2] : Tavannes, s'avançant du côté du nord, qui était dépourvu d'hommes de commandement, était venu attaquer Marcigny, où on se battit pendant plusieurs jours [3]; à l'ouest, quelques royalistes auver-

---

[1] Clerjon dit que celui-ci se retira alors du service. (*Histoire de Lyon*, t. V, p. 362.)

[2] Dans une de ses lettres, datée du 11 novembre, Chevrières prie les consuls de Lyon de lui envoyer tout ce dont ils pourront disposer, et réclame le secours du seigneur de Bussy, Christophe d'Urfé. (Voir la lettre de son frère Anne, n° IV, où il est question de lui : peut-être en cette occasion refusa-t-il de venir aider Chevrières.)

[3] Tavannes, dans ses *Mémoires*, place le fait au commencement de 1590; mais, écrivant de mémoire, il a pu se tromper. Nous avons, nous, une date certaine : c'est une lettre de Gayand, datée de Charlieu, le 9 novembre 1589. On peut lire, au reste, dans les *Mémoires* cités, les détails de la prise de Marcigny et de la tour du sel, appelée Milampesle. Tavannes ajoute qu'ayant appris que le gouverneur de Mâcon s'avançait, il marcha contre lui jusqu'à Lespinasse, où il le battit et lui fit plusieurs prisonniers.

gnats faisaient des courses dans les environs[1]; à l'est, Lesdiguières s'approchait par le Viennois; enfin au midi, Chambaud parcourait la province. De Saint-Rambert il vint à Malleval, et de Malleval à Condrieu, dont il se rendit maître, mais qu'une ruse de guerre lui fit perdre trois jours après.

Ce qui explique les succès des royalistes, c'est qu'une grande partie des gentilshommes de la province, retirés dans leurs terres, vivaient indifférents, sinon hostiles à la commune lyonnaise. Cependant le nom d'*hérétique* ou de *fauteur d'hérésie* inspirait encore trop d'horreur pour qu'ils osassent se prononcer pour la royauté chancelante. Ce n'est que lorsqu'elle aura donné des preuves non équivoques de son avenir qu'ils se décideront en sa faveur. Mais, dès le commencement de l'année 1590, la manifestation de leurs sentiments à l'égard de Lyon prit une telle apparence d'aigreur, que le consulat de cette ville crut devoir s'en expliquer catégoriquement par députés dans une assemblée de la noblesse. En conséquence, il fit prier Guillaume de Gadagne, par son frère, ecclésiastique résidant à Lyon, de vouloir bien recevoir la réunion dans son château de Bouthéon[2] : elle eut lieu le 20 janvier. Le consulat y envoya deux de ses membres, les sieurs de la Pie et Charbonnières. Ils furent chargés de représenter que la ville de Lyon n'avait jamais cessé d'avoir à cœur de vivre en bonne intelligence avec ses

---

[1] Voir lettre n° IV.

[2] Les termes de Clerjon pourraient faire croire que cette assemblée eut lieu sans l'assentiment du consulat de Lyon, tandis qu'au contraire ce fut lui qui la demanda, comme le prouvent les lettres de Gadagne qui sont aux archives de Lyon.

voisins, spécialement avec messieurs de la noblesse du pays; que lorsque l'union avait été jurée, on leur avait fait part de ce qui s'était passé et du désir d'être toujours en paix avec eux : ce qu'on avait prouvé par le bon accueil fait non-seulement à ceux qui avaient embrassé l'union, mais encore à ceux qui avaient refusé de la jurer. On se disculpait ensuite comme d'une infâme calomnie d'avoir envoyé dans la province des espions lyonnais chargés d'explorer les opinions. Les deux envoyés du consulat s'attachèrent surtout à repousser tout soupçon de relations entre un de ses membres et un misérable arrêté dans le château et par ordre de Bertrand d'Albon-Saint-Forgeux, lequel avait déclaré être envoyé chez ce gentilhomme pour l'assassiner. Ils signalaient comme auteurs de ces calomnies « certains individus turbulens exilés de la ville, pour ne s'être comportés avec leurs concitoyens..... lesquels, remplis d'esprit de vengeance, frequentent les maisons d'aucuns gentilshommes de ce pays, auxquels ils mettent mille fausses interpretations en l'entendement. » Enfin les députés de Lyon devaient représenter que la paix n'était pas moins avantageuse à messieurs de la noblesse qu'à ceux de la ville, puisqu'ils ne pourraient ruiner cette dernière sans causer en même temps la ruine de leurs sujets, et par conséquent la leur propre; mais que d'ailleurs, en cas de guerre, les Lyonnais ne manqueraient ni de moyens ni de secours [1].

Cette négociation réussit au gré des Lyonnais, et le résultat de la conférence fut que chacun se retirerait

[1] CLERJON, *Histoire de Lyon*, t. V, p. 364.

dans son château pour y vivre en paix. Il fut même convenu que, si quelqu'un manquait à cette promesse, tous les autres gentilshommes prendraient les armes contre lui, et au besoin demanderaient du secours au duc de Nemours, au marquis de Saint-Sorlin et à la ville.

« Quant aux affaires du seigneur de Saint-André (Henri d'Apchon, qui s'était déclaré ouvertement pour le roi), elles sont bien decousues pour luy, écrit Anne d'Urfé aux échevins de Lyon [1], car tous les gentilshommes *reallistes* m'ont asseuré qu'ils ne vouloient point l'assister, et beaucoup d'eux m'ont promis d'estre avec nous s'il ne satisfait à la patrie, et ne se desiste de la troubler. Je tasche de les entretenir en cette bonne volonté plus qu'il m'est possible. Dieu veuille qu'elle dure! »

Cependant les royalistes ne restaient pas inactifs : ils firent une tentative pour s'emparer de Lyon; mais elle échoua, grâce à la vigilance des consuls. Parmi les chefs de la conspiration qui ne purent être arrêtés figuraient Bertrand d'Albon et Guillaume de Gadagne. Dans une lettre que ce dernier écrivit à ce sujet aux échevins, il leur reproche [2] d'avoir fait arrêter des personnes d'honneur, « suspectes seulement d'amour pour leur roi; » il leur dit qu'il faut être bons Français et bons Lyonnais, et éviter la violence, « car la personne vive peut facilement mourir, mais le mort quand nous voulons ne peut revivre. »

Vers le même temps Saint-André s'empara de Char-

---

[1] Le 25 janvier. (Lettre n° VI.)
[2] Lettre du 28 février.

lieu[1], d'autres royalistes se saisirent de Riverie et du château de Roisy près de Roanne, et le sieur de l'Hospital entra dans Saint-Étienne, dont il se déclara gouver-

[1] Il fut publié à Lyon, en 1590, un petit opuscule en vers, qui fait connaître le nom des personnes qui prirent part à cet événement. Il est intitulé : *Echo sur la prinse et sac de la ville de Charlieu*. La bibliothèque de Lyon en possède un exemplaire : c'est le seul que je connaisse. L'obligeant bibliothécaire, M. Péricaud, a bien voulu m'en fournir une copie. On en verra peut-être ici avec plaisir un extrait :

  Echo, donques dy-moy, veritable, les noms
Des traistres et autheurs d'un tel malheur? respons. — Les Pons.
  Quel suject eurent-ils, quell' envie ou quell' haine
Les a faict conspirer chose tant inhumaine? — Haine.
  L'effect est dangereux de telle passion ;
Mais n'eurent-ils encor un peu d'ambition? — Si ont.
  O folles passions! ô poison de nostre ame!
Vostre fin ne fut onc que funeste et infame! — Infame.
  De qui fut leur dessein si damnable suyvy?
Fut-ce d'un populas d'ignorance esblouy? — Oui.
  Toujours un peuple sot est cause de sa ruine ;
Mais qu'y feit ce Picot, que l'orgueil ronge et mine? — Mine.
  Ce perjure bastard qui avoit abusé
Le prince de Nemours par son serment rusé,
Qu'il jura desloyal, contrefaisant le sage :
Qui le meu de changer si soudain de courage? — Rage.
  Telles gens sont toujours pleins de desloyauté,
Et du milieu de nous ils devroyent estre osté. — Osté.
  Qui rendit compagnons d'un si grand malefice
Les moines desdiez pour faire à Dieu service? — Vice.
  Voilà les beaux effects des hommes otieux :
Qui a-il icy bas de plus perniticux? — Eux.
  Et ce grand Constantin? Je ne puis pas comprendre
Quel desir le poussa de jamais l'entreprendre? — Prendre.
  Echo, pardonne-moy, n'a-il pas le renom
D'esgaler en valeur son superbe sur-nom? — Non.
  O trompeuse grandeur qui manque de courage!
Mais je te prie, Echo, dy-moy donc d'avantage,
Qui fut ce brave chef qui commanda ces loups,
Fierement animez d'envie et de courroux? — Roux.
  O le dangereux poil! l'on a veu par usage,
Que celui qu'il l'a craint a esté le plus sage. — Sage.

neur pour le roi. Cette ville était déjà d'une grande importance à cette époque pour sa fabrique d'armes, et les deux partis s'efforçaient de s'y maintenir. L'Hospital, voulant ensuite s'emparer de Saint-Chamond, s'avança avec sa troupe jusque près du cimetière de Saint-Jean de Bonnefont, où il fut tué, ainsi que son capitaine la Garde, par le lieutenant de la compagnie de Chevrières, le sieur de la Condamine [1].

De leur côté, les protestants, s'étant emparés de Vienne, Condrieu et Givors, et donnant la main au royaliste d'Ornano, dans le Dauphiné, paraissaient vouloir bloquer Lyon. Cette ville, réduite à l'extrémité, implora le secours de son gouverneur, qui, trop empêché à Paris pour pouvoir venir, lui envoya Claude de Bauffremont, baron de Seneccy, qui commandait pour sa cause en Bourgogne, et qui se hâta de la venir dégager.

« Les troupes de religionnaires qui s'estoient saisy de la ville de Vienne, Coindrieu, et aultres en Dauphiné et Lyonnois, se jacterent de venir assieger Montbrison; mesmes à diverses foys quelques gents desdictes troupes vinrent à six lieues prez de ladicte ville, et on eust

> Que merite Ferrand? ce voleur Cornaton?
> Ces deux faux monnoyeurs, avec leur compagnon
> Le curé Dusauzay, surnommé du Hazard,
> Qui conduisoit le tout bien souvent à l'hazard? — La hart.
> Quels furent les exploicts de ces braves royaux?
> Que sembloyent à chacun ces guerriers si nouveaux? — Veaux.

[1] D'après le chroniqueur de Saint-Étienne qui rapporte ce fait (BENEYTON, *manuscrit*), il eut lieu le 8 mars; cependant une lettre de Saint-Vidal aux échevins de Lyon, qui est du mois de mai, fait mention d'un sieur de l'Hospital qui s'efforçait alors de mettre d'accord les catholiques ligueurs et les royalistes du Vélay.

advis que leur desseing estoit de dresser une batterie sur l'esglise de la commanderie Sainct-Anthoine de Montbrison, laquelle estoit située au fauxbourg de la Magdeleine, à six pas du fossé de ladicte ville, et commandoit, empeschoit et battoit la courtine de la muraille sur plusieurs rues; de sorte que l'on fust contrainct, pour esviter la ruine de ladicte ville, de faire desmolir ladicte esglise et aultres bastiments et corps de logis [1]. » Après avoir opéré cette démolition, décidée dans une assemblée générale qui se tint à Montbrison, au commencement de l'année, on éleva le parapet de la porte de la Madelaine, « pour fortifier ladicte ville de ce costé-là qui est le plus important; » et on plaça en dedans des murs le moulin Boër, qui avait été jusque-là à l'extérieur.

« Despuis, en l'assemblée de ladicte ville, le 28 juillet 1590, à la requeste de frere François Roy, sieur de Sainct-Laurent, chanoine de l'esglise Sainct-Anthoine de Viennois, procureur de messieurs les grand prieur, chanoines et chapitre dudict Sainct-Anthoine, du consentement des recteurs de la confrerie du Sainct-Esprit [2] de ladicte ville, il fut arresté et ordonné par le seigneur d'Urfé, bailly, y president, qu'audict fauxbourg de la Magdeleine, et dans l'enclos que ladicte confrerie y

---

[1] Entre autres les hôtelleries du *Lion d'or* et du *Mouton*.

[2] Les bâtiments de la confrérie du Saint-Esprit « avoient esté destruits par ordre de ceux qui commandoient dans Montbrison, comme estant trop proches de l'enclos et muraille de ladite ville, pour estre esloignés de la porte appelée de la Magdelaine tout au plus de la portée d'une arquebuse. » (*Requête des sœurs de Sainte-Claire aux consuls de Montbrison*, pièce originale, aux archives du Rhône.)

avoit, pour conserver la memoire de ladicte commanderie, comme estant la magistralle de toute la province, et entretenir la devotion et veneration qu'a le peuple de ladicte ville et du pays audict Sainct-Anthoine, du marrain et materiaulx restez de ladicte demolition seroit construicte une chappelle audict encloz sous le vocable de Sainct-Anthoine, où son nom fust reclamé, les vœux du peuple rendus, le divin service celebré, et les sainctes reliques qu'il y a dudict sainct reposées comme souloit estre despuis la fondation de ladicte commanderie. »

La commune lyonnaise, loin de fléchir en présence des succès des royalistes, eut recours aux moyens énergiques : l'emprisonnement et l'expropriation des suspects; elle stimula de nouveau ses capitaines, et entre autres Chevrières, qui depuis le traité de Vienne vivait retiré dans ses terres. Le 11 mars, il écrit de Saint-Chamond aux échevins de Lyon qu'il s'occupe de ce pays; qu'il a fait prévenir les petits forts de se tenir sur leur garde; que la ville de Saint-Étienne (qui probablement était retombée en son pouvoir après la mort du sieur de l'Hospital) lui avait fait dire qu'elle était de bonne volonté, et que bientôt il espère pouvoir s'emparer de Riverie.

« Sur l'avis qu'on me donna, dit-il, que monsieur de Chattes venoit du costé de Saint-Didier pour mettre des forces dans Fougerolles et le fort de Saint-Victor, qui sont deux places bonnes et fortes sur la frontiere du Forez, je m'y en allai avec ma compagnie de gens d'armes et de gens de pied, que je pris ici et à Saint-Estienne; et faisois semblant de charier l'artillerie après moi. Ils se rendirent à moi, encore qu'il y eut force soldats dedans, que monsieur d'Amberieu y avoit mis; de sorte que de ce costé-là tout y est bien assuré. J'ai laissé dans Fougerolles le sieur de Jonas, beau-pere du capitaine Nerestang, qui a son bien dans la paroisse dudit Fougerolles, et qu'a de quoi repondre du mal qui s'en pourroit ensuivre; lequel neanmoins m'a fait une promesse telle que je vous en envoie copie. De depuis, et le jour d'hier, monsieur d'Urfé et moi conferasmes ensemble au pont Saint-Rambert, et par mesme moyen fismes entrer audit lieu cent cinquante arquebusiers, pour ce que c'estoit le lieu qui nous estoit le plus suspect, et duquel nos ennemis faisoient grand estat, et qui n'avoit jamais aussi vollu recevoir garnison dudit sieur d'Urfé. Je vous assure, messieurs, qu'il n'estoit pas croyable l'effroi en quoi estoit tout ce pays, lequel est maintenant si assuré, ayant reconnu le soin que l'on a de les secourir et assister. Et je puis dire avec verité que quoi que monsieur de Botheon se soit promis et fait entendre qu'il ne viendra jamais en ce pays que les armes à la main, il est en danger d'y trouver de grands changements, estant villes et communautez contre lui et sa maison, et chacun bien resolu de se deffendre, mesmes depuis que l'on a sceu qu'ayant traité avec Lesdiguieres, la premiere condition qu'il a demandé a esté d'establir un presche et l'heresie en tout ce pays[1], et que les villes qu'il prendroit seroient fortifiées pour les

---

[1] C'était une calomnie. La haine de Chevrières contre Guillaume de Gadagne s'explique facilement : ils étaient tous deux lieutenants du gouverneur de Lyon, l'un pour la Ligue, l'autre pour le roi.

assurer, et plusieurs conditions meilleures et meschantes, qui, j'espere en Dieu, ne reussiront pas, qu'à leur confusion et desavantage. Dejà avons-nous tasché de mettre la division parmi eux, et de retirer la pluspart de ceux dont ils faisoient plus d'estat, entre autres de monsieur de la Liegue[1], qui est ici avec moi, par lequel j'ai su une partie de leur expedition. » Chevrières dit ensuite qu'il se prépare à aller du côté de Riverie, afin de pourvoir à la sûreté de ce lieu. Il attend monsieur de Virieu, qu'il tâchera d'attacher à l'union : il espère du moins pouvoir lever la taille sur ses sujets, qui n'ont encore rien payé. En attendant, il s'occupe à organiser trois compagnies, « qui sont, dit-il, en partie tirées du Vivarois, d'où sortent les catholiques, parce qu'ils croient que monsieur de Tournon[2] veut leur faire la guerre.... Il faut, dit-il en terminant, songer à envoyer à Charlieu, afin de rendre tout le gouvernement paisible et de *donner de l'occupation aux gens de guerre.* Il seroit bon de faire depescher monsieur le baron de Senecey, qui dresse son armée à Baune, afin de savoir s'il se pourroit avancer deçà pour favoriser nostre entreprise, et par mesme moyen nous attaquerions Marcigny, Arcy et Saillans, qui sont ceux-là qui nous mettent la guerre au pays, et (dans le cas) où les forces de monsieur de Botheon viendroient en Forez nous serions en mesure. »

Comme on voit, tout le nord du gouvernement était royaliste. On parlait même déjà d'installer le parlement de Dombes à Charlieu, dont les habitants poussaient

[1] Il ne resta pas longtemps du parti de la Ligue, s'il en fut jamais.
[2] Gouverneur du Vivarais pour le roi.

sans obstacle des reconnaissances jusqu'aux portes de Villefranche. Les ligueurs résolurent d'en finir de ce côté, au risque de retarder les affaires dans le midi, et quoiqu'il y eût bien encore quelque émotion dans l'intérieur de la province. Ils marchèrent tous sur Charlieu, le marquis de Saint-Sorlin, Anne d'Urfé et Chevrières, emmenant avec eux toutes les forces qu'ils purent ramasser[1]. Cette ville ne put tenir contre tant de troupes; elle fut prise d'assaut[2], et les ligueurs y entrèrent par la brèche le 4 mai. Le château résista plus longtemps. Le sieur de la Barge s'était si bien conduit dans cette occasion que le marquis de Saint-Sorlin lui fit donner un cheval, qui coûta cent trente écus aux échevins. En compensation de cette somme, il leur fit remettre trois drapeaux pris dans la ville. On y avait aussi fait prisonnière la garnison, composée de près de neuf cents hommes, parmi lesquels se trouvaient Saint-André et Genouilly, qui furent envoyés à Lyon. On soumit par occasion la ville de Thizy.

Mais tandis que les royalistes étaient refoulés dans le nord de la province, ils faisaient irruption dans le midi, dégarni de troupes. Honoré d'Urfé, qui se trouvait alors en garnison à Saint-Étienne, écrivait aux consuls de Lyon[3] : « Je vous supplie de laisser sortir de vostre ville quatre pacquets d'estoffes au sieur Mathieu Falgard, marchand de nostre ville, ayant charge de monsieur

---

[1] Lettre n° VIII.
[2] Au bout de vingt-quatre heures, porte l'*Echo sur la prinse de Charlieu*, dont on voit un extrait ci-dessus, page 268, note.
[3] Le 2 mai. (Lettre n° IX.)

Jehan Hure, armurier, affin qu'il ayt moyen de promptement parachever les cuirasses et plastrons que je luy ay commandé, tant pour moy que pour armer ma compagnie, qui est acheminée pour le secours de Bourg-Argental. »

Il était trop tard, Ventadour venait de s'emparer de cette ville, et le religionnaire Chambaud de celle de Firminy. Les troupes des royalistes, s'étant alors réunies, marchèrent sur Saint-Étienne, qu'Honoré d'Urfé fut obligé d'abandonner.

« Le 6 may, dit un de nos chroniqueurs, monsieur de la Baulme, gendre de monsieur de Bouteon, monsieur de Saint-Ferriol, monsieur d'Amberieu, seigneur de Roche-la-Moliere, et plusieurs autres, avec leurs troupes, tenants le party du roy lors apellé le roy de Navarre, se logerent dans Saint-Estienne, et y demeurerent sept jours à discretion. » En apprenant la reddition de cette place, les ligueurs se hâtèrent de quitter Charlieu. Ils trouvèrent à Feurs Saint-Vidal, qui venait leur demander du secours pour le Puy, et ils s'avancèrent tous ensemble vers Saint-Étienne, emmenant avec eux trois pièces de canon. A leur approche, les troupes qui s'étaient emparées de cette ville l'abandonnèrent[1], ne la jugeant pas tenable, et les ligueurs firent halte à

[1] Voyez la *Description du païs de Forez*, à l'article qui concerne Saint-Étienne. Anne d'Urfé ne parle pas de Chevrières; mais celui-ci, dans une lettre aux consuls de Lyon, datée de Feurs le 11 mai, dit qu'il va délivrer Saint-Étienne. Il leur apprend que Saint-Vidal vient d'arriver, et les supplie de vouloir bien permettre au porteur de sa lettre de voir le seigneur de Saint-André, afin d'en pouvoir rapporter des nouvelles à sa femme, qui lui envoie du linge par cette occasion.

Saint-Galmier, où ils restèrent plusieurs jours à délibérer sur ce qu'ils avaient à faire [1].

L'acharnement des deux partis était tel, qu'à peine les ligueurs venaient de quitter Charlieu, que déjà celui qu'ils y avaient laissé pour commandant se voyait sur le point d'y être forcé. « Ce n'est pas assez d'avoir pris Charlieu, écrivait-il [2], il faut le conserver. Pour ce faire monsieur le marquis de Saint-Sorlin y a laissé monsieur de Fougieres, gentilhomme très-affectionné à la sainte union, avec la compagnie de messieurs de Chauffaille, de Cremeaux et de la Tour, auquel il ordonna estre fait payement de leur solde sur les deniers de la recette general........ Mais il y a autant moyen de tirer argent de la ville ni des villages que de monter au ciel......... Les soldats n'ont qu'un pain par jour, et encore il n'y a de blé que pour trois jours : le vin est à huit sous le pot, etc. »

Quelques jours après [3], Gayand écrit de Charlieu, *ville désolée*, pour se plaindre d'une ordonnance qui venait d'être rendue, et par laquelle il était permis à chacun de se retirer dans cette ville et d'y vivre tranquille. Ainsi, dit-il aux échevins de Lyon, les catholiques, après la perte de leurs biens, ne pourront pas même vivre en repos, parce qu'une dame protestante a poussé quelques personnes à demander au conseil du marquis de Saint-Sorlin cette fatale ordonnance. Il

---

[1] Saint-Vidal y était encore le 14 mai, et Anne d'Urfé le 24. (Voyez lettres n°ˢ x et xiii.)

[2] Lettre de Gayand aux consuls de Lyon, du mois de mai.

[3] Le 2 juin.

déclare que le capitaine Fougières n'y a pas eu égard. Il a défendu l'entrée aux séditieux, dont il s'était fait donner une liste, et a laissé entrer seulement ceux qui avaient péché par ignorance, faisant au préalable néanmoins jurer l'union. Gayand menace de se retirer, lui et cinquante bons catholiques. « Les protestants y rentreront alors : choisissez entre nous et eux, » s'écrie-t-il.

Les chefs de la Ligue lyonnaise ne pouvaient suffire à tout : dans le moment ils étaient occupés à régler les conditions d'une trêve avec les royalistes catholiques. Une première conférence eut lieu pour cela à Saint-Symphorien le Châtel, le 17 ou le 18 mai; mais on ne put s'entendre. D'abord les ligueurs ne voulurent pas recevoir les envoyés du duc de Ventadour comme les représentants du gouverneur de la province[1], mais comme de simples gentilshommes venant traiter des affaires du pays. Parmi eux se trouvait un protestant nommé du Pont : ils ne voulurent sous aucun prétexte l'admettre à la conférence. « Nous sommes demeurés fermes, écrit Chevrières[2], pour ravoir toutes les places qu'ils possedent dans ce gouvernement, et eux fort resollus de ne rien lascher; mais plustost en demander davantage. »

Les royalistes voulaient[3] que l'autorité du roi fût reconnue dans toute la province; que le duc de Ventadour fût reçu comme gouverneur et Gadagne comme

---

[1] Anne de Lévis, duc de Ventadour, avait le titre de gouverneur pour le roi : son quartier était à Annonay.

[2] Le 19 mai.

[3] CLERJON, *Histoire de Lyon*, t. V, p. 372.

son lieutenant; que tous les officiers fussent réintégrés et les prisonniers élargis. Les ligueurs lyonnais proposaient, au contraire, de remettre purement les choses au point où elles étaient après le traité de Vienne de l'année précédente; qu'en conséquence cette dernière ville fût évacuée, ainsi que toutes les places et châteaux dont les royalistes s'étaient emparés dans les trois provinces du gouvernement; ils déclaraient ne vouloir reconnaître d'autre roi que celui qui serait de la religion catholique et proclamé par les états généraux du royaume, ni d'autre gouverneur que le duc de Nemours.

Avec de pareilles prétentions, il était difficile de s'entendre. Aussi, « après avoir crié toute la journée » (ce sont les expressions de Chevrières), les deux partis en vinrent à une espèce d'accord sans fondement. Les ligueurs ne le proposèrent que parce qu'il devait y avoir en même temps une trêve de huit jours, pour avoir la réponse des échevins et du conseil d'état, et qu'ils espéraient pouvoir, pendant cet intervalle, détacher les catholiques royalistes des protestants, recevoir les secours que les puissances voisines leur promettaient depuis longtemps [1], et secourir le Vélay [2], qui se trouvait alors exposé à de rudes attaques de la part de Chaste.

En effet, tandis qu'on s'occupait de la seconde conférence, qui eut lieu à Saint-Genis-Laval, et fut aussi infructueuse que la première, Saint-Vidal s'avança vers le Puy, où il arriva le 28 mai, avec Anne et Honoré d'Urfé. Ils étaient à la tête de cinq à six mille hommes,

---

[1] CLERJON, *Histoire de Lyon*, t. V, p. 361 et 373.
[2] Lettre de Chevrières du 19 mai. Voyez aussi plus loin la lettre n° x

dont une grande partie de lanciers. Leur guidon colonel portait un crucifix. Les habitants du Puy, au nombre d'environ deux mille, allèrent au-devant de leur ancien gouverneur : ils lui baisèrent les mains, et le reçurent comme un libérateur qui, avec les puissants secours qu'il avait obtenus des « princes gouvernant la France, » ferait bientôt triompher leur parti. Saint-Vidal mit aussitôt le siége devant Espaly[1], château situé à peu de distance du Puy, et dont la garnison faisait beaucoup de mal à cette ville.

En apprenant l'intervention des d'Urfé et de leurs troupes forésiennes dans les affaires du Vélay, Montmorency, lieutenant général du roi dans le Languedoc, écrivit aux consuls de Lyon qu'il observait scrupuleusement la trêve qu'il avait conclue avec eux, mais qu'on ne l'observait pas à son égard, « et qu'on secourre la ville du Puy, qu'il tient assiegée. » Il finissait en leur déclarant que cela pourrait troubler la paix. Et en même temps des forces royalistes se dirigèrent vers le Forez. De la Baume vint jusqu'à Sainte-Colombe, village situé en face de Vienne, de l'autre côté du Rhône; de là ses troupes, se répandant dans le pays, y faisaient d'effroyables ravages. Il menaçait même de faire couper la récolte.

Chevrières, qui n'avait presque point alors de troupes à sa disposition, était réduit à attendre le retour de

---

[1] Arnaud, *Histoire du Vélay* (in-8°, 1817, au Puy), t. I, p. 496. — Espaly est le petit château dans lequel, après la mort de son père, Charles VII fut proclamé roi par quelques serviteurs fidèles, tandis que les Anglais triomphaient à Paris.

celles qui se trouvaient occupées dans le Vélay. Il écrivait au consulat lyonnais qu'il serait possible de museler de la Baume au moyen d'un fort qu'on pourrait élever en cinq ou six jours. Il proposait de faire un seul corps de toutes les forces ligueuses ; « mais il faudroit payer les soldats, dit-il, afin de leur oster le pretexte des vols et des rapines [1]. »

De Chaste, d'un autre côté, voyant le danger que faisaient courir au parti royaliste du Vélay les secours amenés par les d'Urfé, tenta une diversion pour les rappeler en Forez : il envoya Saint-Just, son frère, dans le midi de cette province, avec mission de la ravager, et de pousser, s'il était possible, jusqu'au pont de Saint-Rambert, dont les royalistes désiraient bien vivement se rendre maîtres. Il n'avait avec lui que trente cuirassiers et environ quatre-vingts arquebusiers à cheval ; mais il devait se joindre aux troupes de Ventadour qui étaient à Saint-Sauveur en Rue.

Anne d'Urfé, qui vit l'intention de son adversaire, écrivit de suite au marquis de Saint-Sorlin [2] : « Je vous supplie bien humblement voulloir vous opposer à leurs desseings, en quoy vous pourrez estre assisté de monsieur de Chalmazel, qui, je m'asseure, ne manquera vous aller treuver, avec ce qu'il a de la compagnie de monseigneur de Nemours, aussi celle du sieur de Varassieu, et d'autres troupes, tant de nos amys que d'autres, et lesquels il sera besoin envoyer du costé de Fierminy, pour leur empescher l'entrée de ce costé-là, et par

---

[1] Lettre de Chevrières, du 26 mai.
[2] Lettre n° XI.

mesme moyen vous conserverez et empescherez qu'ils ne s'estendent à Saint-Chamond. »

Ventadour fut repoussé dans les premiers jours de juin; mais on n'avait pu l'empêcher de commettre de grands ravages.

Le siége d'Espaly, auquel s'était aussi rendu Chevrières, se poursuivit avec une grande activité. Après plusieurs assauts, dans l'un desquels fut tué un colonel du chevalier d'Urfé, qui fut très-regretté, les ligueurs parvinrent à se rendre maîtres du bourg. Il restait encore à soumettre le château. Ils poursuivirent leurs succès [1], et enfin il fut proposé une capitulation et un armistice entre les deux partis, par l'entremise de du Peloux et Vallambaud, envoyés de la part du duc de Montmorency. On convint, entre autres choses, que le commerce serait libre, ainsi que le labourage et toutes autres sortes de *travail des terres* [2].

Après la soumission d'Espaly, qui procura la paix au Vélay (car Chaste dut licencier ses troupes, qui allèrent trouver Montmorency dans le Languedoc), une députation de l'Auvergne vint prier Anne d'Urfé et les autres ligueurs qui se trouvaient au Puy de vouloir bien donner « quinze jours en leur pays, pour y rétablir les affaires. » La proposition fut agréée; mais comme on ne pouvait s'y rendre immédiatement, Anne revint à Montbrison. A son arrivée, il écrivit aux échevins de Lyon pour leur apprendre que les soldats qu'il entretenait à Châteaumorand avaient fait prisonnier un certain Corneton,

---

[1] Lettre n° xiv.
[2] Arnaud, *Histoire du Vélay*, t. 1, p. 499.

« que je sçay que vous voulez beaucoup de mal, dit-il, pour avoir trahi Charlieu [1]. » Il le met à leur disposition.

La commune lyonnaise continuait de négocier avec le duc de Savoie, qui promettait toujours sa coopération d'hommes et d'argent, mais qui ne fit parvenir que quelques pièces d'artillerie et des munitions. Cette alliance avec l'étranger fournissait aux royalistes le sujet de graves reproches, et elle fut peut-être, en effet, la cause qui détacha de la Ligue la majeure partie de la noblesse qui avait jusque-là suivi l'union [2]. Les ligueurs lyonnais eux-mêmes protestaient que ces secours qu'ils sollicitaient n'avaient aucun but qui fût contraire à l'intégrité du pays et de la couronne; ils s'indignaient qu'on leur supposât l'intention de se faire Savoyards ou Espagnols, et prétendaient que les princes catholiques n'offraient leur aide que par zèle désintéressé pour la religion.

« L'affection que j'ay à nostre party, écrivait Anne d'Urfé aux consuls de Lyon [3], me contrainct de vous escrire ceste-cy, ayant sceu comme quelques-uns vous veullent dissuader de accepter les offres de son altesse, qui vous sont se me semble très-avantageuses, cellon ce que j'ay entandu de mon frere. Je vous supplie donc, sans vous arrester aux belles raisons fardées de quelques ennemys de la sainte union, quoy qu'ils se faignent d'en estre, n'ayent point tant de pouvoir sur vous que de vous

---

[1] Lettre n° XII. Voyez l'extrait de l'*Echo sur la prinse de Charlieu*, ci-dessus, page 268, note.

[2] CLERJON, *Histoire de Lyon*, t. V, p. 377.

[3] Lettre n° XV.

faire perdre ceste belle occasion de vous asseurer de Vienne et d'Annonay, s'il est possible, pour eslongner du tout les ennemys de nous. Touttes ces paix ou trefves qu'on vous offre n'est que pour vous tromper, et pour trouver moyen d'esvader ceste bourrasque, qui raportera, si vous en sçavez aider, la ruine des heretiques et bigarrats en ses païs de dessà. Il ne fault plus flatter le mal; il y fault mettre le rasouer à bon essciant, aultremant nous ne les guerirons jamais. Vous avez peu voir que la douceur et l'honnesteté ne les peult gagner : il fault donc y mettre la force, qui ne peult venir de nous seuls; par quoy nous devrions avoir estrememant desiré se que son altesse nous offre de sa liberalité. »

La Ligue lyonnaise avait en effet dans ce moment grand besoin de secours : les royalistes, qui venaient d'obtenir quelques succès, occupaient une bonne partie des montagnes qui séparent le Lyonnais du Forez. C'est ce que fait connaître une lettre de Barjac, qui commandait à Saint-Andéol. Il supplie les consuls de Lyon de lui payer les avances qu'il a faites, et de placer garnison à Sainte-Croix et à Dargoire.

« J'ai reçu [1], dit-il, la lettre de monsieur le marquis (de Saint-Sorlin) où il me recommande de relascher le marechal de Rimilieu, lui ayant (parce qu'on lui a) fait entendre, comme je presume, que je l'avois fait prendre pour en tirer quelque commodité; qui est cause que je lui ay escrit et lui mande que maistre Jehan [2], armurier de Saint-Estienne, lui avoit donné

---

[1] Lettre de Barjac, datée de Saint-Andéol, le 20 juin.
[2] Serait-ce Jehan Hurc dont il est parlé page 275? (Lettre n° IX.)

quelques charges de fer à conduire, de laquelle lui avoit payé la voiture, et au lieu de la rendre à Saint-Estienne, il l'a vendu aux ennemis, comme m'a dit que prouveroit ledit Jehan, que j'ay envoyé querir aujourd'hui, et sera ici demain. Je faisois estat de le lui remettre entre les mains, m'ayant prié de ce faire, pour avoir raison du tort qu'il lui a fait; et me semble, sauf meilleur avis, qu'il merite punition, pour avoir rendu ce fer entre les mains des ennemis, lequel est fer d'Allemagne à faire cuirasse..... Joint qu'on m'a asseuré que son fils fait estat d'acheter des armes à Saint-Estienne pour les revendre à Vienne. »

Du côté du nord, Guillaume de Tavannes et Chazeron, tous deux gouverneurs pour le roi, le premier de la Bourgogne, le second du Bourbonnais, ayant avec eux les seigneurs de Rochebaron et de Joux, faisaient des incursions tantôt du côté du Beaujolais, tantôt du côté du Bourbonnais. Dans les premiers jours de juillet, Chazeron vint même assiéger dans son château le seigneur de Chenillac, oncle d'Anne d'Urfé[1], du côté de sa femme. Aussitôt celui-ci écrivit aux consuls de Lyon pour les prier de vouloir bien lui confier pour quelques jours leur compagnie de chevau-légers; mais Chazeron abandonna le siége en apprenant les préparatifs d'Anne, et ce dernier n'eut qu'à remercier les Lyonnais de leur obligeance. Dans sa lettre[2] il leur apprenait de nouvelles menées des royalistes à l'intérieur. Guillaume de Gadagne, seigneur de Bouthéon, venait d'adresser à

---

[1] Lettre n° XVI.
[2] Lettre n° XVII.

quelques villes du pays une espèce de proclamation dans laquelle il signalait l'injustice des échevins de Lyon, « qui, sous l'apparence de l'interest de la religion, dont le nom devroit toujours estre invoqué avec respect, avoient bien osé retenir contre le droit les deputés qui leur avoient esté envoyés pour aviser au soulagement du peuple. » Dans celle adressée en particulier aux habitants de Saint-Galmier, ses voisins [1], Gadagne leur déclare qu'il est décidé, avec ses amis, à embrasser le parti du roi et à faire une guerre à toute outrance aux opposants; il les engage à entrer dans sa ligue. La pièce se termine ainsi : « Fait au conseil du roy tenu à Sainte-Colombe, le 15 juillet 1590. »

Chevrières était alors occupé à soumettre Thizy, dans le Beaujolais. Les royalistes profitèrent de cette circonstance, s'avancèrent, dans le midi, presque sur ses terres, et s'emparèrent de Riverie. Trois cents soldats environ, sous le commandement du sieur de la Baume, y restèrent en garnison avec quelques munitions de guerre. De là ils menaçaient Saint-Andéol et Saint-Symphorien le Châtel. Selon l'usage, ils mirent à contribution tous les villages environnants. Les habitants de Mournant, après avoir reçu une sommation [2] par

---

[1] Voisins de la terre de Bouthéon.

[2] Lettre de Barjac aux échevins de Lyon, août 1590. — Pour donner une idée de la manière dont cet argent était perçu, il ne sera pas hors de propos de copier ici un de ces laconiques avis de contribution adressé par un des capitaines de l'armée royaliste :

«Du 20 juin. — Consuls de Grigny, si ne venez, la presente receue, pour payer la contribution à quoi vostre village est cottisé par le commandement de messeigneurs de Ventadour et de Bouthéon, je ne faul-

laquelle on les imposait à quatre cents écus pour leur part, demandèrent conseil au capitaine Barjac, dont le poste, Saint-Andéol, n'était placé qu'à une lieue de là. Celui-ci ne put que les inviter à rester fermes; mais dans sa lettre aux échevins il paraît craindre qu'ils ne se laissent entraîner par attachement pour monsieur de la Liègue. « Joint que peu de chose, dit-il, estonne les paysans. »

En apprenant ces fâcheuses nouvelles, Chevrières accéléra le siége de Thizy, qui capitula bientôt; puis il se mit en route, rassemblant toutes les troupes qu'il trouva disponibles [1]; mais l'ennemi ne l'attendit pas; il abandonna Riverie. Après y avoir installé le capitaine Laforge, Chevrières se mit à la poursuite des royalistes, qui se réfugièrent à Châteauneuf, près de Rive-de-Gier; et à son retour il fit démanteler la place, ne la jugeant pas tenable [2].

La république ligueuse de Lyon, dit Clerjon, n'épargnait pas les défiances à ses propres capitaines. Après sa campagne dans la province, qui n'avait été ni inactive ni sans succès, Chevrières était venu à Lyon, sur

---

dray de vous faire ravaiges et par le feu et autres voies de guerre. Cella m'a esté donné pour le payement de ma compaygnye, qui est establye à Sainte-Colombe. Faicte-moy responce et je seray vostre meilleur ami.
«De Vyns.

« Vous estes assignés pour deux cent trente escus. »

Les habitants de Mournant, qui sans doute avaient reçu un avis semblable, crurent se faire exempter en disant qu'ils n'avaient point de consuls.

[1] Vers le 11 août.

[2] Clerjon dit que ce fut en représailles de ce que les royalistes avaient brûlé le bourg de Saint-Didier, voisin de Riverie.

les vives instances du consulat lui-même. Le lundi 3 septembre, le conseil d'état, convoqué par le marquis de Saint-Sorlin, arrête que les échevins feront sur-le-champ prendre les armes aux penons et au peuple, et que l'on occupera toutes les places et rues, comme dans les moments de péril. Le lendemain au lever du jour, Rochefort, le sergent-major de la ville, est mandé au conseil, et reçoit ordre d'aller saisir Chevrières dans son logis[1] et de le mettre sous bonne et sûre garde au château de Pierre-Scise. Cette arrestation fut le résultat d'une déclaration d'Anne d'Urfé et du seigneur de Chazeul, son parent, qui étaient accourus à Lyon en grande hâte révéler à Saint-Sorlin un nouveau complot des royalistes qui devait être mis à exécution le lendemain, et que Chevrières était venu préparer[2]. Voici au reste la déclaration d'Anne d'Urfé : « Monsieur de Chevrieres m'estant venu trouver à Montbrison, et nous estant retirés à part, après m'avoir demandé s'il me pouvoit parler librement, et lui ayant repondu que oui, il me tint plusieurs propos dont la substance estoit qu'il avoit parlé en son voyage de Thizy aux sieurs de Rochebaron et de Joux, qui lui avoient dit qu'ils avoient lettres du roi par lesquelles il le faisoit son lieutenant general en Lyonnois et Beaujolois, reservant le Forez pour moi,

---

[1] L'ancien hôtel de Chevrières était situé en face de l'église Saint-Jean, sur la place de ce nom, à gauche; le tribunal en occupe aujourd'hui les bâtiments.

[2] C'était sans doute la conspiration dont Anne parle vaguement aux échevins dans ses lettres n°s XVII et XVIII, et l'ami qui la lui avait révélée était sans doute son parent le seigneur de Chazeul, qui était en même temps neveu du royaliste Bertrand d'Albon.

si je voulois prendre son parti, et quant à lui il n'avoit voulu se resoudre qu'après avoir conferé avec moi. Je lui fis reponse que je le remerciois de sa bonne volonté; mais qu'il ne me sembloit pas honorable de prendre le parti d'un prince heretique. Il me fit reponse que l'on me donneroit la terre de Cerviere à moi et aux miens, et que le roi se feroit catholique. Je lui dis là-dessus que nous aurions assez de temps à nous resoudre lorsqu'il le feroit. Sur quoi il me repliqua qu'il l'avoit bien dit aux sieurs de Rochebaron et de Joux, mais qu'ils lui repondirent que cependant l'occasion se perdroit parce que le grand-prieur venoit, lequel, s'il faisoit l'effet de remettre ces pays en l'obeissance du roi, voudroit bien jouir du fruit de la peine et en avoir le gouvernement. Je lui repondis que le grand-prieur ne nous pourroit rien faire si nous avions intelligence ensemble, et que, quant à moi, je ne saurois tenir le parti d'un heretique, quoi qu'il en pust advenir. Il me repondit qu'il en feroit donc de mesme, mais qu'il lui sembloit que nous devions retenir cette artillerie qu'il avoit entre les mains, qui fortifieroit beaucoup nostre autorité, et que nous la partissions par ensemble, et que pour cet effet je vinsse au camp à Riverie; qu'il n'estoit assez fort pour l'emmener, d'autant qu'il y avoit beaucoup de troupes à la devotion de ceux de Lyon, et que ma presence y seroit bien requise. A quoi je repondis que je m'y trouverois, et qu'il y falloit bien penser. Depuis, quelques-uns m'estant venu tenir le mesme langage, je me pensai que cela venoit de lui, qui fut cause que je leur demandai, et m'ayant fait entendre que oui, j'eus crainte que s'il mesadvenoit à Paris [1], qu'il n'y eust quelque mauvaise volonté contre nostre parti, qui me fit donner avis à monseigneur le marquis, afin d'y prendre garde. »

Chevrières resta deux mois en prison; enfin il parvint à se disculper, et recouvra son commandement des milices lyonnaises. On voit dans les archives de la ville de Lyon une lettre du duc de Mayenne dans laquelle il prie les échevins de lui envoyer le prisonnier sur parole, afin de lui faire faire son procès s'il est coupable. Cette lettre, datée « du camp devant Corbeil, le 7 octobre, » est très-honorable pour Chevrières.

Anne d'Urfé, resté seul maître du pouvoir dans le Forez, songea à tenir la promesse qu'il avait faite aux ligueurs de l'Auvergne. Dans les premiers jours d'octobre, il se rendit à Riom, où il fut très-bien accueilli [2] Cette province était encore plus divisée que le Forez, car le parti royaliste y était plus fort. Clermont tenait pour le roi, et Riom pour la Ligue. Anne eut d'abord quelques succès. Il resta près d'un mois seul à combattre. Vers la fin d'octobre, il revint dans le Forez chercher de nouvelles troupes pour une grande entreprise qu'il méditait sur Vichy. Il pria les échevins de Lyon de vouloir bien l'assister de leur compagnie de chevau-légers et de celle de leurs gens de pied. Il fit

---

[1] Cette ville, alors assiégée par les troupes royales, était en proie à la plus horrible famine dont ses annales aient gardé le souvenir, et, sans le courage et la persévérance, on pourrait dire l'acharnement du duc de Nemours et des autres chefs ligueurs qui s'y trouvaient, elle aurait infailliblement succombé. Le gouverneur de Lyon, en particulier, s'acquit durant ce siége un très-grand renom.

[2] Lettres nᵒˢ xix et xx.

aussi provision de poudre et autres munitions de guerre, comme on peut le voir par ce passe-port dans lequel il prend le titre de général de l'armée d'Auvergne :

« Le comte d'Urfé, marquis de Bagé, baron de Chasteaumorand, chevalier de l'ordre du roi, capitaine de cinquante hommes d'armes, bailly et gouverneur du pays de Forest, et general de l'armée destinée pour l'Auvergne, en l'absence de monseigneur le duc de Genevois et de Nemours.

« Nous prions et requerrons les consuls et eschevins, gardes des portes et autres habitants de la ville de Lyon, ce neantmoins en ce que nostre pouvoir s'estend, sur cestuy-ci vostre gouvernement, mandons expressement de laisser sortir hors de la ville la poudre et autres marchandises que nous avons chargé Claude Combe, l'un de nos sujets de Sainct-Just, de nous amener, pour icelle debiter en l'armée que nous pretendons mener à Vichy, sans luy donner aucun empeschement soit à la sortie ou à la conduite de ladite marchandise; ains luy prester toute l'aide et faveur dont il aura besoin, offrant en ce faisant de faire de mesme où l'occasion se presentera.

« Fait à Sainct-Just, le 26 octobre 1590.

« URFÉ.
« Contresigné ANDRÉ. »

Saint-Sorlin, jugeant sans doute l'entreprise d'Anne importante, vint l'aider en personne; mais ils furent presque aussitôt rappelés dans le Lyonnais. Lesdiguières venait de se jeter tout à coup sur Grenoble, dont il se rendit maître presque sans coup férir. Saint-Sorlin, confiant dans le courage et les opinions des habitants de cette ville, s'avançait pour la secourir, lorsque Anne d'Urfé, dont il rejoignit les troupes à Tarare, le 25 novembre, lui fit connaître l'espèce de trêve qui avait été conclue entre la ville et les troupes royalistes.

Malgré le désordre dans lequel se trouvait le pays, les impôts étaient toujours assez régulièrement perçus. Voici ce qu'on lisait cette année dans la commission adressée à l'élection [1] du Forez au nom du duc de Nemours, pour faciliter cette perception :

« Il n'y a occasion quelle qu'elle soit qui ait meu et poussé les princes, seigneurs, gentilshommes, villes et communautés catholiques de prendre les armes les deux années dernières, sinon l'honneur de Dieu et la conservation de la religion catholique, apostolique et romaine, car la malice, ambition et impieté des hommes qui veulent mettre ce royaume très-chrestien sous la domination de l'heresie, les contraint de leur resister, en esperance de parvenir à quelque bon et assuré repos, par la misericorde de Dieu. »

Saint-André était toujours prisonnier à Lyon. Les échevins ne voulaient entendre à aucun arrangement. Le ligueur Châteauclos, qui était tombé au pouvoir du parti royaliste, les suppliait en vain de le tirer de sa prison par le moyen d'un échange avec ce seigneur. Les chefs lyonnais, qui ne le jugeaient sans doute pas de l'importance de celui-ci, préférèrent lui laisser acheter sa liberté, offrant de lui donner hypothèque sur le prix de la rançon de ce royaliste. Irrité de toutes les entraves

---

[1] Voyez la note de la page 262.

qu'éprouvait cette affaire, Châteauclos écrivait un jour aux échevins [1] : « Si j'eusse pensé qu'il y eust eu tant de difficultés sur le payement de l'assignation que m'aviez donnée sur la rançon de monsieur de Saint-André, je vous asseure que je ne l'eusse point acceptée, car outre ce qu'en poursuite j'ai depensé la plus grande partie d'icelle, sans les frais de la derniere levée que j'avois faite pour aller en Dauphiné, la longueur de ce mechant petit assignat m'est si dommageable au but de mes affaires qu'il eust esté beaucoup meilleur pour moi de n'en avoir jamais fait nulle instance. Et de fait, pour le desir que j'avois de sortir, j'avois accordé avec madame de Saint-André que je me contenterois de frais dix-sept cent cinquante escus, lui quittant le reste des cinq mille escus, pour lui donner plus de moyen de sortir, pensant qu'elle s'accorderoit facilement du surplus tant avec vous qu'autres ayant interest à ladite rançon; mais elle m'escrit ne pouvoir rien payer que son mari ne sorte de prison, comme il est raisonnable, et que vous n'avez voulu consentir à sa deslivrance moyennant les offres pertinent qu'elle vous a faites, qui sont de vous bailler de la tapisserie et vaisselle d'argent pour plus que ne monte vostre partie, et outre ce vous laisser son fils en ostage, jusqu'à ce qu'elle auroit recouvert deniers pour vous payer cette somme, qui est tant excessive, qu'il lui est impossible de vous la bailler comptant. »

Saint-André ne sortit de prison qu'après le 1er mai 1591, époque à laquelle sa femme, Marguerite de Saint-

---

[1] Lettre du 17 janvier.

Mégrin, s'obligea personnellement au payement de sa rançon.

Sur ces entrefaites, Charles X mourut, et laissa les ligueurs fort embarrassés dans le choix d'un successeur à donner à ce roi de la Ligue. Chaque jour de nouvelles conspirations venaient mettre en péril l'existence de l'union lyonnaise. Au commencement de l'année 1591, les consuls firent emprisonner plusieurs habitants, entre autres le sieur de Rochefort, à la suite d'une de ces entreprises dont l'insuccès semblait accroître la persévérance des royalistes. Le duc de Montmorency, qui s'était avancé jusque dans le midi du Forez pour soutenir cette dernière tentative, fut forcé de se retirer. Les échevins écrivirent au duc de Mayenne de ne pas se laisser influencer par la qualité des coupables, et lui demandèrent quelque *juge zélé* qu'ils pussent mettre à la tête de leur justice. Mayenne, dans sa réponse [1], leur recommanda de ne pas se laisser entraîner, par des calomnies, à des actes injustes envers des personnes bien intentionnées.

La jalousie qui tourmentait les deux chefs ligueurs du Forez, Anne d'Urfé et Chevrières, surtout après l'emprisonnement de ce dernier, n'était pas assez puissante pour porter l'un des deux à abjurer le parti; mais elle était souvent cause des progrès des royalistes. Dans les premiers jours de février 1591, quelques soldats s'étant emparés du fort de Saint-Victor sur Loire, nos deux ligueurs en prirent occasion de se plaindre l'un de l'autre aux échevins de Lyon, qui, dans le fait,

---

[1] Sa lettre est encore aux archives de la ville de Lyon.

exerçaient presque seuls l'autorité du conseil d'état. Anne d'Urfé exhala ses sentiments d'une façon peu mesurée; malgré quelques détours, on s'aperçoit facilement où il en veut venir. Il commence[1] par déclarer qu'il n'y a plus moyen de vivre ainsi toujours en méfiance, ne pouvant compter sur les siens. « Il est besoing que ceux qui ont du zelle au party de la sainte union se declarent, et que, proposant touttes choses, nous chassions les ennemys de parmy nous, ou eux nous. » Puis il demande le bon plaisir du marquis de Saint-Sorlin pour être autorisé à réunir solennellement les états du Forez, et faire jurer de nouveau le serment de l'union. Il termine ainsi : « Vous avez dejà entandu comme Sainct-Victor a esté pris : on tient que c'est monsieur de Chevrieres qui l'a faict faire. Cella pourra esclaircir ce qu'il avoit voullu celler jusques icy, qui est une très-mauvaise voullonté, si cella est vray. Tant y a que l'on m'a asseuré que la pluspart des soldats qui sont dedans sont de Saint-Chomont. Si nous voullons flatter ceux qui nous sont plus pernissieux que des ennemys declairez, touttes choses yront de mal en pis. » Chevrières, de son côté, se plaint des dégoûts que lui fait éprouver le marquis d'Urfé, qui prétend lui contester le droit de mettre un capitaine à Saint-Victor, droit qu'il tient des « feus rois. » Voici quel était, à ce qu'il paraît, le sujet de la dispute : lorsque ce fort avait été repris sur les royalistes, le seigneur de Saint-Chamond y avait placé un nommé Grezieu, à la place duquel Anne d'Urfé, en sa qualité de bailli de Forez, installa un sieur Roere

[1] Lettre n° XXII.

qu'on disait incapable, et auquel les troupes de Chevrières l'enlevèrent.

Dans le mois de mars, le religionnaire Chambaud fit une vaine tentative pour s'emparer de Givors; Chaste paraissait vouloir entrer dans le Forez du côté de Monistrol, tandis que le maréchal d'Aumont s'avançait par le Roannais. Dans cette extrémité, Anne d'Urfé eut, comme d'habitude, recours aux échevins de Lyon : « Je vous supplie, leur dit-il[1], de m'assister, ayder et secourir de tout ce que vous pourrez et du plus grand nombre de vous gens qu'il sera possible, affin que je puisse plus aisement garder les lieux les plus importants de ce pays, ayant dejà envoyé des gens de pied dudit costé de Roannois, pour pouvoir mettre dans Saint-Haon et autres plasses proches de là.... Je vous supplie me faire ceste amitié de nous ayder des quatre petites pieces qui sont dans vostre arsenat appartenant au sieur d'Ausserre, et de permettre la sortie pour les faire conduire à Montbrison, et nous en servir à la deffense et conservation d'iceluy. C'est chose qui nous peut de beaucoup servir sans vous apporter grande incommodité. C'est le fils dudit sieur d'Ausserre[2] qui m'a donné cette pensée : je m'asseure que vous ne l'aurez que pour agreable. »

Chevrières se porta aussi du côté du Roannais; mais n'ayant pas rencontré le maréchal d'Aumont, il s'empara du château d'Arcy, qui appartenait à une dame royaliste.

---

[1] Lettres nos XXIII et XXIV.
[2] Juge de Forez, en remplacement de Papon, mort en octobre 1590.

A cette époque, Marguerite Gaste, dame de Luppé, probablement veuve de son second mari, François de Meuillon, baron de Bressieu, royaliste, fut remise en possession du château de Rochetaillée, où commandait pour la Ligue le capitaine Barjac.

Les échevins de Lyon avaient entamé de nouvelles négociations avec les Maugirons de Vienne. Mais, soit mauvaise volonté, soit difficulté réelle d'accorder les intérêts divers, on ne put arriver à rien de définitif. Toutefois on promit de part et d'autre d'observer la convention qui avait été conclue entre le roi et le duc de Mayenne pour rendre cette guerre, s'il était possible, un peu moins dévastatrice. Entre autres articles, défenses avaient été faites d'arrêter les *laboureurs* et les ecclésiastiques, et de saisir les bestiaux employés au labourage, sous prétexte de refus de contributions.

Depuis bien longtemps les Lyonnais réclamaient la présence de leur gouverneur, le duc de Nemours, qui venait de se couvrir de gloire par la défense de Paris. Ce jeune seigneur se rendit enfin à leur désir; il arriva à Lyon dans le mois d'avril; mais il y séjourna peu. A peine connut-on son retour, qu'il fut appelé de tous les points environnants pour y relever le parti de la Ligue, qui s'affaiblissait visiblement. Comme le plus grand danger lui parut être dans la Bourgogne, il s'y rendit promptement. Les Dauphinois ne furent pas plutôt avertis de son départ[1], qu'ils se jetèrent sur le Lyonnais, et pénétrèrent presque dans le faubourg de la Guillotière, malgré la compagnie du sieur d'Albigny; puis,

[1] CLERJON, *Histoire de Lyon*, t. V, p. 385.

traversant le Rhône, ils vinrent attaquer Givors, et l'emportèrent après un combat sanglant dans lequel fut pris le seigneur de Nerestang, qui y commandait pour les ligueurs. De là ils se répandirent dans le pays; mais ayant éprouvé quelques pertes dans une embuscade qui leur fut dressée, près de Dargoire, par le sieur de Saint-Martin, ils repassèrent le fleuve. Le seigneur de Bouthéon resta seulement à Givors pour faire démanteler la place.

Au milieu de ces petites luttes, de ces combats sans cesse renaissants et renouvelés sur tous les points, la population des campagnes vivait dans un état de misère qu'il est impossible de dépeindre. On s'en fera peut-être une idée en lisant la lettre que Claude de Cremeaux écrivait aux échevins de Lyon, le 26 mai.

« J'ai reçu ce soir bien tard celle qui vous a pleu m'ecrire, pour response à laquelle je vous dirai que je vous ai beaucoup d'obligation de la memoire que vous dites avoir gravée en vos cœurs de feu mon frere de la Grange, et qu'icelle vous aye jusqu'ici retenu de faire entendre à monsieur de Nemours les desordres que le fils de feu mondit frere et sa compagnie exercent sur le plat pays, tant mal norri et discipliné, comme vous dites; de quoi vous m'avez voullu avertir premier que de vous en plaindre à mondit seigneur pour le prier d'y pourvoir par une justice exemplaire. Je serois très-aise, messieurs, que vous puissiez faire en sorte avec mondit seigneur qu'il se put ensuivre la punition que vous dites, non seulement à l'endroit de mon neveu et de sa compagnie, mais d'une infinité d'autres qui ruinent et ravagent tellement ce pauvre pays, qu'ils contraignent le pauvre peuple abandonner leurs maisons et tenir les bois, où l'on les va chasser comme les bêtes sauvages. Et encore que mondit neveu se licentie à tant de maux que vous dites, ce n'est pas faute de discipline et de bonne nourriture (*éducation*), car on lui en a fait autant pratiquer qu'à gentilhomme de sa sorte; ce n'est pas aussi de mon consentement qu'il fait ce qu'il fait, car il a bien prins la compagnie sans mon sceu, de quoi je l'ai bien souvent rebroué et de ses mauvais deportements. Mais, messieurs, il faut que vous consideriez, s'il vous plaist, qu'il est venu en un temps rempli de miseres, auquel la plupart tournent au vice, et non seulement lui, qui est en bas aage, mais une infinité d'autres qui se sont debordez et du devoir et de la raison, jusqu'à se meconnoistre eux-mesmes. »

On peut juger par ce tableau de la fidélité avec laquelle étaient exécutées les *trêves des laboureurs*, que les chefs des deux partis se hâtaient de conclure après chaque crise, dans la crainte d'une famine qui aurait éteint tous les partis. Aussi voit-on à cette époque, dans les pourparlers de paix qui duraient toujours, les deux partis se reprocher mutuellement l'inexécution des conventions.

Les ligueurs lyonnais n'avaient pas seulement à songer aux affaires des trois provinces qui composaient leur gouvernement : leur soin s'étendait aussi aux provinces voisines. Entre ces dernières, le Vélay et l'Auvergne étaient plus particulièrement placés sous la tutelle des chefs forésiens, qui prenaient autant d'intérêt à leur conservation qu'à celle de leur propre pays. Au commencement du mois de juillet, les ligueurs du Puy, réduits à l'extrémité, dans leur ville, par les troupes de Chaste et de Chambaud, firent supplier Anne d'Urfé de venir à leur secours.

« Je suis estremement pressé, écrit-il le 12 juillet aux échevins de Lyon [1], d'aller secourir ceux du Puy, tant par les deputez qui sont encore ici (Montbrison) que par les lettres que m'en escripvent journellement les consuls et habitants de la ville, qui m'ont aujourd'hui mandé que l'ennemy a assiegé Saint-Vidal [2], et que la pluspart des habitants de leur ville sont sur le point de se revolter, se voyant denués de tout secours et d'ung homme de commandement, et que toutes les considerations me font resoudre de m'y acheminer, pour le desir que j'ay à leur conservation, pourvu qu'il plaise à mondit sieur de Lyon [3] et à vous de m'envoyer une compagnie de Suisses avec les deux de gens d'armes de messieurs de Rochebonne et d'Albigny. » Il insistait surtout pour l'envoi de la compagnie de Suisses. « Vous savez, messieurs, que cela est très-necessaire à la conduite du canon, et que conservant le Puy et le Velay, c'est toujours nous eslargir et rendre le traffic et commerce libre de ce cousté-là. »

---

[1] Lettres n°s XXV et XXVI.

[2] Il s'agit ici du château de ce nom situé près du Puy. Antoine de la Tour, baron de Saint-Vidal, plusieurs fois nommé dans cet essai, avait été tué, ainsi que Rochette, un de ses tenants, le 25 janvier, dans un combat singulier de quatre ligueurs contre quatre royalistes. (Voyez l'*Histoire du Vélay* du docteur Arnaud, t. I, p. 505.)

[3] L'archevêque Pierre d'Épinac, qui dirigeait le conseil d'état pendant l'absence du duc de Nemours, occupé à guerroyer dans la Bourgogne.

Ces considérations étaient des plus puissantes dans l'esprit des consuls de Lyon, qui s'empressèrent sans doute de satisfaire aux demandes du bailli de Forez. En effet, ce dernier arriva au Puy le 25 juillet, à la tête de quatre cents chevaux. Ce secours, qui causa beaucoup de joie aux ligueurs du Vélay, fut encore accru de près de mille hommes, dont une partie de cavalerie. Cependant Chambaud, tout en faisant fortifier Espaly, qui était retombé au pouvoir des royalistes, continuait à fourrager les environs du Puy.

Le 31 juillet, de l'Estrange [1] et Anne d'Urfé sortirent de la ville à la tête de leurs troupes, et investirent Espaly. La cavalerie d'Anne d'Urfé fut postée devant cette place, et les troupes à pied sur une éminence près du village de Saint-Marcel. Les royalistes avaient fait au-dessus du pont d'Estrolhas des retranchements qui les mettaient à couvert du canon; les ligueurs, armés de « rondaches d'acier, » les tournèrent par le grand chemin du Puy à Polignac, et les chargèrent si rudement qu'ils les mirent en fuite, et les poursuivirent jusqu'à la porte d'Espaly. Les ligueurs entrèrent ensuite dans l'église de Saint-Marcel, où ils trouvèrent quelques effets, tels que manteaux de velours, étoffes et bas de soie, etc. Tandis qu'ils étaient occupés à s'en saisir, Chambaud amena un renfort, dans le dessein de sauver ces objets, s'il était possible, et il s'engagea entre eux un combat très-acharné. Les ligueurs y eurent plus de quatre-vingts hommes tués ou blessés, et les royalistes, qui néanmoins

---

[1] René d'Hautefort, vicomte de l'Estrange, succéda à Saint-Vidal comme gouverneur de la ville du Puy pour la Ligue.

reprirent l'église, plus de cent. La cavalerie d'Anne d'Urfé repoussa celle de Chambaud jusque sur le sommet de la montagne de Donise; elle se replia ensuite pour soutenir l'infanterie, qui continuait d'être aux prises avec les royalistes. La cavalerie de Chambaud, s'étant renforcée du double, descendit de la montagne pour secourir son infanterie; mais elle n'osa s'approcher, l'infanterie des ligueurs ayant été jointe par leur cavalerie, qui avait mis pied à terre à cause des montagnes, et qui soutenait le choc des royalistes dans la prairie au-dessous de Saint-Marcel. Plusieurs dames du Puy se signalèrent dans cette journée par les soins qu'elles donnèrent aux blessés de leur parti [1].

Le 1ᵉʳ août, les ligueurs se disposaient à conduire leur artillerie à Saint-Marcel, pour battre l'église; mais les royalistes l'avaient évacuée, après avoir brûlé le village.

Le 6 août, les ligueurs reçurent un renfort de trois cents hommes, tant de pied que de cheval, commandé par Chazeul, parent d'Anne d'Urfé et de feu Saint-Vidal. Ces troupes furent logées chez les habitants, qui ne laissaient pas que de murmurer de toutes les charges dont ils étaient accablés.

Le 7, on commença à faire battre par le canon le château et le bourg d'Espaly, contre lesquels il fut tiré en vain plus de cent coups. Il s'éleva alors des contestations entre les chefs sur la manière dont agiraient les troupes. Le vicomte de l'Estrange prétendait commander comme étant à la tête des habitants du Puy; Anne

[1] Arnaud, *Histoire du Vélay*, t. I, p. 517.

d'Urfé, Chazeul, Champetières et autres avaient la même prétention. Pour ne pas nuire aux intérêts du parti, de l'Estrange consentit qu'ils eussent le commandement. En conséquence, ils firent conduire le canon sur une éminence près de l'église de Saint-Marcel; mais les consuls du Puy, craignant que les royalistes n'enlevassent cette artillerie, proposèrent à ces gentilshommes d'en répondre, et sur leur refus la firent ramener dans la ville.

Honoré d'Urfé, à la tête d'environ quatre-vingts chevaux, étant arrivé au Puy le 9 août, les ligueurs conduisirent de nouveau, le lendemain, l'artillerie devant Espaly, qui, après plusieurs jours de siége, fut forcé d'accepter la capitulation proposée par Anne d'Urfé. Au moment où les soldats allaient évacuer la place, quatre d'entre eux furent massacrés, au mépris du traité, par les habitants du Puy, dont l'exaspération était poussée au dernier degré contre cette garnison, qui leur avait fait tant de mal. Les troupes rentrèrent aussitôt dans le château, résolues de s'ensevelir sous ses ruines. Mais les chefs ligueurs, ayant fait retirer les habitants du Puy, parvinrent à apaiser les assiégés, qui, privés de tout moyen de subsistance, consentirent de nouveau à sortir. Ils se désaltérèrent au bord de la rivière, et furent protégés dans leur retraite par la cavalerie des ligueurs, qui les conduisit jusqu'auprès de Ceissac, place soumise au roi.

Pour achever de rétablir les affaires du Vélay, le duc de Nemours y vint aussi avec beaucoup de troupes. Au seul bruit de son arrivée, plusieurs villes furent abandonnées de leur garnison royaliste[1]. Le 27 août, il présida le conseil des ligueurs du Puy, qui se tint dans la salle du chapitre. L'assemblée était composée des dignitaires de l'église, des officiers de justice, du corps municipal et de quelques gentilshommes ligueurs, parmi lesquels se trouvaient Anne et Honoré d'Urfé. Le duc avait été placé sur une espèce de trône qu'on avait élevé à cet effet. Il déclara que tout ce qu'il ferait serait avoué par son supérieur, le duc de Mayenne. Il fut arrêté, entre autres choses, que le vicomte de l'Estrange serait gouverneur du Puy, et que les compagnies d'Anne d'Urfé et de Chazeul iraient investir Montbonnet. Quant au duc, il se mit à négocier, et réussit à attirer à son parti plusieurs personnes de la noblesse; enfin il fit avec de Chaste une trêve de trois ans, qui, il est vrai, ne dura pas trois mois.

Après avoir ainsi réglé les affaires, le duc de Nemours partit pour l'Auvergne, le 15 septembre, à la tête des troupes ligueuses qui se trouvaient alors dans le Vélay, au nombre d'environ dix mille hommes, dont deux cents de cavalerie. Sa valeur et sa réputation eurent bientôt remis la Ligue en état dans cette province.

Pendant ce temps, le Forez était presque abandonné à la discrétion des royalistes, car Chevrières, qui sans doute n'avait pas entièrement pardonné aux Lyonnais[2] l'injure qu'ils lui avaient faite, restait inactif dans son

[1] Lettre du duc de Nemours, du 23 août.
[2] Le 17 novembre, il écrit assez sèchement aux échevins de Lyon pour leur demander un laissez-passer pour Jean Voiron, armurier de Saint-Étienne, qui était chargé de lui faire des armes et était allé acheter du fer dans leur ville.

château de Saint-Chamond, et les d'Urfé prenaient part aux succès du duc de Nemours. Heureusement pour le pays, le maréchal d'Aumont, à la veille d'entrer dans le Lyonnais avec Tavannes, se sépara de celui-ci pour venir au secours de l'Auvergne; et les garnisons de Thoissey, Charlieu, etc., déjà consternées, reprirent courage.

En apprenant la venue du maréchal d'Aumont dans l'Auvergne, le gouverneur de Lyon crut devoir rassembler de nouvelles forces, pour porter un coup décisif au parti royaliste. Dans ce but, Anne d'Urfé fut envoyé dans le Forez. Le 2 décembre, il écrivait de Montbrison aux échevins de Lyon[1] de lui envoyer de suite quatre milliers de poudre, nécessaires pour les opérations du duc de Nemours. « Vous ne sauriez en meilleure occasion, leur dit-il, faire paroistre la bonne voullonté que vous luy portez; mais surtout la dilligence est requise, car j'ay doupte que ceux de Sainct-Poursain soyent pressez. Touttefois le marechal d'Aumont n'avoit point encores faict venir de pieces, qui me faict juger de deux choses l'une, ou qu'il pretand l'avoir par famine, chose qui sera fort malaisée, car elle estoit fort bien pourveue de vivres à se que m'a dict monsieur de Neuvy, ou bien qu'il ne la veult point opiniastrer. Mais il faut prandre touttes choses au pis, et croire qu'il le faira, et pour cest effaict ce disposer à luy faire lever le siege, à quoy mondit seigneur de Nemours est tout resollu, m'ayant renvoyé, et tous les messieurs d'Auvergne qui l'avoyent accompagné, pour faire nouvelles levées, et les luy

[1] Lettres n°s XXVIII et XXIX.

ramener en dilligence, car il doict aujourd'huy estre de retour à Aigueperse. Et vous asseure que toute ceste noblesse estoit estrememant bien disposée à l'assister. Tellemant que je tiens pour certain qu'il ne tire pas moins de sept à huict cens chevaux d'Auvergne, sans le secours que luy amene monseigneur de Pompadour; et quant à moy, je partiray jeudi sans faillir pour l'aller treuver, car j'estime bien que nous donnerons une bataille, si le mareschal d'Aumont opiniastre Sainct-Poursaint. »

Après avoir rempli sa mission, Anne d'Urfé rejoignit le duc de Nemours, et se trouva probablement au combat dans lequel le maréchal d'Aumont fut battu, près de la ville qu'il était venu assiéger.

Il est inutile de suivre le gouverneur de Lyon sur les différents champs de bataille où il signala sa valeur dans l'Auvergne. Pour clore cette année par un fait plus local, je donnerai ici un fragment de la commission qui fut envoyée en son nom à l'élection du Forez, le 15 décembre 1591, pour l'imposition de la taille : « Les princes, seigneurs, gentilshommes, villes et communautez, lit-on dans cette pièce, ont assez faict demonstration jusques à maintenant que leurs volontez n'ont esté meues d'autre passion que du zele de l'honneur de Dieu, conservation de son eglise, et pour arracher de ce royaume ceste mauvaise plante d'hæresie, laquelle y a faict naistre tant de dommageables rejetons d'impieté..... En quoi nous appelons Dieu à tesmoing de quelle volonté nous nous employons continuellement, avec l'assistance d'un bon nombre de gents de bien, qui, comme nous, n'ont espargné et n'espargnent chascun jour tous leurs moyens et leurs propres vies pour parvenir à un assuré repos, ce qui ne peut estre effectué à present, à l'occasion de l'obstinée malice de ceux qui se sont separez de la cause de la religion, qui essayent tous les jours d'agrandir l'hæresie soubz pretexte qu'ils sont apellez pour empescher, comme ils dient, que l'estranger n'empiete cest estat. »

Grâce aux travaux du duc de Nemours, l'année 1592 s'ouvrit, pour les ligueurs, sous les plus favorables auspices. Les royalistes, battus sur tous les points, ou trop faibles pour oser se mesurer avec ce jeune prince, dont la réputation de bravoure avait suffi pour mettre en fuite plusieurs de leurs corps de troupes, semblaient n'avoir plus d'espérance : ce fut peut-être ce qui perdit celui-ci. Se voyant maître absolu dans le pays, il forma le projet de s'en assurer la possession dans le cas où le choix qu'on devait faire d'un *roi catholique* ne tomberait pas sur lui; car il ambitionnait aussi la couronne de France, comme ses frères aînés les princes de la maison de Lorraine. On va voir bientôt de quelle manière il crut devoir procéder.

Tous les documents de cette époque s'accordent à représenter le Forez comme parfaitement calme et ses habitants se livrant même à quelques spéculations commerciales. « Les especes d'or et d'argent estoient au plus haut prix qu'elles aient esté depuis, et le commun prix de l'escu estoit de 4 livres 5 sols piece; le teston, de 20 et 22 sols; le double ducas, de 12 livres; les francs d'argent, de 25 sols; aussi pour lors les nelles avoient cours, et se passoient fort librement, de quelques coins qu'elles fussent, sans distinction, à 2 sols 6 deniers piece. A cause du surhaussement des monnoyes et parce que le pays estoit calme et les garnisons dans la retenue, les marchands avoient toute liberté d'acheter, vendre, voyager en seureté, et les denrées estoient à fort haut prix. »

Quant à la *retenue* des garnisons, il faut l'entendre seulement de la conduite des troupes à l'égard de leurs partisans, car vis-à-vis des royalistes on peut croire qu'elle resta toujours celle d'une soldatesque fière de sa victoire. Nous en avons, au reste, un exemple assez frappant. Le 15 juin, Pierre du Rosier, conseiller du roi et élu de Forez, fut tué d'un coup de *poictrinal* par un des soldats de la garnison de Feurs, dans le faubourg de Lyon, et ses propriétés furent ensuite livrées au pillage, « en haine du parti royal qu'il tenoit, laquelle passa si avant qu'on brusla tous les meubles que les soldats ne purent emporter, mesme jusques aux papiers et enseignements de la maison, et aux livres du cabinet. » Cet assassinat fut commis sur le *soupçon* que Pierre partageait les opinions de son frère, Jacques du Rosier, châtelain de Cleppé, qui s'était retiré à Néronde « pour ne rien faire contre son devoir [1]. »

Dans le courant du mois d'avril, les ligueurs du gouvernement, libres de tout autre soin pour le moment, s'occupèrent de la nomination des députés qui devaient procéder à l'élection d'un roi de France aux états généraux convoqués à Reims par le duc de Mayenne.

---

[1] Extrait d'un acte curieux en la possession de M. du Rosier, député de la Loire.

Le consulat lyonnais nomma deux de ses membres pour le représenter à cette assemblée, Platet de Vaux et Guillaume Gelas, auxquels on adjoignit, en qualité d'assesseurs, Charles de Pogge, substitut du procureur général, et Benoît du Troncy, secrétaire de la ville.

Pendant que chacun était occupé de cette affaire importante, le gouverneur de Lyon, pour agrandir s'il était possible son apanage, songea à s'emparer de la ville de Vienne, qui était le point le plus avancé que possédassent les royalistes du côté du Lyonnais. Ne jugeant pas pouvoir réussir par la force, il usa de ruse et de séduction. A son instigation, les consuls de Lyon prolongèrent la trêve qu'on avait faite précédemment avec le Viennois, et à la suite de laquelle la plus grande partie des troupes royalistes s'étaient retirées dans la Provence; puis, sous prétexte que cette convention nouvelle n'avait pas été ratifiée par Lesdiguières et le seigneur de Bouthéon, le duc de Nemours s'avança vers la ville qu'il convoitait, et dont les portes lui furent ouvertes, le 9 juillet, par le seigneur de Maugiron [1], qui avait été au préalable, dit-on, largement payé de sa défection. Le duc de Nemours se maintint dans ce poste, malgré les clameurs qu'excita cette trahison. Il fit même quelques efforts pour soumettre le Dauphiné; mais ayant éprouvé de la résistance, il renonça à ce projet, et revint en Auvergne, où il établit comme

[1] Il avait, dit-on, demandé au roi la lieutenance du Dauphiné, dont était pourvu d'Ornano; n'ayant pu l'obtenir, il se jeta dans le parti du duc de Nemours, et, comme gage de sa défection, lui livra la ville de Vienne.

son lieutenant d'Andelot (fils de l'amiral de Coligny), royaliste qu'il avait fait prisonnier au siége de Paris, et qui depuis s'était attaché à sa brillante fortune.

La tenue des états n'ayant pu avoir lieu à Reims au temps fixé, le duc de Mayenne avait de nouveau convoqué cette assemblée à Soissons pour le mois d'octobre. Le consul de Vaux étant mort depuis les élections d'avril, on lui donna pour successeur le sieur de Villars, qui, avec Gelas, consentit à entreprendre le voyage comme un grand sacrifice fait à la chose publique. En effet, dans des circonstances aussi difficiles, une démarche pareille demandait un certain courage. Les échevins de Villefranche, invités à nommer des députés pour leur province, répondirent qu'ils s'en référaient à ceux de Lyon pour représenter le gouvernement. Voici en définitive de quelle manière fut composée la députation des trois provinces aux états, qui, après plusieurs délais successifs, s'ouvrirent enfin à Paris l'année suivante :

Lyonnais..	Clergé.......	Pierre d'Épinac, archevêque de Lyon. Marc de Saconins, chanoine-comte.
	Tiers état....	De Villars, avocat au siége présidial. Guillaume Gelas, bourgeois et échevin.
Forez.....	Clergé.......	Pierre d'Épinac, archevêque de Lyon.
	Noblesse.....	Anne d'Urfé, marquis de Bagé.
Beaujolais.	Clergé.......	Pierre d'Épinac, archevêque de Lyon.
	Tiers état....	Le Brun, avocat au bailliage de Beaujolais.

Comme on voit, cette députation était fort incomplète[1] : il n'y avait pour les trois provinces qu'un député

---

[1] Clerjon dit que la noblesse du Lyonnais nomma pour la représenter le seigneur de Rochebonne, qui fut élu aussi par celle du Beaujolais;

de la noblesse, Anne d'Urfé, nommé par le Forez; mais c'était déjà beaucoup que d'avoir pu réussir à envoyer six députés, dont un, l'archevêque de Lyon, natif du Forez, réunissait les trois voix du clergé. Le résultat des élections ne fut pas partout aussi avantageux.

L'assemblée des états de Paris, dit Clerjon, était appelée à une œuvre si grande et si majestueuse, que ses travaux devaient imposer silence au bruit des armes... Le roi que cette représentation du pays, toute fausse qu'elle était, allait désigner à la France, non-seulement devait rassembler les forces du parti ligueur, mais encore devait exercer sur les catholiques de l'autre parti toute l'influence d'une autorité conférée ou reconnue par la majorité du royaume. Parmi les ambitions soulevées par le grand prix que les députés de la Ligue allaient décerner, celle du duc de Nemours n'avait pas le moins de titres [1]; mais, avant de les présenter aux états, il voulut tenter de leur donner le patronage du duc de Mayenne. Il lui députa le baron de Thenissey, avec des instructions qui ne sont pas restées secrètes pour l'histoire. Le négociateur était chargé de représenter le duc de Nemours précisément par les côtés qui l'auraient rendu peu digne du trône, mais qui pou-

---

mais on ne le voit pas figurer dans les listes dont il est parlé page 316. Il manquerait toujours un député du tiers état pour le Forez.

[1] Ce seigneur avait beaucoup de ces qualités éclatantes qui avaient acquis au duc de Guise, son frère utérin, l'affection du peuple : c'était un soldat habile et courageux, un gentilhomme plein de grâce et de générosité; il était jeune et d'un extérieur prévenant : peut-être ne lui manqua-t-il que d'être l'aîné de sa famille. Il ne pouvait se dissimuler que les prétentions de Mayenne étaient mieux fondées que les siennes

vaient flatter le duc de Mayenne par l'appât d'un pouvoir partagé. « C'est un jeune prince, devait-il dire, qui n'a le cœur qu'aux armes et à la guerre, ne voulant parler d'affaires que quand la necessité l'y contraint, et les laissera toutes à ceux qui seront auprès de lui.... Et pourvu qu'on lui donne moyen pour entretenir la campagne et gratifier ses soldats, il ne demandera rien tant que tout le maniement de l'estat demeure à monsieur de Mayenne, qui fera sa condition meilleure avec lui qu'il ne la pourroit faire avec tout autre. » Le duc de Mayenne, on le peut croire, prêta une oreille peu favorable à cette proposition, soit qu'il se défiât de la prétendue indifférence du duc de Nemours pour les affaires, soit, ce qui est plus probable, qu'il aimât mieux tenter d'obtenir le pouvoir pour lui-même que de l'exercer sous le nom d'un autre.

Quoi qu'il en soit, le duc de Nemours, qui ne se faisait pas entièrement illusion sur le résultat de sa négociation, résolut de prendre toutes les mesures nécessaires pour s'assurer, en tout état de cause, la possession de son gouvernement. Il n'avait plus un instant à perdre. Pour l'accomplissement de ses desseins, il ne lui suffisait pas d'avoir expulsé les royalistes des trois provinces, il fallait encore qu'il fût maître de toutes les places qui étaient en état de pouvoir lui résister dans le cas où l'élection qui allait avoir lieu ne lui serait pas favorable. Plus une ville était forte et dévouée à la Ligue, plus elle devait lui inspirer de méfiance, et moins cependant il avait de prétexte pour y placer garnison. En effet, il ne pouvait le faire sans dévoiler ses projets, et il n'ignorait pas qu'il serait abandonné du plus grand nombre dès qu'on saurait qu'il se séparait de la Ligue générale, tant était vif déjà le sentiment de l'unité nationale.

Parmi les villes qui se trouvaient dans cette situation vis-à-vis du duc de Nemours, la plus importante peut-être était Montbrison, la capitale et la plus forte ville du Forez. Déjà plusieurs fois elle avait refusé les secours de troupes que lui avait offerts le gouverneur de Lyon : non pas peut-être qu'elle se méfiât déjà de lui ; mais parce que quel que soit le parti que les villes suivissent dans ce temps, toutes tenaient à se garder elles-mêmes, d'abord par amour de la liberté, et ensuite parce qu'il n'y avait pas alors à proprement parler d'armée amie : toutes vivaient de rapines et de contributions.

Voyant qu'il ne pouvait atteindre son but par ce moyen détourné, le duc de Nemours se décida à s'emparer de Montbrison par la force, de manière cependant à faire le moins d'éclat possible. Afin de pouvoir réunir, sans jeter l'alarme, des forces suffisantes pour mettre son projet à exécution, il entreprit le siége d'Ambert. Au bout de dix jours, cette ville fut forcée de se rendre : « La bresche estant faicte et *ses* gens prests à donner, » il reçut l'ennemi à composition [1]. Puis, lorsqu'on s'y attendait le moins, il marcha rapidement sur Montbrison, où ses troupes entrèrent par surprise, le 2 décembre, et d'où elles expulsèrent Anne d'Urfé, sous le patronage duquel cette ville était placée.

Voici ce que le duc de Nemours écrivait, le 5, aux échevins de Lyon, pour expliquer cette démarche

[1] Lettre du duc de Nemours aux échevins de Lyon, du 19 novembre.

audacieuse : « Suivant le conseil que dernierement vous me donnastes de m'asseurer de quelque place dans ce gouvernement, j'ai jugé et connu qu'il n'y en a aucune par le moyen de laquelle on puisse mieux retenir un chacun en devoir et obeissance à ce parti que cette ville, sur laquelle vous seriez estonnés des avis que j'ai eus des desseins qu'on y faisoit. Pour ces raisons, je m'en suis saisi. Mesmement que si je ne l'eusse fait, j'ai esté asseuré qu'elle estoit perdue aussitost que je m'en fusse eslongné. Je donnerai ordre avant que partir de fortifier le chasteau, et tous les habitants l'ont agreable, mesmes les principaux, d'autant qu'ils connoissent que c'est leur seureté. Je vous supplie me faire venir promptement les chevaux d'artillerie que j'ai renvoyés dans vostre ville, afin que je fasse mettre ici deux canons de ceux que j'avois à Ambert. »

Les choses ne se passèrent pas aussi amiablement que le duc de Nemours le dit dans sa lettre, puisqu'il fut obligé de faire arrêter plusieurs habitants de Montbrison [1]. Au reste, voici dans quels termes Jean Perrin raconte cet événement :

« Le duc de Nemours s'estant emparé par trahison du chasteau de Montbrison, si tost qu'il s'y fust barricadé les principaux de la ville s'assamblerent au logis

---

[1] « Il fit prisonnier le seigneur de Vigenes, qui venoit pour les affaires de la reine douairiere, comtesse de Forez. » (Du Verdier, *Prosopographie*.)

« Montbrison fust plein de garnison et gents de guerre, qui, s'estants rendus maistres de la ville par trahison, en tenoient les portes serrées, et n'estoit le seigneur d'Urfé de leur party. Le sieur de Meziere s'en disoit gouverneur, et fust par luy emprisonné maistre Jean Berthaud, lors eschevin de Montbrison. » (*Chroniqueur anonyme.*)

de maistre Louys Berthaud[1], où j'estois avec monsieur d'Ausserre, Ganieu, advocat du roy, Papon, procureur du roy, et aultres. Monsieur d'Ausserre et moy fusmes deputez de la ville pour parler au duc de Nemours et sçavoir à quelle raison il s'estoit saisy de nostre chasteau, et quel ombrage il avoit de nous. Il faict response que plustost ce chasteau lui tombast sus, si jamais aucun soupçon lui estoit entré en l'ame, et que tout ce qu'il en faisoit estoit pour nostre conservation. Chascun sçavoit bien qu'il vouloit establir sa tyrannie, et se rendre comme souverain en ce pays, ainsi qu'au reste de la province; mais ne sçachant quel ordre y mettre, parce que Lyon lui laissoit faire, on luy laissa aussy faire ce qu'il voulut. Il mit dans le chasteau une grosse piece de canon, deux grosses couleuvrines et trois compagnies de gents de pied, soubz la charge d'un nommé Mezieres, Manseau[2], qui commandoit à touts les capitaines, l'un desquels s'apelloit Lafau, l'aultre Lanoue. Ils demandent estant là-hault les usensiles[3] : il fallut les bailler, et ils cousterent à la ville plus de mil escus et furent payez l'espace de huict mois. » Il faut joindre à cela que le duc de Nemours fit élever une forteresse[4] sur le haut de

[1] Je pense que ce Berthaud est celui dont il est fait mention dans la note précédente; il y a peut-être seulement erreur de prénom. C'est sans doute pour avoir reçu chez lui l'assemblée dont parle Jean Perrin qu'il fut mis en prison.

[2] Ce mot signifie sans doute : *natif du Mans*.

[3] Ce mot est employé pour *ustensiles*, et sert à désigner « tout ce que les bourgeois étaient tenus de fournir aux soldats. »

[4] ANNE D'URFÉ, *Description du païs de Forez*, à l'article de Montbrison. On voit encore sur le haut du Calvaire (c'est le nom que porte cette butte) un pan de mur en belles pierres de taille qui a fait sans doute

la butte qui domine la ville, afin de la contenir plus facilement.

Le marquis de Saint-Sorlin, qui se trouvait à Vienne lorsque son frère s'empara de Montbrison, vint l'y rejoindre dans les premiers jours de décembre, et ils y restèrent ensemble jusqu'au commencement de l'année suivante. Pendant leur séjour dans cette ville, le consulat lyonnais envoya au duc de Nemours, par politesse, quelques provisions de table, en forme de présent de félicitation : « Vous avez très-bien recognu le peu de moyen qu'il y a de treuver du bon vin en ce lieu, leur écrivait celui-ci [1]; je vous remercie bien fort de celui que m'avez envoyé : j'en boirai à vos bonnes graces. » Et comme ces messieurs lui avaient manifesté quelque appréhension pour leur ville, qui se trouvait alors dégarnie de troupes, il ajoutait : « Je suis bien fasché [2] de l'incommodité que l'absence si longue de vos Suisses [3] vous a rapporté; mais sans ce remede Vienne se perdoit, qui me fait promettre qu'avec plus de patience vous l'aurez toleré. J'ai mandé au sieur de Javersi qu'il vous en envoye deux compagnies; vous treuverez bon que les deux aultres demeurent jusqu'à ce que j'aye eu ce bien de vous voir, qui sera mardi sans faulte, et

---

partie de cette forteresse, et non pas de la tour célèbre d'où le baron des Adrets fit précipiter ses prisonniers, comme je l'ai dit par erreur (tome II, page 131 de l'*Histoire du Forez*), avant d'avoir eu connaissance du curieux manuscrit d'Anne d'Urfé.

[1] Lettre du duc de Nemours, datée de Montbrison le 10 décembre.

[2] *Idem*, 3 janvier.

[3] La ville de Lyon qui, entre autres priviléges, était exempte de toute garnison, avait à sa solde des troupes suisses, outre la garde des penons.

dans ce temps-là j'espere de sçavoir le nom de ceux qui ont basti cette entreprise. »

Anne d'Urfé, chassé[1] de Montbrison, se retira dans son château d'Urfé, qu'il fit fortifier; puis il se rendit à Paris, en sa qualité de député de la noblesse, et assista, rangé parmi les principaux ligueurs, aux états qui s'ouvrirent le 26 janvier. « L'autheur qui a descrit cette Assemblée dit qu'elle se tenoit dans la chambre royale du Louvre, en laquelle monsieur de Mayenne estoit sous un dais de drap d'or, et à ses costés, dans des chaires de velours cramoisy avec passements d'or, estoient le cardinal de Pelvé, les ducs de Guyse, d'Aumale, d'Elbeuf, les ambassadeurs des ducs de Lorraine et de Mercœur, les sieurs de la Chastre, de Rosne, de Villars, de Belin, d'Urfé, et autres seigneurs[2]. »

Dans l'attente de ce qu'allait décider l'assemblée des états généraux délibérant à Paris, les partis qui divisaient la France parurent pendant les premiers mois de 1593 avoir fait trêve à leurs querelles; et dans

---

[1] CAYET, *Chronologie novenaire* (1593), t. II, fol. 429 v°.

[2] *Ibid.* fol. 173. — J'ai parlé déjà, mais d'une manière dubitative, du voyage d'Anne d'Urfé à Paris comme député de la Ligue. Enfin j'ai acquis la certitude de ce fait, dont la recherche m'occupait depuis longtemps, et que je n'osais affirmer, malgré les plus grands indices. Une première découverte, faite aux Archives du royaume, m'avait fourni une liste des députés qui assistèrent aux états de 1593; mais le nom d'Anne d'Urfé y est étrangement altéré : on y lit seulement *marquis de Maugis*. J'en ai récemment trouvé une autre à la Bibliothèque royale, qui porte tout au long : «Anne d'Urfé, marquis de Baugey.» (*Du Puy,* 243; *Lelong,* 19439.) Ainsi les trois dernières lignes de la note 3 de la page 64 deviennent inutiles, et la note de la page 101 devient affirmative, de dubitative qu'elle est.

le Forez, en particulier, il ne se passa rien de bien remarquable. On lit dans un document authentique de cette époque [1], qu'au « retour du siege d'Ambert et prise du chasteau de Montbrison par le duc de Nemours, le capitaine Normand rentra en garnison dans la ville de Feurs, avec sa compagnie de gens de pied, et tost après fut suivi par celle du sieur de Loras et la compagnie de gens d'armes du sieur de Maugiron, conduite par le sieur de Fossin, marechal de logis, lesquels tous y sejournerent jusques environ le mois de juillet, vivant à discretion tant dans la ville que dans les faubourgs; et la plus part s'estoient logés dans le chasteau du Rosier, parce que c'est un lieu grandement spatieux et commode, et d'ailleurs qui estoit rempli de force foin, paille et gerbes; en sorte que les soldats y alloient incessamment faire leur provision, et en revenoient chargés... Les soldats de la garnison menoient leurs chevaux ou bestiaux qu'ils tenoient librement aux prairies du Rosier, mesme lorsque l'herbe *mazanche* y estoit; s'y faisoient emporter à leurs serviteurs ce qu'ils vouloient....... Les fruits des terres voisines de ladite ville ont esté grandement endommagés par le passage des chevaux ou gens de guerre, qui passoient, alloient et venoient indifferemment partout. » Le même document nous apprend encore qu'après la récolte de l'année

---

[1] C'est un fragment de la déposition de messire André Fresne, prêtre, vicaire de l'église de Feurs, faite le 20 septembre 1594, à l'occasion d'une enquête demandée par les fermiers des biens de la famille du Rosier, qui prétendaient être déchargés d'une partie du prix de leur bail, en raison des pertes qu'ils avaient essuyées depuis deux ans. (Cette pièce curieuse est en la possession de M. du Rosier, député de la Loire.)

1593, « les grains furent reduits à si bas prix, qu'il ne se trouvoit que dix sols du froment, cinq et six sols du seigle, et trois sols de l'orge. »

Les états généraux étaient assemblés depuis six mois, et, malgré leur bonne volonté, n'avaient encore pu régler la grande affaire pour laquelle ils avaient été convoqués. Tandis que les prétentions rivales des chefs de la Ligue ruinaient ce parti, celui du roi faisait chaque jour de nouveaux progrès dans l'esprit public, fatigué de cette interminable guerre civile. Déjà le conseil des ligueurs, acculé par la proposition qu'avait faite Henri IV d'abjurer le protestantisme, s'était vu forcé de consentir à conférer, avec les députés du *roi de Navarre*, sur la question religieuse. Il serait hors de propos de parler ici de la célèbre conférence de Suresne. On sait quel rôle important y joua le Forésien Pierre d'Épinac, dont le talent oratoire fut admiré des deux partis. Le cadre de ce travail ne comporte pas non plus de développements sur les délibérations des états[1] : il convient seulement de dire qu'Anne d'Urfé fut un peu désabusé de ses illusions en voyant de près l'impuissance de la Ligue. Ce seigneur revint dans le Forez au mois de juillet. A cette époque le besoin de calme se faisait sentir partout. Anne d'Urfé resta quelque temps indécis sur le parti qu'il prendrait, n'agissant plus pour la Ligue, et n'osant se déclarer ouvertement pour le roi. Cependant Henri IV n'avait pas perdu un instant pour l'attirer à lui; espérant beaucoup de la disgrâce qu'il avait essuyée de la part

---

[1] Il n'est pas nécessaire de rappeler que cette assemblée est celle qu'a parodiée si cruellement l'auteur de la *Satire Ménippée*.

du duc de Nemours, et dont il gardait toujours rancune[1], le roi lui avait envoyé, le 27 janvier 1593, des lettres dans lesquelles il le nommait son lieutenant général en Forez. Peut-être eut-il encore occasion de le faire sonder à Paris. Quoi qu'il en soit, Anne ne tarda pas à embrasser le seul parti qui restât à son ambition, dans la position élevée où il se trouvait.

Après la prise d'armes de 1589, dit Clerjon[2], on avait vu le duc de Nemours courtiser en quelque sorte la vanité consulaire. Pendant son absence, le marquis de Saint-Sorlin, son frère, avait laissé aux échevins la direction politique des affaires; de retour de Paris, ses services avaient paru tellement précieux, qu'on lui avait sans peine abandonné tout le pouvoir, et qu'il était plutôt roi[3] que gouverneur. D'énormes subventions avaient été payées sans murmures par la ville de Lyon épuisée, et le duc de Nemours s'en était servi pour renforcer ses compagnies de guerre et surprendre les places les plus fortes, qui formaient comme une enceinte de citadelles autour de cette ville : Thoissey, Belleville, Thizy, Charlieu, Montbrison, Saint-Bonnet

---

[1] Plusieurs années après la mort du duc de Nemours, Anne écrivait dans son *Himne de la vie champestre*, en parlant de lui :

> Un prince t'a dessu que d'un amour estresme
> Tu aymois presque aultant que tu t'aymes toy-mesme,
> Dont il c'est mal treuvé, n'ayant plus prosperé,
> Se peu qu'il a vivant au monde demeuré.

[2] *Histoire de Lyon*, t. V, p. 410.

[3] Une requête adressée par le consulat au duc de Nemours, au sujet des franchises des foires, lui donne cette qualification : «Tenant aujourd'hui à Lyon le nom et l'autorité du souverain.» (*Histoire de Lyon*, t. V, p. 394.)

le Château, Vienne, étaient ses principales forteresses. Il avait même introduit une de ses garnisons dans le château de Pierre-Scise, sous prétexte de garder d'Andelot, qui, lui étant devenu suspect, y avait été enfermé. Tant que la sûreté commune fut liée aux intérêts du duc, on ne trouva rien à reprendre à ses actions; elles paraissaient au contraire très-naturelles; mais lorsque la Ligue fut à peu près maîtresse de toute la province, chacun commença à ouvrir les yeux, et on se demanda ce que pouvaient présager des mesures qui montraient au moins bien peu de confiance. Du doute à la certitude, il n'y a qu'un pas : il fut franchi. Les Lyonnais d'ailleurs avaient déjà reçu avis de ces projets ambitieux de la part du duc de Mayenne ou de ses partisans, qui, à en juger sans doute par leurs propres sentiments, eurent bientôt deviné le but où tendaient les démarches du jeune gouverneur de Lyon. On murmura d'abord; puis on entra en défiance. Les clefs des portes de la ville furent remises aux citoyens, et les penons eurent ordre de se tenir prêts à marcher. Bientôt les hostilités furent plus ouvertes. Le 14 juin, un minime, en pleine chaire, osa, en face du peuple, déclarer que le duc de Nemours se disposait à se saisir de la ville. Le prédicateur fut aussitôt appelé dans le consulat, où il réitéra avec serment sa déclaration, en présence d'une foule de citoyens qui l'avaient accompagné, « requérant les échevins comme pères de la patrie de pourvoir à la sûreté commune. »

On arrête que le lendemain, au point du jour, on se réunira pour aller trouver Son Excellence, et que là,

« en lui remontrant le respect, l'honneur, et l'obeissance qu'on n'avoit cessé de lui porter, on le suppliera de prendre de bonne part, vu la malice des temps, pleins de defiance et d'ombrage, que, *pour la conservation de sa personne et de la ville,* les gardes soient doublées, et qu'on fasse des rondes et patrouilles dans les rues comme au temps d'alarmes; qu'on le suppliera pareillement de ne plus sortir desormais de la ville pour y rentrer pendant la nuit, afin que les portes restent fermées aux heures accoutumées; de commander que ceux qui ne sont ses domestiques ordinaires aient à vider; enfin que les capitaines et officiers aient à se retirer vers leurs troupes, pour empescher les ravages qu'elles font aux champs[1]. »

Vers le 20 juillet, Benoît du Troncy, secrétaire de la commune, communiqua aux échevins assemblés un avis qu'il avait reçu de la Bourgogne, où le baron de Thenissey venait d'organiser plusieurs régiments avec lesquels il se proposait de marcher sur Lyon, et de s'en emparer sous le commandement du duc de Nemours. Ce dernier, ayant eu connaissance de cette nouvelle révélation, fit saisir et amener du Troncy en sa présence, et, furieux, lui ordonna, en lui portant par trois fois le poignard sur la gorge, de déclarer qui était l'auteur de cet avis. N'en ayant pu obtenir une réponse satisfaisante, il le fit conduire en prison, pour qu'il fût jugé « comme inventeur de faussetés, et seditieux. » Mais les échevins, prenant cet attentat comme affaire de

---

[1] Voyez la lettre d'Anne d'Urfé aux échevins de Lyon, datée du château d'Urfé le 26 juillet (n° XXXI).

corps, ordonnèrent l'élargissement de leur secrétaire, et déclarèrent qu'il était mis « sous la sauve-garde de la ville. »

En apprenant cette dissidence, le duc de Mayenne se hâta d'envoyer à Lyon l'archevêque de cette ville, pour veiller aux intérêts du parti de la Ligue. D'Épinac, s'étant arrêté dans sa maison de Neuville, y reçut la visite des principaux citoyens de Lyon, qui lui firent la peinture la plus déplorable de la situation de leur ville. On reprochait au duc de Nemours d'avoir foulé aux pieds l'autorité du consulat; d'avoir levé des contributions arbitraires; d'avoir donné par droit d'aubaine des successions d'habitants de Lyon suspects.

L'archevêque, ayant fait ensuite son entrée dans Lyon, y fit publier la trêve générale signée le 30 juillet entre le parti de la Ligue et celui du roi de Navarre, qui venait d'abjurer solennellement « l'hérésie » dans l'église de Saint-Denis. Cette trêve, qui avait été conclue pour donner le temps d'avoir l'avis du pape sur cette détermination de Henri IV, ôtait au duc de Nemours tout motif pour retenir ses troupes; mais, sous différents prétextes, il les garda en armes, et même en fit venir d'autres. Enfin, forcé dans ses derniers arguments, il promit de les licencier, pourvu que la ville lui donnât de l'argent pour payer leur solde.

Le 18 septembre, le consulat était assemblé dans la maison de Claude de Rubys pour délibérer sur une dernière demande de 8000 écus que le duc de Nemours avait faite pour cet objet. Pendant les explications, on fit courir le bruit que le sieur de Disimieu, l'un de ses capitaines, venant du Dauphiné, avec bon nombre de gens cuirassés, avait attaqué la porte du pont du Rhône. L'assemblée se sépara sur-le-champ, et le peuple, effrayé, courut aux armes. Mais le calme revint bientôt, parce qu'on sut que c'était une fausse alarme. Le duc de Nemours lui-même, étant sorti de son logis [1], se rendit au corps de garde du Change, et, passant librement jusqu'à la rue de la Juiverie, ordonna de renverser la barricade qu'on y élevait; « ce qui fut fait, portent les registres consulaires, chacun lui portant l'honneur et obéissance accoutumés. » Cependant il fut ramené dans son palais par un corps de la milice municipale, et depuis lors gardé à vue.

Le lendemain, qui était un dimanche, le duc de Nemours se rendit à l'église Saint-Jean pour y entendre la messe. Il s'était fait suivre de quelques-uns de ses gardes, afin de conserver les marques de sa dignité; mais le peuple éclata en murmures, et, à l'issue du service divin, accompagna de ses cris le prince, qui fut forcé de se renfermer dans son palais. On confina en même temps dans leurs maisons les citoyens qui passaient pour être attachés à son parti, et entre autres Claude de Rubys, qui dès lors n'exerça plus les fonctions d'échevin. Pendant ce temps, les soldats rôdaient autour de la ville, faisant mine de vouloir entrer de vive force; mais ils n'osèrent commencer l'attaque; en sorte que la jactance soldatesque ne produisait d'autre effet que d'irriter encore davantage les esprits en rendant manifestes les desseins qu'on ne faisait que soupçonner. Ce même

---
[1] Place et hôtel du Gouvernement.

jour, 19 septembre, il y eut une grande assemblée à l'hôtel-de-ville; « tous les comparants protesterent solennellement qu'ils ne se vouloient departir du serment que la ville avoit fait à la sainte union, ni de l'obeissance qu'ils devoient à l'estat royal et couronne de France, dont monsieur de Mayenne estoit le protecteur et le lieutenant general, et pour s'y conserver resolurent unanimement de se jeter entre les mains de monsieur le reverendissime archevesque de Lyon. » On supplia en même temps Pierre d'Épinac, devenu tout d'un coup le gouverneur général du Lyonnais, d'assister les échevins dans la remontrance qu'ils devaient faire dans la journée au duc de Nemours, pour obtenir le renvoi immédiat des troupes. « Jusqu'à ce qu'il soit effectué, portait la délibération, les portes et chaînes de la ville ne seront ouvertes. » La réponse du duc n'ayant pas été satisfaisante, il y eut nouvelle assemblée des échevins, le soir même, chez l'archevêque. Le consulat ordonna l'arrestation de plusieurs des partisans du duc, et on créa une commission permanente pour veiller au salut public.

Le lundi 20, on décréta la destitution du capitaine Donat, dévoué au duc, qui commandait Pierre-Scise, la Bastille lyonnaise. Il n'aurait peut-être pas été facile de mettre à exécution cette décision, si Beauregard, que le duc avait placé dans cette forteresse en apparence comme prisonnier, et en réalité comme son agent, n'avait trahi son maître. Ayant brisé les fers de d'Andelot, tous deux parvinrent à introduire des Suisses dans ce château, et désarmèrent Donat et sa troupe.

Dès ce moment, les échevins cessèrent de ménager le duc de Nemours[1]. On enjoignit à tous les gentilshommes qui étaient encore auprès de lui de se retirer chacun en son logis en déposant les armes, et on pria « Son Excellence de vouloir bien ne pas sortir de son palais, pour sa propre seureté contre la rigueur du peuple. » Soit que le duc ait permis la retraite des troupes, soit que les consuls aient cru pouvoir user de son autorité, il fut député un capitaine avec le procureur syndic du plat pays aux compagnies qui étaient dans le gouvernement, pour les faire retirer « en vertu des ordres de monseigneur de Nemours, avec charge expresse, là où elles ne voudroient obeir, de faire assembler les communes au son du tocsin, pour leur courre sus. » Ce qui faisait craindre avec raison qu'elles ne voulussent pas se retirer, c'est qu'elles se trouvaient sous les ordres du marquis de Saint-Sorlin, qui chérissait son frère, et avait été outré du procédé des échevins de Lyon. Il leur reprochait chaque jour leur ingratitude. Ces derniers rejetaient tout sur le peuple, et offraient de s'en rapporter au jugement du duc de Mayenne. Ce n'était peut-être pas le meilleur moyen d'apaiser Saint-Sorlin, si, comme quelques-uns l'ont dit, le chef de l'union était l'auteur de ce mouvement révolutionnaire.

Quoi qu'il en soit, le duc de Nemours, se voyant exposé à chaque instant à la fureur populaire dans son

---

[1] CLERJON, *Histoire de Lyon*. Voyez aussi les *Mémoires pour servir à l'histoire de Lyon pendant la Ligue*, par D. THOMAS (publiés par J. Péricaud); Lyon, imprimerie de Boitel, 1835, in-8°.

palais, et ne désespérant pas encore de sa cause, puisque le pays restait sous l'influence de la Ligue, crut de son intérêt de demander la sûreté d'une prison. Le 21 septembre, au sein d'une assemblée de tous les ordres de la ville, tenue sous la présidence de l'archevêque, « entre les bras duquel en ce commun trouble la ville s'estoit jetée, » surviennent deux gentilshommes du duc de Nemours pour déclarer en son nom « qu'il ne demande pas mieux que l'on s'assure de sa personne par seure et bonne garde, et qu'il est prest à se retirer où pour le mieux sera advisé. » On arrêta sur-le-champ que « Son Excellence seroit priée de trouver bon que, pour la seureté de sa personne, elle soit remise au chasteau de Pierre-Scise, où on lui portera tout l'honneur et le respect convenables. » On nomma une commission pour l'accompagner, et on poussa la courtoisie jusqu'à charger un commissaire d'y rester avec lui pendant trois jours, « pour lui donner quelque contentement et plaisir par honnestes discours et bienseantes remontrances. »

Cet événement mit les royalistes au comble de la joie. Quoique les Lyonnais ne se fussent pas encore déclarés favorables à leur parti, cependant ils venaient de porter un si rude coup à la Ligue, qu'il était dès lors facile de prévoir l'issue de cette lutte. D'ailleurs les plus exaltés ligueurs avaient été compris dans la proscription du duc, et cela devait donner courage aux royalistes de l'intérieur trop tièdes pour oser se déclarer ouvertement. Le seigneur de Bouthéon, qui se trouvait alors en Dauphiné, écrivit aux échevins de Lyon une lettre de félicitation, et leur offrit ses troupes pour repousser celles de Saint-Sorlin. Ses offres ne furent ni rejetées ni agréées : on lui répondit par une lettre pleine de prévenances. C'est dans ce moment d'hésitation, et pour expliquer la cause de leur mouvement, que les Lyonnais firent paraître leur fameux manifeste de *la prise des armes* [1].

Aussitôt qu'Anne d'Urfé eut connaissance de ce qui était arrivé à Lyon, il quitta ses montagnes, et, se rapprochant de cette ville, vint offrir ses services aux échevins [2].

La guerre, un instant suspendue, recommença avec plus d'activité que jamais; seulement les camps étaient changés. Or, dit Clerjon [3], la trêve générale entre les royalistes et les ligueurs durant toujours, pendant que Saint-Sorlin poursuivait une guerre pleine de cruauté, on pouvait d'avance prévoir que les Lyonnais se réconcilieraient avec l'ancien ennemi pour combattre le nouveau. Les royalistes d'ailleurs tirèrent habilement parti de ces circonstances. Ils ne montrèrent ni aigreur ni exigence; Henri IV lui-même se hâta d'écrire aux échevins une lettre pleine de sentiments d'affection : de la Fin, qui en fut le porteur, était chargé de préparer le terrain, et il le fit avec beaucoup d'adresse, comme on verra.

Tous les capitaines avaient reçu de nouvelles instructions des échevins de Lyon, et la plupart avaient accédé au changement qui venait d'avoir lieu dans

---

[1] Voir les *Mémoires de la Ligue*.
[2] Lettre n° XXXII.
[3] *Histoire de Lyon*, t. V, p. 425.

cette ville. Chalmazel de la Pie fit quelques tentatives pour s'emparer de Feurs, qui était au pouvoir des nemouristes; mais il ne réussit pas d'abord.

« Par la mienne derniere, écrit-il[1] aux chefs lyonnais, je vous avois mandé comme je me promettois de faire sortir la garnison qui estoit dans Feurs, sous l'assurance que ceux de la ville m'en avoient donnée; ce qui, s'ils eussent voulu, estoit fort aisé à faire, n'estant ladite garnison que de dix salades de la compagnie de monsieur de Maugiron[2], commandée par monsieur de Fossin, et de soixante soldats à pied sous quatre capitaines dudit sieur de Maugiron; et voyant qu'ils ne persistoient dans cette bonne opinion, ayant fait devaliser quelques troupes de gens de pied, et contraint le regiment de France, conduit par le sieur de Rosen, de s'esloigner de moy, je m'approchai de Feurs, avec bonne troupe de mes amis et ce que je pus mettre d'arquebusiers ensemble, avec quelques compagnies du sieur de Nerestang, pour les encourager à faire sortir leurdite garnison : à quoi je m'offrois les favoriser; mais s'estant laissé aller aux belles paroles dauphinoises, ils refuserent tout à plat mes offres, et me dirent qu'ils s'estoient donné la foi, leur garnison et eux, de se conserver ensemble, sous l'assurance que le sieur de Fossin leur avoit donnée qu'il ne laisseroit entrer autre garnison que la sienne. J'ai demeuré deux jours près d'eux, à leur montrer leur

[1] De Saint-Marcel sur Loire, le 27 septembre.
[2] Le plus souvent il faut rétablir l'orthographe des noms propres toute défigurée dans ces lettres. Il est bon de noter en passant que ce Maugiron est celui dont il est question dans la note de la page 308.

ruine esvidente; et mesmes cette nuit, ayant quelques-uns des miens pris deux soldats de la compagnie du chevalier de Marsanne, dans le faubourg de Feurs, lesquels avoient pris le sieur de Vauprivas[1] revenant de vostre ville, et ayant su par eux que ladite compagnie avec quelques-unes de celles des sieurs de Maugiron et Foulque de Montlaur, et quelques arquebusiers à cheval, faisant en tout le nombre de cent chevaux, conduits par le sieur de Marmier, et partis de Vienne à cet effet, devoient entrer ce matin dans leur ville, en ayant par deux fois donné l'avis aux chastelain[2] et habitans, ils m'ont mandé qu'ils estoient assez forts pour se garder de ceux de leur garnison et de ceux de dehors. Enfin, sur les dix heures du matin, ils ont receu ladite troupe sans que je les en aye pu empescher, ayant à leur cu les trois cents arquebusiers conduits par le sieur de Rosen, qui y est de mesmes entré. Je ne sais s'ils garderont tant de gens dans ladite ville, y estant maintenant environ quatre cents arquebusiers, et plus de soixante salades. Si on les laisse longtemps là, ils s'y fortifieront et incommoderont fort le pays. Tout ce que j'ai pu faire après cela a esté d'assurer les lieux les plus proches dudit Feurs, où j'ai mis des soldats pour empescher qu'ils ne s'en saisissent. J'avois auparavant pourvu que ceux de Villeret et de Perreux avoient mis leur garnison sus, qui estoit la compagnie du seigneur de Fortunat. Sans la pure mechanceté de ceux de Feurs

[1] Peut-être s'agit-il ici de Claude du Verdier, sieur de Vauprivas, qui parle assez défavorablement de la Ligue dans sa *Prosopographie*.
[2] Sans doute Jean du Rosier, déjà cité page 239.

tout ce quartier de la Loire estoit en repos. J'ai esté contraint, pour laisser des soldats en garnison à Pouly, Donzy et Balbigny, d'avancer de l'argent pour leur entretien, parce que ce sont les lieux plus proches de Feurs, et que, si l'ennemy s'en saisissoit, il s'eslargiroit de beaucoup; qui me fera vous supplier, messieurs, si desirez la conservation desdits lieux, de pourvoir à l'entretenement necessaire, et à l'avance que j'en ai faite, les consuls des lieux appelés[1]. »

De son côté, Chevrières se mit à agir dans le midi; il repoussa les troupes du Vivarais, s'empara du château de Rochetaillée, où il trouva de bonnes armes[2], et écrivit à toutes les villes du Forez pour leur faire connaître le nouvel état de choses, et les porter à suivre le mouvement de Lyon. Il tenta aussi, mais sans succès, de faire soulever la ville de Vienne contre les nemouristes; il plaça garnison à Andance et autres places de ce quartier qu'il rassura complétement.

Cependant, comme il était facile de le prévoir, la ville de Lyon, pressée par les troupes de Saint-Sorlin, fut sur le point, pour s'en garantir, d'ouvrir ses portes aux soldats du colonel d'Ornano, même avant de s'être déclarée pour le roi. Ils étaient déjà en route lorsque Saint-Sorlin, effrayé des conséquences de cette démarche, consentit à traiter, et promit au préalable[3] de faire cesser toute hostilité. On paya à d'Ornano quatre

[1] C'est à peu près la même complainte dans toutes les lettres des capitaines employés par les consuls de Lyon.
[2] Lettre du 22 septembre.
[3] Cette trêve est du 13 octobre.

mille écus pour indemniser ses troupes qui s'étaient avancées jusqu'à une lieue de la ville, et on lui fit en outre présent de deux chevaux harnachés, qu'il offrit au roi de la part de la ville de Lyon. Mais, le danger passé, Saint-Sorlin ne s'inquiéta guère des conventions. Il ne fut peut-être pas fâché de trouver un motif pour rester en armes. Pendant le temps qu'on avait mis à régler les articles de la trêve, Honoré d'Urfé s'était emparé de Sury-le-Comtal : Saint-Sorlin prétendit qu'on avait par là violé le traité; en conséquence il se remit en campagne, et fit fortifier Givors au lieu de le rendre aux échevins, selon les conventions. Le 17 octobre, Chevrières écrit à ces derniers : « Les ennemis sont logés en toutes mes terres du costé de Forez, mesme en celle de Chevrieres, où ils ont voulu forcer ma maison, d'où ils ont été repoussés.... D'autre costé, toutes nos troupes sont dans mes terres, attendant que l'ordre qui a esté resolu soit mis à execution. Si les ennemis font plus long sejour, je seray forcé de m'y opposer. »

Mais Saint-Sorlin les employa bientôt ailleurs. Le 18 ou le 19 octobre, il quitta Montbrison, passa la Loire, et, ayant donné des ordres pour faire fortifier Feurs, il vint mettre le siége devant Sury. En apprenant sa marche, Anne d'Urfé sortit de cette ville pour aller chercher du renfort, laissant à son frère Honoré le soin de la défendre. Les habitants étant bien disposés[1], Saint-Sorlin éprouva d'abord de la résistance; mais ayant fait venir du canon, il se rendit bientôt maître de cette place, qui était presque sans défense.

[1] Lettre de Chevrières, sans date.

En présence de ces nouveaux événements, les échevins de Lyon, sentant de quelle importance pouvait être pour eux l'alliance de la noblesse de la province, s'efforçaient de la rattacher à leur cause par quelque contrat signé de part et d'autre. Le temps était précieux : il fallait à toute force imposer silence à Saint-Sorlin par l'unanimité des déclarations, et les échevins auraient voulu, pour que la chose n'éprouvât point de retard, faire signer individuellement par chacun des gentilshommes; mais ces derniers n'entendaient pas rompre la bonne amitié qui les unissait, et voulaient absolument en délibérer entre eux dans une assemblée générale convoquée à cet effet. Chevrières, qui avait été prié par les échevins de s'occuper de cette affaire, aurait d'autant plus difficilement obtenu la signature individuelle demandée par les échevins, que lui-même était d'avis de la conférence. Il ne cachait pas non plus à ces derniers qu'il y avait bien des oppositions à vaincre. Qui n'aurait pas hésité, en effet, en présence de tous ces changements politiques? Cependant quelques-uns étaient plus accommodants que lui, et entre autres le seigneur de Cousan, son oncle, qui écrivait aux échevins[1] : « Je n'ai point encore vu les articles dont vous m'escrivez; mais quand je les verrai, je les signerai. J'ai quarante-cinq honnestes hommes qui sont tout prests à vous faire service, et en mettrai davantage quand il sera besoin; et si en avez affaire à cette heure, je les vous enverrai, et me trouverez toujours très-disposé de monter à cheval pour vous assister, avec tous mes

[1] Lettre datée de Boën, le 18 octobre.

amis, aux occurences qui se presenteront. Je vous prie en faire estat, et me vouloir donner Saint-Galmier et Saint-Hean pour les establir. Ils seront proches de monsieur de Chevrieres, pour se joindre à lui selon que la necessité le requerra; car de Perreux, il est ruiné, comme mon enseigne vous le fera apparoir, par acte des remontrances que les habitants du lieu ont faites. »

Après la soumission de Sury, le marquis de Saint-Sorlin, rassuré par l'évasion des otages qu'il avait donnés aux Lyonnais, en attendant la paix définitive que devaient régler les ducs de Mayenne et de Savoie, et le pape même, se mit à recommencer ses ravages. Ses troupes s'emparèrent de Donzy, où Chalmazel de la Pie avait placé garnison; et Mézières, gouverneur de Montbrison, fit une tentative sur Saint-Bonnet le Château, qui ne fut sauvé que grâce aux secours envoyés par Chevrières. «Je vous envoye, écrit ce dernier le 19 octobre aux échevins de Lyon, copie de la lettre que ceux de Saint-Bonnet le Chasteau m'ont escrit, ensemble celle du sieur de Mezieres, par le discours desquelles vous jugerez le peu d'assurance qu'un chacun prend de l'execution de nostre treve, à laquelle les ennemis taschent de jour à autre faire bresche par nouveaux desseins, estimant qu'estant esloignés de vous, cette distance vous fera moins mouvoir pour entreprendre leurs secours et assistance; laquelle je me suis resolu de favoriser, le lieu estant important, et les habitants extremement affectionnés à nostre party. Escrivez-leur pour les raffermir. Quant à moy, je leur envoye trois compagnies sous la conduite d'un gentilhomme qui se jettera dans leurs murs si besoin est.» Le 24, il leur envoya deux cents arquebusiers.

Un ennemi beaucoup plus à craindre que les nemouristes, pour la Ligue, c'étaient les faveurs et les promesses du *roi de Navarre*. Il avait d'habiles négociateurs qui parcouraient les provinces pour lui faire des partisans, promettant monts et merveilles à qui voudrait le servir. On en jugera par l'extrait suivant d'une très-longue instruction remise au sieur de la Fin, et imprimée dans divers mémoires du temps [1].

« Le roy ayant eu très-agreable la negociation faite par le sieur de la Fin à Lyon et en autres endroits, où il auroit nagueres esté, par le commandement de Sa Majesté, ensuivant la charge qu'elle luy avoit donnée, et considerant que pour conduire les affaires d'icelles negotiations à leur effet, pour le bien de son service, elle n'en sçauroit commettre la charge à personne plus capable que ledit sieur de la Fin, mesmes pour la connoissance qu'il a des personnes avec lesquelles il est besoin de traiter desdites affaires, qui pourront aussi, ensuite de la premiere communication qu'ils ont eu ensemble, prendre plus de confiance de luy que d'un autre, Sa Majesté a advisé de le renvoyer audit pays, pour poursuivre ce qui a esté commencé en son premier voyage, et essayer d'en faire sortir de bonnes et utiles resolutions que Sa Majesté desire pour le bien public de ce royaume. Et neanmoins, d'autant que la depesche que Sa Majesté fait par luy à monsieur le duc de Montmorency ne luy pourra permettre de s'arrester

[1] Voyez les *Mémoires du duc de Nevers*, 2 vol. in-fol. t. II, p. 670.

longuement à la discussion desdites affaires, avant que passer outre, et que l'intermission d'iceux attendant son retour ne pourroit estre que trop prejudiciable à son service, Sa Majesté a trouvé bon de joindre avec luy en ladite charge le sieur de Saint-André[1], premier conseiller en son conseil d'estat, et president en la cour de parlement de Dauphiné, pour y vaquer eux deux ensemblement, afin que par cette communication ledit sieur de Saint-André s'en puisse mieux instruire, et après luy seul continuera d'y faire ce qui echera durant le voyage que ledit sieur de la Fin fera en Languedoc.

« Mais avant qu'aller plus outre, ledit sieur de la Fin passera en Auvergne, vers monsieur le comte de Clermont..... (Ici l'*Instruction* entre dans de grands détails sur les moyens de séduction à employer dans cette province.) .... Faisant aussi tous les offices qu'il verra estre necessaires envers la noblesse du pays, pour entretenir en bonne devotion au service de Sa Majesté ceux qui se soutiennent, et y attirer les autres.....

« Passant outre, si le sieur de Saint-Germain-d'Apchon[2] est en sa maison, il luy dira le contentement que Sa Majesté a de luy, sçachant de quelle affection il s'employe envers son beau-frere[3] pour le faire resoudre à

---

[1] Arthus Prunier de Saint-André, d'une famille de robe du Dauphiné.

[2] Henri de Saint-Germain-d'Apchon, seigneur de Saint-André, fils d'Arthaud IV, est celui qui fut fait prisonnier dans Charlieu. Il portait le titre de gouverneur de cette ville. On ne doit pas le confondre avec Saint-André qui est désigné dans la note précédente.

[3] L'archevêque de Lyon, Pierre d'Épinac, dont la sœur, Jeanne, veuve de Gilbert de Veyny d'Arbouse, tué au combat d'Issoire, en 1590, avait épousé en secondes noces Henri de Saint-Germain-d'Apchon, veuf lui-

ce qu'il luy a dés longtemps declaré vouloir faire à Sa Majesté, et l'asseurera pour son particulier qu'elle luy fera connoistre par quelque bon effet, que, comme il sert fidelement Sa Majesté, elle n'en laissera le merite qu'il en requiert sans condigne recompense.

« S'enquerera de luy de ce qu'il a reconnu et appris de l'intention de sondit beau-frere depuis les derniers avis qu'il en a donnez à Sa Majesté, et quel jugement il en a fait, et si par ce qu'il luy en respondra il entend que ledit beau-frere soit en volonté de s'accommoder, il luy dira qu'il apporte de quoy luy donner contentement et honneur et commodité, comme il luy fera connoistre quand il sera arrivé vers luy, où il se rendra bien-tost ; mais que Sa Majesté a trouvé bon de le faire passer vers le sieur de Chevrieres et marquis d'Urfé (ce mot est écrit *d'Urfay*) pour chercher les moyens de se mettre bien ensemble ou au moins empescher que leur querelle [1] ne fasse tourner une partie des forces du pays du costé de l'ennemy, au cas que la ville de Lyon se resolve, par le moyen de monsieur de Lyon, à reconnoistre son devoir envers Sa Majesté, et qu'en attendant qu'il puisse arriver en ladite ville, ledit sieur de Saint-

même de Marguerite de Stuer-Caussade de Saint-Mégrin, sa première femme (voyez ci-dessus, page 292), était déjà cousin de ce dernier avant de devenir son beau-frère.

[1] La rivalité, on peut même dire la haine des deux chefs de la Ligue dans le Forez subsistait toujours. Dans ces derniers temps, Chevrières n'avait pas manqué d'accuser Anne d'Urfé d'avoir été cause, en s'emparant de Sury, de la nouvelle prise d'armes du marquis de Saint-Sorlin. « Il semble, dit-il, qu'ils soient fort contents que ce sujet leur soit né si à propos pour la continuation de leur dessein, qui est de ne desarmer... Ils profitent de la prise de Sury pour *pescher en nos troubles.* »

Germain donne avis audit sieur de Lyon du passage dudit sieur de la Fin, et de l'occasion pour laquelle il ne sera allé droit à luy; l'asseurant neantmoins qu'il le verra bien-tost garny de ce qu'il a montré desirer de Sa Majesté. Sur quoy ledit sieur de Saint-Germain le solicitera se preparer à faire aussi de sa part ce qu'il doit, afin qu'en recevant par Sa Majesté le service qu'il a moyen de luy faire en cette occasion, il puisse tant plutost recueillir le fruit du merite d'iceluy [1].

« De là lesdits sieurs de la Fin et president de Saint-André s'en iront trouver ledit sieur de Chevrieres, auquel ledit sieur de la Fin, assistant ledit sieur de Saint-André, dira que Sa Majesté a esté très-aise de l'asseurance qu'il luy a portée de sa part, tant par les lettres qu'il luy a escrites que de bouche, de vouloir embrasser son service, et employer ses moyens, son industrie et son credit pour y attirer la ville de Lyon, et le pays dependant du gouvernement d'icelle, et qu'elle desire aussi si bien reconnoistre le merite qu'il acquerera en ce faisant, qu'il ait occasion de s'en contenter; estant son intention de luy donner le gouvernement de ladite ville, et des pays de Lyonnois et Beaujollois, comme de cette heure elle en a fait expedier la provision en son nom, et que ledit sieur de la Fin porte quant et soy (avec, sur soi).

« Que Sa Majesté se trouve aucunement en peine de la pretention du sieur archevesque de Lyon à la mesme charge, au moins de Lyon et du Lyonnois, et que ceux

[1] On voit que l'archevêque de Lyon n'était pas aussi rigide dans ses principes qu'il le paraissait, et qu'il n'était pas éloigné de reconnaître Henri IV, contrairement à ce que dit Clerjon.

de ladite ville qui desirent la voir reduite à l'obeyssance de Sa Majesté donnent advis de le contenter pour le pouvoir qu'il y a et le danger qu'ils craignent, en ne le faisant pas, qu'il fasse perdre ladite ville qui tireroit avec soy la ruine et perte de tout le pays. Et par le langage que ledit sieur de la Fin dit que ledit sieur de Chevrieres lui en a tenu, Sa Majesté a connu qu'il est de mesme advis à contenter ledit sieur archevesque.

« Que si cela se pouvoit faire en luy donnant toutes sortes d'honneurs, qu'elle pourra accompagner de bonnes commoditez et bien-faits, la difficulté en laquelle se trouve Sa Majesté seroit vuidée selon son souhait[1], qui est que ledit seigneur de Chevrieres demeurast audit gouvernement, et que ledit sieur archevesque, en luy donnant satisfaction en autres choses, apportast ses moyens en la reduction de ladite ville en son obeyssance.

« Mais s'il ne se veut ainsi accommoder, il est besoin de regarder ce qui se doit et peut faire pour le mieux; dont elle ne s'est voulu resoudre de soy-mesme, ny donner sous-main esperance à tous deux d'une mesme chose pour attendre lequel s'acquereroit le premier à son service, et la donner à celui-là; ains a remis audit sieur de la Fin de faire cette resolution avec ledit sieur de Chevrieres et par son advis, s'asseurant qu'il desire tant

---

[1] Dans cet état des affaires, on comprend parfaitement pourquoi les royalistes qui entouraient Lyon se montraient si bienveillants pour cette ville. En effet, si elle n'était pas encore en leur possession, c'est qu'il fallait donner aux chefs ligueurs le temps de faire leurs marchés avec le roi.

l'avancement des affaires de Sa Majesté de ce costé-là, où il connoist que la raison et le bien public concourrent ensemble, que la consideration d'iceluy emportera celle de son particulier au jugement qu'il fera aux accidens de cette difficulté. Partant elle le prie de dire sur ce son opposition audit sieur de la Fin, et le faire d'autant plus librement que Sa Majesté ne met en doute ny en comparaison pour le regard desdites personnes, qu'elle luy peut estre plus utile; cela estant tellement resolu en son esprit qu'en quelque sorte que ce soit elle desire l'obliger, et le tient desjà pour tout asseuré à son service, et en cette qualité elle attend de luy un fidele conseil.

« Que, pour mieux juger l'estat qui se doit faire dudit sieur archevesque, il est besoin considerer qu'encore qu'il y eust apparence de le pouvoir effectuer sans son moyen, s'il y va du temps à le faire, la longueur pourroit faire naistre des accidens, qui en pourroient faire perdre le fruit : dont Sa Majesté s'asseure qu'il sçaura bien penser à la consequence pour se resoudre à ce qu'il jugera estre plus seur et utile pour son service.

« Et s'il est d'avis qu'il soit necessaire contenter ledit sieur archevesque, ledit sieur de la Fin lui dira que s'il propose (*postpose*) en cela son particulier, Sa Majesté ne veut pourtant qu'il abandonne l'esperance de cette charge qu'elle luy desire plus qu'à tous autres, comme elle luy a dés longtemps vouée, et qu'il ne tiendra à chose qui puisse accommoder ledit sieur archevesque de la part de Sadite Majesté, après la reduction de Lyon, qu'il n'en prenne recompense, pour laisser icelle charge audit sieur de Chevrieres, lequel pourra penser de bonne heure aux moyens qui se pourront tenir pour induire à cela ledit sieur archevesque; et pour ce faire, Sa Majesté promet dés cette heure bailler en recompense la somme de cinquante mille escus; et où ledit sieur archevesque n'y voudroit entendre, elle veut et entend que ladite somme soit baillée audit sieur de Chevrieres, en attendant que par autres moyens il puisse estre pourveu dudit gouvernement.

« Que cependant, pour luy donner authorité, et ne le laisser sans charge, advenant qu'il soit d'advis de donner le gouvernement audit sieur archevesque, Sa Majesté a advisé de luy faire expedier un pouvoir pour commander aux forces qui servent à la campagne, dont ledit sieur archevesque n'aura occasion de se plaindre, pour n'estre charge convenable à la profession et qualité ecclesiastique. Et neantmoins *le mieux seroit de tenir ledit pouvoir secret jusques à ce que le fait de Lyon fust bien asseuré pour Sa Majesté.*

« Que si ledit sieur de Chevrieres pense en venir à bout sans le moyen dudit archevesque, Sa Majesté en seroit beaucoup plus aise, pour ne departir ny luy diferer l'honneur qu'elle desire à luy seul.

« Au demeurant, ledit sieur de la Fin luy dira le moyen et le langage qu'il aura tenu audit sieur de Saint-Germain, pour le faire entendre audit sieur archevesque, afin de lui oster la jalousie de n'avoir esté vers luy le premier : à sçavoir que Sa Majesté, craignant que la querelle d'entre luy et le marquis d'Urfé portast prejudice et empeschement à son service par-delà et au repos du pays, a desiré qu'il passast pardevers eux, pour leur persuader de s'en accommoder, ou au moins en remettre pour un temps toutes recherches et ressentiment : qui n'est pas aussi chose feinte, car Sa Majesté en a donné aussi charge audit sieur de la Fin; mesme de les prier, comme il fera, s'en vouloir remettre à monsieur le connestable, lorsqu'il passera; auquel Sa Majesté en escrit, afin de faire ce qu'il pourra pour les accorder; et cependant elle desire qu'ils tiennent tout en assurance, et s'en donnent la parole l'un à l'autre, ayant cependant intelligence en ce qui regarde le service de Sa Majesté, pour s'y employer mesme ensemblement si l'occasion le requiert. Et puis que ledit sieur de la Fin se sera servy de cet argument envers ledit sieur archevesque, pour aller trouver ledit sieur de Chevrieres le premier, il sera à propos que de son costé il fasse aussi courir le bruit que c'est ce dequoy il aura traité avec luy.

« ..... Et pour ce que si ledit sieur de la Fin ne voyoit ledit sieur marquis d'Urfé avant qu'aller à Lyon, cela feroit perdre creance envers ledit sieur archevesque à l'excuser d'avoir esté voir ledit sieur de Chevrieres le premier, Sa Majesté estime à propos qu'il fasse aussi cette vue [1], et après l'avoir asseuré de la bonne volonté de Sa Majesté, et des faveurs qu'il en peut esperer, il fera mesme office envers luy tant pour le fait de la querelle, que pour le regard de la personne et charge dudit sieur de Saint-André.....

[1] On peut prévoir déjà qu'Anne d'Urfé sera sacrifié dans ces arrangements : de la Fin ne devait lui faire sa visite que pour masquer le but de ses démarches.

« Il satisfera à ce qu'il connoistra estre necessaire envers ceux de la noblesse qu'il pourra voir en passant pays, pour les asseurer au service de Sa Majesté, en les asseurant de la bonne volonté qu'elle leur porte et qu'elle leur tesmoignera par tous les moyens qu'elle pourra les gratifier.

« S'estant acquité des choses susdites, comme Sa Majesté desire qu'il fasse le plus diligemment que faire se pourra, il se transportera à Lyon, et ledit sieur de Saint-André avec luy, pour s'y conduire avec la resolution en laquelle il sera demeuré avec ledit sieur de Chevrieres, duquel si l'advis est de contenter ledit sieur archevesque, pour le gouvernement, au cas qu'il fist promptement resoudre ladite ville à l'obeyssance deue à Sa Majesté, il s'adressera premierement à luy, après luy avoir baillé les lettres qu'elle luy escrit.... Mais qu'ayant entendu par ledit sieur de la Fin les declarations qu'il luy avoit faites de vouloir servir au bien et repos public, elle en avoit esté très-aise, s'asseurant qu'il ne le peut entendre autrement qu'avec le contentement et service de Sa Majesté. Qu'elle a longtemps desiré qu'il y voulut reprendre le lieu et place qu'il a tenu au service du feu roy, l'estimant des premiers et plus capables pour y estre employé; qu'il a maintenant l'occasion en main de pouvoir beaucoup ayder à l'advancement du bien de ce royaume, employant le credit et l'authorité qu'il a dedans ladite ville pour la reduire à l'obeyssance de Sa Majesté; car l'exemple et importance d'icelle sera un grand moyen et acheminement de semblable resolution partout. Il servira mesme et possible aidera la bonne volonté du pape, en ce dont il peut estre retenu par les menaces des Espagnols, et par la grande part qu'ils luy disent avoir en ce royaume...

« Que s'il est des premiers à faire connoistre le contraire de ce que lesdits Espagnols se vantent, et aider à redresser l'estat penchant à une dangereuse cheute, qui ne pourroit estre qu'à la ruine des François et à l'advancement desdits estrangers, il fera une œuvre qui luy acquerera louange perpetuelle envers sa patrie, qui en recevra le premier fruit, et un très-grand merite envers Sa Majesté; laquelle le rendra remarquable d'une si honorable recompense, qu'avec la commodité qu'elle luy apportera, elle luy servira de tesmoignage et de lustre à *sa vertu.*

« Que s'il luy remet en avant, pour moyen d'accommoder les affaires publiques, de bailler ledit gouvernement au duc de Mayenne, ledit sieur de la Fin luy ostera toute esperance, *ensemble à tous ceux qui en auroient conceu quelque opinion*, soit par desir ou crainte, que Sa Majesté y veuille jamais condescendre; adjoustant qu'elle luy accorde tant d'autres et si grands advantages qu'il a plus que de raison que de se contenter, et qu'il ne peut refuser sans faire connoistre à tout le monde qu'il veut plustost la ruine de ce royaume que la paix; et que tous ceux qui ayment la conservation de l'estat, et qui sont aussi affectionnez audit sieur de Mayenne, ont juste sujet de le blasmer d'estre trop demesuré en ses desirs, s'il pretend encore ledit gouvernement, plustost que de se rendre ministre de ses volontez à la ruine inevitable d'eux-mesmes et de celle du public.

« *Qu'il doit songer à soy*, et que s'il fait le service qu'il peut à Sa Majesté, c'est à luy qu'elle adjuge et accorde ledit gouvernement de la ville et pays de Lyonnois, comme recompense qui luy est justement deue, en signe de quoy elle en a dés à present baillé la provision audit sieur de la Fin pour la luy porter. Qu'outre, pour bailler plus de moyen de s'y entretenir plus honorablement, elle luy accorde la somme de *mille escus par mois*, sur la ferme du sel des pays de Dauphiné et Lyonnois, qu'elle luy fera valoir par preference à toutes autres personnes qui y ont assignations, attendant qu'elle le puisse gratifier en benefices de semblable valeur : lui promettant aussi que le premier chapeau de cardinal que Sa Sainteté luy octroyera sera pour luy.

« Que Sa Majesté a esté et est encore recherchée de la part du duc de Nemours et marquis de Saint-Sorlin à toutes les conditions les plus avantageuses[1] qu'ils peuvent offrir pour embrasser leur cause; qu'elle ne leur a voulu refuser, pour ne leur faire prendre autre addresse par desespoir[2]; qui seroit mettre la ville en plus grande peine et danger. A cette occasion, elle envoye le baron de Maugiron, qui luy auroit apporté quelques paroles de leur part, et que toute la charge que Sa Majesté leur a donnée ne tend qu'à leur oster l'occasion de molester ladite ville quand elle se voudra resoudre à son devoir envers Sa Majesté..... »

[1] Cette allégation est peut-être mensongère; cependant quelques historiens prétendent qu'en désespoir de cause le duc de Nemours s'était adressé au roi pour pouvoir tirer vengeance des échevins de Lyon.

[2] Le duc de Savoie, par exemple.

Cette pièce importante est suivie de considérations morales sur l'avantage de se remettre sous l'autorité du roi. Dans une autre *Instruction*, relative à la mission du sieur de la Fin vers le duc de Montmorency, on lit qu'en revenant par le Lyonnais, il faut qu'il « mande les sieurs de Chevrieres et marquis d'Urfé, et fasse en sorte qu'il les puisse mettre d'accord, et les laisser en bonne intelligence pour le service de Sa Majesté; laquelle recevroit beaucoup de prejudice, s'estans l'un et l'autre declarez ses serviteurs, si leur querelle continuoit, qui tiendroit eux et les forces de ce pays-là divisées, et plustost enclins et attentifs à leurs vengeances qu'à faire quelque chose de bon pour le service de Sa Majesté. »

Par ce qui précède, on voit comme les intérêts individuels avaient marché rapidement. Presque tous les chefs ligueurs étaient devenus royalistes; Chevrières, malgré quelques réserves, s'était à peu près déclaré publiquement par son union avec Chaste et Chambaud, et déjà son insistance pour faire accepter les secours du colonel d'Ornano devenait inquiétante.

D'un autre côté, Saint-Sorlin s'était remis à désoler le pays. Les échevins et le conseil d'état négociaient avec tout le monde; mais en vain : Nemours se vantait de sortir bientôt de sa prison « de bond ou de volée, » et Mayenne, que les deux parties avaient choisi pour arbitre, n'arrivait pas.

Dans ce moment critique, la noblesse du Forez se réunit à Néronde, pour délibérer sur les mesures à prendre. Mais, comme on peut le penser, en présence de l'hésitation de Lyon, ces gentilshommes catholiques n'osèrent se déclarer ouvertement pour une alliance avec des protestants et des politiques. Néanmoins on adhéra à tout ce qui avait été fait à Lyon; on alla plus loin même en invitant les échevins à ne plus traiter avec le marquis de Saint-Sorlin, dont les ravages atteignaient en définitive les seigneurs.

Chevrières écrit de Grésieu, le 20 décembre, aux échevins de Lyon, qu'il a marché en diligence au secours de Pouilly, et qu'il a joint ses forces à celles de messieurs de Chalmazel de la Pie et de Chazeul, qui lui apprirent que l'ennemi avait abandonné ce lieu la nuit précédente; il comptait profiter de ce moment de crainte pour les expulser entièrement. Il leur apprend encore qu'il va marcher sur Pouilly et Saint-Jean de Panissières, pour se « joindre à la noblesse, qui est en deliberation de savoir que faire. »

Le 24, étant à Néronde, il leur envoie porter l'acte de cette délibération par le sieur de Genouilly. « Monsieur de Cousan a failli aujourd'hui estre tué, dit-il, et lui avoit-on tendu deux embuscades, dont l'un des siens a esté tué, son frere Donné demeuré prisonnier. Voilà comme il se fait bon de se fier à ces treves qui nous sont plus pernicieuses que la guerre. »

Le 29, de Châtelus, il écrit aux échevins qu'il inclinerait comme eux pour la paix, si la noblesse n'avait pas décidé le contraire, vu la mauvaise foi des adversaires; et comme ils lui avaient manifesté la crainte que d'Ornano n'offrît ses services que pour replacer le lieutenant général Guillaume de Gadagne, dont quelques-uns pouvaient avoir à redouter la vengeance, il les rassure, sans leur dire pourtant que le roi lui avait promis cette charge à lui-même. « Je vous envoie, leur dit-il encore, une lettre de monsieur de Chatte qui nous apprend combien nous sommes menacés, ensemble d'autres lettres de celui qui commande à Montbrison (Mezières), qui ont été surprises; vous verrez jusqu'à quel point il se faut fier à renouer la treve. Je voudrois bien que monsieur de Mayenne soit près de ce pays, pour nous secourir; mais ses affaires l'en esloignent. »

Cette conclusion est vraiment curieuse. Après leur avoir dit qu'ils n'avaient que deux moyens de sortir d'embarras, par le secours d'Ornano ou par celui de Mayenne, il leur retire ce dernier, *que ses affaires éloignent.* Qu'on juge de l'étrange perplexité dans laquelle se trouvaient les échevins. Plusieurs fois déjà ils avaient cédé à ses sollicitations; mais ils se rétractaient presque aussitôt, lorsqu'ils envisageaient les conséquences de cette démarche. Dans une lettre de Chevrières, du 23 décembre, on voit que sa proposition avait été acceptée; il leur écrivait : « J'envoie chercher les troupes du colonel, qui passeront à Andance, où je leur livrerai passage. »

La ville de Lyon ne pouvait rester plus longtemps dans cette position, exposée aux attaques de tous les partis. Dans les premiers jours du mois de février 1594, le roi y fut reconnu; et d'Ornano, accompagné de d'Andelot, de Chevrières, de d'Albon-Saint-Forgeux, des seigneurs de Bouthéon, de la Liègue, et autres, y fit son entrée le 7 de ce mois.

L'exemple de Lyon fut suivi par plusieurs villes de la province. Feurs, entre autres, fit sa soumission à

Chalmazel de la Pie, qui la tenait en échec depuis le mois de septembre. Ce gentilhomme écrit de cette ville aux échevins de Lyon, le 26 février : « Bientost après la depesche que je vous fis de la reduction de la ville de Feurs en l'obeissance du roy, Dieu nous fit la grace que le fort de Donzy nous fut de mesme rendu par le moyen du capitaine la Violette, qui est le premier avec qui j'ai traité pour l'entreprise de Feurs. Cela a apporté beaucoup d'esloignement à nos ennemis, encore plus d'incommodité, qui toutefois se promet de la recouvrer par la force, à quoy j'espere, avec l'aide de Dieu, m'opposer de façon que s'ils y reviennent, ce sera à leur confusion. Bien vous voudrai-je supplier me vouloir secourir d'un millier de poudre et de cinq ou six douzaines de piques, car il n'y a moyen d'en recouvrer de par deçà; et m'asseure que seriez marris qu'une place qui vous importe tant se perdit à faute de munitions. Pour celles de bouche, j'y pourvoiray très-bien, et à faire remparer la place, à quoy je fais travailler le plus que je peux. Les ennemis n'ont rien plus au pays de Forez, de çà Loire, à leur devotion que le chasteau de Montrond, qui leur donne un asseuré passage sur la riviere. »

« ....J'ai eu avis asseuré[1] que les troupes d'Auvergne arrivoient ce soir à Montbrison, conduites par les sieurs vicomte d'Estaing, baron de Gimel, Drugeac, Montfau (et Gibertès) et autres, et peuvent estre au nombre de deux ou trois cents chevaux et quelques arquebusiers. Ils nous menacent fort, mais ils trouveront à qui parler, et avons de bons compagnons pour soutenir un

---

[1] Autre lettre du samedi 26 février.

grand effort. Les capitaines la Violette, de la Rosée, et des Asards sont avec moi, qui montrent avoir beaucoup d'affection pour cette patrie. »

« ..... Pour le regard de monsieur la Place[1], dont il vous a pleu m'escrire, ayant desjà su qu'il avoit esté pris ayant esté deputé de vous vers Sa Majesté, je vous puis assurer qu'en cette seule consideration je n'ai voulu permettre qu'aucun de ceux qui ont esté faits prisonniers par les miens (au moins ceux qui ont quelque nom) ayent esté mis à rançon, leur ayant toujours proposé pour leur eslargissement la deslivrance dudit la Place. J'en ai escrit à monsieur de Meziere[2], qui a envoyé à monsieur de Nemours, pour essayer de le retirer pour avoir le sieur de Fontaine, son enseigne. Le sieur de Calende, guidon du sieur d'Urfé, aussi prisonnier en cette ville, sollicite fort la deslivrance dudit sieur la Place pour se remettre en liberté. Ce sont les deux que nous avons qui peuvent quelque chose en ce fait. »

Anne d'Urfé n'avait pas attendu la déclaration des Lyonnais pour embrasser le parti du roi; depuis quelque temps déjà il avait fait reconnaître l'autorité royale dans les montagnes d'Urfé, Saint-Just, Cervières, etc. Bientôt il s'efforça de ramener quelque ordre dans l'administration du Forez[3], dont il avait le gouvernement, tant par les lettres du duc de Nemours que par celles de Henri IV.

[1] Lettre du 4 mars.
[2] Gouverneur de Montbrison pour le duc de Nemours. « Le 3 mars 1594, fut fondue une cloche pour Saint-André de Montbrison, et fut parrain monsieur de la Ronzière, *sergent-maiour* de ladite ville, au nom de monsieur de Mezieres, gouverneur. »
[3] Lettres n°s XXXIII, XXXIV et XXXV.

Mais il avait alors affaire à toutes les forces nemouristes, qui s'étaient donné rendez-vous à Montbrison, leur principale place dans le Forez. Saint-Sorlin y vint lui-même après avoir pris et pillé Chalain-le-Comtal, qui appartenait au seigneur de Cousan, et cela malgré les pourparlers de paix qui avaient lieu entre les deux partis.

De son côté, le seigneur de Saint-Chamond fit quelques tentatives sur Vienne; mais il fut obligé d'y renoncer pour venir au secours de ses terres menacées par Saint-Sorlin. « J'ai receu avis, écrit-il de Saint-Andéol [1], que monsieur le marquis de Saint-Sorlin passa hier la Loire, à Montrond, avec toutes ses forces, ayant envoyé la nuit passer la compagnie conduite par la Bellay, pour petarder Chazelles, qu'ils ont failli; et tient-on que cette troupe-là prend le chemin d'Iseron en intention de donner en Lyonnais, pendant que ledit sieur marquis passera d'un autre costé. Et me donne-on avis qu'il courra du costé de Saint-Chamond et Rive-de-Gier. Cela est cause que je m'y achemine en diligence, comme c'est necessaire. Je logeray les gens de pied à Rive-de-Gier, ayant laissé monsieur de la Tour de Varennes à Givors avec une bonne troupe qui s'acquittera fort bien de ses devoirs; mais il nous faut de la poudre et des meches, car il n'y a aucune ressource dans l'endroit.... J'ai envoyé prevenir ceux de Saint-Symphorien le Chasteau... Il faudroit envoyer quelques arquebusiers à Brignais, pour la seureté de ce lieu. »

Mais ce fut probablement là une fausse alerte, et Saint-Sorlin revint bientôt à Montbrison, d'où il écrivit.

---

[1] Le 19 mars.

le 2 avril, aux échevins de Lyon, rappelant les conditions d'une trêve qu'il n'observait guère. « Messieurs, je tiens fort estrange que, contre ce qui est porté par la treve, vous refusiez de donner des passeports à ceux qui sont à moi, et mesme au sieur de la Palud, mon maistre d'hostel, lequel je desirois envoyer à Lyon pour quelques miennes affaires particulieres. Je n'en fais pas de mesme à ceux qui viennent de Lyon, lesquels ont l'entrée libre en cette ville, et partout ailleurs. Je vous prie, puisque c'est chose accordée par ladite treve, ne me faire plus par ci-après de refus en semblable fait, et si vous soupçonnez quelques-uns des miens, vous pourrez leur donner des gardes. Ce refus est cause que j'ai prié le sieur de Montconis de vous porter un blanc pour les quinze cens escus que me devez donner. Et pour ce qu'il doit retourner ici pour la verification des tailles, je vous prie de le charger de m'apporter ladite somme, laquelle vous lui ferez delivrer s'il vous plaist incontinent. »

Il ne paraît pas que la commission de Montconis ait eu grand succès auprès des échevins de Lyon; car il écrit quelques jours après, en revenant, qu'ayant appris à Feurs le départ de Saint-Sorlin pour Vienne, il est venu l'y rejoindre; mais que ce dernier ne veut rien entendre qu'on ne lui ait payé les deux mille livres qu'on lui doit, et qu'alors seulement il consentira à entrer en règlement de compte pour ce qu'il a reçu sur la taille.

Le 10 avril, Chevrières soumit Bourg-Argental, et fit prêter serment de fidélité au roi à tous les habitants de cette ville, dans laquelle il laissa une garnison.

Firminy avait un gouverneur royaliste, de Villeneuve. On a déjà vu que Saint-Bonnet le Château, où les consuls exerçaient toute l'autorité, s'était placé sous le patronage de Chevrières. Ainsi, dans le midi, tout était à peu près rentré sous la domination du roi, ce qui causait le plus grand préjudice aux ligueurs du Puy, qui se trouvaient sans communication avec ceux du Forez.

Le seigneur de Cousan, auquel Saint-Sorlin venait d'enlever une de ses terres, s'efforçait aussi de repousser l'ennemi. Dans une de ses lettres[1] aux échevins de Lyon, il demande cent arquebusiers et le payement de ses soldats. « J'ai perdu, dit-il[2], plusieurs places, et en ai d'autres très-importantes menacées.... J'ai reçu payement pour sept semaines sur la taille qui a esté levée par le marquis de Saint-Sorlin, d'Urfé et de la Pie; de sorte qu'il ne me reste que ma baronnie de Cousant, qui ne se monte pour les deux quartiers de janvier et avril qu'à quinze ou seize cens escus, que je m'assure vous ne me voudrez refuser, pour m'estre bien acquis pour deux raisons : l'une que ce sont mes terres mesmes, et l'autre que je les ai conservées avec espoir jusqu'ici, y ayant perdu deux ou trois honnestes hommes, et me fascheroit fort si un autre les venoit prendre. Mais parce qu'elles ne sont bastantes pour un quartier, je vous supplie humblement me vouloir accorder avec cela quelques autres parcelles, telles que vous aviserez en cedit pays, et m'envoyerez, s'il vous plaist, quittances jusques à la concurrence d'icelui; car je n'ai plus moyen

---

[1] Du 29 mars.
[2] Lettre du 19 avril.

de tenir madite compagnie sur pied si elle n'est payée ; et lorsqu'elle aura reçu argent, vous la trouverez toute preste, bien complette et disposée à marcher en ce que la voudrez employer pour le service du roy et le vostre particulier. »

La rivalité des deux chefs de la province subsistait toujours ; elle se manifestait des deux côtés par des doléances[1] ; mais la paix n'en était pas troublée. Pour éviter les occasions de se quereller, chacun d'eux semblait avoir renfermé son action dans de certaines limites. Anne d'Urfé s'était réservé le nord de la province, jusqu'à Charlieu et Mâcon même, contre lequel il fit quelques démonstrations ; et Chevrières le midi, jusqu'à la ville de Vienne. Vers le mois de mai cependant ils se réunirent à Feurs pour conférer sur les affaires du pays. Ils se virent dans le château du Rosier, qui paraît avoir été, durant tout le temps des troubles, occupé militairement. Les troupes qu'ils avaient amenées firent encore beaucoup de dégâts dans cette ville et aux environs ; mais ils n'étaient pas comparables à ceux que faisaient les nemouristes. On lit dans un document du temps[2] : « Depuis la reduction de Feurs sous l'obeissance du roy, les (soldats des) garnisons de Montbrison, Sury, Chandieu, Saint-Marcellin et Saint-Germain-Laval declarerent les habitants de Feurs leurs

---

[1] Au commencement du mois de mai, Chevrières, qui se disposait à faire un voyage vers le roi, écrit aux échevins de Lyon qu'*il a des envieux* ; il leur apprend dans sa lettre qu'il laissera ses troupes sous la conduite de « monsieur de Messimieux, » son enseigne ; elles « feront, dit-il, tout ce que vous voudrez. »

[2] Pièce déjà plusieurs fois citée. Voyez la note de la page 317.

ennemis de bonne prise; ensuite de quoy ils ont pris et tué plusieurs habitants; en sorte que la campagne est deserte et qu'il n'y a plus de laboureurs qui osent travailler à la culture des terres. »

Malgré le préjudice qu'en éprouvaient les royalistes, les trêves étaient toujours renouvelées. En vain le bailli de Forez démontrait que ces sortes de conventions n'étaient profitables qu'au parti des nemouristes, qui n'en observait pas les articles : « Il vaudroit beaucoup mieux, disait-il [1], mettre la main à l'œuvre pour une bonne fois. » Mais les échevins de Lyon, fort embarrassés de la personne du duc de Nemours, n'osaient prendre une détermination définitive, et auraient voulu pouvoir satisfaire tout le monde.

Dans l'intervalle d'une trêve à l'autre, Paillard d'Urfé, frère cadet d'Anne, et royaliste comme lui, s'était emparé de Saint-Germain-Laval; mais il ne le garda qu'une douzaine de jours : Chandieu, qu'il y avait laissé, fut obligé de le rendre, étant pressé par toutes les forces du marquis de Saint-Sorlin, qui firent éprouver aux lieux voisins de très-grands ravages. Les nemouristes firent ensuite fortifier cette place, contrairement aux conventions [2].

Vers la même époque, et par un manque de foi déplorable, Saint-Sorlin fit un jour « courre à force

[1] Lettre n° XXXIV.
[2] Ils la tenaient encore au mois de septembre; car on voit qu'un certain Jehan Peyret, « ci-devant l'un des adjoints creés par le roy au bailliage de Forez et à present procureur pour Sa Majesté en la ville et chastellenie de Saint-Germain, » était, pour son office royal, forcé de résider à Feurs.

monsieur de Chevrieres par delà Roanne, » et une partie de la troupe de ce dernier, au nombre de trente arquebusiers, fut entièrement détruite par cent cinquante arquebusiers du marquis [1].

Enfin, grâce à tous les retardements qu'on avait apportés à la conclusion d'un traité définitif, le vœu des partisans du duc de Nemours fut accompli : ce jeune seigneur parvint à s'échapper de Pierre-Scise le 26 juillet, par le moyen d'un déguisement bien simple, qui consista à s'affubler des vêtements de son valet de chambre. Il sortit ainsi de la pièce où il était gardé à vue, et se rendit dans une espèce de cuisine, où un trou avait été pratiqué à la muraille. Il n'eut qu'à se laisser glisser le long du mur, et se trouva au milieu d'une petite troupe qui l'attendait, et avec laquelle il rejoignit son frère à Vienne. Ils concertèrent ensemble un nouveau plan de campagne qu'ils mirent aussitôt à exécution, s'avançant sur Lyon et portant la désolation dans le pays.

« Il m'a semblé, écrit Anne d'Urfé aux échevins de cette ville, sur les occurences qui se passent, devoir recourir à vous, à messieurs d'Ornano et de Boteon, pour vous dire que, si vous avez besoin de ma compagnie de gens d'armes et autres gens de guerre, tant de cheval que de pied, que je pourrai mettre ensemble en ce païs, je tacherai de les faire venir au rendez-vous...... Quoyque les officiers du bureau des finances ne me ayent donné occasion, ce n'est maintenant qu'il s'en faut souvenir; ains oblier tout pour ne tendre qu'à

---

[1] Lettre de madame de Chevrières, du 14 mai. Voyez aussi, dans la collection placée à la suite de ce récit, les lettres n°ˢ xxxvii et xxxviii.

un seul but, qui est le service de Sadite Majesté et le repos et soulagement du pauvre peuple. »

Chevrières ne s'oublia pas non plus; en voyant les progrès que faisait le duc de Nemours, il se hâta de rassembler ses troupes. Son lieutenant Delègues se trouvait alors devant Montrond, qu'assiégeaient les royalistes; il lui envoya le « sieur Felix, capitaine de ses chevau-legers albanois, pour lui representer la necessité de sa presence, ne respirant plus que par l'esperance de son secours[1]. » En attendant, il mit quelques troupes à Bourg-Argental et à Malleval.

Pour satisfaire au désir que les échevins de Lyon lui avaient exprimé, Anne d'Urfé convoqua encore une fois les états du Forez[2]. La réunion eut lieu à Feurs, Montbrison étant toujours au pouvoir des nemouristes. Chevrières écrivait, le 29 août, aux consuls : « La noblesse vous depute monsieur de Charnay pour vous en dire les particularitez, et avoir sur le tout vos bons avis. n'ayant rien reconnu en toute cette assemblée que beaucoup d'affection au service du roy, et de demeurer avec le corps de vostre ville[3]. »

A la fin de septembre, les nemouristes, sous les ordres de Rosen et de Gagemont, vinrent assiéger Villeret, qui tenait pour les royalistes; mais ils furent forcés d'abandonner ce siége, étant à leur tour attaqués par les

---

[1] Lettre de Chevrières, du 23 août.

[2] Lettre n° XXXVII.

[3] En finissant sa lettre, Chevrières se plaint des calomnies qu'on débite sur son compte; il dit qu'il voudrait bien en connaître l'auteur; qu'il le forcerait bientôt au repentir. Anne d'Urfé fait à peu près les mêmes plaintes. Voir le n° XXXVI.

communes qu'avait soulevées Guy de la Mure[1], châtelain de Saint-Maurice. C'est dans cette occasion que fut tué Antoine d'Urfé, évêque de Saint-Flour, qui donnait déjà de grandes espérances[2].

Pour mettre un terme aux ravages du duc de Nemours, le connétable de Montmorency avait reçu du roi l'ordre de s'avancer dans la province. Il y vint avec ses deux filles (la duchesse de Ventadour et la comtesse d'Auvergne) : il passa deux jours à Saint-Étienne; puis un autre jour au château de Saint-Chamond, et de là se rendit au camp de Saint-Genis-Laval. Il envoya Chevrières commander les forces royalistes dans le Vélay, en remplacement de Chaste, qui venait d'être tué en faisant une tentative pour se rendre maître de la ville du Puy. Dans sa lettre, en date du 20 octobre, il engageait Chevrières à visiter les places du Vélay, et à lui faire un rapport sur l'état du pays. Il lui déclarait en outre qu'il avait beaucoup de confiance dans ses talents militaires, sa fidélité au service du roi, et la considération dont il jouissait dans ce pays voisin du Forez; enfin il ordonnait « à tous gouverneurs particuliers des places, capitaines, consuls et habitants des villes et lieux, justiciers, officiers et sujets du roi, de lui obeir, et de pourvoir, sous peine de rebellion, au logement et entretien de sa compagnie et des autres troupes qu'il assembleroit, s'il estoit necessaire, tant qu'elles seroient employées dans le pays. » Chevrières était déjà

---

[1] Aïeul de l'auteur de ce nom, qui a écrit la Généalogie placée en tête de ce volume, et plusieurs ouvrages concernant le Forez. Voy. p. 4, note 1.

[2] Voir son article, ci-devant, p. 211 et suiv.

arrivé dans le Vélay, lorsqu'il reçut du roi une lettre datée du 28 octobre, par laquelle celui-ci lui donnait le gouvernement du Puy et de toute la province dont cette ville est la capitale. Il lui mandait en même temps qu'il lui aurait volontiers donné l'office de sénéchal de ce pays ; mais que le commandeur de Chaste, frère de celui qui venait d'être tué, s'étant trouvé à Paris lorsque la nouvelle de cet événement y parvint, l'avait supplié de réserver cet office pour son neveu, le fils du défunt, ce qu'il n'avait pu refuser [1].

Chevrières, qui quelques années auparavant avait contribué si puissamment à conserver la ville du Puy au pouvoir des ligueurs, avait maintenant mission de la leur enlever. Il s'établit dans le célèbre château de Polignac, demeure du dernier gouverneur, et y resta jusqu'au mois de mars de l'année suivante. A cette époque il vint passer quelque temps dans sa terre de Saint-Chamond ; mais il fut rappelé dans le Vélay, au mois d'avril, pour s'opposer aux entreprises des ligueurs. Enfin, après quelques tentatives infructueuses de part et d'autre, la ville du Puy reconnut le roi Henri IV conditionnellement, c'est-à-dire qu'elle conserva son sénéchal ligueur, le vicomte de l'Estrange.

Malgré la soumission de presque tous ses chefs, le Forez résistait encore aux armes royales. Honoré d'Urfé, tout à fait rallié au parti du duc de Nemours, pour lequel il paraît avoir quelque temps hésité [2], avait reçu.

---

[1] ARNAUD, *Histoire du Vélay*, t. II, p. 34.

[2] Voyez page 331 la mention de la prise de Sury par Honoré d'Urfé, à qui cette ville fut enlevée par le marquis de Saint-Sorlin.

après la défection de son frère, le titre de gouverneur du pays pour ce prince, et il continua cette lutte [1] désespérée. Pour bien apprécier la générosité des motifs qui guidaient Honoré dans sa conduite, il faut lire le compte qu'il nous en a rendu lui-même dans ses *Epistres morales* [2].

Au commencement de l'année 1595, Anne d'Urfé fit assembler à Feurs les états du Forez, afin d'aviser aux mesures à prendre pour rétablir l'ordre dans ce pays. Le véritable remède se trouvait dans la force des armes; il fallait maintenant à tout prix débarrasser le pays des ligueurs, comme il avait fallu auparavant en expulser les politiques, alors que la majorité était ligueuse. Aussi Anne priait-il instamment les échevins de Lyon et le connétable de Montmorency de vouloir l'aider dans l'accomplissement de cette œuvre importante. Mais voilà qu'à son tour il était devenu suspect aux royalistes, probablement à cause de son frère Honoré. On lui supposait le dessein de vouloir se rendre indépendant dans son petit gouvernement [3], car alors tous rêvaient l'indépendance, peuples et seigneurs, prétentions assez difficiles à concilier.

---

[1] On voit encore dans les archives de la ville de Lyon une lettre d'Henri IV aux échevins, datée de 1594, dans laquelle il rappelle que le chevalier d'Urfé a fait prisonnier dernièrement le seigneur de Riverie, et qu'il serait bon d'en faire l'échange avec Basoche et Fortunat, deux nemouristes que les Lyonnais gardaient en prison. Cet échange eut probablement lieu, puisque Basoche fut plus tard chargé de traiter pour la reddition de Montbrison.

[2] Voyez ci-devant, p. 135 et suiv.

[3] Lettres n°s XL et XLI.

Le connétable força enfin le duc de Nemours à aller chercher du secours auprès du duc de Savoie. A peine venait-il de quitter Vienne, y laissant pour gouverneur le sieur de Disimieu, un de ceux dans lesquels il avait le plus de confiance, que celui-ci le trahit en ouvrant les portes de cette ville aux troupes du connétable [1], qui vint y recevoir le serment des habitants le 1er mai. Ce dernier échec causa un tel chagrin au duc de Nemours, qu'il tomba dans une maladie de langueur dont il ne releva pas.

Pendant ce temps-là d'Ornano s'avança vers Montrond, dont il fit le siége. La place se rendit le 28 juin. Il écrivit aussitôt aux échevins de Lyon : « Aujourd'huy ceux de Montrond ont composé, et sortent avec chevaux, armes et bagages, pour aller trouver monsieur de Nemours, ne leur ayant voulu permettre d'aller à Montbrison, comme ils le desiroient, pour renforcer la garnison. La place demeurera entre les mains de madame de Chamelot, qui m'a prié d'y laisser le capitaine Ruppert avec quelques soldats, pour la conserver sous l'obeissance du roy, sans toutefois faire la guerre; ce que je lui ay accordé, de l'advis de messieurs de la noblesse du pays. Montverdun a aussi traité et reconnoist le roy.

« Après diner, messieurs de la noblesse et du tiers (état) me sont venus prier d'entreprendre le siege de Montbrison, ce que je ne leur ai voulu promettre sans en avoir l'advis de messieurs de Believre, de Sancy et

---

[1] Les royalistes rentrèrent ainsi en possession de cette ville de la même manière qu'elle leur avait été enlevée en 1592.

de Botheon, vers lesquels je depesche messieurs le baron de Joux et le Besches, que j'ai priés de vous voir. »

Il paraît que la réponse ne fut pas favorable à l'entreprise; car il leur écrivit du même lieu, quatre jours après [1] : « Ce fut esté une bonne œuvre pour le bien du service du roy, si par le moyen de messieurs de ce pays nous eussions pu entreprendre le siege de Montbrison, car je m'asseure que nous en fussions plus tost venus à bout, à cause du peu de gens qu'il y a, que nous ne ferons de longtemps. Toutefois, les raisons que vous me donnez me sont si pertinentes, que je ferai tout ce qui me sera conseillé, ne desirant rien que de bien servir mon maistre, et ne me soucie point en quelque part que ce soit. Mais ce qui me faisoit resoudre avec beaucoup d'affection à ce siege, c'est que par ce moyen je voyois tout ce pays libre, et que c'étoit chose profitable à vostre ville. »

Pour achever de détruire tout l'espoir des nemouristes, la mort vint mettre un terme aux souffrances du jeune duc, qui depuis plusieurs mois gisait sur un lit d'agonie, à Annecy, en Savoie [2]. Cet événement, arrivé le 15 août, laissa au roi, qui l'apprit à Lyon, où il se trouvait dans les premiers jours de septembre, pleine et entière liberté pour lui donner un successeur au gouvernement du Lyonnais, Forez et Beaujolais. Il pourvut aussitôt de cette charge le seigneur de la Guiche,

[1] Le 2 juillet.
[2] Voyez, dans l'article biographique d'Honoré (analyse des *Epistres morales*), pag. 137-143, quelques curieux détails sur les derniers moments du duc de Nemours, qui mourut d'une maladie extraordinaire inconnue aux médecins de cette époque.

auquel il adjoignit Chevrières comme lieutenant général. Anne d'Urfé, qui avait été jusque-là leurré de l'espoir d'avoir le gouvernement du Forez, fut sacrifié sans ménagement, et on doit lui pardonner le dépit qu'il montra depuis [1].

Vers la même époque (août), les partisans du jeune duc de Nemours ruinèrent une partie du village de Saint-Marcel d'Urfé, en haine du mal que leur avait fait le royaliste Bertrand d'Albon qui en était seigneur, par les droits de sa femme, Antoinette de Galles.

Enfin, « le 12 decembre 1595, fust accordée et faicte la trefve des guerres civiles entre le seigneur de la Guiche, gouverneur pour le roy à Lyon et pays circonvoisins, et le sieur de Bazoches, ayant pouvoir du seigneur de Nemours [2], et son deputé, qui tenoit la ville et chasteau de Montbrison, et plusieurs aultres places au pays, et y avoit garnizon. »

Au mois de janvier de l'année suivante, le roi donna son édit de pacification, dont voici le préambule et les principaux articles :

« Nous avions de tous temps estez bien advertis de l'inclination naturelle de nostre très-cher et très-amé nepveu le duc de Genevois et de Nemours à nostre service, ayant toujours entendu qu'il n'a participé aux troubles et divisions de nostre royaume par aulcun desseing prejudiciable aux loix de l'estat, etc.

« Que la memoire de tout ce qui s'est passé pendant les troubles, depuis l'année 1589 jusqu'alors, tant pour

---

[1] Particulièrement dans son *Himne de la vie champestre*.
[2] Saint-Sorlin, qui avait hérité du nom de son frère ainé.

ce qui s'est geré par le feu duc de Nemours son frere aisné que par luy et tous ceux qui les ont suivis, demeurera esteinte et assoupie.

« Que ceux qui commandent dans les villes, places et chasteaux que tenoit ledict duc au pays de Forez y demeureront, et leur sera donné appoinctements pour les gents de guerres necessaires à la garde d'icelles, faisants au prealable le serment au roy de les conserver fidelement soubz ledict duc en son obeissance.

« Que l'exercice de la justice du bailliage de Forez en la ville de Montbrison, et icelle, demeurera en tous ses anciens droicts, libertez, franchises, privileges, immunitez et octroys.

« Que les provisions d'offices faictes par le feu duc, dont la fonction est dedans les villes, demeureront nulles, et neantmoins que ceux qui ont obtenu lesdictes provisions par mort ou resignation jouiront desdicts offices en prenant nouvelles lettres de provision du roy, qui leur seront expediées sans payer aulcune finance. »

Outre les articles contenus dans cette stipulation générale [1], le Forez fut tenu de payer 60000 livres pour retirer des mains du duc [2] la ville de Montbrison, que les officiers du bailliage et ceux de l'élection avaient abandonnée. Ils s'étaient installés à Saint-Galmier, qui fut aussi le refuge d'une grande partie des habitants de Montbrison pendant tout le temps que dura l'occupation de cette ville par les nemouristes.

---

[1] Cette stipulation concernait aussi Ambert.
[2] Le duc de Nemours et les siens reçurent encore du roi une somme de 378000 livres pour la reddition des places qu'ils tenaient. (*Mém. de Sully*.)

« Les deputez du pays, dit un chroniqueur, negocierent la reduction de la ville de Montbrison moyennant une notable somme de deniers au duc de Nemours, que lui advancerent pour ledict pays, entre aultres, messieurs de Champtois, de Chenevoux et de Fornier; en quoy fust redimée ladicte ville de Montbrison et tout le pays, qui souffroit par sa detention d'une grande despense, veu que, jusques à ce que ledict duc auroit contentement de la somme arrestée, son traicté portoit que la garnison qui estoit dans Montbrison seroit entretenue aux despens du pays, à raison de sept ou huit mil livres par mois. »

Lorsque tout fut réglé, le seigneur de la Guiche prit possession du pays au nom du roi, et bientôt après fit démolir [1], avec la forteresse récemment élevée par les ordres du duc de Nemours, une partie de l'ancien château de Montbrison qui subsistait encore; et sur ses ruines fut planté, comme un rameau de paix, un orme qui a vécu jusque dans ces derniers temps [2].

Il restait bien encore quelques places à réduire [3]; mais on peut dire que la Ligue n'existait plus : le duc de Mayenne d'ailleurs avait depuis longtemps fait sa paix avec le roi, et tout rentra bientôt dans l'ordre. Alors

[1] Du 21 au 27 juillet 1596.

[2] Il y a quelques années qu'il fut renversé par un orage, à la violence duquel son vieux tronc décharné ne put résister.

[3] On voit dans les archives de la ville de Lyon une lettre de Montlaur aux habitants de Charlieu, à la date du mois de novembre 1596, dans laquelle il menace de les exterminer s'ils ne se rendent pas. « Il n'est pas besoing, dit-il, que je produise autre commission que la pointe de mon espée. »

commença dans le Forez la démolition de ces châteaux dont les ruines menaçantes couvrent encore aujourd'hui le sommet de quelques monts stériles et escarpés.

L'année suivante, l'archevêque de Lyon, Pierre d'Épinac, vint faire une visite pastorale dans le Forez, son pays natal. Après tant d'agitation, il semblait chercher le repos. Il logea à Montbrison, le 26 février 1597, chez le chanoine Papon, qui, avec les autres membres du chapitre, était allé au-devant de lui. Il officia dans l'église Notre-Dame. Deux ans après, il devait mourir dans la solitude, accablé de dettes contractées au service de la Ligue. Peu après lui s'éteignit la famille d'Épinac : il n'en fut pas le personnage le moins célèbre.

Anne d'Urfé, dégoûté du monde, où il n'avait guère éprouvé que désappointements, résolut de l'abandonner, et d'entrer dans les ordres. Henri IV essaya de le détourner de ce dessein en lui envoyant quelques titres; mais Anne en refusa une partie, et se fit ordonner prêtre. Ce fut le 11 mai 1599 [1] qu'il se démit de sa charge de bailli et de capitaine châtelain de Montbrison en faveur de son frère Jacques. Celui-ci fut pourvu le 9 août par la reine douairière, comtesse de Forez, et confirmé par le roi le 19 du même mois.

Ce nouveau bailli fut plusieurs fois obligé de se mettre en campagne contre les protestants, qui reparurent sur la scène aussitôt que les catholiques eurent vidé leur querelle. La ville de Saint-Étienne était la seule de la

---

[1] L'*Histoire généalogique* du P. Anselme porte qu'Anne donna sa démission en 1598; mais, si on en juge par les deux dates qui suivent ici, il faut lire 1599.

province où les *réformés* fussent tolérés; ils y jouissaient même d'une certaine liberté, puisqu'en 1595, un d'entre eux avait osé renverser une croix de bois qui ornait le Pré de la Foire. Pris et conduit en prison, il en fut quitte pour faire élever une croix de pierre, la plus belle qu'on put trouver dans les carrières de Riom (près de Saint-Étienne). Elle passait pour la plus grande de France. « Le 11 août 1595, dit de la Mure, la croix de Saint Estienne fut levée aux frais de honneste homme Jean Nesme (père du délinquant), marchand de ladite ville, qui y deboursa plus de mille escus. » Elle fut bénite par l'archevêque lors de sa tournée pastorale, en 1597. Cette année même un autre protestant poignarda le curé Pierre James, « qui avoit tant presché, tant tonné d'excommunications contre eux, qu'il avoit fait resoudre les habitants de cette ville à ne donner plus leurs maisons à louage à aucun protestant, et quelques-uns mesme contraignirent les locataires d'envider devant le terme[1]. » Lorsque la cour des grands jours se tint à Lyon en septembre 1597, pour réformer, autant que possible, les abus qui s'étaient introduits à la faveur du désordre, les protestants y portèrent leurs plaintes; mais il leur fut répondu : « Allez, vous êtes des séditieux et ne faites que nous rompre la tête de vos plaintes. » Chaque jour plus maltraités dans cette province toute catholique, ils furent contraints de l'abandonner, et le calme se rétablit entièrement.

[1] Voyez, dans les *Mémoires de la Ligue*, une complainte que les protestants présentèrent au roi, en 1597 : elle contient quelques détails curieux sur l'histoire du Forez à cette époque.

On a vu, dans le cours de ce récit, qu'Anne et Honoré d'Urfé, tous deux dirigés par de nobles sentiments, et débutant sous le même drapeau, drapeau populaire s'il en fut jamais, avaient fini cependant par se trouver dans des camps ennemis. C'est qu'il est en politique un fatal point d'honneur auquel les hommes les plus généreux sont trop souvent soumis, et qui les entraîne bien plus loin qu'ils n'avaient pu le prévoir. Heureusement pour les deux frères, lorsque tant d'autres hommes, durant les troubles, reçurent les noms de traîtres et de lâches, on ne put leur reprocher à eux aucune action qui ait eu même l'apparence d'une trahison. Dans les deux camps leur caractère fut respecté, parce qu'il fut toujours respectable, n'importe sous quelle bannière.

Ainsi se termina dans le Forez ce grand drame de la Ligue, qui, après avoir agité la France pendant plusieurs années, lui légua, dans l'unité religieuse, politique et territoriale, définitivement conquise à cette époque, un si bel avenir de puissance et de gloire. Ce fut en vain que la noblesse tenta depuis de ressaisir, sur cette royauté absolue qu'elle venait pour ainsi dire de fonder, ses anciens priviléges, dont les circonstances avaient fait celle-ci héritière : l'échafaud lui prouva qu'elle y songeait trop tard. Il n'est pas nécessaire de rappeler le supplice du maréchal de Biron, la conspiration du duc d'Angoulême, les révélations du duc de Montpensier, et le gouvernement du cardinal de Richelieu.....

IV.

LETTRES

ÉCRITES

DU TEMPS DE LA LIGUE

PAR LES D'URFÉ.

Les lettres que je publie ici sont d'Anne d'Urfé, deux exceptées : l'une de Jacques (Paillard), et l'autre d'Honoré, ses frères. Elles ont été transcrites et collationnées sur les originaux, qui se trouvent dans les archives de la ville de Lyon, et font partie d'un recueil en dix-huit volumes contenant une foule de documents de ce genre[1]. Plusieurs d'entre elles sont autographes ; mais la plupart ont été écrites par des secrétaires, ce qui explique les irrégularités qu'on y rencontre. Sans avoir un système bien arrêté, Anne d'Urfé avait une orthographe assez régulière, ainsi qu'on peut s'en convaincre par la lecture de la *Description du païs de Forez*, qui est entièrement écrite de sa main. Il fait ordinairement une faute qui, pour cette époque[2], et par cela même qu'elle est très-fréquente, n'en est, pour ainsi dire, plus une : il emploie l'*s* pour le *c*, et *vice versâ* ; façon d'écrire qui ne présente d'inconvénient que lorsqu'elle est appliquée aux pronoms possessif et démonstratif (*ces* et *ses*), parce qu'il est quelquefois difficile de distinguer lequel on a voulu employer. Au reste, j'aurai soin d'indiquer par des crochets [] ce qui, dans ces lettres, est de la main d'Anne. On y trouve fréquemment, par exemple, des *post-scriptum* dans lesquels il note des faits qu'il tenait probablement à laisser ignorer à ses secrétaires. Le motif de cette prudence, par un temps de guerre civile, est facile à deviner.

[1] Voyez l'*Avant-propos* de l'historique qui précède.
[2] Voyez l'avis placé à la page 10 de ce volume.

LETTRES
ÉCRITES
DU TEMPS DE LA LIGUE.

I.

ANNE D'URFÉ, AUX CONSULS ET ÉCHEVINS DE LYON.

Messieurs, pour responce à celle que vous m'avez escripte du 27 du passé, je ne puis assez appreuver la bonne et genereuse maniere de laquelle avez usé pour vous deslivrer des deffiances qu'avoient travaillés non seulement le peuple de vostre ville, mais tout le gouvernement d'icelle, depuis quelque temps en çà, dont s'en est ensuivy une execution si louable, qu'il ne se peut dire mieux, et pour le regard de l'exortation que vous me faites de m'unyr avec vous à une si bonne et sainte occasion, et aux conditions portées par la vostre, c'est chose que j'ay desiré il y a longtemps, et me semble que je vous en ay donné quelque apparence du vivant de feu monsieur de Mandelot[1], qui nous assembla quazy

---

[1] Anne d'Urfé veut peut-être parler d'une réunion qui eut lieu à Lyon en 1585. Les consuls de Lyon s'étant emparés par surprise de la forteresse qui dominait leur ville, protestèrent cependant de leur attachement au roi........ « Tous les ordres de la ville firent une protestation de leur fidélité, et les principaux gentilshommes du Lyonnais et du

pour un mesme sujet, et depuis l'ay confirmé à un seigneur vostre voisin, qui vous a assisté en ce dernier acte. Asseuré-vous donq, messieurs, qu'en ce qui dependra de moy, encore que je sois bien valetudinaire, puis qu'il plaist à Dieu, je ne m'espargneray de chose du monde qui vous pourra servir et à tout ce gouvernement aussy. Pour le moins si l'effet n'y peut estre entierement accomply, vous cognoistrez que ce n'est faute de bonne et entière vollonté, et que ne serez aucunement deceus de la bonne opinion ayants de moy, vous remerciant humblement de vos honnestes offres, et pour le reciproque, je vous en offre aultant et d'aussy bon cœur, messieurs, que je prie Dieu vous avoir en sa sainte garde.

Vostre voisin, confrere et bon amy à vous servir.

URFÉ.

Sugny, 7 mars 1589.

II.

JACQUES D'URFÉ (PAILLARD), AUX MÊMES.

Messieurs, le porteur vous pourra dire la maniere de quoy je procede à l'endroyt de ceux à qui appartiennent les marchandises que j'ay faict arrester; par où vous pourrez connoytre que mon desseing n'a jamais esté de retenir rien de personne, encores moins d'empescher le commerse de vostre ville, et mesmes anvers ceulx qui

Forez, convoqués par M. de Mandelot, se confédérèrent par promesses mutuelles de s'opposer et défendre à l'encontre de tous ceux qui voudraient entreprendre contre l'état de la couronne, le repos public et la religion catholique, réponse assez équivoque à la déclaration que le roi venait de lancer contre la Ligue.» (CLERJON, *Hist. de Lyon*, t. V, p. 291.)

adresseront leur chemin par ce peïs, auquel, pour le respect de monseigneur de Nemours, et de l'otorité qu'il luy a pleu d'y bailler à mon frere, il ne fault point que doubtiez que je ne voullust moy-memes batre l'estrade pour randre le passage asseuré si bezoin estoyt, comme d'effaict j'ay tousjours offert à ceulx qui sont passés et randu temougnage d'estre de la sainte unnion de leur bailler telle et si bonne escorte que ceulx qui oroient anvie de leur mal faire en seroient desceus par l'estandue de ce gouvernement. Vivez donc, je vous prie, avec ceste creansce; je me remetray de tout le reste à cedit porteur, priant Dieu vous donner, messieurs, an bonne santé, très-heureuse et longue vie.

Vostre voyzin et bien affectionné a vous faire cervice,

Le Paillard d'Urfé.

De Montbrison, le 5 may 1589.

Messieurs, j'oublioys à vous dire qu'il ceroyt très-requis que l'on print guarde de plus près aulx passeports que l'on baille pour les marchandizes qui sortent de Lion, comme j'ay faict entandre plus particullierement à ce porteur. J'an escrit un mot à monseigneur le marquis.

III.

ANNE D'URFÉ, AUX MÊMES.

[Messieurs, vous voirez par se qui c'est passé, dont je crois que monseigneur le marquis de Sainct-Sorlin vous aura averti, comme je me suis aidé jusques icy de se que vous m'avez mis entre les mains. Baste, que Montrond et Cornillon sont rendus entre noz mains à très-belles composissions. On nous a promis Andance. Je veilleray à bien achever se qui est à faire. Ramenant les pieces, je vous rendray graces de l'amitié que vous avez montré à tout se païs et à moy particullierement de nous en acommoder, vous assurant qu'en touttes les occasions où il vous plaira m'employer, je vous feray service d'entiere affection, et plus libremant que je ne le dict, pour estre plus libre de bons effaicts que de parole; et sur ce je supplieray le Createur, messieurs, vous donner très-heureuse et longue vie.

Vostre bien humble à vous faire service,

Urfé.

De Fourminy[1], le 21 aoust 1589.]

IV.

ANNE D'URFÉ, AUX MÊMES [2].

[Messieurs, je vous prie de croire que je ne sus rien de la prise des marchans dont vous m'escrivez que long-temps aprez qu'elle fut faicte; et au mesme temps que je le sus, je fus averti comme ceux d'Auvergne, qui se sont saisis de Montgilbert et font plusieurs courses dans se païs, avoyent pris un gentilhomme des miens que j'envoyois à Chasteaumorand seul pour mes affaires, nommé le jeune Genestines. Cella me fict resoudre garder lesdicts marchans pour en faire une change, parce qu'il me semble que la loy doict estre esgalle pour touts,

---

[1] Sans doute Firmini.

[2] Cette lettre ne porte point de date, mais elle doit être du mois de novembre 1589.

et s'ils prennent les nostres, nous en faisions de mesmes des leurs. Mais Dieu voulut que le sieur de Charnay, qui est fort de mes amys, pranit ceux qui avoyent pris ledict Genestines, par le moyen desquels il l'a retiré, ayant baillé de plus cent escus pour estre de plus grant calité que les aultres ; pour lesquels cent escus je luy ay promis luy donner un de ses[1] marchans qui est de Tiers, fils d'un des plus factieux contre nostre party qui y soit. Touttefois ayant resceu l'avis[2], j'ay mandé soudain faire deslivrer celluy qui est de Nevers, qu'il me semble que vous avez plus affectionné, et ay promis au porteur de l'avis de faire deslivrer l'aultre, et tout ce qui se pourra treuver de la marchandise, fournissant lesdicts cent escus, car il vaut mieux que la perte tombe sur noz ennemys que sur nous, et aussy qu'il me semble que je me fairois tort si je ne les faisois ressentir de l'affront qu'ils m'ont faict. Je ne veux aultres tesmoins que vous aultres, messieurs, si je suis homme qui veuille rien d'autruy et prenant : il paroist assez en mes affaires particullieres. Puis vous savez comme j'ay tousjours soing de randre le commerce libre en se païs, pourquoy j'ay eu deux ou trois piques contre de mes voisins, et encores vous jure-je que je n'ay point faict faire cestecy et ay esté plus de quastre ou sinq jours aprez sans an rien savoir. Bien est vray, quant on me dict que le jeune Genestines estoit pris, que j'en fus bien aise afin que noz ennemis ne se portassent pas plus loing. Quant au propos de mon frere de Bussy, c'est chose de quoy je n'ay rien seu, et ne l'ay pas veu despuis qu'il partit

---

[1] Ces. — [2] On lit *la vie*.

d'icy, que je luy avois ordonné d'aller à Vienne[1], se qu'il n'a voullu faire, se couvrant de quelques maigres escuses que j'ay si peu agrées que je ne l'ay peu voir despuis ni ne saurois jamais faire de bon cueur qu'il n'est reparé ceste faulte. Bien est vray que j'ay treuvé bien estrange se que monseigneur le marquis de Sainct-Sorlin me manda, qu'il avoit donné commission de luy coure sus, chose qui m'eult peult-estre contraint de m'en ressantir anvers ceulx qui l'avoient persuadé, sachant assez que cella ne venoit point de mondict seigneur le marquis, mais de quelques-ungs de vostre ville, qui me veullent mal sans occasion, comme ils ont faict paroistre à l'Abresle, et en plusieurs aultres endroicts, sans considerer qu'ils ne me peuvent perdre sans en rescevoir beaucoup d'incommodité. Nous sommes tous d'un mesme party et nous devons tous soutenir les ungs les aultres, sans tacher à nous jouer de ses mauvais offices soubz main; et quant à moy je proteste si mondict frere de Bussy, ni aultre quel qui soit, s'attaquoit à vous aultres, que je serois le premier à luy donner de la pistolle dans la teste, bien que tels actes ne soyent guieres de mon naturel. Je parle franchement et devez croire se que je vous dict; vous priant ne fortifier la mauvaise voullonté de ceux qui me veullent mal sans cause, et croire que vous pouvez plus tirer de services de moy que d'eux, bien qu'ils soyent de vostre ville; et qu'ils ne vous ont

---

[1] Je ne sais quel peut être ce propos de Christophe d'Urfé qui a si fort courroucé le marquis de Saint-Sorlin. Peut-être refusa-t-il de venir au secours de Chevrières. (Voir, dans le récit qui précède, novembre 1589, p. 264.) Le seigneur de Bussy s'était fait battre en Bourgogne par Tavannes quelque temps avant.

prouvé plus d'affection que je ne vous en ay, comme vous connoistrez tousjours par mes effaicts, et que je veux demeurer à jamais, messieurs,

Vostre bien humble et très-affectioné à vous faire service,]

Urfé.

V.

ANNE D'URFÉ, AUX MÊMES.

Messieurs, je vous ay cy-devant mandé que je feray rendre la marchandise qui se treuveroit en nature appartenant à ceux pour lesquels vous m'avez escript, et n'estoit pas besoing de vous en mettre plus en peine, ayant ordonné à un gentilhomme des miens de faire tout deslivrer au marchant de Nevers qui est allé aveq luy à la Bastie où je pense que ladicte marchandise soit. Je suis très-marry de la perte dudict marchand; mais non pas de celluy de Thiers, pour estre fils d'un très-meschant homme, fort contraire à nostre party, lequel je feray neanmoins eslargir en baillant les cent escus à monsieur de Genetines, et feray tout ce que me sera possible pour faire recouvrer ladicte marchandise, pour le desir que j'ay de vous demeurer à jamais, messieurs,

Vostre bien humble et plus affectionné amy à vous faire service,

Urfé.

A Montbrison, le 2 decembre 1589.

[Messieurs, vous plaignez bien la perte de ces marchands, et ne vous souciez de celle d'un honneste homme de nostre party, auquel on a osté ses montures, son argent et toutes ses ardes, sans qu'il leur fict la guerre, allant pour mes affaires. Croyez que cela n'encourage pas les personnes à continuer. Nous n'avons pas tant de noblesse de nostre costé, qu'on doive faire si peu d'estat de la perte de ceux qui en sont, qui pourroient bien, s'ils le connoissent, le quitter là.]

VI.

ANNE D'URFÉ, AUX MÊMES.

Messieurs, parce que je fais particulierement entendre à monseigneur le marquis de Sainct-Sorlin, par la lettre que je lui escript, l'occasion du voyage que messieurs de la Bastie, du Palais et Amberieu ont entrepris faire pour aller treuver monseigneur de Nevers, comme vous pourrez voir, cela me gardera d'en faire ici aucune redite. Bien vous dirai-je que j'apreuve et treuve bien ledit voyage, pour le desir que j'ai à la conservation et soulagement de cette province, comme je m'asseure vous ferez de vostre part, ayant pour cet effet escrit à mondit seigneur de Nevers[1], à la priere desdites personnes qui en ont voulu estre les porteurs, ad ce que nous puissions entretenir l'union qui a esté promise par la noblesse de l'un et de l'autre parti; et en cette esperance je vous baise bien humblement les mains, et prie

[1] Le duc de Nevers vivait alors retiré dans ses terres, et laissait au ciel le soin de faire valoir les droits de Henri IV. Mais le courtisan ne put pas longtemps rester dans ce milieu, et lorsqu'il crut apercevoir que le roi aurait le dessus, il vint le rejoindre, et fit alors paraître son fameux manifeste intitulé : *La prise des armes.*

Dieu, messieurs, qu'il vous doinct en santé bien bonne et longue vie.

URFÉ.

A Montbrison, ce 25 janvier 1590.

[Je vous envoye la copie de la lettre que j'ay escripte à mondit seigneur de Nevers. Je voudrois bien que toutes choses se passassent par la voie de la douceur, s'il estoit possible, et que nous pussions avoir la paix en cette patrie, laquelle je supplie à Dieu nous accorder. Quant aux affaires dudit seigneur de Saint-André, elles sont bien decousues pour luy, car tous les gentilshommes reallistes[1] m'ont asseuré qu'ils ne vouloient point l'assister, et beaucoup d'eux m'ont promis d'estre avec nous contre luy s'il ne satisfaisoit à la patrie, et ne se desiste de la troubler. Je tache de les entretenir en cette bonne volonté plus qu'il m'est possible. Dieu veuille qu'elle dure[2].]

[1] Sans doute *royalistes*. Ceci prouve que, malgré la dissidence des opinions, on se fréquentait toujours, sinon parmi le peuple, qui prenait la chose trop au sérieux, au moins parmi les nobles et gens de guerre. Le consulat lyonnais écrivait un jour à un seigneur qu'il était infiniment marry que l'on fît la guerre aux vaches......... « Vous autres gentilshommes n'en voulez point à ceux de vostre qualité, mais aux paysans et habitants des villes, sans lesquels paysans malaisement vous pourriez vivre.......... Cacus ne deroboit point les vaches des paysans et citoyens des villes, mais celles d'Hercule, qui fut le plus grand guerrier et le premier gentilhomme de son temps. »

[2] On devine aisément que ce *post-scriptum* est un de ceux écrits par Anne lui-même.

VII.

ANNE D'URFÉ, AUX MÊMES.

[Messieurs, je ne tacheray de vous representer avec quel zelle je m'embarquay au party que nous tenons, et comme je le proposay à touttes choses, parce que vous me pourriez respondre que je ne fis rien en sella pour vostre considerassion, d'autant que pour lors vous ne vous estiez encores declairez; mais je m'asseure qu'il n'y a neul de vous qui ignore que despuis qu'il pleut à monseigneur le duc de Nemours me donner la charge de se païs je n'aye taché de vous agreer et servir en tout se que j'ay esté employé par vous, tant en general qu'en particullier, dont rendra tesmoniage la paine que j'é prise et les disputes que j'ay eues pour vous randre le trafic libre par tout se païs, sachant combien sella vous inportoit; à quoy Dieu m'a jusques icy tant assisté que se païs a esté le plus paisible que je crois qu'il soit en France. Cella me faict esperer que voudrez tacher de me randre les memes preuves de bonne voullonté que j'ay faict en vostre endroict, qui m'a occasionné vous faire ceste depesche pour vous dire comme il avoit pleu à monseigneur le duc de Mayenne promettre l'abaye de la Chaise, en ma faveur, à mon frere de Montverdun[1], lequel oultre cella fut esleu par touts les moynes avec les solennités requises. Mais monsieur de Randan[2],

---

[1] Antoine d'Urfé, prieur de Montverdun. (Voyez p. 64 et 211.)

[2] Louis de la Rochefoucauld, comte de Randan, en Auvergne, gouverneur de cette province pour la Ligue. Il fut tué au siége d'Issoire, le 14 mars 1590.

sans y avoir esgart, ni sans avoir neul frere resceu en ladicte abaye, ni moyne, l'en fit segrettemant chasser par un nommé le sieur Dessac, qui s'empara de ladicte abaye, et en optint, par surprise d'un segretaire, l'esconomat de mondict seigneur le duc de Mayenne, ainsy que depuis il le nous a mandé, qui fut cause que pour lever toutte dispute, j'envoyé mondict frere à Romme, qui a esté pourveu de l'abaye par Sa Sainteté. De quoy estant averty, et que ledict sieur de Randan, par le commun bruict, disoit sur se propos qu'il ne se soucioit de pape ni de cardinal, et que le meilleur titre qu'on pouvoit avoir estoit la possession, je me suis avisé de l'aproprier à mon frere, et pour cest effaict, j'y ay dressé une entreprise que Dieu a si bien conduict par sa grace, que nous nous en sommes randus maistres sans qu'il n'y est eu neul mort ni blessé des miens[1], qui sont maintenant dedans, où je suis resollu, avec l'aide de celluy qui peult tout, ne laisser plus entrer personne qui puisse faire la loy à mondict frere; et parce que ledit sieur de Randan pouroit pour m'en chasser y venir par force, ou pour le moins, afin d'avoir plus de moyens de la ressurprandre, me nier la garnison nessessaire pour la conserver, et telle seulemant qu'il la tenoit, j'ay pansé de savoir de vous, puisque nous avons entre nous, pour estre d'un mesme gouvernemant, une plus estroite union que la generale, si en ce cas il ne vous plairoit pas de m'assister contre luy, et si je n'en doicts pas faire estat, offrant, à celle fin que personne ne panse que je

---

[1] Cela ne dit pas qu'il n'y en ait point eu dans le camp opposé. Singulière manière de procéder en matière de bénéfices ecclésiastiques !

veuille prandre une querelle injuste, de mettre papier sur table, et m'en remettre à dire de conseil; chose que par cy-devant ledict sieur de Randan n'a jamais voulu faire, quoyque je l'en aye requis et monseigneur le duc de Nemours luy en est escrit par deux fois en ma faveur et sussitassion. Tellemant, messieurs, qu'il n'a point tenu à moy ni ne tiendra encor que les choses ne se passent par la voye de la douceur, laquelle j'ay toujours recherchée, comme checun sait. Vous priant, au reste, ne vous figurer de moy que se que vous devez attandre d'un très-bon voisin, qui desire infinimant vous faire service et entretenir jusques à la mort nostre party, sachant qu'il est bon et juste. J'escris à monseigneur le marquis de Sainct-Sorlin se qui c'est passé en une feranee que nous avons eue avec quelques gentilshommes du party contraire qui vous menassent fort. Je ne vous en feray aultre resit, fors que vous connoistrez par effaict que je veux vivre et mourrir à l'union qui est entre nous s'il vous est agreable l'entretenir, et embrasser se qui me consernera comme je fairay le vostre; jurant et protestant sur mon honneur que je ne vous voudrois employer en chose qui ne fut bonne et saincte, comme les effaicts vous le front paroistre. Et pour la fin de ceste-cy je vous pricray de croire que se n'est point faulte de prommesse d'assistance que je rechercheray la vostre; mais seullemant que pour estre déjà uni et de mesme party, elle me seroit plus agreable que de tout aultre, et mesmes pour estre tous serviteurs de monseigneur le duc de Nemours. Faictes donc estat de moy, et n'en croyez que se qui se doit croire d'un fort homme de bien, comme ont faict sans raison quelques particulliers, pour lesquels je ne laisseray jamais le general. Cependant je vous supplie, messieurs, me tenir pour

Vostre bien humble à vous faire service,
           Urfé.

A Montbrison, 6 mars 1590.]

VIII.

ANNE D'URFÉ, AUX MÊMES.

[Messieurs, soubz mon aveu et les lettres que monseigneur le marquis de Sainct-Sorlin a escrites au cappitaine Henry, il a amené icy le regiment de monsieur de Lespinasse qui est celluy de Champagne, composé tout de très-bons hommes, et qui ont faict plusieurs grands services à nostre party soit en Bourgogne ou ailleurs, qui me faict vous supplier de toutte l'affection qu'il m'est possible leur voulloir accorder une montre, tant pour les employer par cy-après que pour l'amour de moy, afin qu'une aultre fois, quand j'en aurai affaire, soit pour vous servir ou ailleurs, j'en puisse plus aisement disposer. Si touttes nos troupes eussent esté composées de ceux de se gouvernement comme cestes icy, nous ne fussions au desordre où nous sommes, car neul n'eust ausé manqué d'obeir à monseigneur le marquis de Sainct-Sorlin. Mais Dieu nous aidera encores; pourquoy il nous fault esvertuer, et pour ceste occasion tirer le plus de bons hommes que nous pourrons avec nous; qui me faict vous resupplier pour nostre bien en general m'accorder ma priere et faire estat que je suis et veux estre à jamais, messieurs,

Vostre bien humble à vous faire service,

Urfé.

A Gresieu, 24 avril 1590.

Et monsieur le comte de Vantadour s'en va au Bourg-Argental.]

IX.

HONORÉ D'URFÉ, AUX MÊMES.

Messieurs les eschevins et consuls de la ville de Lyon, je vous supplie de laisser sortir de vostre ville quatre pacquets d'estoffes au sieur Mathieu Falgard, marchand de nostre ville, ayant charge de monsieur Jehan Hure, armurier, affin qu'il ayt moyen de promptement parachever les cuirasses et plastrons que je luy ay commandé, tant pour moy que pour armer ma compagnie, qui est acheminée pour le secours de la ville du Bourg-Argental, et pour me servir en toutes autres occasions qui se presentera pour la tuition et conservation de ceste province de Forez, pour l'obeissance de monsieur le marquis d'Urfé, mon frere, et en l'obeissance de la saincte union, et m'asseurant que me l'accorderez, pour la grande necessité où nous en sommes, je vous baise les mains, en mesme vollonté que je vous suis

Vostre bien humble et très-affectionné à jamais,

Le ch^{er} d'Urfé.

De Saint-Estienne, le 2 may 1590.

X.

ANNE D'URFÉ, AUX MÊMES.

Messieurs, je vous supplie bien humblement de me faire le plaisir de faire parachever le payement de la monstre que vous avez commencée des cinq compagnies du regiment de monsieur de Lespinasse, selon que messieurs Charbonnier et Prost[1] l'ont promis; car jusqu'à ce que, lesdites troupes ne font estat de marcher au pays de Vellay, où elles sont determinées aller. Vous sçavez l'importance du retardement que peut apporter ledict payement que revient à quatre cents soixante-cinq escus un tiers pour compagnie.

Vostre bien humble à vous faire service,

URFÉ.

Au camp à Saint-Galmier, 24 may 1590.

XI.

ANNE D'URFE, A MONSIEUR DE GENEVOIS,
MARQUIS DE SAINT-SORLIN.

Monsieur, je viens d'avoir advis certain que monsieur de Chattes a envoyé monsieur de Sainct-Just, son frere, avec trente cuirasses et environ quatre-vingts arquebusiers à cheval pour se joindre aux troupes de monseigneur de Vantadour qui sont au bourg de Sainct-Sauveur, en intention d'aller ravager en Forest, et donner jusques au pont Sainct-Rambert, de quoy je vous ay

---

[1] Les deux membres du consulat qui assistèrent en son nom à l'assemblée qui eut lieu au mois de janvier dans le château de Bouthéon.

bien voullu advertir, et vous supplie bien humblement vous voulloir opposer à leurs desseings, en quoy vous pourrez estre assisté de monsieur de Chalmazel, qui, je m'asseure, ne manquera vous aller treuver, avec ce qu'il a de la compagnie de monseigneur de Nemours, aussi celle du sieur de Varassieu, et d'autres troupes, tant de nos amys que d'autres, et lesquels il sera besoin envoyer du costé de Fierminy, pour leur empescher l'entrée de ce costé-là, et par mesme moyen vous conserverez et empescherez qu'ils ne s'estendent à Saint-Chamond, et se sera un très-bon office pour le general, et en particulier à notre pays, qui vous en aura à jamais infinies obligations, et moy aussi, pour vous en rendre service en toutes les occasions qu'il vous plaira m'employer, d'aussi bon cœur.

Je vous baise bien les mains, et prie Dieu qu'il vous donne santé bien bonne et longue vie.

Vostre très-humble et très-affectionné à vous servir,

Urfé.

Au camp d'Espally, le 29 may 1590.

J'ay fait ceste-cy en double afin que l'une ou l'autre vous soit rendue.

XII.

ANNE D'URFÉ, AUX CONSULS ET ÉCHEVINS DE LYON.

Messieurs, envoyant ce gentilhomme exprès à Lyon pour quelques miennes affaires particulieres, je l'ay chargé d'un memoire et de quelques creances que je l'ay prié vous dire et communiquer de ma part, vous suppliant donc bien humblement prendre la peine de voir ledit memoire pour sur iceluy m'en donner vostre avis, s'il vous plaist, auquel je me conformerai, pour l'assurance que j'ai en vous. Et parce que j'estime qu'avez sceu le succès de mon voyage de Vellay, et que vous verrez ce que j'en escript particulierement à monseigneur le marquis de Sainct-Sorlin, je n'en feray aulcune redite par cette-ci.

Vostre bien humble à vous faire service,

URFÉ.

Montbrison, le 12 juin 1590.

Messieurs, puis la presente escripte, j'ai esté adverti que des soldats que je tiens en une mienne maison de Chasteaumorand ont prins prisonnier Corneton [1], que je sçay que vous voulez beaucoup de mal, pour avoir trahi Charlieu; de quoi j'ai bien voulu vous donner advis, comme je fais à monseigneur le marquis de Sainct-Sorlin, pour sçavoir de luy et de vous ce que j'en ferai, estant deliberé de faire ce que vous vouldrez, et pour cet effet, je l'ai envoyé querir en ce lieu où j'espere qu'il sera bientost [2], et que si vous restez en volonté de le faire mener à Lyon, il sera bon de l'envoyer prendre ici par le prevost de Lyon, quand il y sera arrivé.

XIII.

ANNE D'URFÉ, AUX MÊMES.

Messieurs, je ne fais doubte que n'ayez bonne souvenance des quatre jours que les officiers et chevaulx

[1] Voir la note de la page 268.
[2] Arrivé ici.

d'artillerie ont demeuré tant à aller depuis Feurs jusques à Sainct-Galmier, que sejour qu'ils ont faict audit lieu, après la prinse de Charlieu, en attendant la resolution du voyage qui estoit en deliberation d'aller attaquer l'ennemy, qui estoit lors à Sainct-Estienne; duquel sejour il ne leur a esté payé aucune chose. C'est pourquoy je vous prie de satisffaire à leur payement, en consideration du service et bonne diligence qu'ils ont fait en nostre voyage, et où j'aurois moyen de m'en revencher si sera d'aussi bonne volunté que je prie Dieu, messieurs, qu'il vous tienne tous en sa saincte garde.

Vostre bien humble à vous faire service,

URFÉ.

Montbrison, le 13 juing 1590.

XIV.

ANNE D'URFÉ, AUX MÊMES.

Messieurs, j'ay à me louer grandement de l'assistance que j'ay receu des troupes du regiment de monsieur de Lespinasse et du debvoir qu'ils ont faict à nostre voyage de Vellay; mais je suys bien marry du peu de reconnoissance qu'ils ont receu du Puy [1], qui les a estremement mescontentez. Leur ayans en ceste occasion de rechefs asseurés que ils toucheroient à leur retour le reste

---

[1] On lit dans l'*Histoire du Vélay*, du docteur Arnaud : « Malgré les succès des troupes amenées par Saint-Vidal (la soumission du bourg d'Espaly), les habitants du Puy, chez qui elles étaient logées, gémissaient souvent du ton menaçant avec lequel plusieurs de ces gens de guerre se plaignaient de n'avoir reçu aucune solde depuis que ce seigneur les avait conduits de si loin, et les marchands n'osaient ouvrir leurs magasins, dans la crainte

de leur monstre, que vous m'avez promis pour les cinq compagnies dudict regiment, qui me faict vous faire ceste-cy, que je vous envoye par ce pourteur exprès pour vous supplier bien humblement de vouloir effectuer ladite promesse et me desengager de celle que leur ay faicte pour vous; à ce qu'ils ayent occasion de marcher et s'employer où il sera de besoin, comme je faits estat faire bientost pour le service de la saincte union et manutention de ces provinces. Faictes doncq, messieurs, en sorte que Chappuis leur apporte la susdicte somme, et vous les obligerez du tout à vous, et moy de vous demeurer à jamais, messieurs,

Vostre bien humble à vous faire service,

URFÉ.

Montbrison, le 15 juing 1590.

[Il y a le capitaine Pollard qui avoit plus de la moitié du regiment en sa compagnie seulle, qui merite bien d'estre reconnu particulierement.]

XV.

ANNE D'URFÉ, AUX MÊMES.

[Messieurs, l'affection que j'ay à nostre party me contrainct de vous escrire ceste-cy, ayant sceu comme quelques-uns vous veullent dissuader de accepter les offres

---

du pillage, quoique la ville pourvût à leur subsistance. En effet, il leur était livré, par les commis chargés de cette distribution, tous les jours dix mille pains, seize à dix-huit charges de vin, au moins du prix de dix écus la charge; deux mille mesures ordinaires (*ras*) d'avoine, et deux à trois mille livres de foin. Chaque cavalier recevait outre cela, pour solde, vingt sous par jour.» (T. I, p. 497.)

de Son Altesse, qui vous sont se me semble très-avantageuses, cellon ce que j'ay entandu de mon frere. Je vous supplie donc, sans vous arrester aux belles raisons fardées de quelques ennemys de la sainte union, quoy qu'ils se faignent d'en estre, n'ayent point tant de pouvoir sur vous que de vous faire perdre ceste belle occasion de vous asseurer de Vienne et d'Annonay, s'il est possible, pour eslongner du tout les ennemys de nous. Touttes ces paix ou trefves qu'on vous offre n'est que pour vous tromper, et pour trouver moyen d'esvader ceste bourrasque, qui raportera, si vous en sçavez aider, la ruine des heretiques et bigarrats en ses païs de dessa. Il ne fault plus flatter le mal; il y fault mettre le rasouer à bon essciant, aultremant nous ne le guerirons jamais. Vous avez peu voir que la douceur et l'honnesteté ne les peult gagner : il fault donc y mettre la force, qui ne peult venir de nous seuls; par quoy nous devrions avoir estrememant desiré se que Son Altesse nous offre de sa liberalité. Songez-y, je vous supplie, et croyez que je n'en parle pas pour aultre affection que celle que j'ay à nostre party, comme je fairay tousjours paroistre par les effaicts. Cependant faictes toujours entier estat de moy comme de celluy qui veut estre à jamais

Vostre bien humble à vous faire service,

Urfé.

A Montbrison, le 18 juin 1590.]

XVI.

ANNE D'URFÉ, AUX MEMES.

Messieurs, je viens presentement d'estre averti que Chazeron assiege monsieur de Chenillac, oncle de ma femme, en sa maison, lequel je deslibere secourir, et faire lever le siege à quelque prix que se soit, pour estre chose que j'ay extremement pris de cueur; qui me fait vous supplier bien humblement me voulloyr aider de vostre compagnie de chevaux legers pour m'assister en ce voyage que je pretends faire, et me mettre en campagne avec tout ce que je pourrai dans lundi prochain, pour me rendre à Chasteaumorand, où ladite compagnie se pourra acheminer, si je reçois de vous ceste amitié, de laquelle je me revencherai en toutes les occasions qui se presenteront pour vostre service, d'aussy bon cueur que je desire demeurer à jamais, messieurs,

Vostre bien humble à vous faire service,

Urfé.

Montbrison, 13 juillet 1590.

XVII.

ANNE D'URFÉ, AUX MÊMES.

Messieurs, outre ce que monsieur Baraillon m'a fait particulierement entendre par la lettre qu'il m'a escrite, j'ay assez appris l'amitié et bonne volonté que vous me portez, m'ayant si librement fait accorder à monseigneur le marquis de Sainct-Sorlin vostre compagnie de chevaux legers, pour m'assister au voyage que je vous avois mandé, lequel, Dieu mercy, n'est besoin de faire à present, parce que Chazeron s'est retiré, et a levé le siege de devant Chenillac, de quoy je vous remercie bien humblement, et vous supplie me continuer toujours cette bonne volonté, et croire qu'il ne se passera jamais occasion où j'aye moyen m'en revencher que je ne vous fasse paroistre le desir que j'ay de vous faire service. N'ayant cependant voulu faillir vous dire que j'ay heu advis d'un mien amy qu'il se fait de très-grandes menées. Je ne sais encore que ce peut estre, parce que je n'ay pas parlé à luy, mais je le feray si je puis et au plus tost que je pourrai pour tascher de savoir que c'est, pour au cas qu'il y ait quelque chose qui vous touche vous en advertir : c'est à quoy je ne faudrai, et ne sera que bien à propos de se tenir cependant chacun sur ses gardes. Je demeureray à jamais, messieurs,

Vostre bien humble à vous faire service,

Urfé.

A Montbrison, le 18 juillet 1590.

XVIII.

ANNE D'URFÉ, AUX MÊMES.

Messieurs, puis l'arrivée de monsieur Baraillon en cette ville, il est survenu quelques occurences sur lesquelles j'ay discouru amplement avec luy et fait entendre, si me semble estre besoin de faire pour remedier de bonne heure au mal que l'on nous vouldroit preparer : en quoy je m'employeray tousjours de très-bon cueur et de la mesme vollonté que je luy ay faict paroistre par mes discours. A la suffisance duquel me remetant, je demeureray à jamais, messieurs,

Vostre bien humble à vous faire service,

Urfé.

A Montbrison, le 28 juillet 1590.

[Messieurs, je vous supplie faire estat de ma bonne voullonté en tout se qui vous conservera et en quoy je vous pourray faire service.]

XIX.

ANNE D'URFÉ, AUX MÊMES.

Messieurs, j'ay bien voullu accompagner la lettre que j'escripts presentement à monseigneur le marquis de Saint-Sorlin de cette-cy, pour vous dire que j'ay esté prié de messieurs de cette ville de vous faire une requeste et vous supplier, comme je faicts bien humblement, de les voulloir faire accomoder de cinq cens balles à canon et de poudre à cette raison, pour tirer cinq cens coups, sellon que ce pourteur qu'ils vous envoyent exprès le vous pourra plus particullierement faire entendre, et de l'heureux succès et commencement des affaires de ce pays, qui me gardera de le repeter et vous en dire aultre chose, sy n'est que vous me ferez un estreme plaisir, et très-bon et signalé office à toute cette patrie, de m'accorder cette mesme requeste que je vous faicts au nom de tous les habitants d'icelle qui tiennent nostre party, et nottament desdits sieurs de cette ville, et de faire deslivrer la susdite quantité de basle et poudre à tel prix que vous adviserez, duquel vous sera passé obligation en vertu de la procuration qu'ils en ont passé à celluy qu'ils vous envoyent. C'est chose très-necessaire et très-importante, et de quoy l'on a estremement besoing pour le service de nostre party; en quoy j'espere m'employer, et vous ferai paroistre que conservant ces quartiers les nostres le seront par consequent; qui me faict croyre qu'ils obtiendront cella de vous. Et sur ce je demeureray à jamais, messieurs,

Vostre bien humble à vous faire service,

URFÉ.

A Riom, ce 9 octobre 1590.

XX.

ANNE D'URFÉ, AUX MÊMES.

Messieurs, suyvant ce que je vous ay cy-devant mandé touchant monsieur de Couzant, je vous supplie encore ung coup bien humblement de le voulloir attirer, caresser et honorer comme il merite, luy faisant accorder quelque entretenement en estat (s'il vous plaist) digne de soy, pour continuer la charge en laquelle il a esté appelé. Vous savez qu'il est seigneur de respect et des plus vieux cappitaines de France, duquel vous pouvez beaucoup esperer de soulaigement, et selon ce que je vous en ay cy-devant dict par plusieurs fois; qui me faict vous supplier de rechef me faire cette amytié de courtoysie, que j'auray aultant agreable que tout aultre chose que vous me puissiez accorder, pour l'asseurance que j'ay du contentement que vous en recevrez, et de l'utilité qui en reviendra à tout le general; et en ceste esperance je demeureray à jamais, messieurs,

Vostre bien humble à vous faire service,
URFÉ.

Rion, ce 12 octobre 1590.

XXI.
ANNE D'URFÉ, AUX MÊMES.

Messieurs, j'ay bien voulu accompagner la lettre que j'escript à monseigneur le marquis de Saint-Sorlin de cette-cy, pour vous supplier, comme je fais bien humblement, de me vouloir assister de vostre compagnie de chevaux legers et de celle de vos gens de pied pour l'affaire duquel j'escript amplement à mondit seigneur, qui me gardera de vous en dire aultre particularité, pour l'assurance qu'en aurez communication; et croyez que c'est une chose plus importante que je ne saurois dire, comme vous pourrez assez juger, et en cette esperance je demeurerai à jamais, messieurs,

Vostre bien humble à vous faire service,
URFÉ.

Saint-Just, 23 octobre 1590.

[Si jamais vous me voulez faire paroistre amitié, que ce soit en cette occasion.]

XXII.

ANNE D'URFÉ, AUX MÊMES.

[Messieurs, je reconnois assez qu'il est besoing que ceux qui ont du zelle au party de la sainte union se declairent, et que, proposant touttes choses, nous chassions les ennemys de parmy nous, ou eux nous. C'est pourquoy je me suis pansé soubz le bon plaisir de monseigneur le marquis de Sainct-Sorlin, qui represante la personne de monseigneur son frere en tout se gouvernemant, faire convoquer une assemblée la plus generalle que je pourray, tant de la noblesse que des villes, pour faire reiterer le serment que nous avons faict si-devant pour la conservassion de la relligion catholique, apostolique et romaine et du païs envers touts et contre touts, sous l'autorité de monseigneur le duc de Mayenne et de mesdicts seigneurs de Nemours et de Sainct-Sorlin, et de ne permettre neul vivre en paix dans se païs qui ne fasse le meme sermant. Offrant touttefois conserver les biens de ceux qui ne le voudront faire, et qui, sans troubler le païs, yront faire la guerre ou demeurer ailleurs, comme il leur plaira. Voillà le dernier remede que j'avois toujours gardé pour une estremité à laquelle estants arrivez je ne fais point de doubte qu'on n'en doive user, en quoy je vous supplie me tenir la main. Nous sommes une trentaine et des premiers de se païs qui sinerons cella; ceux du Puy et du Vellay qui tienent nostre party s'y joindront. Ainsy ne reste que d'avoir l'autorité de mondict seigneur de Sainct-Sorlin, et savoir s'il vous plaist estre de la partie, afin que touts par ensemble nous puissions faire quelque chose de bon, et bref que nous soyons du tout ou maistres ou vallets. Touttes les villes de se païs y sont portées, et ne sauroyent estre les choses mieux disposées qu'elles sont. Le lieu de l'assemblée sera fort propre en ceste ville, si vous le trouvez bon; sella intimidera aultant l'ennemy, et leur fera paroistre qu'ils n'ont pas tant de la noblesse qu'ils estiment à leur devossion. Voillà se qu'il me semble sur se suget. Reste à vous dire qu'ayant envoyé querir mon cousin de Chazeulx[1], pour conferer avec luy de se que dessus, je l'ay treuvé tout degouté de se mesler des affaires, parce qu'il les voit aller du tout mal, et aussy parce qu'il dict que vous l'avez, il y a bien longtemps, tenu le bec en l'eau de chose qui luy avoit esté comme promise. Je vous supplie de le contanter et croire qu'il est personne qui le merite, comme vous savez très-bien. Vous avez dejà entandu comme Sainct-Victor a esté pris : on tient que c'est monsieur de Chevrieres qui l'a faict faire. Cella pourra esclaircir se qu'il avoit voullu celler jusques icy, qui est une très-mauvaise voullonté, si cella est vray. Tant y a que l'on m'a assuré que la pluspart des soldats qui sont dedans sont de Sainct-Chomont. Si nous voullons flatter ceux qui nous sont plus pernissieux que les ennemys declairez, touttes choses yront de mal en pis. Touttefois je me conduiray tousjours par les commandements de monseigneur le marquis de Sainct-Sorlin et par vostre bon avis,

---

[1] Guillaume d'Albon, fils de Claude d'Albon, seigneur de Chazeul en Bourbonnais, et de dame Françoise de Sugny, qui épousa en secondes noces Claude d'Urfé, oncle d'Anne. Guillaume était aussi cousin germain de Pierre d'Épinac, l'archevêque de Lyon.

encores qu'on m'est assuré qu'un des vostres alla à Brignez pour le rapeler. Au reste, je vous supplie faire tousjours assuré estat de mon amitié, et croire que je suis à jamais,

Vostre bien humble à vous faire service,

URFÉ.

Montbrison, le 13 fevrier 1591.

Messieurs, je vous supplie faire donner passeport au sieur Petit, consul de ceste ville, pour sortir de la vostre douze quintaux de poudre fine pour la faire conduire icy.]

XXIII.

ANNE D'URFÉ, AUX MÊMES.

Messieurs, ayant heu advis que l'ennemy s'avance pour venir en ce pays du cousté de Roannois, je me prepare le mieux que je puis pour empescher qu'il n'y pregne pied, vous suppliant donc suivant cela de m'assister, ayder et secourir de tout ce que vous pourrez et du plus grand nombre de vous gens qu'il sera possible, affin que je puisse plus aisement garder les lieux plus importants de ce pays, ayant dejà envoyé des gens de pied dudit costé de Roannois pour pouvoir mettre dans Saint-Haon et autres plasses proches de là; et en cette asseurance, je demeureray à jamais, messieurs.

Vostre bien humble à vous faire service,

URFÉ.

A Montbrison, 24 mars 1591.

XXIV.

ANNE D'URFÉ, AUX MÊMES.

Messieurs, d'autant que comme je vous ay cy-devant mandé, nous sommes menacé d'avoir bientost le mareschal d'Aumont en ce pays, je vous supplie me faire ceste amitié de nous ayder des quatre petites pieces qui sont dans vostre arsenat, appartenant au sieur d'Auxerre, et de permettre la sortie jour de vostre ville, pour les faire conduire en ce lieu, et nous en servir à la deffense et concervation d'iceluy. C'est chose qui nous peut de beaucoup servir sans vous apporter grande incommodité, qui me fait croire que vous ne refuserez pas ceste requeste, comme je vous en supplie de rechef, et de me tenir pour jamais, messieurs,

Vostre bien humble à vous faire service,

URFÉ.

A Montbrison, le 26 mars 1591.

Le fils dudit sieur d'Ausserre [1] m'a donné ladite pensée : je m'asseure que vous ne l'aurez que pour agreable.

XXV.

ANNE D'URFÉ, AUX MÊMES.

Messieurs, j'ay bien vollu accompagner la lettre que j'escript à monsieur de Lion [2] de celle-ici, pour vous

---

[1] Alors juge de Forez. Il est resté à Montbrison une petite pièce de canon qui pourrait bien dater de cette époque. On lui a donné le nom de *canon de Saint-Aubrin*, parce qu'elle sert depuis longtemps à annoncer la fête du patron de la ville.

[2] Pierre d'Épinac, archevêque de cette ville.

dire que je suis estremement pressé d'aller secourir ceux du Puy, tant par les deputez qui sont encore ici que par les lettres que m'en escriptvent journellement les consuls et habitants de la ville, qui m'ont aujourd'hui mandé que l'ennemy a assiegé Saint-Vidal, et que la pluspart des habitants de leur ville sont sur le point de se revolter, se voyant denués de tout secours et d'ung homme de commandement, et que toutes les considerations me font resoudre de m'y acheminer, pour le desir que j'ay à leur conservation, pourvu qu'il plaise à mondit sieur de Lion et à vous de m'envoyer une compagnie de Suisses, avec les deux de gens d'armes de messieurs de Rochebonne et d'Albigny; de quoy je vous supplie bien humblement, estant ceste affaire bien important pour tout nostre party, et qui rapporteroit beaucoup d'incommodité à Lyon, estant le commerce de ce cousté-là. Faites donc ce bien à ces pauvres gens, qui vous en supplient et moy aussi de rechef, et je ne manqueray, en ce faisant, de m'y acheminer promptement. Et en ceste esperance je demeureray à jamais, messieurs,

Vostre bien humble à vous faire service,

Urfé.

A Montbrison, 13 juillet 1591.

XXVI.

ANNE D'URFÉ, AUX MÊMES.

Messieurs, n'ayant heu responce de la lettre que je vous ay escripte touchant une compagnie de Suisses, que je vous ay requis m'envoyer pour mener en Velay, où je suis tellement pressé m'acheminer, que je ne puis plus reculer de partir, et suis contrainct me mettre aux champs vendredi prochain infailliblement, fort ou foible, je vous ay bien vollu ceste recharge, pour vous supplier bien humblement, messieurs, me volloir ayder et secorir de ladicte compagnie de Suisses, et la m'envoyer, s'il vous plaist, en toute diligence par le droict chemin de Lyon au pont Sainct-Rambert, où ils apprendront de mes nouvelles, et les attendray aux environs de là ou de Sainct-Bonnet le Chastel, affin de se joindre à moy. Vous savez, messieurs, que cela est très-necessaire à la conduite du canon, et que conservant le Puy et le Velay, c'est toujours nous eslargir, et rendre le traffic et commerce libre de ce cousté-là, comme j'espere faire s'il vous plaist de m'aider de ladicte compagnie, de quoy je vous en supplie. Et en ceste esperance je demeureray à jamais, messieurs,

Vostre bien humble à vous faire service,

URFÉ.

Montbrison, 17 juillet 1591.

Messieurs, passant ladicte compagnie par le pont Sainct-Rambert, elle pourra savoir de mes nouvelles de monsieur de Pravieu, qui est audict Sainct-Rambert.

XXVII.

ANNE D'URFÉ, AUX MÊMES.

Messieurs, encore que je m'assure que le contenu en la lettre que monseigneur de Nemours vous escript vous fera assez connoistre les eclaircissements qu'il a heu de la calompnie qu'on avoit imputée au sieur du Vent, son secretaire, et que la verité de toutes choses en cela avec la lettre de mondit seigneur le vous rendront assez reconnoissable, je ne laisseray de vous faire ce mot pour vous supplier de toute affection vouloir aider de ce dont vous pourrez estre requis en general ou particulier par ledit du Vent, affin de le recompenser de la perte estreme que les ennemis luy ont causé en rançon excessive et aultrement. J'auray part à l'obligation qu'il vous en aura, et vous en feray service en ce que vous cognoistrez et treuverez bon de m'employer, d'aussy bonne volonté que je prie Dieu, messieurs, vous conserver en toutte prosperité, vous baisant bien humblement les mains.

Vostre bien humble à vous faire service,

Urfé.

C'est de Cervieres, le dernier jour d'octobre 1591.

XXVIII.

ANNE D'URFÉ, AUX MÊMES.

Messieurs, sellon le commandement qui m'a esté fait par monseigneur de Nemours, de vous mander de sa part de luy faire envoyer quatre milliers de grosse poudre à canon, je n'y ay voullu manquer par ce pourteur exprès, auquel je vous supplie suivant cella de luy faire deslivrer ladite quantité le plus promptement que vous pourez, affin qu'il la fasse conduire dans cette semaine à Cerviere, où je ne faudray de me rendre dans jeudi.

pour y attendre toutes les troupes que je pourrai assembler, et de là marcher au rendez-vous qui m'a esté donné par mondit seigneur, avec la poudre, que vous ferez, s'il vous plaist, accompagner jusques à Loyre. Et en ceste esperance je demeureray à jamais, messieurs,

Vostre bien humble à vous faire service,

URFÉ.

Montbrison, le 2 decembre 1591.

XXIX.

ANNE D'URFÉ, AUX MÊMES.

[Messieurs, vous ne sauriez en meilleure occasion faire paroistre à monseigneur de Nemours la bonne voullonté que vous luy portez qu'en ceste-cy qui luy est d'estresme importance; mais surtout la dilligence est requise, car j'ay doupte que ceux de Sainct-Poursain soyent pressez. Touttefois le marechal d'Aumont n'avoit point encores faict venir de pieces, qui me faict juger de deux choses l'une, ou qu'il pretand l'avoir par famine, chose qui sera fort malaisée, car elle estoit fort bien pourveue de vivres, à se que m'a dict monsieur de Neuvy, ou bien qu'il ne la veult point opiniastrer. Mais il faut prandre touttes choses au pis, et croire qu'il le faira, et pour cest effaict ce disposer à luy faire lever le siege; à quoy mondit seigneur de Nemours est tout resollu, m'ayant renvoyé, et tous les messieurs d'Auvergne qui l'avoyent accompagné, pour faire nouvelles levées et les luy ramener en dilligence, car il doict aujourd'huy estre de retour à Aigueperse, et vous asseure que toute ceste noblesse d'Auvergne estoit estrememant bien disposée à l'assister; tellemant que je tiens pour certain qu'ils ne tirent pas moins de sept à huict cens chevaux d'Auvergne, sans le secours que luy amene monseigneur de Pompadour, qui luy a promis le venir treuver, et quant à moy, je partiray jeudi sans faillir pour l'aller treuver, car j'estime bien que nous donnerons une bataille, si le mareschal d'Aumont opiniastre Sainct-Poursain. Voilà, messieurs, tout ce que je vous puis mander des nouvelles de mondict seigneur de Nemours, fors qu'il se portoit très-bien et monseigneur le marquis de Sainct-Sorlin, son frere, et qu'ils avoyent mené seullement avec eux quastre cens chevaux d'eslite et deux regimants de gens de pied pour l'essecussion d'une belle entreprise qu'ils avoyent, laquelle j'estime estre essecutée ou faillie à present. Au reste, je vous supplie de faire très-asseuré estat que je suis à jamais, messieurs,

Vostre bien humble à vous faire service,

Urfé.

A Montbrison, ce 2 decembre 1591.]

XXX.

ANNE D'URFÉ, AUX MÊMES.

Messieurs, ayant entendu que vous vouliez comprendre en quelque emprunt que vous vouliez faire madame de Montmartin [1], je n'ay voulu manquer de vous faire ceste-icy pour vous supplier, comme je fais bien

---

[1] Les biens du mari de cette dame avaient été confisqués. (Voir, aux archives de Lyon, une lettre du duc de Mayenne, du 30 mars 1591.)

humblement, me faire ceste courtoisie que, pour l'amour de moy, elle soit declarée exempte dudit emprunt, comme je le desire infiniment pour plusieurs occasions que je vous ferai entendre particulierement à nos premieres veues. Accordez-moy donc ceste menue requeste que je mettray au rang de tant d'autres plaisirs que j'ay receus de vous, pour vous en rendre service en toutes les occasions qu'il vous plaira m'employer, en quoy vous me treuverez tousjours disposé aultant que tout aultre qu'avez à vostre commandement. Quoy attendant, je demeureray à jamais, messieurs,

Vostre bien humble à vous faire service,

URFÉ.

A Montbrison, le 7 janvier 1592 [1].

XXXI.

ANNE D'URFÉ, AUX MÊMES

[Messieurs, mes subjects de Sainct-Just, revenantz de Lyon, où ils avoyent faict quelque commerce de marchandizes, passant au retour par Sainct-Saphorin de Laille [2], ont esté vollez de la cornette de monsieur le marquis de Fortunat de dix-sept montures chargées de marchandizes, chose que je treuve fort estrange, veu q'iceulx ne

---

[1] Comme on pourrait s'étonner de ne trouver dans cette collection qu'une seule lettre (et assez insignifiante encore) de l'année 1592, il est nécessaire de rappeler que cette époque est celle où le Forez fut le plus paisible, et où par conséquent Anne d'Urfé eut le moins souvent besoin de recourir aux échevins de Lyon. Voyez le récit des événements qui eurent lieu dans le Forez en 1592.

[2] Saint-Symphorien de Lay.

se sont spartializés en mon absence [1] ny ont voulu recepvoir aucunes garnison, qui les a du tout ruynés, d'aultant que mon frere de Chasteauneuf [2] à ce subject leur envoya le regiment de Leviston qui ne leur laissa chose du monde dans leur bourg. Pour mon particulier, j'estime que personne ne doubte du party que j'ay toujours tenu et tiens à present, en ayant en tous lieux faict suffizantes preuves, qui me fera vous supplier sçavoir si le commerce des miens n'est pas licitte avec vostre ville et faire en sorte que cella ne demeure de telle façon, m'asseurant que vous vous y employerez pour l'amour de moy. Je feray le semblable pour vous en ce que je pourray; qui sera l'occasion que je finiray, sinon pour demeurer à jamais, messieurs,

Vostre bien humble à vous faire service,

URFÉ.

D'Urfé, ce 26 juillet 1593.]

XXXII.

ANNE D'URFÉ, AUX MÊMES.

[Messieurs, ayant seu assuremant se qui s'est faict en vostre ville, je me suis aproché jusques icy de vous aultres, pour estre plus prez si je vous puis faire service en quelque chose, comme j'ay plus amplemant mandé à monsieur de Lyon. Seulemant, je vous supplieray faire très-assuré estat de moy et de se qui en despand, et

---

[1] Voyez, au sujet de cette absence, la note 2 de la page 316, qui rectifie celles des pages 64 (note 3) et 101.

[2] Paillard d'Urfé.

croyez que tout mon but n'est qu'à maintenir la patrie en bonne paix; qui est, se me semble, se que nous devons tous desirer. Aussy crois-je que l'on ne me vouldra tollir se qui m'apartient en se païs, et qu'on ne me peult mettre doubte; et me reportant à la suffisance du sieur de Jas, present porteur, je finiray ceste-cy, demeurant à jamais,

Vostre bien humble à vous faire service,

URFÉ.

A la Bastie, le 24 septembre 1593.]

XXXIII.

ANNE D'URFÉ, AUX MÊMES.

[Messieurs, je suis estremement marry que vous n'ayez voulu prendre mes raisons en bonne part, vous ayant envoyé les lettres qu'il a pleu au roy de m'ottroyer, ou pour le moins la coppie collationnée par deux notaires sur l'original, par lesquelles Sa Majesté me permet disposer des tailles de se païs, comme il est très-raisonnable, parce que je les sauray aussy bien employer pour son service que neul aultre. Non ostant cella, et contre la voullonté de Sa Majesté, vous voulez que je n'y aye que voir, ou pour le moins que je me tiene à se qui fut accordé avec monsieur le president des monnoies, avant que vous eussiez pris l'escherpe blanche. Je vous supplie juger que puisque nous sommes touts soubz un maistre, il fault aussy que je jouisse de l'otorité qu'il m'a donnée. J'ay maintenant tout le fort de la guerre de ses quartiers sur les bras : monsieur le marquis de Sainct-Sorlin, messieurs de Maugeron, Montespan, Gimel, Montfau, Achier, d'Estain, et generalement toutes leurs forces dans le cueur du païs, assistez de canons qui en deux heures peuvent estre mis en batterie devant les places que je tiens. Tellement qu'il faut qu'elles soyent d'ordinaire fournies d'hommes pour rescevoir le siege; chose qui ne se peult faire sans une essessive depanse, qui ne peult provenir de mes moyens, mais de ceux du roy; ce qui est cause que je m'en aide pour luy conserver se que je luy ay acquis avec la pointe de mon espée. Puis Feurs a esté pris et Crouzet sur l'ennemy, où je ne puis moins que d'establir garnison sus le faict des tailles. Quant à se que vous m'aviez accordé, c'estoit tout ce qu'il pouvoit faire d'entretenir la garnison des places que je tenois bien petitement, et pensions alors que la trefve continueroit, ce qui n'a peus estre. Il est bien raisonnable que m'eslargissant sur l'ennemy, et croissant la despanse, que je croisse aussy de levée de deniers; et puis messieurs vos tresoriers generaux ne me laissent pas libre se qui me fut mesmes accordé, comme vous pourez voir par la coppie que je vous envoye; car Roane m'estoit laissé. Oultre cella, monsieur de Sainct-Sorlin a tellement ravagé une partie des paroisses ou parcelles qui m'estoient laissées, et de mes terres mesmes, qu'il est du tout impossible d'en rien tirer. Touttefois, s'il plaist à messieurs les tresoriers generaux m'allouer mon estat, tant pour les places que je soullois tenir, que pour celles qui ont esté prises modernemant, je le prendray par leurs mains, ne desirant rien tant que de voir un bon ordre à tout, et leur porteray non seullement l'honneur et le respect qui leur est deu, mais tout ce qu'ils en sauroyent desirer de moy, qui vous supplie de croire qu'il n'i a gentilhomme en France plus à vostre disposition que je suis, et qui veult demeurer tel jusques au font de ma vie, et vous ayant bien humblement baisé les mains, je demeureray, messieurs, vostre bien humble à vous faire service,

Urfé.

A Sainct-Just, le 6 mars 1594.

Messieurs, je n'ay point resceu la lettre de messieurs les tresoriers generaulx dont vous me faictes mantion, et faut que le cappitaine la Porte, qui m'a envoyé celle que vous m'escrivez[1], estant demeuré mallade à Villefranche, l'est oubliée; touttefois je me doubte assez par la derniere du suget. Il seroit bon qu'ils pranissent la paine de m'envoyer quelqu'un pour se resoudre de tout avec moy, et le plus promptemant sera le meilleur. On pourra par mesme moyen traicter avec monseigneur le marquis de Sainct-Sorlin des tailles, qui faict semblant l'agreer ayant esté proposé par quelques gentilshommes du païs qui se faschoyent voir payer la taille deux fois. Croyez que je suis entieremant à vostre disposition puisque vous avez embrassé le service du roy.]

XXXIV.

ANNE D'URFÉ, AUX MÊMES.

Messieurs, sur la contention qui est entre messieurs les tresoriers generaux et moy pour le fait des tailles,

---

[1] Ce *post-scriptum* répond à une lettre qu'Anne venait de recevoir.

j'ay advisé de despescher monsieur de Genestines pour en desliberer avec vous, et luy declaire mon intention sur ce fait; à la suffisance duquel me remettant, je ne vous en feray autre discours, sinon pour vous remercier de la continuation et bonne volonté qu'il vous plaist me faire paroistre, mesmes en ce qui est du traité de la trefve, laquelle ayant receue je ne faudray la faire publier par tous les lieux et places de mon gouvernement qui sont sous l'obeissance de Sa Majesté, affin qu'il ne soit en rien contrevenu et alteré à ce qui est de l'observation d'icelle, où je tiendray la main de mon pouvoir, pour le desir que j'ay d'estre conservé en vostre amitié, et m'asseure que ferez estat de la mienne. Je demeureray jusques au tombeau, messieurs,

Vostre très-humble à vous faire service,

URFÉ.

Cervieres, le 15 mars 1594.

XXXV.

ANNE D'URFÉ, AUX MÊMES.

Messieurs, j'ay receu celle qu'il vous a pleu m'escrire par la voie du capitaine la Porte, qui m'a envoyé à cet effet son laquais, lequel aussitost je vous ay renvoyé pour vous donner avis comme monsieur le marquis de Sainct-Sorlin a surprins Chalain-le-Comtal, et fait piller et ravager tout ce qui estoit dedans, qui est une très-belle et signalée prinse pour un prince specialement de s'attaquer particulierement à maisons de gentilshommes. Ce qui me fait croire qu'il n'avoit traité qu'à autre fin que pour tascher, sous coulleur de ce, de surprendre quelque place; pour moy je n'y avois aucune assurance, et n'ay laissé de me tenir toujours sur mes gardes, encore que ma resolution fust de la faire observer, l'ayant receue de vous, messieurs, pour le desir que j'ay d'executer tout ce qui vient de vostre part. Je suis encore attendant la resolution qu'avez prinse, de laquelle je vous supplie me faire certain, affin que je sache si je me tiendray à paix ou à guerre. Je pense que petit à petit leurs forces diminueront, ainsi qu'on m'a donné advis, mesmes les messieurs d'Auvergne, à qui les deniers manquent, sans lesquels il est fort difficile d'en jouir. Si cela est, je vous en donneray advis. Cependant je vous prie me vouloir assister envers messieurs les tresoriers generaux, et nous mettre d'accord pour le fait des tailles, affin de nous oster de la confusion où nous sommes reduits. Je leur ay depesché à cest effet monsieur de Genetines, avec ample charge de ce que faut à negocier avec eux. J'en attends quelque bon evenement au proffit de tous et soullagement du peuple tant affligé, à quoy je vous supplie encore un coup mettre ordre, et ce faisant vous m'obligerez de plus en plus à continuer le service que je vous ay voué en toutes occasions où me jugerez capable. Faites en estat, s'il vous plaist de me tenir pour jamais, messieurs,

Vostre bien humble à vous faire service,

URFÉ.

24 mars 1594.

XXXVI.

ANNE D'URFÉ, AUX MÊMES.

[Messieurs, j'ay resceu une lettre de ceux qui font mes affaires prez de Sa Majesté, où il y a ses propres mots : qu'il ne m'ont peu plustost escrire touchant mes affaires, parce que vos deputez leur ont baillé de l'essercice qui touttefois n'estoit pas reussy comme ils desiroient. Il semble par là qu'ils ayent dict ou faict quelque chose contre moy, se que je ne puis croire ; car on ne peut dire de moy avec verité que se qui se doict dire d'un homme de bien, et de faire contre moy, je ne vous en ay point donné de suget. Oultre que les lettres touttes plaines de bonne voullonté que vous m'escrivez ne peult me faire consevoir que beaucoup d'amitié de vostre part ; qui me faict vous supplier m'esclaircir de se qui en est, afin que s'ils avoyent faict quelque chose contre moy oultre leur charge, je m'en peusse revancher en leur particullier ; duquel, et mesme de monsieur le conservateur, je ne puis panser rien de sinistre, pour l'affection que touts les siens ont porté à nostre maison. Au reste, messieurs, on m'a asseuré que monsieur de Savarey est revenu, qui veult faire une prolongation de trefve avec vous. Je vous requiert de ne la point faire. Ses trefves ont esté vostre ruine et la nostre, et le seront encores davantage si vous les continuez. Il vaudroit beaucoup mieux, cellon que nous vous avons mandé par monsieur de Charnay, mettre la main à l'œuvre pour une bonne fois. La porte de vostre sallut vous est ouverte, si vous vous voulez un peu esvertuer et prendre l'avis et vous aider de vos bons patriotes, qui sont tous resollus d'espandre leur bien et esposer leur vie pour vous redimer de ceste misere. Et pour mon particullier, croyez, s'il vous plaist, que c'est le plus grand desir que j'aye en ce monde, comme celuy qui est, et veult demeurer à jamais, messieurs,

Vostre bien humble à vous faire service,
URFÉ.

A Saint-Just, le 2 may 1594.]

XXXVII.

ANNE D'URFÉ, AUX MÊMES.

[Messieurs, monsieur le marquis de Sainct-Sorlin me pardonnera, car je ne luy ay jamais mandé que j'eusse pris Chasteauneuf, pour estre du domaine du roy. Bien ay-je mandé que je ne pansois avoir en rien rompu la trefve en le faisant fortifier, parce qu'il n'i a neul article qui defande de fortifier les places, si ce n'est du long de quelques rivieres; que touttefois, si cella se treuvoit contrevenant à la trefve, que je le fairois razer, pourveu qu'il fict reparer les contrevanssions qu'ont faict ceux de Sainct-Germain-Laval. Premier, qu'on se soit saisy de Chasteauneuf, qui a tousjours esté de mon departemant, je vous laisse à juger si je ne luy (en ai) pas offert la raison. Il m'escrivit une lettre plaine de menasses pour ceste place-là, qui certainement leur importe, à cause que le passage d'Ambert leur est fort malaisé, et qu'ils ne peuvent avoir ni bois ni avoine de la montagne à Montbrison; mais cella ne m'esmeult guieres. Si la trefve est estimée profitable (se que je ne tiens pas qu'elle soit), il me semble qu'il vaut mieux leur laisser ses deux places qu'ils tiennent en Dombes, que vous pourrez prandre à touttes heures, estant prez de Lyon, que de quitter Chasteauneuf, par le moyen duquel vous leur randez une telle ville que Montbrison presque inutille. Je vous supplie, messieurs, ne regetter tout le mal sur moy, et puisque je commanse à faire quelque chose de bon en se païs, ne l'interrompez come lorsque j'eus pris Surieu[1]; car sans vostre trefve le roy tiendroit sans difiqulté et Montbrison et tout se païs. Je ne veux ingerer de vous proposer ce que vous avez affaire, car vous estes bons et sages; mais il me semble, quant vous respondrez à monsieur le marquis de Sainct-Sorlin, qu'il satisfasse aux contrevassions que les siens ont premierement faictes à la trefve, et qu'on le contantera touchant Chasteauneuf, ou que c'est une place qui appartient au roy, et qu'on ne la peult quiter sans son commandemant, qu'il ne sauroit que redire; et bref, messieurs, la trefve luy est chose si avantageuse qu'il ne la veult pas refuser pour cest article. Au reste, je ne faudray d'avertir le sindic de se que vous m'avez mandé, et y tiendray la main de tout mon pouvoir, pour le desir que j'ay voir une union bien establie entre nous. Mais je ne panse pas que cella se puisse faire que par une assemblée du païs qui sera fort difficile, à cause que ceux des villes ne s'osent mettre aux chans, par ce que les nemouristes n'osservent neulle trefve,

[1] Sury.

temoing la defaicte de la compagnie de monsieur de Chevrieres. Touttefois je fairay en cella et toute aultre chose se que vous treuverez bon; vous suppliant de croire que, quelques mauvais offices que vos deputez m'ayent randus prez de Sa Majesté, je ne desire que de vous en randre de si bons que vous connoissiez le tort que vous avez eu en leur donnant ceste charge. Je ne recherche rien de nouveau : le gouvernemant de se païs separé de celluy de Lion a esté à trois de mes predecesseurs devant moy; quand j'y demeureray, comme le roy me faict cest honneur que de m'en asseurer, vous y tirerez du service de moy plus peut-estre que celluy de vostre ville[1], à qui je ne me laisseray pour le moins jamais surpasser en bonne voullonté de vous servir, et vous rendray preuve que je suis à jamais,

Vostre bien humble à vous faire service,

URFÉ.

Sainct-Just, le 17 may 1594.]

XXXVIII.

ANNE D'URFÉ, AUX MÊMES.

(Cette lettre est sans signature ni date; mais par son sujet elle semble se rapporter à la précédente. Elle est écrite tout entière de la main d'Anne, sur un petit morceau de papier qui porte les traces de plis nombreux. Il est probable qu'elle fut portée à destination par une personne qui la tenait soigneusement cachée.)

Messieurs, il me semble pour se que vous desirez du païs qu'il seroit bien à propos que vous l'envoissiez

---

[1] Anne d'Urfé fait sans doute allusion à Chevrières, à qui le roi avait promis le gouvernement du Lyonnais.

promptemant par escrit et je l'envoyeray par touttes les villes du païs qui tienent pour le service du roy, afin de leur faire otoriser, à quoy je tiendray la main le mieux qu'il me sera possible pour vostre satiffaction, et en telle fasson que j'espere que vous en serez contants. Mais, quant à Chasteauneuf, je vous supplie ne me le point faire rendre, si se n'est en eschange de Saint-Germain-Laval pour nous debarrasser; et disposez de moy.

XXXIX.

ANNE D'URFÉ, AUX MÊMES.

Messieurs, il m'a semblé sur les occurences qui se passent devoir recourir à vous, à messieurs d'Ornano et de Boteon, pour vous dire que, si vous avez besoin de ma compagnie de gens d'armes et autres gens de guerre, tant de cheval que de pied, que je pourrai mettre ensemble en ce païs, je tacherai de les faire venir au rendez-vous qui sera advisé, et encores si vous m'escripvez que vous avez affaire de ma personne, je vous ferai paroistre, avec le plus grand nombre de mes amis que je pourrai disposer, de combien chacun doit montrer au besoin et par effect la fidelle affection deue au service de son roy. Ne reste donc qu'à me faire entendre vos nouvelles intentions pour le service de Sa Majesté, à quoy je n'espargnerai jamais tout ce qui me restera et de bien et de vie en ce monde, et encores me treuverez-vous pour vraiment particullierement prest à ce que vous adviserez de m'employer, et aussi pourveu que trouvions l'utilité et conservation de vostre ville, quoyque les officiers du bureau des finances ne me ayent donné occasion; mais ce n'est maintenant que l'on s'en doit souvenir, ains oblier tout pour ne tendre tous qu'à un seul but, qui est le service de Sadite Majesté et le repos et soullagement du pauvre peuple. Pourquoy, attendant de vos nouvelles, je vous supplieray croire que je ne seray jamais autre, messieurs, que

Vostre très-humble à vous faire service,

URFÉ.

D'Urfé, le 30 juillet 1594.

XL.

ANNE D'URFÉ, AUX MEMES.

Messieurs, j'ay accompagné la lettre que j'escris à monseigneur le connetable, dont je vous envoye la copie, de cette-cy, pour vous supplier bien humblement vous joindre, comme amateurs du bien de ce pays, à ma supplication en son endroict; dont vous rapporterez, outre la benediction du peuple, autant de profit qu'aux autres pour la liberté du trafic; et si ma requeste m'est accordée, je vous feray paroistre que je n'ay dormi jusques à present que pour avoir esté frustré de tous les moyens de bien faire et ne me voulant jeter en campagne à l'estourdie. Vous avez peu connoistre jusques ici le respect que je vous ay porté, que je desire de continuer toujours, et le vous tesmoigner par tous les effects que vous sauriez desirer de moy, qui vous supplie encore une foys m'estre aydant en cette occasion, et me tenir pour celluy qui veut demeurer à jamais, messieurs,

Vostre bien humble à vous faire service,

URFÉ.

De Saint-Just, le 3 mars 1595.

XLI.

ANNE D'URFÉ, AU CONNÉTABLE DE MONTMORENCY.

Monseigneur, la misere en laquelle se verra reduit ce pauvre pays me rend importun en vostre endroit, voyant ceux qui traitoyent tous resolus de ne rien faire pour ce que vous m'avez mandé, et tellement irrités qu'ils se resolurent faire pis que jamais, si on n'y remedie, et le remede n'en peut venir que de vos mains, nous octroyant une piece de bapterye de quoy tirer cent cinquante ou deux cents coups et des troupes pour conduire le tout, et je fairay obliger pour les frais des personnaiges bien solvables de ce pays, si messieurs de Lyon ne nous en veulent accomoder autrement. Et parce que j'ay bien cognu que plusieurs, par la jalousie qu'ils ont de moy, vous detournent de faire ce que je vous propose pour le bien de ce pays, pour leur oster tout subject, je vous supplie ordonner que toutes les places qui se prendront seront razées, pour leur oster l'opinion que je me veuille establir, et affin qu'ils cognoissent que ce n'est non plus l'ambition de dominer ni du proffit qui m'y guide, s'il vous plaist ordonner de commander monsieur de Botheon, je luy obeiray et tout autre qu'il vous plaira, encore qu'estant lieutenant de Sa Majesté en ce pays je ne le deusse pas faire; mais je cede à tous pour le bien de son service et de ma patrie; et si les autres en eussent fait de mesmes, nous serions il y a longtemps reduits de nos malheurs. Bref, monseigneur, il n'y a rien à quoy je ne me soubmette pour veoir une fin aux miseres de ce pauvre pays, qui attend sa salvation de vostre main, et moy que vous me teniez pour celluy qui est à jamais, monseigneur,

Vostre très-humble et très-obeissant serviteur,

URFÉ.

Saint-Just, le 3 mars 1595.

V.

DESCRIPTION

DU

PAÏS DE FOREZ

PAR ANNE D'URFÉ.

AVANT-PROPOS.

Cette *Description du païs de Forez*, écrite par Anne d'Urfé, vers l'année 1606, se trouve dans le gros volume manuscrit autographe que possède la Bibliothèque royale [1]. Elle remplit seize pages de cet in-folio. Les renseignements curieux qu'elle contient, et qui pour la plupart se rapportent au temps dont nous nous occupons, m'ont semblé mériter de trouver place ici. Je n'ai fait que mettre en ordre et accompagner de notes ce travail en le transcrivant. C'est un bonheur pour moi de pouvoir augmenter encore le petit nombre de documents historiques que nous possédons sur l'état ancien d'une province dont les révolutions ont déjà bien changé l'aspect, mais que le génie industriel aura bientôt complétement métamorphosée. Est-il nécessaire de rappeler que le Forez est aujourd'hui le département de la Loire, département qui a eu l'heureux et rare privilége de conserver son unité provinciale à travers les mutilations territoriales qui ont anéanti l'existence de tant de grandes et riches provinces!

«Le lecteur sera adverty (écrivait de la Mure, vers 1660 [2]) que ce n'est ny par la fertilité ny par les richesses qu'il doibt mesurer l'estime et la recommandation que merite ce païs, puis que, d'une part, son territoire est d'un rapport très-mediocre, et que, d'ailleurs, le trafiq et commerce n'y est qu'en très-peu d'endroicts, faute de riviere et de situation sur les routes commodes, et des aultres moyens qui facilitent la negociation et causent l'abondance.»

Et c'est ce pays jadis sans route et sans commerce qui a le premier en France entrepris de remplacer par des chemins de fer ses voies ordinaires de transport, devenues insuffisantes pour

---

[1] Supplément français 183.
[2] *Manuscrits*, à la bibliothèque de Montbrison.

les besoins sans cesse croissants de sa prodigieuse industrie; et c'est lui qui présente encore seul jusqu'ici l'exemple d'un département dont les principales villes, liées entre elles par un réseau de fer, ne forment pour ainsi dire plus qu'une même cité.

C'est ce pays, dont le territoire était d'un rapport très-médiocre, sans rivière ni autres moyens de communication, qui vend aujourd'hui au poids de l'or une portion de son sol impropre à l'agriculture, et couvre de ses produits le Rhône et la Loire, qui, comme deux grands canaux, les vont porter dans les deux mers.

Mais qu'importe, d'ailleurs ? comme le dit de la Mure, *ce n'est pas seulement par la fertilité et par la richesse qu'on doit mesurer l'estime que mérite un pays;* et, pour rappeler les titres de celui-ci à l'intérêt du public, sans trop m'écarter de mon sujet, je clorai cet avant-propos par une autre citation du même auteur, qui pourra servir à la fois de préambule et de résumé à l'œuvre d'Anne d'Urfé, dont il fut presque le contemporain.

On lit à la fin du principal ouvrage de de la Mure :

« J'acheve cette histoire ancienne du païs de Forez, laquelle je n'ay pû refuser à l'amour de ma patrie, et que j'ay crû devoir à l'instruction du public, par où on connoistra combien ce païs est recommandable, la plus haute et plus docte antiquité luy deferant des avantages merveilleux entre les autres païs du royaume, comme la nature luy fait partager avec eux des singularitez très-remarquables : temoins ces beaux et ces grands pasturages appelez les Jaz, où sont communs les plus rares simples de la medecine, et dont ces fromages exquis, appelez de Roche, sont les productions tant estimées ; cette quantité prodigieuse de mines de charbon de Saint-Estienne de Furan, dont la matiere sulphurée sert d'une pasture au feu si commode pour en faire sortir ces ouvrages de fer qui y sont recherchez de toute l'Europe, et l'une desquelles ayant pris feu en une montagne de ce costé-là en a fait un autre Vezuve et un soûpirail sousterrain qui vomit des flammes continuelles ; cette mine metallique appelée du Rodier, en la parroisse de Tiranges, feconde en un metal extraordinaire contenant en soy l'alliage de plusieurs autres; ces eaux minerales, tant froides que chaudes, ausquelles divers mineraux inspirent une agitation si surprenante, impriment une acrimonie si savoureuse, et communiquent des proprietez si salutaires, comme fait entr'autres le nitre et vitriol en celles de Saint-Alban, du Sail de Cozan et de Moind lez Montbrison, l'allun en la fontaine de Saint-Galmier, appelée Fontfort, le souffre aux bains tiedes du Sail de Donzy, et d'autres aux eaux de Sail prez de Chasteaumorand; ces rochers de marchasites qui sont au canal des susdites eaux de Cozan; ces pierres cristallines ou diversifiées en plusieurs couleurs qui se trouvent prez de Montbrison; ces perrieres de Saint-Estienne, d'où sortent des masses et colosses de pierre d'énorme grosseur, telle qu'est celle qui fait la grande croix de la place de cette marchande ville, et plusieurs autres raretez naturelles et elementaires qui sont plutost du dessein d'une topographie que d'une histoire; ausquelles doit estre jointe, pour une rareté artificiele ou plutost merveille de l'art, cette inimitable chapelle du château de la Batie, appartenant à la très-illustre maison d'Urfé, que Papirius Masso appele *sacellum mirabile,* et qui en effet est comme un recueil et un assemblage de plusieurs chefs-d'œuvre de peinture, sculpture, menuizerie, ouvrages à la mosaïque et pieces rapportées, qui attirent la curiosité et l'admiration generale de ceux du païs et des estrangers, et reste, avec ce rare tombeau de marbre relevé de figures qui paroit dans l'eglise abbatiale de Bonlieu en ce mesme païs, comme un éternel monument d'une pieté très-insigne hereditaire à la maison d'Urfé. »

DESCRIPTION

DU

PAÏS DE FOREZ.

Le païs de Forez est et a tousjours esté de la province lionnoise abitée encienemant par les Segusiens, qui se tenoyent prez des Auvergnats aux montaignes Cenienes, qui sont celles de Forez qui aboutissent à l'Auvergne, et dont la ville capitale, au dire de Ptolomée, estoit Rodumne, qu'on dict estre la ville de Roane, voisine, comme il la descrit, de la riviere de Loire. Strabon faict, comme Ptolomée, mantion de ses [1] Segusiens, qu'il dict abiter auprez du Rosne; qui a mis plusieurs personnes en reverie, croyant cella ne se pouvoir acorder; mais s'a esté pour ignorer qu'une partie de se païs est voisin et mesmes aboutissant à ceste riviere, comme les mandemants de Malleval, Chavanay, Virieu, Argantal, Sainct-Sauveur et aultres; et pouroit bien estre encores qu'alors il y en eust davantage.

Se païs pour la pluspart est limité à l'oriant du Lionnois, au midy du Vellay et quelque peu de l'Auvergne, au ponant dudict Auvergne et quelque partie du Bourbonnois, au septentrion de la Bourgongne et du Beau-

---

[1] Voir, pour l'orthographe d'Anne d'Urfe, l'avis qui est à la page 370.

jollois. C'est oriant, pour la pluspart du païs, est le veritable, quoy que quelques cosmographes modernes ayent escrit, estant mal instruicts; et n'ignore pas touttefois qu'à quelques estremitez du païs il n'y est en cella de la faulte, comme Crouset, Chasteaumorand, Monteguet et lieux sierconvoisins, où ils ont à l'oriant la Bourgongne, et le Bourbonnois au septentrion et ponant, et que ses mandemants que j'ay dict prez du Rosne n'ayent à l'oriant le Dauphiné, au septentrion le Lionnois, le Viverez au midi, et le Vellay et partie du Forez au ponant. Or son estandue est, depuis Monteguet, apartenant à l'abé de la Benisson-Dieu, jusques à Paillerez[1], terre du domaine royal, qui est dessoubz Annonay, ayant environ trante lieues de longueur; et sa largeur se prand despuis les bois de la Madelaine, aboutissants à l'Auvergne, lesquels sont au-dessus de Sainct-Jehan la Vestre, jusques auprez de la Bourdelliere, contenant environ neuf lieues.

Il y a d'ancieneté traise villes cappitalles dont les deputez ont vois aux assemblées qui se font du païs; assavoir : Montbrison, Feurs, Sainct-Germain la Val, Cervieres, Bouin, Sury-le-Contal, Sainct-Guermier, Sainct-Bonnet le Chasteau, Sainct-Rambert, Sainct-Estiene de Furan, Roane, Sainct-Hau et le Bourg-Argantal : auxquelles de nostre temps furent jointes Sainct-Just en Chevallet et Crouzet.

<small>Montbrison.</small> Le bailliage, d'où despand quastre ressors, qui sont : Montbrison, le Chaufour, Sainct-Ferriol et Argantal,

---

[1] C'est le nom d'une petite enclave que le Forez possédait dans le Vivarais, au-dessous d'Annonay.

avec l'eslection, qui est une des plus belles de France[1], sont establis à Montbrison, et en est à presant baillif messire Jacques Paillard d'Urfé, conte dudict lieu, marquis de Bagé et baron de Magnac, chevalier de l'Ordre du roy, et cappitaine de cinquante hommes d'armes de ses ordonnances.

Le chasteau du Donjon, aultrefois abitassion des contes, et duquel à presant il n'y a que peu de vestige, estoit posé sur un petit monticulle commandant à toutte la ville, où durant ses dernieres guerres feu monsieur le duc de Nemours fict batir une citadelle qui raporta beaucoup de mal, non seullemant aux abitants du lieu, mais à tout le païs. Là estoit ceste tour si haulte, où se cruel baron des Adretz fict sauter le sieur de Montcelard et plusieurs aultres aprez la prise de la ville faicte le 14 de juillet 1562; en laquelle ils firent un si furieux ravage que les marques sont pour en estre perpetuelles. Laquelle tour fut emportée le 31 aost 1582 par un coup de foudre.

Il y a dans ceste ville, oultre trois belles paroisses, trois aultres belles et devotes esglises, la premiere et la principalle desquelles est celle de Nostre-Dame, fondée par le conte Guy III, l'an 1223, en laquelle il ordonna douze chanoines assez bien rantés et un doyen qui prand pour deux; et l'est à presant messire Anne d'Urfé, prieur de Montverdun, conseiller du roy en son conseil d'estat, et conte de Sainct-Jehan de Lion. En ses douze chanoines, il y a trois officiers, assavoir : le chantre, le

---

[1] Voyez ci-dessus, p. 262. Quelque temps après, cette élection fut partagée en trois.

segretain et le maistre du cueur, qui n'ont rien plus qu'un des aultres chanoines que le lieu plus honnorable. Oultre lesquels chanoines, il y a cinq prebandiers royaux, qui peuvent, comme lesdicts doyen et chanoines, sellebrer la messe au grand autel, se qui n'est permis à neuls aultres; et de plus il y a bien six-vingts aultres prebandes ou commissions de messes, dont aucunes sont livrées à la collation du chappitre ou de quelques particulliers, la pluspart de la ville. Au millieu du cueur est la tombe des contes de Forez, qui a esté villenemant rompue par les pretandus reformez, comme aussy celle de Matieu, batard de Bourbon, posée au-devant de la chapelle Sainct-Estiene, batie par un doyen de la maison de Sainct-Marcel d'Urfé, qui a faict tant de bien en ceste esglise qu'il en est estimé comme second fondateur, et qui est enterré en ceste chapelle, où il y a une sepulture pour touts ceux de Sainct-Marcel, sortis et portant le nom et les armes des princes de Galles anglois. Il y a aussy une belle chapelle de la maison de Cousan, batie par un Eustache de Levy, chantre de ladicte esglise, où il y a une sepulture pour ceux de ladicte maison qui n'a point esté mise en usage que je sache. Il y a encores deux chappelles fondées par les Robertez, la plus grande, et qui est la plus belle de toutte l'esglise, batie par un evesque d'Alby de ceste maison, dont il est sorti plusieurs excellants personnages, et qui ont essercé honnorablement de grandes et belles charges auprez de noz roys, estant sortis de ceste ville de Montbrison; et ne say plus personne de se nom que Leonor de Robertet, vefve de feu messire François de Mandelot, seigneur de Passy, chevalier des ordres du roy, cappitaine de cent hommes d'armes de ses ordonnances et gouverneur de Lion, païs de Lionnois, Forez et Beaujollois. Dans ceste mesme esglise est l'enterrement des Papons, où est le corps de Jehan Papon, conseiller du roy et lieutenant general en se bailliage environ quarante ans, dont les beaux escris randent la renommée perpetuelle.

La seconde esglise est celle des Cordelliers, fondée par un viconte de Lavieu, l'an 1229[1], et dont ceux de ceste maison avoyent un vase de sepulture qui se voit encores, dissipé comme celluy des contes de Forez, et au mesme temps, au millieu du cueur. Ceux de la maison de Cousan et ceux d'Achon[2] ont leurs sepultures aux deux costez de l'ostel. Il y a aussy une belle chapelle et sepulture de ceux de la maison de Sugny, qui ont faict plusieurs belles et bonnes reparations en se couvant, auquel depuis traise ou quatorse ans on a faict une chapelle de penitens[3].

La troisieme est en un couvant des seurs de saincte Claire, fort devot et bien renommé par la bonne et saincte vie des relligieuses, et dont est à present abesse

---

[1] Elle ne fut fondée qu'en 1259. Voy. l'*Histoire du Forez*, t. I, p. 147.

[2] Partout, dans ce travail, il faut lire *Apchon*, car on pourrait confondre cette maison avec celle qui portait en effet le nom d'*Achon*.

[3] Ces pénitents blancs, qui s'établirent à Montbrison en 1591, sous le titre de *confrérie du Confalon* (de l'italien *gonfalo*), firent plus tard bâtir à leurs frais une vaste maison et une église qui sert aujourd'hui d'écurie, ayant été vendue à l'époque de la révolution comme propriété nationale. Depuis, la confrérie s'est formée de nouveau, et songe même, dit-on, à racheter ses anciens bâtiments : elle ne saurait faire, en effet, un plus noble usage de ses revenus que de les employer à faire cesser une aussi déplorable profanation.

Juliene de Boisvert[1], digne d'une telle charge. Se couvant fut fondé l'an mil cinq cens par messire Pierre d'Urfé, grand escuyer de France et de Bretagne, chevalier des Ordres de France, de Bourgongne et du Sainct-Sepulcre, chamberlant ordinaire du roy, cappitaine de cinquante hommes d'armes de ses ordonnances, seneschal de Beaucaire et baillif de Forez, et Antoinette de Beauvau sa femme, enterrée au millieu de l'esglise, dont le tombeau a santy comme les aultres la fureur de la nouvelle pretandue reformation. Devant le grand autel de l'esglise est la sepulture de messire Jacques d'Urfé, conte de Tande, chevalier de l'Ordre du roy, cappitaine de cinquante hommes d'armes des ordonnances, baillif et gouverneur de Forez, qui est couverte d'une table de mabre noir, où sont insculpées ses armoiries et ses calitez descrites. Il y a encore une belle chapelle de ceste maison batie par messire Anne d'Urfé, prieur de Montverdun, dont nous avons faict mansion si-dessus, qui a faict oultre cella vouter de pierre avec les croisées et appuis, de la taille[2] de Sainct-Estiene, toutte ladicte esglise, qui n'estoit auparavant voutée que de bois[3].

Il y a encores dans ladicte ville un oppital qu'aucuns estiment fondé par ceux d'Urfé, pour voir la voulte de la chapelle, dediée à saincte Anne, semée de leurs armoiries; mais estant les prebandes fondées par Anne

---

[1] Boisvair (*Bosco Vario*).
[2] Pour pierre de taille.
[3] Église et couvent, tout a été démoli depuis la révolution. Voyez page 42.

DESCRIPTION DU FOREZ. 433

Dauphine, contesse de Forez, espouse de Loïs de Bourbon, j'estime aussy qu'elle en soit fondatrisse, mais que ceux d'Urfé y ont faict des biens.

Les trois perroisses de la ville sont : Sainct-Pierre, Sainct-André et la Madelaine, dont l'esglise est au faubours, où encores il y a une belle commanderie des ospitalliers de Sainct-Jehan, vulgairemant nommez les chevalliers de Malte, dont est commandeur à presant frère Claude de Rochebaron, de la maison de Montarchier.

On tient que ceste ville estoit aultrefois assise vers Savigneu (prieuré depandant de la Chase-Dieu, dont la perroisse en effaict marche la premiere de touttes les aultres de la ville [1], et d'où est prieur messire Lasare Gouson, docteur en teologie), et que, venant à estre prise et brullée par les Anglois, les abitants se vindrent

[1] J'ai découvert tout récemment une charte du xiie siècle qui désigne Savigneu comme le lieu le plus anciennement consacré au culte chrétien dans la province, et qui vient encore confirmer cette opinion, que toutes les traditions sont fondées sur quelque chose de vrai. Les amis des arts et de l'histoire ont à regretter la démolition de l'antique église de cette paroisse, dont la fondation remontait, je crois, au xie siècle. Il est impossible de trouver un motif pour excuser cette démolition, qui a été opérée non dans un temps de révolution, mais sous les gouvernements de l'empire et de la restauration, et lorsque plusieurs considérations, au contraire, se réunissaient pour porter à conserver cet édifice. Des trois églises mentionnées ici par Anne d'Urfé, et que la révolution avait également respectées, il en a été depuis démoli deux que leur ancienneté, sinon leur architecture, mettait au premier rang des édifices historiques. Celle qu'on a conservée, Saint-Pierre, est la plus moderne, la plus petite, et la plus mesquine. Mais ici, je dois l'avouer, il y avait motif admissible, sinon nécessité absolue de démolition. Voyez à la note 1 de la page suivante quelques détails sur ce sujet.

batir où elle est à presant, pour se prevalloir en semblables occasions de la force du chasteau.

Ceste ville, pour avoisiner la montagne et estre posée en lieu sec, est au moins mauvais air de la plaine; je dicts moins mauvais air parce que generallemant toutte la plaine a ceste infection du mauvais air; et encores audict Montbrison il n'y faict point sain les moys de juillet, aoust et septembre [1]. Elle est assise en bons fons et lieu commode, car aboutissant à la plaine et à la montagne elle jouit des commodités de touttes deux. Il passe parmy la ville une petite riviere nommée Visezi, qui sert beaucoup à la tenir nette, et dans laquelle il se pesche au-dessus de la ville de bonnes truites; mais au-dessoubz il ne s'en prand point dont on doive tenir conte, à cause, à mon advis, des immondicitez de la ville [2]. Ceste ville fut conservée l'an [3]...... contre l'armée des princes, qui sejourna audict païs environ un mois, par messire Jacques d'Urfé, si-dessus nommé, pere de ceux d'aujourd'huy, lors gouverneur de se païs, qui

---

[1] Depuis l'époque où ceci fut écrit, l'état sanitaire de Montbrison s'est bien amélioré, grâce aux soins d'un administrateur éclairé, M. Lachèze, ancien maire et député de cette ville. Autrefois, resserré entre d'étroites murailles, Montbrison était sale et mal aéré, encore l'air y était-il vicié par les miasmes qui s'exhalaient de l'eau fétide et croupie des fossés de la ville. Aujourd'hui un beau boulevard a remplacé les murailles et les fossés; les maisons élevées sur cette promenade ont permis d'élargir quelques rues, d'en aligner d'autres dans l'intérieur de la ville; et un système d'irrigation bien combiné est venu compléter les améliorations longtemps réclamées en vain.

[2] Le passage qui suit, jusqu'à *jamais aprocher*, a été ajouté par Anne dans la marge de son manuscrit.

[3] 1570. Voyez l'*Histoire du Forez*, t. II, p. 160.

se gesta dedans contre l'avis de plusieurs, qui ne l'estimoyent pas tenable, et pour assurer le peuple y mena sa femme et son fils ainé [1], estant acompagné de monsieur de Montrond et de plusieurs de la noblesse du païs; qui fut cause que les ennemis ne l'oserent non seullemant assaillir, mais encores jamais aprocher.

Or je n'apreuve point, quant à moy, l'oppinion vulgaire, que se païs ait tiré son nom de *Foraigue* [2] pour l'evacuassion des eaux du lac, ni encores l'oppinion de Tevet qu'il soit ainsy nommé à cause de la cantité des forestz, dont pour sa defance il ne sauroit aleguer meilleur auteur que le sot romant de Meluzine; mais bien me veux-je joindre à l'oppinion de Belleforest, instruict par les memoires de se docte Papirius Masso, enfant de Sainct-Germain la Val, qui, estant du païs, l'a mieux dressé que neul des aultres. Je diray donc avec luy, et apuyé de plusieurs grands indices, qu'il est tiré de *Feurs*, nommée en latin *Forum*, seconde ville du païs à presant en ranc, mais la premiere en anciencté, et laquelle je vois (vais) descrire [3].

[1] L'auteur de cette *Description*.
[2] *For-aigue* (hors l'eau).
[3] L'opinion d'Anne est confirmée par toutes sortes de témoignages, et cette étymologie ne laisse plus aucun doute; elle est aussi consignée dans un passage de l'*Astrée* d'Honoré, qui semble avoir voulu par là prémunir le lecteur contre les fables dont son roman devait être orné; la citation que j'en vais faire ne sera pas déplacée dans un livre consacré à l'illustration de la famille d'Urfé.

« ..... Cette contrée, que l'on nomme à cette heure Forests, fut couverte de grands abysmes d'eaux, et il n'y avoit que les hautes montagnes que vous voyez à l'entour qui fussent decouvertes, horsmis quelques pointes dans le milieu de la pleine, comme l'écueil du bois d'Isoure et

Feurs.   Ceste ville est donc le *Forum Segusianorum*, dont Julles Cesar faict mantion en ses Commantaires, qu'il marque entre le Rosne et les Auvergnats, comme est celle-cy (et non Bourg en Bresse, ainsy que quelques modernes ont escrit, se trompant en prenant les Segusiens pour les Sebusiens, qui sont abitants des Alpes, et qu'on tient estre les abitants de Suse en Savoye), où les Segusiens, comme j'ay deja dict, demeuroyent, cellon Ptolomée, auprez des Auvergnats; tellemant que Feurs, ayant le nom et l'assiete descris par Julles Cesar, je ne faicts aucun doupte que ce ne soit elle, qui, estant

Montverdun; de sorte que les habitans demeuroient tous sur le haut des montagnes; et c'est pourquoy encores les anciennes familles de cette contrée ont les bastimens de leurs noms sur les lieux les plus relevez et dans les plus hautes montagnes; et pour preuve de ce que je dis, vous voyez encores au coupeaux d'Isoure, de Montverdun, et autour du chasteau de Marcilly, de gros anneaux de fer plantez dans le rocher, où les vaisseaux s'attachoient, n'y ayant pas apparence qu'ils pussent servir à autre chose. Mais il peut y avoir quatorze ou quinze siècles (de lunes, pour compter à la façon des Gaulois) qu'un estranger romain, qui en dix ans conquit toutes les Gaules, fit rompre quelques montagnes par lesquelles ces eaux s'escoulerent, et peu après se decouvrit le sein de nos plaines, qui luy semblerent si agreables et fertiles, qu'il delibera de les faire habiter, et en ce dessein fit descendre tous ceux qui vivoient aux montagnes et dans les forests, et voulut que le premier bastiment qui y fut fait portast le nom de Julius (Julieu), comme luy; et parce que la plaine humide et limoneuse jetta grande quantité d'arbres, quelques-uns ont dit que le pays s'appelloit Forests, et les peuples Foresiens, au lieu qu'auparavant ils estoient nommez Segusiens; mais ceux-là sont fort deceus, car le nom de Forests vient de *Forum*, qui est Feurs, petite ville que les Romains firent bastir, et qu'ils nommerent *Forum Segusianorum*, comme s'ils eussent voulu dire, la place ou le marché des Segusiens, qui proprement n'estoit que le lieu où ils tenoient leurs armées, durant le temps qu'ils mirent ordre aux contrées voisines. » (*Astrée*. 1re partie, livre II, p. 63, et *Histoire du Forez*, t. 1, p. 145 et suiv.

posée au millieu de tout le païs, sur le grand chemin de Lion à Clermont, voisine de la riviere de Loire, jouit des meilleurs fons et des plus beaux marchez de tout le païs de Forez; qui faict qu'on y vit avec plus de commoditez qu'en neul aultre lieu de la plaine. Pour remarque de l'ancieneté de ceste ville, il s'y treuve quelquefois, en fouillant la terre, plusieurs choses antiques et singullieres, dont il s'en voit encores beaucoup en la maison de la Bastie-d'Urfé, les seigneurs ayant eu curiosité de les recouvrer.

Sainct-Germain la Val est relevée sur un coutaut (co- teau), en un païs de grand vignoble; mais encores qu'il porte du vin en abondance, ils ne sont pas touttefois si bons que Belleforest nous veult faire acroire, estant pour la pluspart fort vers. Il y a une belle esglise au faubour dediée à nostre Dame, et une petite fort enciene au cimetiere, où se voit encores la sepulture des anciens seigneurs de Sainct-Germain, qui fut changé par eux contre Montrond. Le plus remarcable qu'il y est en ceste ville est qu'elle a au pied de la montagne où elle est assise l'esglise de Nostre-Dame de la Val, batie pour la pluspart par ceux de la maison d'Urfé, dont faict foy leurs armoiries, gravées au millieu de la voulte de l'esglise, fort renommée pour les grands miracles qui s'y font, et à laquelle la pluspart de ceux du païs de Forez ont une grande devotion[1]. Ceste ville ayant ses derniers troubles[2] esté prise par messire Jacques Paillard d'Urfé, si-devant nommé, pour le ser-

St Germain-Laval.

[1] La phrase qui suit a été ajoutée dans la marge.
[2] La Ligue.

vice du roy, fut reprise, douze ou quinse jours aprez, sur le sieur de Chandieu[1], qu'il y avoit laissé, avec batterie par messieurs de Maugeron et de Montespan, ayant avec eux touttes les forces de feu monsieur le duc de Nemours, qui raporta beaucoup de mal, tant à ladicte ville qu'aux lieux cierconvoisins.

Cervières. La ville de Cervieres est en lieu fort montagneux et froid, qui luy faict jouir d'un bon air, lequel y attiroit en esté les contes de Forez, y ayant un beau et fort chasteau. Ceste ville est en la plus forte assiete de Forez et a le plus beau mandement de tout le païs. Elle a cest honneur qu'estant entre les mains de ceux d'Urfé, elle a esté la premiere en ses derniers troubles qui, aprez sa catilisassion[2], c'est declairée du parti de nostre roy, et laquelle feu monsieur le duc de Nemours n'a jamais osé ataquer, et qui a esté maintenue, avecques touttes les montagnes qui l'avoisinent, par ledict d'Urfé, exantes de touts ravages et ostillitez de guerre; tellemant qu'elle c'est enrichie de ce qui a apauvri les aultres, tous les deniers qui se levoyent aux environs se dependants en elle[3].

Sury-le-Contal. Suri-le-Contal, ayant pris son nom du petit ruisseau qui passe au-dessoubz, a aussy pris un surnom des on-

---

[1] Sans doute un parent de celui qui était ministre dans l'armée du roi de Navarre. (Voyez la *Biographie forésienne.*)

[2] Conjuration. Anne d'Urfé veut parler de la Ligue.

[3] Se dépensant chez elle. Cervières, autrefois châtellenie, n'est pas même aujourd'hui chef-lieu de canton; on lui a retiré ce titre pour le donner à Noirétable, qui est situé sur la grande route de Lyon à Clermont. Il reste encore à Cervières quelques maisons anciennes et une porte de ville peu remarquable.

gnons, pour les beaux qui y vienent, et en estresme cantité. On y voit encores aucunemant debout la maison des contes de Forez, qui a marque d'avoir esté belle, et en laquelle il y a de fort beaux tuyaux de cheminée. Elle est assise en très-bon fons, ayant quantité de vins blancs fort petits et vers. Il y a un prieuré assez bon dont est prieur [1]............ de Rostain, qui tient aussy le prieuré de Pommiers. Ceste ville fut batue et prise sur messire Honnoré d'Urfé (à presant conte de Chasteauneuf et baron de Chasteaumorand, chevalier de l'Ordre du roy, et cappitaine de cinquante hommes d'armes des ordonnances, qui l'avoit quelque peu auparavant surprise pour le service du roy), par monseigneur le duc de Nemours qui est à presant, pour n'avoir ledict d'Urfé eu loisir de la fortifier.

Sainct-Bonnet le Chasteau est fort hault en la montagne, en un air froid et fort suptil; en laquelle il y a une fort belle esglise, et la mieux servie du Forez, ors (hors) celle de Nostre-Dame de Montbrison, pour la cantité de bons musiciens qu'il y a d'ordinaire en ceste ville, où se font les meilleures forces à tondre dras qu'on sache en lieu du monde. <small>St Bonnet-le-Château.</small>

Bouin est une petite ville dans un fons où il y a un assez bon vignoble, surtout au lieu appelé Courbine, qui produict de fort bon vin, mesmes sur l'aricre-saison. Il n'i a rien aultre de remarcable en ceste ville, fors que les barons de Cousan, premiere baronnie du païs, et dont ceste ville despand, y ont leur sepulture. Celluy qui en est seigneur aujourd'hui est messire Jacques <small>Boen.</small>

---

[1] Baltazar de Rostaing. (*Hist. des grands officiers*, t. VIII, p. 942.)

de Levy, chevalier de l'Ordre du roy, et cappitaine de cinquante hommes d'armes des ordonnances.

<small>St Galmier.</small> Sainct-Guermier est assis sur un coutaut en fort belle veue, en laquelle je ne sache rien digne d'escrire, fors qu'au pied du coutaut elle a une fontaine alumineuse, qu'ils nomment la Font-Fort, ayant un gout piquant et approchant du vin, de laquelle la pluspart de la ville se sert.

<small>St Rambert.</small> Sainct-Rambert, qui est à un des bouts de la plaine, est une jollie petite ville, proche de la riviere de Loire, en très-bons fons, et où se cueillent les meilleurs vins de toutte la plaine du Forez. Son esglise montre une grande antiquité, et crois qu'avant qu'il eut pleu à Dieu planter sa foy en se païs, que c'estoit un temple des dieux des gentils, se voyant en une pierre prez de la porte une Cerez insculpée, qui se montre fort antique[1]. Ceste ville apartient en toutte justice au prieur, qui est messire Jehan Meliet de la Benerie, conte et prevost de Sainct-Jehan de Lyon; lequel, au lieu des relligieux qui y soulloyent estre, y entretient des chanoines, ayant se prieuré esté seculliarisé avec l'abaye de l'isle Barbe dont il depand. Ceste ville en noz jours fut prise par le sieur de Pierregourde et les huguenots, apellez, comme on disoit, par quelque seigneur du païs, et qui, voyant arriver feu monsieur de Mandelot, si-devant nommé, acompagné de presques toutte la noblesse des païs de son gouvernemant, et de plusieurs belles troupes, la quiterent sans piller, qui fict soupsonner les abitants d'avoir intelligance avec eux; mais il ne s'en est rien

[1] Voyez l'*Histoire du Forez*, t. I, p. 122 et suiv.

averé. Il y a auprez un fort beau pont de pierre sur Loire, qui est le seul du païs[1], mais non le premier qui soit sur ceste riviere, comme dict Belleforest, car il y en a d'aultres en Vellay, et mesmes celluy de Ribes, qui est entre le Puy et Carderol.

La ville de Sainct-Estiene, assise sur la riviere de Furan, dont elle prand son surnom, y jongnant les faubours, qui vallent mieux six fois que la ville, est la plus grande, la plus marchande et la plus peuplée de Forez, à cause du grand nombre d'artisants travaillant en touttes sortes d'armes, pour avoir toutte la commodité qu'ils peuvent desirer tant du charbon que de la trampe mieux qu'en aultre lieu de se royaume. Ceste ville a encores à ses environs une grande cantité de pierres de taille grise des plus belles et meilleures qui soient en France. Elle despand de Sainct-Priest, seconde baronnie de se païs, qui, par le moyen de ceste ville, est la plus revenante terre qui y soit, apartenant à messire Aymart de Sainct-Priest, chevallier de l'Ordre du roy; elle est en païs de montagne assez froid, et y a auprez une montagne brullant insessamment, s'estant le feu pris de temps inmemorial à une miniere de charbon, qui est un très-grand dommage. Ceste ville fut saisie ses derniers troubles par les trouppes de messire Guillaume de Gadagne, chevallier de l'Ordre du roy, cappitaine de cinquante hommes des ordonnances, seneschal de Lion, lequel estoit aussy lieutenant general aux païs de Lionnois, Forez et Beaujollois, mais depo-

S.t Étienne.

---

[1] De nos jours ce pont ne subsiste plus, mais il en a été bâti sept ou huit autres sur cette riviere dans le seul département de la Loire.

sedé par ceux de la Ligue; laquelle il fut contrainct de quiter pour n'estre tenable, santant aprocher monsieur de Nemours, lors marquis de Sainct-Sorlin, acompagné de messire Anne d'Urfé, si-dessus nommé, gouverneur de se païs, et de monsieur de Sainct-Vidal, ayant de fort belles trouppes et trois pieces de baterie, revenant de la prise de Charlieu.

Bourg-Argental. Le bourg-Argantal est une petite villote delà le mont Pila, qui est un des ressors du bailliage de Forez, en fort bon païs de vignoble, et qui n'a aultre chose digne de remarque.

Roanne. Roane est tenue pour l'anciene Rodumne dont faict mantion Ptolomée, la disant cité des Segusiens, estant, comme il la descrit, assise prez de la riviere de Loire, qui commanse là à charier les bateaux; qui, avec le grand chemin de Paris à Lion, qui y passe, la rand infinimant riche; avec se qu'elle est assise en bons fons et en un païs qui raporte touttes choses bonnes en perfection, soit fourmants, soigles, avoines, fouins, vins, fruicts et poisson, tant d'estanc que de riviere. Elle apartient aux Gouffiers, marquis de Boisy, qui, à cause d'elle, ont porté quelque temps le nom de ducs de Rouanois, encores que quelques-uns tienent que se nom de Rouanois provient non de Rouane, mais de Renaison, qui se devroit nommer Rouanaison. Touttefois, s'il est vray qu'elle soit (comme j'estime) l'anciene Rodumne, il y a plus d'aparance que se soit elle qui ait donné se nom que non pas l'aultre.

St Haon. Quant à Saint-Han, où se tient le siege de la justice de Rouanois, il n'i a rien de clos qu'un chasteau dont l'assiete seroit bonne à fortifier, estant relevé sur un petit coutaut en fort belle veue, et n'estant commandé de neulle part. Le bourg, qui est assez beau, est au pied pandant du coutaut, et est tout environné de vignoble qui produict des vins très-exellants.

Pour Crouset, c'est un chasteau (car cella ne merite pas le nom de ville, ni mesmes de bon bourg[1]) assis en païs de vignoble; mais qui ne porte pas le vin si bon à beaucoup prez que celluy de Sainct-Han. Il n'i a rien en se lieu remarcable, fors qu'il est honnoré de la naissance de se grand jurisconsulte Jehan Papon, si-devant nommé, et en faveur duquel il optint d'avoir sa vois aux assemblées du païs. *Crozet.*

La derniere de touttes est Sainct-Just en Chevallet, où les contes d'Urfé, qui en sont seigneurs, font tenir la justice de leur conté, et à leur consideration a esté resceue entre les villes cappitalles. Il a pris son surnom du grand nombre de chevalliers lesquels y faisoyent aultrefois leur demeure[2], et desquels on voit encores les marques des maisons, assavoir : d'Urfé, qui en sont à presant seigneurs; de Sainct-Polgue, qui y avoyent Ogerolles, dont ils portoient le nom; de la Curée, qui y avoyent Boussonnelle, de Sugny, de Bufardan, la Merlée[3], Tremoullin et aultres. Se lieu est quelque peu relevé, ayant un beau bourg au pied pandant, où *St Just en Chevalet.*

[1] Aujourd'hui Crozet n'est pas même chef-lieu de commune.
[2] Je ne me porte pas garant de l'exactitude de cette étymologie.
[3] L'ancien château de la Merlée existe encore; il est près de Noirétable et appartient à M. de Lores. Bufardan, dont il reste à peine quelques masures, est sur la rivière d'Aix, à peu de distance du château de ce nom.

il y a beaucoup de riches abitants. L'air y est très-bon et doux et les eaux exellantes. Il y a du fourmant fort bon, mais peu; en recompance de quoy ils cueillent une estresme cantité de soigles et d'avoines. Ils ont force prez estimez les meilleurs de Forez, et des rivieres abondantes en truites et escrevisses.

Voillà se qui m'a semblé digne de vous desduire touchant les villes cappitalles de se païs; où je ne puis apreuver le dire de Belleforest, qu'il y en ait quarante closes et trante-sept bourgs[1], car il n'en est rien quant aux villes closes, et s'il y a tant de bourgs, il y en a de bien petits.

Or se païs est partie en haultes montagnes, partie en collines et partie en plaine. Les haultes montagnes abondent en faux[2] et très-beaux sappins, desquels ils tirent grand profict par le moyen des moullins à scie, dont il y a cantité, à cause du grand nombre de belles fontaines qui sourcent en ses montagnes; lesquelles forestz sont plaines de touttes sortes de venaisons, tant cerfs, chevreils que sangliers et de faisants bruyants[3]. Se qui est decouvert de bois sont de très-bons paquerages et prairies, dont ils s'enrichissent par le moyen de la nourriture du bestail et les frommageries, y faisant les frommages à la fourme d'Auvergne (auquel elles aboutissent) très-bons, et particullieremant en un lieu nommé Roche, auquel les frommages ne sedent en bonté à neul

---

[1] Voyez l'*Histoire du Forez*, t. II, p. 4 et 178.
[2] *Hétre*; on dit encore *fayard* dans le pays.
[3] Il n'est pas besoin de dire qu'on n'y rencontre plus ces hôtes privilégiés des forêts royales.

aultre lieu que je sache. Il ne se recueillit sur ses haultes montagnes, à cause des grandes neiges, aultres grains que des avoines, et si les abitants ne laissent, pour les aultres commoditez, d'estre les plus riches de Forez; au reste fort robustes et bons travailleurs; qui vivent sains et longuemant, à cause du bon air et des bonnes eaux. Les collines ont grande cantité de pinatelles, dont on tire la poirasine, et sont abondantes en soigles et avoines; elles ont quelques fourmants par les vallons, et des vignes dont on recueillit pour la pluspart du vin fort vert et en d'aucuns lieux mediocre, s'estant beaucoup ameilleurez despuis quelques années, pour avoir mieux faict les vignes qu'ils ne soulloyent. Ses vallons sont encores abondants en très-bons fouins, et les rivieres et ruisseaux pour la pluspart ont cantité de bonnes truites et escrevices, particullieremant les eaux qui dessandent des montagnes voisines de l'Auvergne et du mont Pila.

Ses collines jouissent d'assez bon air, et qui est plus doux que celluy des haultes montagnes; les abitants y sont bons travailleurs et vivent assez longuemant et sainemant, s'i voyant force beaux vieillars. Quant à la plaine, elle est une des plus agreables qui se puisse voir, pour estre arousée de plusieurs belles rivieres et ruiscaux, entre lesquelles rivieres la principalle est celle de Loire, qui, dessandant du Vellay, tranche presques par le millieu ceste plaine, qui oultre cella est hombragée de force belles toufes d'arbres, belles prairies et grandes campagnes, où l'on va d'ordinaire comme à pied sec, pour estre la pluspart des terres gravelleuses. Se païs

<small>La Loire</small>

est abondant en très-bonnes soigles, en poissons, tant d'estancs que de rivieres, et en foins, dont touttefois l'herbe n'est pas si franche qu'aux montagnes et collines. Il y a cantité de fourmants en aucuns endroicts, mesmes sur le hault de Gresieu et par les chambonnages de Loire. Il s'y cueille aussy des orges suffisammant pour le païs. Il y a de bons vignobles, le meilleur desquels est celluy de Sainct-Rambert et de Chandieu, un prieuré prez de Montbrison, appartenant, et celluy de Gumieres, à Gaspard de Levy, filz ainé de Jacques de Levy, baron de Cousan, si-devant nommé. Il y a un petit chasteau prez de Montbrison, nommé Mouin, apartenant à ceux du chappitre de l'esglise de Nostre-Dame dudict Montbrison, où despuis quelques années, qu'ils se sont aidez d'un plant nommé *gamé,* on recueillit de très-bon vin. Ceste plaine ayant cantité d'eaux, tant de rivieres que d'estancs, est abondante de touttes sortes de gibier, et s'i treuve des lievres les plus fors à la course qui se voyent en toutte la France, estant un païs très-agreable pour touttes sortes de choses et pour le plaisir de la pesche, car la riviere de Loire abonde en bons poissons, come saumons, truites, ombres, lambroyes, brochets, carpes, aloses, tacons, et par sur tout en barbeaux estimez les meilleurs qu'on puisse manger. Il

Le Lignon. y a une aultre riviere fort inpetueuse nommée Lignon, qui prand sa source prez de Nostre-Dame de l'Hermitage, au dessus de Neretable, dans le mandemant de Cervieres, et se vient randre dans la riviere de Loire entre le port de Feurs et Cleppé, laquelle a cantité de truites et d'ombres très-excellantes. Il s'y pesche aussy des saumons, des lemproyes, des brochetz et des carpes ; mais c'est raremant : touttefois, lorsqu'il s'i en prand, ils sont beaucoup plus exellants à manger que ceux de Loire, pour estre l'eau plus vive.

Je serois trop prolixe, si je voullois vous raconter touttes les bonnes rivieres de se païs, pour y en avoir tant, que je ne les puis conserver en ma memoire. Mais je concluray par ce mot : que je tiens se païs, le prenant en general, acommodé à suffisance pour luy de tout se qui est nessessaire à l'homme, et le tout fort bon ; car si les bons vins ne suffisent à la plaine, vous pourrez estre secouru ou du costé de Rouanois, auquel ils sont en cantité et très-bons, mesmemant à Renaison, ou de ses mandemants que j'ay nommez auprez du Rosne, où il y en a d'exellants.

Or le commun bruict est que ceste plaine estoit encienemant un lac parmy lequel passoit la riviere de Loire, comme celle du Rosne parmy le lac de Leman ou de Genaivre. De contredire ceste oppinion, je ne le voudrois pas du tout faire, estant combatu de plusieurs indisses de cella. L'une est que ceste plaine est fort remplie d'eaux, et dans laquelle on ne peult guieres caver plus de quastre pieds sans la treuver ; la seconde sont ses boucles de fert qu'on voit encores attachées à de grosses pierres, tant en la montagne d'Isore que Marcilly, et aultres lieux relevez aboutissants à la plaine ; et la troisieme et plus preynante, se grand rocher auprez du port de Pinay, que checun juge avoir esté tranché par artifice. Par quoy je laisse cella indessis pour le presant ; mais que se soit Julles Cesar qui l'ait faict trancher, je le tiens pour une pure fable, d'aultant, comme j'ay dict, qu'il a faict mansion dans ses Commantaires, et presques tout au commansemant de son arrivée aux Gaulles, du *Forum Segusianorum*, que nous avons montré estre Feurs, assis au millieu de la plaine [1]; oultre que, s'il eut faict faire un si bel ouvrage, il en eut laissé quelque memoire en sesdicts Commantaires, ayant faict parade en iceux de choses beaucoup moindres que celleslà; et ne me peult persuader aultremant se qu'aucuns lieux de la plaine portent des noms rommains, comme Jullieu, le sien; Marcou, d'un Marcus Cicero; Marcilly, de Marcellus, et ainsy de plusieurs aultres, qui seroyent trop long à nommer; car je croirois plustost que tels noms, s'ils les ont donnez, ayent esté tels par quelque collonnie que les Rommains y eussent envoyé abiter, veu memes que se païs se gouverne par le droict escript desdicts Rommains.

Au reste, ceste plaine est decorée de plusieurs belles maisons apartenant aux seigneurs du païs, car quant à celles des contes, elles sont touttes par terre. La plus belle qui y soit est celle de Bouteon, commancée par le batard Matieu de Bourbon fort somptueusemant, et despuis achevée par messire Guillaume de Gadagne, seigneur dudict lieu, dont nous avons fait mantion sidevant, mais non pas en mesme somptuosité. Ceste

Bouthéon.

---

[1] Je suis heureux de voir qu'Anne d'Urfé, dans cette pièce que je ne connaissais pas alors, réfute, avec les mêmes raisons que j'ai données dans l'*Histoire du Forez* (t. I, p. 150), l'opinion de ceux qui croient que les Romains délivrèrent la plaine du Forez des eaux en coupant les montagnes de Pinay.

maison est un peu relevée, qui luy faict avoir une très-belle veue, et estre en un terroyer sec; elle est forte, estant bien flanquée de quastre grosses tours, entre lesquelles il y en a une la plus belle de toutte ceste plaine; elle est foussoyée de bons grands fossez à fons de cuve, avec de bonnes et grandes casemates; elle a deux belles et grandes salles acompagnées à checun bout de très-belles chambres acommodées d'aricres-chambres, garderobes et cabinets, et bref baties par ledict bastard Matieu à la principauté. Il y a une fort belle gallerie close, deux ouvertes, et une terrasse sur le devant, deux belles cours, un beau jardin, et tant d'aultres commoditez, que je serois trop prolixe à les conter.

Le second lieu doict estre donné à la Bastie, maison d'abitation des seigneurs d'Urfé, qui de tout temps s'i sont fort plus; laquelle a esté grandemant embellie et emplifiée[1] par Claude d'Urfé, gouverneur des enfans de France, chevallier de l'Ordre du roy, surintendant de la maison du roy Dauphin, cappitaine de cent hommes d'armes soubz sa charge, et baillif de Forez, lequel y fict porter de Romme, lorsqu'il y estoit embassadeur, grande cantité d'antiques, de beaux mabres, et aultres singulliaritez qui seroyent trop longues à narrer. Ceste maison, sedant beaucoup à Boution, quant au batimant, la surpasse bien autant en beaulté de jardin, belles allées et prommenoirs, estant acom-

La Bâtie.

[1] On voit encore dans l'église de Saint-Étienne le Molard, située à peu de distance de la Bâtie, l'épitaphe du maître maçon ou architecte qui fut chargé de ces travaux; on y lit: CIGIT. ANTOEN. IONILLYON. EN. SON. VIVENT. METRE. MASON. DE LA BATIE. DVRFE. QVE. TREPASSA. LE. DIZENEVF. DE. MAI. 1558. DIEV. AY. SON. AME.

modée comme à souait d'un beau bois d'haulte futaye aboutissant au jardin, d'une belle riviere qui est Lignon, de cantité de beaux et clairs ruisseaux, de belles et grandes prairies, et de force belles fontaines; de fasson qu'il n'i manque rien qui puisse randre une assiete de maison belle et agreable que la veue. Elle a une chose que je ne sache en neulle aultre maison champestre : c'est un beau couvant de cordelliers, lequel, pour n'avoir neuls aultres voisins, montre bien n'avoir esté faict que pour le seul service de ceste maison. Il fut fondé par messire Pierre d'Urfé, grand escuyer de France, dont nous avons faict mantion si-devant, lequel est enterré devant la porte, n'ayant, par humillité, voullu l'estre dans l'esglise, et sa premiere femme, Caterine de Pollignac, soubz une belle sepulture fort proche du grand autel, où son effigie est relevée en abit de relligieuse de saincte Claire, dans lequel elle voulut mourir. Mais le plus exellant qui soit en ceste maison est sa chapelle, estimée à bonne raison la plus belle de France, et qui seroit pour ses singulliaritez trop longue à descrire [1]. Il y a aussy une crotte, où il y a plusieurs belles et grandes estatues de marbre apportées d'Itallie, laquelle estoit estimée la plus belle de se royaume, au temps qu'elle fut faicte.

Il se voit tant d'aultres belles maisons en ceste plaine, que se seroit chose trop prolixe de les descrire, qui me

[1] On verra, je pense, avec plaisir ici la description de ce petit chef-d'œuvre, écrite par le P. Fodéré, contemporain d'Anne d'Urfé, avec lequel il était en relation. En face des dégradations que ce monument a subies, il n'est pas sans intérêt de constater l'état dans lequel il fut. Voyez ci-après, dans l'Appendice, la lettre A.

DESCRIPTION DU FOREZ.

faira contanter de ses deux. Quant aux haultes montagnes, il n'i a guieres de belles maisons, c'estant les seigneurs despuis fort longtemps plus delectés de batir à la plaine ou aux collines qu'en ses lieux si incommodes et froids que peu de personnes les peuvent endurer qui n'y ayent esté nourris, à cause des rumes que leur esmeut la suptillité de l'air; et celles qui y sont ont esté plustost baties pour la forteresse que pour le plaisir[1].

La plus belle qui y soit est Charmoisel[2], laquelle, oultre l'ancieneté, a été ajollivée par les seigneurs qui presques touts s'y sont pleux, tant pour la beaulté de la terre que pour estre en fort beau païs de chasse, oultre qu'estant un peu enfoncée, elle n'est gueyres batue des vents. Elle est acommodée d'un jolli bourg où il passe un ruiseau estrememant abondant en bonnes truites. Au reste, il y a la commodité de plusieurs belles et bonnes fontaines. *Chalmazel.*

La seconde peut à presant estre Urfé, qui a esté acommodée modernemant, par messire Anne d'Urfé, plusieurs fois nommé si-devant, de galleries, belle salle, belles chambres, belle terrasse, beau jardin, et d'un verger duquel on ne tire point de commodité que pour la veue, à cause du froid, pour estre se chasteau basti en lieu si hault, comme le marque Belleforest, qu'il se voit presques de tout le païs. Le plus beau qu'il y ait *Urfé.*

[1] C'est ce qui explique pourquoi Anne, disgracié, se retira à Urfé et non à la Bâtie. Celui-là c'est le manoir féodal bâti pour la lutte dans le temps où la noblesse ne connaissait pas de meilleur passe-temps; celui-ci c'est la gracieuse *villa* de la renaissance.

[2] Ce château existe encore aujourd'hui, quoique fort délabré et inhabitable.

faict dresser est un cabinet où il y a beaucoup d'antiques [1], de beaux tableaux, belles tables de mabre et de cedres, et plusieurs aultres choses fort rares. Il n'i a aultre chose digne de remarquer en se lieu, car checun par sa haulteur peult assez juger de sa belle veue, qui s'estant jusques aux montagnes de Dauphiné et de Savoye, fors que n'ayant ceste montagne en neul lieu des environs aucune aultre si haulte, il y a au sommet d'icelle un assez bel estanc qui ne se ramplit que des sources qui sont dedans, dont il y a abondance, et porte de fort bon poisson. Se lieu est en si bon air que je tiens du maistre [2] que, depuis traise ou quatorse ans qu'il y a faict sa residance touts les estés consecutifs, il n'y a veu personne tomber mallade, et, s'ils y sont venus mallades d'ailleurs, ils y ont esté fort tost gueris. Au reste, c'est un lieu merveilleusement tourmanté des vents et du froid, lequel y est tel, souvant en yvert,

[1] On a vu (page 437) qu'Anne avait à la Bâtie un autre cabinet d'antiques, presque exclusivement consacré aux découvertes faites à Feurs; le célèbre Jean Papon en avait aussi un chez lui, car Fodéré dit (dans sa *Narration* précédemment citée) que le marquis d'Urfé, à présent prieur de Montverdun, curieux et fidèle antiquaire, lui a communiqué un *Mémorial* que ce fameux juge Papon *a fait des choses les plus mémorables du pays de Forez*, etc.; après eux, vient Jean-Marie de la Mure, qui eut aussi un cabinet des plus importants pour la province. L'histoire, ce sujet si négligé dans notre pays aujourd'hui, intéressait alors tout le monde et occupait les loisirs des plus savants Forésiens : il ne reste plus un seul des objets qu'ils avaient recueillis avec tant de soin. En faut-il davantage pour faire comprendre l'utilité d'un musée provincial? si nous en avions eu un, il se serait certainement enrichi de toutes les découvertes précieuses que nos pères avaient faites.

[2] On voit qu'Anne d'Urfé n'avait pas le dessein d'attacher son nom à cette *Description*.

à cause des naiges, qu'on n'en peult sortir bien six semaines durant.

Il y a plusieurs belles maisons aux collines, et presques aultant qu'à la plaine. La plus belle de touttes est Chasteaumorand, et laquelle, ors qu'elle est fort serrée, ne sede à neulle aultre de Forez et les essede touttes en comoditez de batimant, et est si complette et bien achevée, qu'on ne sauroit imaginer d'y rien faire davantage quant au chasteau. Elle est relevée en belle veue, qui c'estant sur une partie du Bourbonnois, de Roanois, de Bourgongne et de Beaujollois; elle est acompagnée d'un fort beau et grand jardin et verger, serrez ensemble; et bien qu'elle ait, jusques à sa porte mesme, de beaux et grands estancs, elle ne laisse de jouir d'un fort bon air. Ceste maison, pour la pluspart, a esté mise en ceste perfection par messire Jehan de Levy, baron dudict lieu, et seneschal d'Auvergne, qui fut gouverneur, et despuis chamberlant ordinaire du roy Henry second (n'estant lors, comme puiné, que duc d'Orleans), et par reverant pere en Dieu messire Antoine de Levy, evesque de Sainct-Flour et abé de la Benisson-Dieu, frere dudict Jehan. La seconde est Chenerailles, batie de nostre temps presques de pied an feste par messire Charles d'Achon, seigneur dudict lieu et chevallier de l'Ordre du roy. Il y en a beaucoup d'aultres belles, comme Chevrieres, les deux Saincts-Marcels (de Fellines et d'Urfé), et Escoutay-le-Neuf, touttes lesquelles je laisse pour brieveté.

La plaine de Forez est separée par quelques montagnes du Roanois, qui est le meilleur de tout le païs,

Château-morand.

Chenereilles

auquel il y a aussy beaucoup de belles maisons; mais je me contanteray de remarquer les deux principalles.

St André. L'une est Sainct-André, batie par feu monsieur le mareschal de Sainct-André pour la pluspart, et par son pere; elle est acommodée de deux belles cours, l'une entre les corps de logis du chasteau, l'aultre deors; elle est embellie des plus belles galleries qui soyent en Forez[1], tant closes qu'ouvertes; d'une belle terrasse sur le devant, de beaux jardins et d'un fort beau vergier; elle est fort saine, en lieu sec, en belle veue, et proche de très-bons vignobles.

Boisy. La seconde est Boisy, qui ne doict guieres à Sainct-André pour le batimant, estant pourveue d'une plus belle salle et de plus belles chambres, et ayant une tour carrée belle et forte qui montre bien son antiquité; ayant tout autour du chasteau de beaux et grands fossez, et estant avoisinée de plusieurs belles touffes d'arbres; mais qui n'est ni en belle veue ni en bon air à cause des marez et estancs qui l'avoisinent.

Il n'y a en ses païs que deux abayes, l'une d'hommes et l'aultre de femmes : touttes deux de l'ordre de Ci-Valbenoîte. teaux. Celle d'hommes se nomme Val-Benoicte, fondée par Guy IV, conte de Forez, l'an 1222, où ceux de la maison de la Vallette ont leur sepulture, et en est Bonlieu. abé[2]............... Celle de femmes est Bonlieu, fondée par[3]..... conte de Forez, et despuis (estant brullée par

[1] Il n'est pas nécessaire de dire qu'il ne reste guère que les murs de tous ces châteaux si riches au temps d'Anne d'Urfé.

[2] Pierre de Masso. Voyez la *Gallia Christiana*, t. IV, p. 305. L'abbaye fut fondée en 1184.

[3] Guy II. (*Histoire du Forez*, t. I, p. 183.)

inconveniant) restaurée par messire Arnault d'Urfé, l'an 1223, qui est cause que ceux dudict d'Urfé ont leur sepulture generalle au millieu du cueur de l'esglise, qui est une des plus belles sepultures de gentilhomme de France[1]; laquelle a ressanti les sacrileges mains des nouveaux reformés, qui n'eurent point d'honte, oultre le mal qu'ils firent deors, de fouiller jusques dans la cave où reposent les corps, pour en ravir comme ils firent les cercueils de plomb dans lesquels ils estoyent, et où il avint une chose presques miraculeuse : c'est qu'en sortant celluy de Jahenne de Balsac, aïeulle de ceux qui sont à presant de ceste maison, enterrée despuis trante-deux ans, il saigna abondammant, se qui espouvanta quelques-ungs qui dirent que se sang demandait vangance, mais non les aultres, qui estoyent plus endurcis en leur meschanseté. En memoire de ceste illustre dame, je mettray icy une epitaphe qu'elle avoit faict en se lieu de ceux de la maison d'Urfé, par où on connoistra quel estoit son gentil esprit en la poesie, car elle escrivoit du temps que Marot et ses compagnons estoyent seuls en vogue par la France[2].

Epitaphe de ceux de la maison d'Urfé, attaché à leur sepulture de Bonlieu.

> Par mort qui rand toutte terre à la terre
> Gisent ici les bons seigneurs d'Urfé,
> Justes en paix, audacieux en guerre,
> Ayant d'honneur le voulloir eschaufé,

[1] Voyez la Généalogie, p. 48.
[2] Jeanne de Balsac, femme de Claude d'Urfé, était fille de la célèbre Anne de Graville. Voyez ci-dessus, p. 46.

Qui ont souvant en armes triomphé,
Comme il appert en mainte et mainte histoire,
Mais se leur est mille fois plus de gloire
D'avoir, par foy vive et sans fiction,
Du vieil serpant invisible victoire,
Soubz l'estandart de ceste passion !

Sur quoy il fault notter que tout le ciercuit de ceste sepulture de mabre blanc et noir est des misteres de la passion de nostre Seigneur, dont les personnages sont eslevez en bosse. Loïse de la Roche, de la maison de la Mothe-Mourgon, en est à presant abesse.

Or s'il y a peu d'abayes en se païs, il y a tant plus de beaux et de bons prieurés. Le meilleur de touts est Sainct-Rambert, dont nous avons deja faict mansion. Le second est Montverdun, honnoré du corps du martir sainct Porcary, lequel, ayant esté abé de cinq cens relligieux en l'isle de Lirinx, à presant nommée Sainct-Honnorat, qui furent tous martirisez et luy aveuglé par les infidelles, vint par revelation divine abiter en se lieu de Montverdun, où il fut martirisé, pour anoncer la parolle de Dieu. Mais le temps que cella se fict, ne par qui, ne se treuve point. La commune oppinion est touttefois que se furent ceux de Marcilly, qui lors estoit une ville. Le fert de l'arme d'aste dont il fut frappé est encores audict Montverdun. Se pricuré est assis sur une mothe ronde qui semble presques estre faicte artificiellemant en la plaine, en beau lieu et belle veue. Il despand de la Chase-Dieu, et en est à presant prieur messire Anne d'Urfé, tant de fois nommé si-devant. Le troisieme est Sainct-Rommain, posé dans la plaine sur

une mothe encores plus haulte, en fort belle veue, et
en lieu fort aisé à fortifier; duquel, pour ne deplaire à
personne, je ne diray rien davantage, oultre qu'il est
tellemant en litige que je ne saurois qui veritablemant
en nommer prieur. Il despant de l'abaye d'Aynay. Il y
a tant d'aultres prieurés en se païs que je n'orois bon-
nemant jamais faict si je les voullois touts deduire,
n'ayant voullu faire icy mantion de la Benisson-Dieu,
ni d'Ambiarle[1], encores que la plus grande partie de
leur revenu se leve en Forez, pour estre l'un et l'aultre
en Lionnois, qui faict de semblables enclaves en quelques lieux parmi se païs. Je n'ay aussy faict mansion
de Sainct-Sauveur (qui meritoit bien le second ou pour
le moins le troisieme lieu), pour avoir esté averti que
le prieuré est suprimé et le revenu joint au college des
jesuites de Tournon.

Quant à la noblesse de se païs, elle est valleureuse,
liberalle et gracieuse, traictant aussy bien leurs subjects
que neulle aultre que l'on sache. Il y a cantité de
grandes et illustres maisons, et ne s'en treuve guieres
de ceste noblesse qui n'ait bien de quoy vivre sans rien
emprunter de son voisin. Ils vivent en grande amitié
et concorde entre eux; ils se poussent voullontiers auprez du roy; ils se delectent fort à se visiter et aller à
la chasse ensemble; sont fort devots et bons cato-

[1] Ces deux localités, qui font aujourd'hui partie du département de
la Loire, doivent être considérées comme ayant aussi fait, géographique-
ment au moins, partie du Forez; seulement, comme maisons religieuses,
elles se rattachaient au Lyonnais, et le temporel était presque partout
alors soumis au spirituel. Voilà ce qui explique pourquoi Anne ne les
comprend pas dans sa *Description*.

liques, n'i ayant pas un taché des oppinions nouvelles de Luter, de Calvin, ni de pas un de leurs compagnons. J'avois commancé d'en dresser des genealogies; mais, remarquant que cella ne pouvoit estre mis au jour sans desplaire à quelques-ungs ou seller la verité, j'ay mieux aymé lesser ceste entreprise imperfaicte [1], desirant que mes escrits agreent à touts et ne puissent ennuyer personne, comme on poura bien reconnoistre lisant se discours. Bien diray-je qu'il y a eu de ceste noblesse plusieurs grands personnages, si-devant y ayant eu tout d'un mesme temps un mareschal de France, de la maison de Sainct-André; un grand escuyer, de celle de Boisy; un gouverneur des enfans de France et

[1] Nous devons bien regretter que les scrupules d'Anne d'Urfé nous aient privés d'un travail qui serait aujourd'hui si important pour l'histoire de la province du Forez, et qu'il était si bien, par sa position et son genre d'études, en état de traiter convenablement. Déjà, dans son *Philocarite*, écrit vers 1584, il laissait percer un esprit de critique qui ne reparaît pas dans cette *Description du païs de Forez*. Le fragment de ce roman, que j'ai en ce moment sous les yeux, contient une nomenclature descriptive des écussons qui se voient encore à Montbrison dans la salle de la *Diana*, qui était destinée aux assemblées de la noblesse forésienne. Cette nomenclature ne fait guère connaître, il est vrai, que les familles qui sont mentionnées ici; mais elle contient quelques détails particuliers que j'indiquerai en note, afin de compléter, autant que possible, la partie historique de ce travail. Et d'abord, voici le début de ce fragment :

« .... et louois en mon cœur beaucoup ce tesmoignage de bonne volonté, estant fort merry que je ne recognoisse ses escus, pour louer ses seigneurs, qui doibvent estre très-bons ayant acquis cette devotion de leurs subjectz, car les bons seigneurs font les bons subjectz, comme les bons subjectz les bons seigneurs. Vous dictes vray, dict Agapé, mais je satisferay à vostre dezir en cela, et le prenant par la main luy dist : Ce grand escusson, que vous voyez au-dessus de tous, presques effacé de vieillesse, qui est de gueulles, à ung dauphin d'or, sont les armaries des surintandant de la maison du roy Dauphin, de celle d'Urfé; un mareschal de camp general des armées de France et lieutenant de roy en Bourgongne, de celle d'Epinac, et un cappitaine des gardes du roy, de celle de Charmoisel. Et de plus grande antiquité je treuve un grand chamberlant de la maison de Cousan, avant qu'elle fut tombée en la maison de Levy; un aultre en celle de Boisy; un grand maistre des arbaletriers et un grand escuyer de France, en celle d'Urfé. Et pour la satisfaction de ceux qui sont aujourd'huy et marque de l'ancieneté de leurs maisons je descriray les armoiries des quarante les plus illustres que j'y sache, et les noms, calités et fiefs de ceux qui sont à presant, lesquels je nommeray les ungs aprez les aultres, au mesme

anciens comtes de Forez, dont la race est perie comme je vous raccontay hier; le plus près de cettuy-là, qui est d'or, à une barre de sable dentellée, et qui est timbré à ung gantelet, est celluy des viscomtes de Lavieu; le troisiesme, qui est si effacé qu'il ne ce peult recognoistre, estoyt celluy des comtes de Jaretz, qui sont touttes maisons perdues en ce pays; le quatriesme, etc. » La description suit dans cet ordre: Cousan, Saint-Priest, Rochebaron, Chalmazel et Fougerolles, Montrond, Urfé, Épinac, Cornillon et Cusieu, Saint-André, Châteaumorand, Chevrières, Rochebonne ou Légnec, Boisy, Bouthéon, Saint-Marcel d'Urfé, Luppé, Sugny, la Liègue, Cremeaux, la Valette, Saint-Polgue, Saint-Marcel de Felines, Pinay ou Villette, Virieu, le Palais-lez-Feurs, Genetines, la Curée, Coutançon, Épercieu, la Merlée, Changy, Pélussieu et Pierrelas. Comme cette liste ne se rapporte pas précisément aux noms que représentent les écussons de la *Diana*, et que d'ailleurs elle ne les contient pas tous, puisque ces écussons sont au nombre de quarante-huit, j'ai pensé qu'il ne serait pas hors de propos d'en donner ici une nomenclature complète d'après les manuscrits de de la Mure. C'est le moyen de préserver de l'anéantissement ce monument d'histoire vraiment curieux, que le hasard seul a fait vivre jusqu'à nous, mais que le temps détruira peut-être bientôt. Voyez ci-après, dans l'Appendice, la note placée sous la lettre B.

ordre qu'ils sont apellés en se temps-icy à l'ariere-ban, que je treuve, reservé quelques-ungs des premiers, bien divers de l'ancieneté.

D'Urfé. La maison d'Urfé, pour tenir à presant le bailliage, marche la premiere. Elle porte de vair, à un chef de gueulles, et sur le timbre un bras armé renversé, tenant la main estandue tornée en hault. Ceste maison est possedée par messire Anne d'Urfé, l'ainé, et Jacques Paillard d'Urfé, puiné, des grades desquels nous avons dejà faict mantion, qui vivent en telle amitié et union entre eux, qu'ils n'ont rien à separer. Ils possedent la conté d'Urfé, d'où despendent Sainct-Just en Chevallet, Rochefort, Sainct-Didier, Bussy, Ogerolles et Boussonnelle, et hors icelle la Bastie, Sainct-Agueste et Jullieu.

De Cousan. Cousan, premiere baronnie du païs, porte d'or, à trois chevrons de sable; escartellé à d'or, à une croix de gueulles resercelée. Ceste baronnie, d'où despendent Bouin, Artun et Sauvain, avec les deux Challains (le Comtal et d'Isore), Curaise et Chan, appartienent à messire Jacques de Levy, les calités duquel nous avons mises si-devant.

De St Priest. Sainct-Priest porte d'argant, à quastre points d'asur. Ceste baronnie est à Aymart de Sainct-Priest, chevallier de l'Ordre du roy, qui n'a rien aultre en se païs [1].

---

[1] On lit dans le manuscrit du *Philocarite* : « Il a donné ung grand coup à sa maizon pour le meurtre qu'il a commis des seigneurs de Sainct-Polgue pere et filz, qui estoyent fort aymez en ceste contrée. » On peut voir dans les *Masures de l'île Barbe* de le Laboureur, et dans la *Biographie Forésienne*, à l'article *Saint-Priest*, le récit de ce tragique événement.

Rochebaron porte de gueulles, à un chef d'argant *De Rochebaron* où il y a trois points d'asur. Il est possedé, avec Sainct-Pal, par François de Rochebaron, qui n'a aultre chose en se païs, ayant perdu despuis quelque temps Tiranges.

Charmoisel porte de sable, à un lion d'or, armé, *De Chalmazel.* langué et couronné de gueulles, (l'écu) semé de molettes d'or; escartellé de gueulles, à un chef de vair[1]. Il apartient, avec Escoutay, à Claude de (Talaru-) Charmoisel, qui a esté guidon de la compagnie de feu monsieur le duc de Nemours.

Montrond et Sainct-André porte aujourd'huy d'A- *De Montrond.* chon, qui est d'or, à fleurs de lys d'asur sans nombre; escartellé à d'or, à quatre quantons de sable et un lambeau de gueulles. Ses seigneuries apartienent à Guillaume d'Achon, qui oultre cella a Ouche, Mably et Boisset en se païs[2].

Epinac porte d'argant, à un lion de gueulles, armé *D'Épinac.* et langué de sable[3]. On ne saict encores qui en est seigneur, pour estre tombée à plusieurs filles.

---

[1] L'ancienne maison de Marcilly de Chalmazel portait de sable, semé de molettes d'éperon d'or; au lion de même, couronné, armé et lampassé de gueules; la maison de Talaru-Chalmazel écartelait ses armes : premier et dernier quartier de Talaru, qui est parti d'or et d'azur, à la cotice de gueules, second et troisième de Chalmazel, qu'on vient de lire.

[2] «Ceste maizon de Moutrond (disait Anne, dans son *Philocarite*) est tellement à present litigieuse que je ne sçay qui en nommer seigneur; tant y a que les seigneuries de Montrond, Boisset, Rochetaillée, Grezieu et Chenerailles en sont.»

[3] «A une bordure de mesme, dans laquelle y a huict pesantz d'or; escartellé à d'argent, à quatre pointz d'azur et une barre de gueulles... En laquelle maizon y a eu plusieurs très-illustres personnages, lesquelz ont

De Cornillon. — Cornillon portoit d'argant, à un lion de gueulles, langué et armé d'asur. Ceste maison est à present en la maison de Ventadour, par alliance, et en est seigneur messire Anne de Levy, duc de Ventadour et pair de France, lieutenant general en Languedoc.

De Cusieu. — Cusieu portoit encienemant de mesme, mais il est aussy tombé en la maison de Flageat par alliance. Celluy à qui il apartient est messire Pierre de Flageat, chevallier de l'Ordre du roy et cappitaine de cinquante hommes d'armes des ordonnances [1].

De Châteaumorand. — Chasteaumorand porte de gueulles, à trois lionceaux d'argant, armez, languez et couronnez d'or, et sur le timbre deux bras de sauvages. Ceste baronnie, qui est partie en Forez et partie en Bourbonnois, apartient à messire Honnoré d'Urfé, duquel nous avons faict mansion si-devant, qui, oultre ceste baronnie, tient encores en se païs Chollis et partie de Meauvernay.

De Chevrières. — Chevrieres porte d'or, à un grand sautouer de gueulles, et une bordure de sable, dans laquelle il y a

exercé des plus beaux estas de France; mais entre tous je ne puys taire Pierre d'Epinac, à present evesque de Lyon, dont les vertus sont admirables à tous ceulx qui le cognoissent. » (*Philocarite.*)

D'Épinac portait d'argent, à un lion de gueules, à la bordure de sable, chargée de huit bezants d'or. (DE LA MURE, *Astrée Sainte,* p. 322.)

[1] Après celui-ci, le manuscrit du *Philocarite* porte ce qui suit :

« Le douziesme, qui est de sable, à une croix d'or, ou, comme quelques aultres veuillent dire, d'or à quatre cantons de sable et ung lambel de gueulles tymbré d'une teste de levrier, est celluy des seigneurs de Sainct-André, maizon qui a eu cest honneur d'avoir eu ung mareschal de France, et est maintenant tombée de la maizon d'Albon en celle d'Achon, estant à present possedée par Charles d'Achon, chevallier de l'Ordre du roy et cappitaine de cinquante hommes d'armes, qui, oultre ladicte seigneurie, tient en ce pays les seigneuries de Ponsain, Ouche, Cere et Mably. »

huict fleurs de lis d'or, et au timbre un pellicant. Ceste seigneurie est encore indessise à qui elle demeurera entre les enfans de feu messire Jacques de Miolans, baron de Sainct-Chaumon, chevallier des Ordres du roy, cappitaine de cinquante hommes d'armes de ses ordonnances et lieutenant general de Sa Majesté aux païs de Lionnois, Forez et Beaujollois; qui tenoit encores en Forez Chatelus et Viricelle [1].

Sugny porte d'asur, à une croix d'or dantelée; escartellé d'or, à quastre quantons de sable, et sur le timbre un lion d'or vollant. Il apartient, avec Gregnieu, Nervicu et Tresettes, à messire Guillaume d'Albon, seigneur de Chaseux, chevallier de l'Ordre du roy et cappitaine de cinquante hommes d'armes des ordonnances. *De Sugny.*

Boisy porte d'or, à trois jumelles de sable, et au timbre une teste de griffon. C'est un marquisat dont despandent Roane et la Mothe, qui apartient à [2]......... Gouffier............... *De Boisy.*

Laygnec porte de gueulles, à trois chasteaux d'or, les articres (jours) et la porte de mesme. Il apartient à Hugues de Chasteauneuf, seigneur de Rochebonne, qui ne tient aultre chose en se païs. *De Légnec.*

Fougerolles porte à presant tranché d'argant et de sable. Il apartient, et Roche-la-Moulliere, à Gaspart Capon. *De Fougerolles.*

Bouteon porte de gueulles, à une croix d'or dentellée [3]. Il apartient à Baltasart Gadagne d'Autun, conte de *De Bouthéon.*

[1] Chevrières mourut vers 1606.
[2] Les passages pointés sont en blanc dans l'original.
[3] L'ancienne maison de Bouthéon ou *Bothéon* en Forez, portait de gueules, au croissant d'argent; au chef d'or.

Verdun, filz de messire Antoine d'Autun, chevallier de l'Ordre du roy, seneschal de Lion, et commandant à ladicte ville et païs en l'apsance de monsieur de la Guiche. Il tient aussi May et Miribel[1] en se païs.

De St Marcel-d'Urfé.
Sainct-Marcel d'Urfé porte de sable, à un lion et sept billettes d'argant, et au timbre un tragon vollant. Il apartient à messire Claude de Galles, qui a esté ensaigne de la compagnie d'hommes d'armes de monsieur le duc de Nemours qui est à presant.

De la Liègue.
La Liegue porte d'or, à une onde de sable; escartellé à d'or, à une face de sable d'où nait un lion de sable. Elle apartient, avec Bellegarde et le Pinay, à Antoine de Bron, chevallier de l'Ordre du roy, et cappitaine de cinquante hommes d'armes des ordonnances.

De Luppé.
Luppé porte mesparti d'or et de gueulles, à trois fasses d'asur sur le gueulles. Il apartient, et Moullin-Moullette, à Marguerite de Gaste, vefve de feu François de Meuillon, baron de Bressieux, cappitaine de cinquante hommes d'armes des ordonnances[2].

De St Marcel de Felines.
Sainct-Marcel de Felines porte de Charmoisel, escartellé à d'asur, à trois faces d'or, et sur le tout une bande de gueulles. Il apartient à Jehan de (Talaru-) Charmoisel, seigneur de la Pied, chevallier de l'Ordre du roy, et cappitaine de cinquante hommes d'armes des ordonnances.

De Cremeaux.
Cremeaux porte de gueulles, à trois croix d'or croisettées et fichées, et un chef d'argant dans lequel il y

---

[1] « Qu'il ha acquise de la maison d'Urfé. » (*Philocarite.*)

[2] Voyez dans les Notices, p. 95 et suiv., quelques détails concernant cette dame.

a une onde d'asur; escartellé à d'asur, à un chef d'or, chargé d'un demy-lion de gueulles. Il est aujourd'huy possedé, et la Salle, par Claude de Cremeaux, qui a esté lieutenant de la compagnie d'hommes d'armes de feu monsieur d'Andelot.

La Vallette porte d'asur, à trois fleurs de lis d'or, et un chef d'or, dans lequel nait un lion de gueulles; escartellé à mesparti de gueulles et de vair. Elle est possedée par Jacques de Rochefort, qui tient aussy la Grange-lez-Virieu. De la Valette.

Sainct-Polgue [1] porte d'or, à deux fasses de sinople. Il apartient à Gaspar, seigneur du Cros. De St Polgue.

La Goute porte de mesme, escartellé à de gueulles, chargé d'un croissant et semé d'estoilles d'argant. Elle apartient à Madelon du Cros, seigneur du Fieu. De la Goutte.

Magnieu-le-Gabion porte comme Charmoisel, et est possedé par Hugues de (Talaru-) Charmoisel. De Magnieu.

Montarchier porte comme Rochebaron, et est possedé par Guy de Rochebaron, sieur des Plaines. De Montarchier

Villette porte d'argant; escartellé à d'asur, avec un lambeau, et apartient à Rollin de Saincte-Coulombe, seigneur de l'Aubespin, qui a esté lieutenant de la compagnie d'hommes d'armes de messire Guillaume d'Albon, seigneur de Chaseulx. De Villette.

---

[1] «Maizon très-illustre et très-ancienne qui est maintenant tombée en quenouille à cause du meurtre du pere et du filz de Sainct-Polgue commis par le baron de Sainct-Priest. Le pere estoyt chevallier de l'Ordre du roy, et le filz enseigne du marquis d'Urfé (Anne) qui est à present, ayant paravant esté lieutenant en sa compagnie de chevaulx legers. Ilz tenoyent en Forez les seigneuries de Sainct-Polgue, Roche-la-Mouilliere, et partie de Sainct-Martin la Sauveté.» (*Philocarite.*)

De Virieu. Virieu porte d'asur, à une croix d'argant; escartellé à fasse d'argant et d'asur, cinq de checun, et par dessus les faces un lion de gueulles couronné, armé et langué d'or; et sur le tout un faux escu de gueulles à une bande d'or, dans laquelle y a une fouene d'asur [1], et au timbre le hault d'un lion couronné. Il est possedé, avec Maleval et Chavanay, par [2]..... de Perault [3].

Du Palais. Le Pallaix-lez-Feurs porte fassé d'argant et de gueulles de six pieces; à une bande d'asur, chargée de trois fleurs de lis d'or. Il est possedé, avec le Chevallart et le Masoyer, par messire Baltasar de Rivoire, chevallier de l'Ordre du roy, et cappitaine de cinquante hommes d'armes des ordonnances.

De la Curée. La Curée porte de gueulles, à cinq fusées d'argant en bande. Elle apartient, et la Salle, à messire Gilbert de la Curée, chevallier de l'Ordre du roy.

De Coutançon. Coutanson porte d'asur, à trois barres d'argant. Il est possedé par Antoine de Foudras, qui tient aussi Souternon.

De la Garde. La Garde-lez-Montbrison...................................
Elle est possedée, et le Vernay, par François du Vernay.

De la Merlée. La Merlée porte d'argant, à trois merles de sable, et au timbre la teste d'un matin (chien). Elle est possedée par Marc de la Pose [4].

---

[1] Qui est de Fay.

[2] Jean de Fay-Peyraud, marié avec Louise de Varey, dame de Virieu. Leur fille, Jeanne de Fay, avait épousé, le 30 juillet 1581, Claude de Villars, bisaïeul du maréchal de ce nom.

[3] « Qui a esté lieutenant de la compagnie d'hommes d'armes du marquis d'Urfé. » (*Philocarite.*)

[4] « Troys merles de sable sans pieds et sans becs sont les armaries des

DESCRIPTION DU FOREZ.

Epercieu porte d'asur, à deux lions d'argent affrontez, armés et langués de gueulles, et sur le tout une barre d'argent. Il apartient à Loïs (Dodieu) d'Espercieu. D'Épercieu.

Genetines porte d'argent, à une crois de gueulles resercellée (ancrée) au canton brisé d'asur, chargé d'une estoille d'argent. Il apartient à .... (Charpin) de Genetines [1]. (De Genetines.

Pelussieu porte de sable, à un pont d'or; escartellé à d'asur, à un lion [2] d'or. Il apartient, et Pierrelas, à Jehan de Pontevez, qui a esté cappitaine d'une compagnie de deux cens hommes de pied en Piemond. De Pelussieu.

Pontsain porte comme Sainct-André et Montrond. Il apartient à Philibert d'Achon [3]. De Ponçain.

Chenereilles porte d'or, à fleurs de lis d'asur sans nombre. Il apartient, et Gresieu, à Jacques d'Achon. De Chenereilles

anciens seigneurs de la Merlée, qui se nommoyent les Matins en leur surnom; laquelle terre est aujourd'huy possedée par Marc de Boisy, guidon de la compagnie du seigneur de Couzant.

« Cest escu d'or, escartellé de gueulles, tymbré d'ung lyon, est celluy des anciens seigneurs de Changy, dont la seigneurie est maintenant en la maizon d'Urfé, estant tombée par acquisition en la maizon de Chasteaumorand. » (*Philocarite.*)

[1] On a barré ici cet article :

« La Forestz des Alles porte de mesme, fors qu'au lieu de l'estoille, il porte une mollette. »

Dans le *Philocarite*, il y a cette phrase à l'article de Genetines :

« Posseddé par Michel de Genetines, guydon de la compagnie du marquis d'Urfé. » Voyez, dans la Correspondance, les lettres n°ˢ IV et V.

[2] On lit *loup*, dans le *Philocarite*, qui termine sa nomenclature à cet article. — De la Mure a écrit dans la marge :

« Chalancon porte escartelé d'or et de gueulles, à l'orle de sable chargée de huit fleurs de lys d'or.

« Tallaru porte escartelé (parti) d'or et d'azur, à la bande de gueulles. »

[3] Lisez d'*Apchon*.

Du Botz.   Le Botz porte .... Il apartient à Jullien de Cambetfort, sieur de Serve.

De Vassalieu.   Vassalieu porte d'or, à fleurs de lis d'asur sans nombre. Il apartient à Jehan d'Achon, seigneur de Seresat[1].

Je me contanteray de ce peu pour ceste fois, qui randra temoniage des seigneurs que nous avons à presant en se païs. Quant à ceux des villes, il sont de bon esprit, s'adonnent voullontiers à l'estude, dont il sort de fort savants hommes, mesmes aux loys. Ils sont bons menagers et s'agrandissent souvant en biens. Pour le menu peuple, il est doux en la plaine, et suptil et bon travailleur à la montagne et aux collines; il est fort devot et charitable envers les pauvres. Il s'en tire de fort bons soldats et en cantité, mais très-malaisez pour la pluspart à depaïser et mener au loing, et qui touttefois y estant patissent beaucoup sans murmurer; qui ayment fort leurs cappitaines, et qui sont fort loyaux où ils promettent. Il s'en va de se païs touts les ans beaucoup de centaines, voire de milliers de personnes, en Itallie et en Espagne, travailler à la scie; dont ils raportent grande quantité d'argant, mesmes ceux des haultes montagnes, qui sont beaucoup meilleurs travailleurs que les aultres. Le peuple y est beau et blanc, particullieremant auxdictes montagnes, où les femmes et filles sont aussy très-belles et ayant le tain dellicat.

---

[1] J'ai conservé intacte, dans cette description héraldique, la rédaction d'Anne d'Urfé, toute défectueuse qu'elle est en plusieurs endroits, même sous le rapport des termes : il ne m'a pas paru nécessaire de faire ici une rectification qui doit trouver sa place dans un travail spécial destiné à voir peut-être bientôt le jour.

C'est tout se qui m'a semblé digne d'escrire de se païs; qui me faira y mettre fin, avec assurance que l'affection ne m'a point transporté à y mettre rien que la simple verité. C'est pourquoy vous n'ajouterez point foy à Tevet qui dict que se païs se limite des rivieres de Loire et d'Allier[1], car cella est entieremant faux, celle de Loire faisant son cours presques par le millieu du païs, et le Forez ne s'aprochant plus prez d'Allier que de trois lieues, encores sont-ce quelques paroisses du mandemant de Cervieres enclavées dans celluy de Tiers. Pareillemant en ce qu'il dict que le Beaujollois luy est au midy, qui est au directemant contraire, assavoir au septentrion. J'avoue bien que s'il prenoit le Rouanois pour le Forez, que la riviere de Loire luy serviroit de limite, se qu'elle faict en se quartier-là, le separant d'avec le Beaujollois, et qu'au mesme endroit le Beaujollois luy seroit oriantal; mais cella ne contient pas la dixieme partie du païs. Il se fault aussy grandemant, mettant la Palice au ranc des principalles maisons du païs, car e n'y a ni eut jamais rien, tant on l'a mal servy de memoires; se que je dicts non pour mal que je veuille audict Tevet, ni pour me plaire à resprandre, car j'honnore sa memoire, mais seullemant pour ne laisser personne en erreur.

[1] Thevet, *Cosmographie universelle*, 2 vol. in-fol. 1575.

APPENDICE

À LA
DESCRIPTION DU PAÏS DE FOREZ.

A.

DESCRIPTION DE LA CHAPELLE DE LA BÂTIE.
(Voyez p. 450.)

« Premierement (Claude d'Urfé) fit faire au-devant de ladite chappelle une grotte assortie de quatre grandes statues de marbre, qui representent les quatre saisons de l'année, dont celle qui represente l'automne est en forme d'un grand geant qui a bien neuf pieds de hauteur[1]. Le reste de ladite grotte est fait de petites pierres si industrieusement appliquées en figures, qu'elles font merveilleusement bien. Le bas de la grotte est garny d'un grand nombre de petits tuyaux, qui ne paroissent point parmy le petit et delicat pavé, qui rejaillent et jettent l'eau bien haut[2] quand l'on veut. Et au bout de la grotte, montant trois degrez[3], l'on entre en

---

[1] Cette statue existe encore, et se trouve dans un état parfait de conservation. Il n'est pas nécessaire d'insister beaucoup pour faire voir l'erreur dans laquelle est tombé M. Duplessy en l'attribuant (*Essai statistique sur le département de la Loire*) à Coysevox, né seulement vers le milieu du XVIIe siècle.

[2] L'eau ne jaillissait point de bas en haut, mais tombait d'une voûte garnie de stalactites, destinées à figurer une grotte naturelle. C'est du moins ce qu'on peut conjecturer de l'aspect des lieux, et d'après ce que raconte une dame fort âgée, qui se rappelle d'avoir vu une fois jouer les eaux dans sa jeunesse.

[3] Outre cette entrée, qui paraît avoir été faite pour la commodité des maîtres de la maison, il y en avait une autre donnant sur la cour : c'était la principale; mais elle est condamnée de temps immémorial. Elle se compose d'un beau portail de marbre noir accompagné de colonnes et portant les armes des d'Urfé.

ceste somptueuse chappelle, à l'entrée de laquelle y a un beau benestier[1] de porphire de deux pieds de long, et d'un pied et demy de large, fait en ovale, porté par un pillier de marbre jaspé de trois pieds de hauteur, fort bien eslaboré. Le tour duquel la chappelle est toute revestue est un lambris de boys dont le plus bas quarré est de menuiserie merveilleusement riche, toute dorée, garnie de testes de cherubins et de sacrifices relevés, avec un triangle au milieu du rond, au-dessous des sacrifices et aux quatre coings y a des doubles C avec un I par le milieu (ƆIC), qu'est le chiffre des noms de Claude d'Urfé, et de Jeanne de Balsac sa femme, qui ont fait faire la chappelle. Le second quarré dudit lambris est de marqueterie sans que l'on puisse discerner l'assemblage des pieces, et sont tous chefs-d'œuvre et inventions d'Allemagne recherchés avec grande curiosité, et sont en telle disposition que de chasque costé de l'autel y en a deux de perspective, puis un compartiment et une perspective, après un compartiment un paysage, puis encore un compartiment, une perspective; et ce mesme ordre suit tout à l'entour de la chappelle. Et au-dessus de ces quarrés, sous la corniche, est escrit en grosses lettres, et chacune d'icelles portée par des anges faits de mesme marqueterie, tous ayans diverses postures, ces paroles :

MAIOREM HAC DILECTIONE NEMO HABET AMORIS ENIM IMPETV SENASCENS DEDIT SOCIVM CONVESCI IGITVR O CHRISTE GLORIA REGNANS IN PRÆMIVM TIBI HANC MENSAM HOC SACRIFICIVM VIVENTES AC MORTVI ENS IN ÆDVLIVM MORIENS IN P(ace).

Le tableau de l'autel est de mesme marqueterie, fait par un religieux nommé F. Damianus Conversus, où est représentée la Cene avec les personnages au naturel, si industrieusement faits que chasque partie des visages est à pieces rapportées de vraye couleur humaine[2], sans toutesfois qu'il y aye aucune peinture arti-

---

[1] Ce bénitier, vendu pendant la révolution, servait d'auge à cochons chez un paysan de la montagne; mais il a été racheté et remis en place.

[2] Ceci n'est pas rigoureusement vrai; mais il y a des bois de teintes différentes qui imitent avec un grand bonheur le *modèle* du dessin.

ficielle, et sans que l'on puisse discerner et recognoistre l'assemblage desdites petites pieces. Ledit tableau enchassé en son quadre tout doré, accompagné de beaux et grands pilliers dorez, contournez de lierre et autres ouvrages en relief. Au-dessus du lambris sont les tableaux des figures de l'ancien Testament, qui prefiguroient le saint sacrement, comme au rond de la voute au-dessus de l'autel est comme la manne tomboit aux enfans d'Israël. A la main droicte est le grand prestre de la loy, qui offre les pains de proposition et l'agneau en sacrifice. A la senestre est le sacrifice d'Isaac. Encor du costé droit est Melchisedec qui reçoit les pains de proposition. La table de l'autel est au milieu d'un marbre noir quarré, et le reste tout à l'entour de marbre blanc. Au costé droit est representé David qui coupe la teste à Goliad; au-devant est le sacrifice de Noë, et de l'autre costé est l'abysme de Pharao au passage de la mer Rouge. Sur la grande porte est Sanson quand il treuva le miel à la bouche du lyon qu'il estouffa. Au-dessus des susdicts tableaux, il y a divers escrits en grosses lettres d'or, en caractères hebraïques, en champ de fin azur. La voute est de marbre pisé et pulverisé, eslabourée par lozanges de doubles DIC, et la separation est faicte par des trophées de fruicts et de roses. Au milieu de ladicte voûte est un quarré fait en ceste façon:

Le pavé de ladite chappelle est de petits carrons vernicez de diverses couleurs, correspondant perpendiculairement aux mesmes figures de la voute. Le grand portal est de marbre noir, accompagné de deux colomnes de mesme marbre. Après tout cecy, environ le milieu de la chappelle, à la main droite, est l'oratoire des seigneurs, revestu de mesme lambris et marqueterie, d'un costé representant la creation du monde, et de l'autre l'annonciation

---

[5] A Dieu très-grand, très-bon, éternel (*sempiterno*).

de la Vierge[1], puis le prophete Helie et l'ange qui luy apporte le pain; et encor de l'autre costé le banquet ordonné pour manger l'agneau paschal avec les laictues ameres. Au rond qui est à la clef de la voute est Moyse, quand il fit sortir l'eau du rocher avec sa baguette. Les portes, tant de l'oratoire que du grand portal de la chappelle sont revestues de mesme marqueterie, et joignent si industrieusement dans leurs chassis et quadres, que quand elles sont fermées il est impossible de recognoistre qu'il y aye aucune porte ny ouverture, et vous semble estre en un lieu où il n'y a point de sortie. Les vitres sont en couleurs vives et en figures representans toutes sortes d'instrumens musicaux. En somme, ceste chappelle est un chef-d'œuvre, et une des plus rares pieces de France, et laquelle tant plus on voit, tant plus on l'admire; qui tesmoigne la magnificence des seigneurs d'Urfé, qui ont signalé leur nom autant en choses pies comme au fait des armes. Aussi ils ont tousjours esté alliez à de grandes et illustres familles. » (*Narration historique des couvents de l'ordre de saint François*, etc. par le P. Fodéré, in-4°, 1619, p. 983-986.)

Comme le dit Fodéré, cette chapelle est vraiment un petit chef-d'œuvre, et quoique trois cents ans et plusieurs révolutions politiques ou religieuses aient passé par là, néanmoins ce monument se trouve encore dans un état qui mérite d'être remarqué. On reconnaît facilement quelques réparations qui ont été faites dans les marqueteries, à une époque plus récente quoique déjà ancienne. Le travail nouveau est loin d'approcher de la perfection de l'ancien; on comprend qu'il n'était pas facile de trouver dans nos pays des ouvriers comme ceux que Claude d'Urfé avait amenés d'Allemagne et d'Italie. Quelques-uns de ces ouvriers ont inscrit leurs noms sur leur ouvrage. On lit dans le bas du tableau de la

[1] Ces deux tableaux sont sur toile; le suivant n'est pas dans l'oratoire, mais bien dans la chapelle.

(Cette note et les six précédentes, qui m'ont été communiquées par l'obligeant M. Octave de la Bâtie, contiennent des observations faites sur les lieux mêmes.)

Cène qui se trouve au-dessus de l'autel, et qu'on dit avoir coûté onze ans de travail : FRATER. DAMIANVS. CONVERSVS. BERGOMAS. ORDINIS. PREDICATORVM. FACIEBAT. M. D. XL. VIII., qui doit, je pense, se traduire : *Fait par frère Damien, de Bergame, convers de l'ordre des Frères Prêcheurs.* Le P. Fodéré a mis, dans son livre, PREDICA FORVM au lieu de *predicatorum*, ce qui rend cette phrase inintelligible. Je me suis assuré qu'il avait fait une erreur. Au coin d'un autre tableau qui est dans le petit oratoire contigu à la chapelle, on lit : FRANCISCI ORLANDINI VERONENSIS OPVS, 1547 (*ouvrage de François Roland, de Vérone.*)

B.

DESCRIPTION DES ÉCUSSONS DE LA SALLE DE LA DIANA, À MONTBRISON, D'APRÈS LES MSS. DE DE LA MURE.

(*Voyez p. 459.*)

1. Porte d'azur, aux fleurs de lys d'or sans nombre, qui est *de France*, avant la reduction des fleurs de lys faicte au nombre de trois par le roy Charles VI.
2. De gueules, au dauphin d'or, qui est *Forez*.
3. D'or, au lyon de sable chargé d'un lambel de gueules de cinq pieces, qui est *Beaujeu*.
4. De gueules, à l'escarboucle de huit traits, fleurdelisé d'or. — *Navarre*.
5. Fassé d'argent et d'azur de six pieces.
6. De gueules, à la croix d'argent, qui est *Savoye*.
7. D'azur, à trois broyes d'argent, estendues en fasses l'une sur l'autre; au chef d'argent, chargé d'un lion naissant de gueules.
8. D'azur, à cinq points equipolés d'or, à la bande de gueules, qui est *Saint-Priest* cadet (Genève).
9. D'argent, à la bande de gueules.
10. De vair, au chef de gueules, qui est *Urfé*.
11. D'argent à la fasse nebulée de sable posée en chef.

12. D'or, à la croix de gueules, que porte à present la republique de *Genes*.
13. Bandé d'argent et d'azur.
14. De gueules, au chef coupé d'un travet (traict?) échiqueté d'argent et d'azur de six pieces, qui est *Rochebaron*.
15. Chevroné d'argent et de sable.
16. Escartelé d'or et de gueules, qui est *Changy*.
17. D'argent, au chef bandé d'or et de gueules.
18. Chevroné d'or et de gueules; chargé en chef d'un lambel d'azur de cinq pieces.
19. D'or, au gonfanon de gueules frangé de sinople, qui est du comté *d'Auvergne*.
20. De gueules, au chevron d'or; au chef vairé d'un travet.—*Fougerolles* cadet.
21. Pallé d'or et de gueules, qui est *Amboise*.
22. Fassé d'or et de gueules (sable?) de quatre pieces.—*Tholigny*.
23. Escartelé d'or et de gueules, à la bordure de sable, chargée de huit fleurs de lys d'or.— *Coutançon*.
24. De gueules, au lion d'or, chargé d'un lambel d'azur de cinq pieces, qui est *Montfort*.
25. D'or ou argent, à l'aigle de sable, becquée et membrée de gueules, brisée en chef d'un lambel de gueules de cinq pieces.
26. Bandé d'or et azur, à la bande de gueules, qui est *Bourgogne* l'ancien.
27. D'azur, à la cotice (bande?) d'argent potencée et contre-potencée de treize pieces d'or, qui est *Champagne*.
28. Vairé d'or et de gueules. — *Bauffremont*.
29. D'or ou d'argent, au dauphin d'azur, cretté, oreillé et barbé de gueules, qui est *Dauphiné*.
30. De gueules, à la bande d'or, qui est *Chalon*.
31. D'azur, à cinq besans d'or, 3, 2 et 1; au chef d'or, qui est *Poitiers*.
32. Fassé chevroné d'or et de gueules de six pieces.
33. D'argent, au chasteau de gueules.

APPENDICE. 477

34. De gueules, à trois fasses d'or.
35. D'azur, à la bande d'argent. — *Essertines.*
36. Escartelé d'or et de gueules, au lambel de sable de cinq pieces en chef.
37. Fassé d'or et d'azur, au baston de gueules peri en bande.
38. D'argent à la croix ancrée de gueules, qui est *Vernoilles (la Roche).*
39. Echiqueté d'or et de gueules, à la bordure d'azur, qui est *Ventadour* cadet.
40. D'or à la fasse nebulée de gueules, qui est *Mauvoisin (Chevrieres).*
41. Chevroné d'or et d'azur.
42. Bandé d'or et de gueules de six pieces.
43. D'or, à la croix de gueules, qui est *Damas.*
44. Escartelé aux 1er et dernier quartiers fassés d'or et de gueules; aux 2 et 3 d'azur, qui est *Barges.*
45. D'or, à l'aigle de sable becquée et membrée de gueules. — *Savoye* l'ancien.
46. De gueules, au chasteau d'or.
47. Fassé chevroné d'or et de gueules.
48. D'or, à quatre pals de gueules. — *Aragon.*

Sur la cheminée, il y a cinq escussons ayant pour tenants des faunes ou satyres ou hypocentaures (allusion au mot Forez, que quelques-uns écrivent Forests). Celui du milieu est de gueules, au dauphin vivant d'or, qui est *Forez,* ayant pour suposts un centaure les pieds abattus, et un satyre flechissant un genouil. Au costé droit dudit escusson, celui qui y est est d'azur, aux fleurs de lys d'or sans nombre; au baston de gueules brochant sur le tout, qui est *Bourbon* avant le roi Charles VIe, contre-party aux armes de Forez, ayant pour suposts un centaure moine et un autre en laïque, tous deux les pieds abattus. A son costé gauche, celui qui y est a deux quartiers, le 1er de Forez, le 2e d'argent, au dauphin d'azur, langué de gueules, contre-party de Bourbon sans nombre, ayant pour suposts un satyre flechissant le genouil, et une jeune fille se tenant debout. A l'extremité droite est le plein escusson de Bourbon sans nombre ; à la gauche porte d'azur, aux fleurs de lys sans nombre, à la bande de gueules, chargée de trois lions d'or, qui est *Bourbon-Vendosme*.

Ces écussons furent peints vers l'année 1300, par ordre de Jean, comte de Forez, probablement pour rappeler les alliances de sa famille, et aussi la considération qu'il avait pour certaines maisons de son comté ; chacun d'eux est répété quarante fois dans autant de petits compartiments qui divisent le plafond de la salle de la *Diana*. Des exemplaires de chacun de ces écussons trouveraient parfaitement leur place dans la décoration de la bibliothèque publique de Montbrison, ou dans celle des archives du département. Il faut espérer qu'on songera à en faire la demande au propriétaire, lorsque la destruction de ce plafond sera décidée, ce qui ne peut guère tarder. Déjà les écussons décrits dans le dernier paragraphe de cette liste ne subsistent plus.

TABLE

DES NOMS DE LIEUX ET DE PERSONNES,
ET DES OUVRAGES DES D'URFÉ.

Nota. Tous les noms sont écrits ici avec leur orthographe la plus usuelle ou la plus rationnelle, afin qu'on puisse rectifier les variantes qui se rencontrent dans les différents documents anciens cités dans le travail, et au besoin les erreurs qui auraient pu se glisser dans le texte même.—On a négligé de relever les noms qui ne sont cités dans ce livre que d'une manière tout à fait passive, tels que ceux des rois, des provinces, etc.; quant aux lieux et aux personnes qui y jouent un grand rôle, on n'a noté que les faits principaux : tels sont les mots : *Lyon, Montbrison, Feurs, Urfé, la Bâtie, Chevrières, Nemours (duc de),* etc. — Les noms des familles alliées à la maison d'Urfé sont écrits en petites majuscules, les autres en caractère ordinaire, et les noms de lieux en italique, ainsi que les titres d'ouvrages : pour éviter la confusion, ces derniers sont précédés d'un astérisque (*).—Une *s* placée à la suite des pages remplace les mots *et suivantes.*

A

Achier (d'), 408.
Achon (d'), 431. *V.* Apchon.
Adrets (des), 88, 243, 315, 429. *V.* Beaumont.
Agneau-d'Or, 113.
Aigueperse, 305, 403.
Aimars (des), 127.
Aimé-Martin (M.), 179.
Albert (l'archiduc), 73.
Albigny (d'), 296, 299, 400.
Albon (d'), 462. Sybille, 20; Marguerite, 32; Claude, 53; Bertrand, 243, 265 *s.*; Guillaume, 243, 397, 463, 465.
Alby, 430.
Alexandre VI, 39, 41.
Alincourt (d'), 251.
Allard (Marcellin), 148.
Allègre (d'), 35, 76, 78.
Amberieu (d'), 272, 378.
Ambert, 312 *s.* 363, 413.
Ambierle, 457.
Amboise (St Florentin d'), 35.
Amboise (d'), 476.
Ancieu, 6, 7.
Andance, 253 *s.* 330, 347, 374.
Andelot (d'), 309 *s. V.* Coligny.
André, 290.

Angoulême (duc d'), 367.
Annecy, 137, 361.
Annonay, 277, 283, 390.
Anselme (le P.), Hist. des grands officiers, 16 s. 138, 355, 439.
Antioche, 12.
Apchon, 32, 97.
Apchon (d'), 431, 468.
Arago (M.), VI.
Aragon (d'), 40, 477.
Arbertus, archidiacre, 6.
Arbouse, 335.
Arbresle (l'), 261, 376.
Arc (Jeanne d'), 46.
Arcy, 273, 295.
Argental, 70, 427, 428.
Arioste (l'), 175.
Arlet, 82.
Armagnac (Jacques d'), 30.
Armusil, 254.
Arnaud, Hist. du Vélay, 279 s. 388.

Arras (traité d'), 26.
Arri (M.), 151, 157.
Artun, 460.
Asards (des), 349.
*Astrée (l'), 7 s. 63 s. Son histoire, 159-176. Son analyse, 178-209.
Aubépine (l'), p. 465.
Aubrin (saint), 399.
Aubusson, 77.
Aumale (d'), 316.
Aumont (maréchal d'), 295 s. 403, 404.
Auneau, 231.
Aurillat, 29.
Aurouse, 77.
Ausserre (d'), 295, 314, 399.
Austun (d'), 464. V. Gadagne.
Auvergne (d'), 70, 73, 106, 110, 357, 476.
Auzon (d'), 52.
Aynay, 457.

B

Bagé, 58 s. 103.
Balbigny, 330.
Balsac (de). César, 75. Jeanne, 46, 48, 50, 472; épitaphe composée par elle, 455.
Bar (de), 72.
Baraillon (de), 391-92.
Barbe (l'île), 440.
Barbin (Claude), 209.
Barbou, 79.
Barge (de la), 274.
Barges (de), 477.
Barjac (de), 283 s.
Barnonus, prêtre, 7.

Baro (Balthasar), 166 s.
Baron, 244.
Basoche (de), 359, 362.
Bassompierre (Mémoires de), 159.
Bâtie (la), résidence de la maison d'Urfé au XVᵉ siècle, 40 s. Amplifiée et restaurée par Claude, 46 s. 89. Son couvent, 37-39. Sa chapelle, 471. Description du château, 449.
Bâtie (de la), 378.
Baudouin (I.), 158.
Bauffremont (de), 269, 273, 476.
Baume (de la), 32, 97, 223, 243 s.

TABLE. 481

Baume-Fromentes (de la), 25.
Baune, 273.
Bayart soutient avec François d'Urfé un combat contre treize Espagnols, 30-32.
Beaucaire, 33 s.
Beaujeu (de), 16, 475.
BEAULAIR ou BEAUCLERC (DE), 19.
Beaulieu, 29.
Beaumont (François de), 88.
Beauregard, 252.
Beauregard (de), 324.
BEAUVAU (DE), 40, 41, 44, 432.
Beauvoir-sur-Arnon, 33.
Belièvre (de), 360.
Belin (de), 316.
Bellay (du), 73.
Bellay (la), 350.
Belleforest, 435, 437, 461, 444, 451.
Bellegarde, 464.
Bellegarde, 244, 254.
Bellenave, 30.
Belleville, 319.
Belley, 162 s. V. Camus.
Benains, 23.
Beneyton, Mém. mss. 254, 269.
Bénissons-Dieu, 428, 453, 457.
Bergame, 474.
'Beroldide (la). V. Savoysiade.
Berthaud. Louis, 113, 314. Jean, 313.
Berthelot (de), 69.
Berulle (le cardinal de), 78.
Besches (le), 361.
Besignan (de), 234.
Beyviers, 65.
Bienavant (de), 56.
Biron, 367. V. GONTAUT.

Bisaigne (Diego de), 30.
Blainville, 77.
Blanchet (Benoît), 239.
Blois, 34, 238.
Boën, 332, 428, 439, 460.
Boileau, 162, 205.
Bois (du), 244.
Boisvair (de), 432.
Boisy, 454.
Boisy (de), 34, 442, 458 s. V. Gouffier.
Boitel, 325.
BOLIERS (DE), 32.
Bonlieu, abbaye. Sa fondation, 454. Sa restauration complète, 47 s.
BONNAY (DE), 52.
Borstel ou Borstet, 167, 170, 174.
Botz (le), 468.
Bouchet (du), Hist. de la maison de Coligny, 232.
Bouillon (de), 232.
Boulogne, 49.
Bourbon (château de), 33.
Bourbon (ducs de), 8, 21, 23, 28, 30, 35, 41, 73, 432, 477. Mathieu, 430, 448.
Bourbourg, 21.
Bourdelière (la), 428.
Bourg, 61, 436.
Bourg-Argental, 243 s. 442.
Bourgogne (ducs de), 21, 33, 476.
Boussonnelle ou Boissonnelle, 443, 460.
Bouthéon, 52, 265. Description, 448. V. Gadagne.
Bouthéon (de), 463.
Brande (la), 244, 254.
Bray (du), 153, 158, 165, 172.
Bray-sur-Somme, 82.

Bressieu, 97, 258. *V.* Meuillon.
Bretagne (duc de), 33, 36.
Breuil (du), 30.
Brignais, 249, 350, 398.
Brignole (M. le marquis de), 157.
Bron (de), 65, 464.
Brosse (de la), 254.
Brotel, 32.

Brun (le), 309.
Brunet (J.), 153.
Brunet (M.), 159.
Buenc (de), 25.
Buffardan (de), 443.
Bursinel, 245. *V.* Saconay.
Bussy, 28, 60, 103, 375, 376, 460.
 V. Urfé (Christophe).

C

Calende (de), 349.
Calvaire de Montbrison, 314.
Calvus (Girinus), 6.
Camus (Pierre), 162 s. 167.
Camus de Pontcarré, 81.
Caponi *ou* Capon, 463.
Carderol, 441.
Carite, 96 s. *V.* Luppé.
Carrière (M.), 80.
Castella (Agno), 7.
Cavalque, 65.
Ceissac, 302.
Cenoy, 157.
Cervières, 179, 288, 349, 403, 410, 428, 438, 446.
César, *Commentaires,* 436, 447.
Chabannes (de), 54, 56.
Chaise-Dieu (la), 26, 64, 92, 149, 211 s. 380 s.
Chalain-d'Isoure, 460.
Chalain-le-Comtal, 350, 410, 460.
Chalancon, 467.
Chalmazel, 19, 179, 451.
Chalmazel (de), 110, 112, 242 s. 280, 328 s. 386, 459 s.
Chalom (Antoine-Emmanuel), 218.
Châlon, 24, 50.
Châlon (de), 476.

Chambaud (de), 68, 231, 243 s. 345.
Chambéry, 144.
Chambetfort (de), 468.
Chambon (le), 246.
Chambre (de la), 60.
Chambre du massacre, 27.
Chamelot (Mme de), 360.
Chamerolles, 237.
Chamet, 32.
Chamousset, 19, 53, 243.
Champ, 460.
Champagne (de), 476.
Champetières, 302.
Champigny, 41.
Champollion (M.), v.
Champoly, 15.
Champtois (de), 364.
Chandieu, 353, 446.
Chandieu (de), 354, 438.
Changy, 62, 459, 467, 476.
Chapeau-Cornu, 32.
Chapeloux, 79.
Chapes (château de), 28.
Chappuis, 389.
Chapuis (Gabriel), *Diane,* 205.
Charbonnières, 265, 385.
Charles VI, 475, 477.

TABLE.

Charles VII, 28, 32, 279.
Charles VIII, 34 s. 88, 89.
Charles IX, 50, 54, 66, 91, 137.
Charles X (cardinal de Bourbon), 263, 293.
Charlieu, 264 s. 388, 442.
Charnay (de), 253, 356, 375, 412.
Charpentier (Charles), 75.
Charpin, 467.
Chassagne (la), 29.
Chaste ou Chatte (de), 244 s. 385.
CHASTELLET (DU), 82.
Chastre (de la), 316.
Châteaubouc, 62.
Châteauclos (de), 244, 291, 292.
Châteaumorand, 157, 167, 224, 256, 281, 374, 387, 391, 428, 459, 461. Description, 453.
CHATEAUMORAND (DE). Eustache, 17. Jean, 21. Diane, 94 s. 127, 148-154, 224.
Châteauneuf près de Montbrison, 413, 414, 416.
Châteauneuf près de Rive-de-Gier, 286.
Châteauneuf-sur-Cher, 45, 59, 60, 62, 70, 148, 163, 406. V. URFÉ (Jacques II).
Châteauneuf (de), 55. V. Rochebonne.
CHÂTEAU-VERT (DE), 17.
Château-Villain, 32.
Châtelus, 346, 462.
Châtillon, 60.
Châtillon (de), 231 s. V. Coligny.
Chaudeiron (Arnulphe), 16.
Chauffailles (de), 276.
Chaufour (le), 428.

CHAUVIGNY DE BLOT (DE), 29.
Chavanay, 427, 466.
Chazelles, 244, 350.
CHAZERON (DE), 32, 252, 284, 391, 392.
Chazeul, 53.
Chazeul (de), 287, 301 s. 346, 397. V. ALDON (Guillaume D').
Chenal (la), 151.
Chenereilles, 22, 257, 453, 461, 467.
Chenevoux (de), 364.
Chenillac (de), 284, 391, 392. V. LONG (LE).
Chesne (du), Hist. de Bourgogne, 11.
Chevalier, 254.
Chevallart, 466.
Chevrières, 331, 453, 459.
Chevrières (de), 73, 101, 102, 242 s. 376, 462, 477.
Chiabrera (Gabriel), 178.
Chivrières, 29.
Chollis, 462.
Ciréi, 73.
Clayette, 232.
Clément VIII, 104.
Cleppé, 307, 446.
Clerieu, 33.
Clerjon, Histoire de Lyon, 50, 99, 231, 240 s. 372.
Clermont, 252, 289, 335.
Clermont (comte de), 13, 21.
CLERMONT (DE) de Lodève, 32.
Cognac, 56.
COLBERT (Paul-Édouard), 82.
Coligny (de), 57, 309.
Colligny (Anne de), dite de Salligny, 112.
Cologne, 162.

Combe (Claude), 290.
Commines (*Mémoires de*), 34, 36, 40.
Compiègne, 54, 91.
Conche (la), 254.
Condamine, 29.
Condamine (de la), 269.
Condé (prince de), 113.
Condorcet, 83.
Condrieu, 254, 265, 269.
Confalon (confrérie du), 431.
Conflans, 61.
Conflans (de), 254, 258.
CONON (DE), 23.
Conros, 30.
Constantinople, 35, 56.
Corbeil, 289.
Corée (la), 25.
Cornaton ou Corneton, 269, 281, 387.
Corneille, 162.
Cornet (du), 23.
Cornillon, 246, 373, 459, 461.
CORNILLON (DE), 23.
CORNON (DE), 22.
Cornu (du), 23.
Cossé-Brissac (de), 81.
Coste (François), 60.

Coste (M.), 50.
Courbine, 439.
Cousan, 149.
Cousan (Damas de), 459.
Cousan (de), 242, 331, 346, 350, 352, 395, 430, 431, 439, 459, 460. *V.* Lévis.
Cousin (M.), VI.
Coussy, 39.
Coutançon, 466.
Coutançon (de), 459, 476.
Coysevox, 471.
Cremeaux, 27.
CREMEAUX (DE), 52, 242, 243, 276, 297, 459, 464.
Créqui (*Mém. de Madame de*), 149.
Creuilly, 82.
Croix (de la), 113. *V.* Vent (du).
Cros (du), 465.
CROY (DE), 72, 75.
Crozet, 408, 428, 443.
Crozet (du), 113. *V.* Papon.
Crussol (de), 73.
Curaise, 460.
Curée (la), 459, 466.
Curée (de la), 443, 466. *V.* Roche-Turpin (de la).
Cusieu, 459, 461.

D

Damas (évêque de), 107.
Damas (de), 477.
Damien (F.), 472, 475.
Dampmartin (de), 30.
Dargoire, 283, 297.
Daunou (M.), v.
Delègues, 356.
Demeaux ou de Meaux (MM.), 83.

*Description du païs de Forez, par Anne d'Urfé, imprimée, 421 s.
Desenne (M.), VI.
Desenne, 179.
Dessac, 381.
*Dialogues du Polemophile, par Antoine d'Urfé. *V.* Honneur et Vaillance.

TABLE. 485

Diana (salle de la), à Montbrison, 17, 124, 458. Description de ses écussons, 475 s.
*Diane (la), par Anne d'Urfé, 94, 121.
Dick (Van), 74, 210.
**Discours au prince de Piedmont*, par Anne d'Urfé, 105, 106, 117.
**Discours de la Judic*, par Anne d'Urfé, 117, 123, 156.
Disimieu (de), 250, 322, 360.
Dodieu, 467.
Dolet, 88.
Donat, 324.
Donise, 301.
Donzy, 24, 330, 333, 348.
Drugeac, 348.
Duerne, 234.
Duplessy (M.), *Essai statistique sur le départem. de la Loire*, 5, 58, 471.
Durand (Mlle), 162.
Dusauzay, 269.

E

**Echo du grand pont de Doux*, par Christophe d'Urfé, 133.
Écotay, 453, 461.
Effiat (d'), 61.
Elbeuf (d'), 316.
*Emblesmes, par Anne d'Urfé, 110, 113, 122.
Entragues, 45 s.
Épercieu, 459, 467.
Épinac (d'), 238 s. 299, 309, 310, 322 s. 335 s. 365, 397, 399, 459, 461.
*Epistres morales, par Honoré d'Urfé, 135-147, 359.
**Epistres philosophiques*, par Antoine d'Urfé, 218 s.
*Epitaphes, par Anne d'Urfé, 125.
Escars, 82.
Espaly, 279 s. 300 s. 386, 388.
Espey, 25, 26.
Espilly (l'abbé d'), 157.
Essertines (d'), 476.
Estaing (d'), 348, 408.
Este (Anne d'), 239.
Estrange (de l'), 300 s. 358.
Estrées (d'), 23, 25.
Estrolhas, 300.
Étampes, 46.

F

Falgard (Mathieu), 274, 384.
Faure (Antoine), 145, 146, 164, 165.
Faye (Hermite de la), 19.
Fayette (de la), 82.
Fay-Peyraud (de), 466.
Félix, 356.
Ferrand, 269.
Feurs, 135 s. 233, 242, 275, 307, 317, 328, 347 s. 388, 408, 428. Description, 434 s. 448.
Fieu, 465.
Fin (de la), 142, 327, 333 s.
Finet, 259.
Firminy, 246, 260, 274, 280, 352, 374, 386.

Flageac (de), 77, 462.
Flament (Jean le), 23.
Florian, 162.
Fodéré, *Narration hist. des couvents de S. François,* 25, 37, 40, 42, 122, 452, 471, 475.
Fontaine (de), 349.
Fontaine (Jean de la), 161, 162, 205.
Fontenoy, 73.
Fontfort de Montbrison, 425.
Fontfort de Saint-Galmier, 440.
FOREST (DE LA), 60.
Forest des Alles (de la), 467.
Forez. Sa description imaginaire dans l'*Astrée,* 179 s. Sa description par Anne d'Urfé, 421 s. Étymologies de ce mot, 435.
Forez (de), 459, 475, 477.
Fornier (de), 364.

Fornier (Jean), 22.
Fornoue, 40.
Fortunat (de), 329, 359, 405.
Fossin (de), 317, 328.
Foudras (de), 466.
Fouet, 64, 168, 170, 171, 173, 174.
Fougerolles, 246, 271, 272, 459.
Fougerolles (de), 463, 476.
Fougières (de), 276, 277.
Fourvières (l'académie de), 88.
France (de), 475.
François Ier, 9, 45, 46.
François II, 51.
Fresne (André), 317.
Fretat de Sarra (Pierre de), 212.
Frette, 74.
Fronsac (de), 151.
Fruones, 7.
Furmigières (?), 233.

G

Gadagne (de), 101, 239 s. 265 s. 346 s. 416, 441, 448, 463.
Gagemont, 356.
Gagnieu, 113, 314.
Galles (de), 110, 112, 362, 464. *V.* SAINT-MARCEL.
Garde (la), 466.
Garde (la), 269.
Garnier (Claude), 110, 112.
Garon (Louis), 108.
Gast (du), 255.
Gaste (Marguerite), 96 s. 296. *V.* Carite *et* Luppé.
Gaubertin (de), 170. *V.* Borstel.
Gayand, 264, 276, 277.
Gelas (Guillaume), 308, 309.

Généalogie de la maison d'Urfé, par Anne d'Urfé, 6, 111, 119, 121. *V.* URFÉ (généalogie).
Gênes, 40, 168, 169, 475.
Genetines (de), 151, 256, 374 s. 410, 411, 459, 467.
Genève, 447.
GENOST (DE), 26.
Genouilly (de), 274, 346.
Gentilhomme champestre, par Anne d'Urfé, 102.
Gibertès (de), 348.
Gimel (de), 348, 408.
Gimont en Bigorre, 24.
Gioffredo, *Hist. delle Alpi marittime,* 63, 169.

Girard (Mathieu), 125.
Girinus, chapelain, 6.
Givors, 269, 295, 297, 331, 350.
GONTAUT-BIRON (DE), 80, 81.
Gouffier (de), 442, 463.
Gouson (Lazare), 433.
Goutte (de la), 107, 162, 465.
Grange-lez-Virieu, 465.
Grange (de la), 258, 297. *V*. CRE-
  MEAUX.
Graville (de), 46.
Gregnieu, 45, 463.
Grégoire III, 59.
Grenoble, 290.
Grésieu, 346, 384, 446, 461, 467.
Gresieu, 294.
Grigny, 285.
GROLÉE (DE), 32.

Grolle (la), 28.
Gryphes, 88.
Guarini (le), 175.
Gueldre (de), 72.
Guiche (de la), 102, 361, 362, 464.
Guichenon, *Histoire de Bresse*, 22,
  23, 58, 155, 165, 168.
Guillaume le Jeune, comte de Lyon-
  nais et de Forez, 7.
Guillotière, 296.
Guise (de), 111, 114, 120, 231,
  238 s. *V*. Mayenne *et* Nemours
  (Charles de).
Gumières, 446.
Guy Ier, comte de Forez, 13.
Guy II, 454.
Guy IV, 454.
Guyenne (duc de), 33.

H

HARCOURT (D'), 73.
Harpe (la), 162.
Hautefort (d'), 300. *V*. Estrange
  (de l').
Haut-Villar (de), 254.
Havrache (Hammachas), 73.
Havrec, 73.
Henri, 383.
Henri II, 47 s. 453.
Henri III, 50 s. 98 s. 239 s.
Henri IV, 41, 62, 64, 69, 98 s.
  114, 118, 135, 142, 144, 159,
  160, 378 s.
Hieronime, par Anne d'Urfé, 99,
  124.
Honneur (l'), par Antoine d'Urfé,
  212 s.
Hospital (de l'), 245 s. 268, 269.

Huet, 64, 150, 173, 207.
Hugues, archevêque de Lyon, 6.
Humières (de), 50.
Hurault de l'Hospital, 73.
Hure (Jean), 275, 283, 384.
Hymne au duc de Savoye, par Anne
  d'Urfé, 105, 111, 119.
Hymne de la vertu, par Anne d'Urfé,
  106, 108, 117.
Hymne de la vie champestre, par
  Anne d'Urfé, 111, 362.
Hymne de l'honneste amour, par
  Anne d'Urfé, 106, 108, 111,
  114, 122.
Hymne de saincte Catherine, par
  Anne d'Urfé, 111, 120.
Hymne de saincte Suzanne, par
  Anne d'Urfé, 108, 117, 118.

Hymne des anges, par Anne d'Urfé, 106, 108, 111, 115 s.
Hymne du gentilhomme champaistre, par Anne d'Urfé, 121.
Hymne du jeune ou de l'abstinance, par Anne d'Urfé, 111, 112, 122.
Hymne du sainct sacrement, par Anne d'Urfé, 106, 108, 110, 113.
Hymnes de messire Anne d'Urfé, 69, 92, 93, 106. Analyse, 108, 109, 113 s.

I

Isoure, 71, 436, 447. Sa description imaginaire dans l'*Astrée*. 183.
Issoire, 335, 380.
Ivys en Dombes, 45.

J

Jacob (le P.), *Traité des plus belles bibliothèques*, 46.
James (Pierre), 365.
Jarez (de), 459.
Jas (de), 151, 407.
Javercy ou Javersy (de), 315.
Jean Ier, comte de Forez, 17, 478.
Jérusalem, 37.
Jo (Hugues de), 16.
Jonas (de), 272.
Jonillion (Antoine), 449.
Joux (de), 284 s. 361.
Joyeuse (de), 32, 108, 111, 120.
Jules III, 42.
Juliers (de), 72.
Julien, 436, 448, 460.

L

Labottière (Jean), 42.
Laboureur (le), *Masures de l'île Barbe*, 460.
Lachèze (M.), 434.
Lafau, 314.
Laforge, 286.
Lambet (Henri), 247.
Langeac (de), 30, 77. V. Rochefoucauld (de la).
Lanoue, 314.
Larisse, 131.
Lascaris (de), 55, 66.
Lasne (Michel), 173, 177.
Lautret, 147.
Laval (de), 252.
Lavedan (Arneton de), 24.
Lavieu (de), 7, 26, 431, 459.
Lazzera (M.), 157.
Lebrun (M.). Voy. la *Dédicace*.
Légnec (de), 459, 463.
Lenthoing, 30.
Lerins (l'île de), 456.
Lesdiguières (de), 465, 272, 290. 308.
Lespinasse, 264.
Lespinasse (de), 385, 388.
Lesseins (de), 263.
Levis (de), 62, 73, 149, 277, 430, 440, 446, 453, 460.
Leviston (de), 406.

Lice (la), 244.
Liègue (de la), 286, 347, 459, 464. *V.* Bron.
Lignon (le), 64, 134, 145, 159, 169, 175, 179, 446.
Limoges, 79.
Limosin, 81.
Loire (la), 179, 445.
Long (le) de Chenillac, 61.
Long (le P. le), *Bibliothèque hist. de la France*, 42, 79, 316.
Loras (de), 317.
Lores (de), 443.
Lorette, 157.
Lorraine (de), 72. *V.* Guise.
Louis le Débonnaire, 11.
Louis le Gros, 12, 13.
Louis XI, 29, 33, 34.
Louis XII, 35, 36, 39, 43.
Louis XIII, 62, 71, 76, 77, 165, 168.
Louis XIV, 78, 87.
Lozières-Cardaillac (de), 73.
Luppé, 254, 258, 459.
Luppé (de), 96 *s*. 464. *V.* Gaste *et* Carite.
Lyon se déclare pour la Ligue, 240 *s*. Paye 6000 liv. pour la délivrance de son archevêque, 255. Conclut un accord avec le Forez, 257. Reçoit le duc de Nemours son gouverneur, 296. Envoie des députés aux états de la Ligue, 307 *s*. Se soulève contre le duc de Nemours, 319 *s*. Se soumet à l'autorité royale, 347. Est visité par Henri IV, 361.
Lyramond (de), 237.

M

Mably, 461.
Mâcon, 252, 264, 353.
Madelaine (bois de la), 428.
Madelaine (la) de Montbrison, 244, 270.
Magnieu, 465.
Magnin (M.), v.
Maillard (de), 61.
Mailly (de), 74.
Mairet (Jean), 176.
Malezieu (de), 251, 254.
Malherbe, 152, 158.
Malleval, 54, 260, 265, 356, 427, 466.
Mandelot (de), 99, 231 *s*. 371, 372, 430, 440.
Mante (de la), 131.
Marc, 250.
Marcellus, 448.
Marchant (Hugues de), 7.
Marcigny, 232, 264, 273.
Marcilly, 466, 447, 448.
Marcilly (de), 16, 19, 461.
Marcou, 448.
Marcus Cicero, 448.
Mare, 53, 57.
Mareschal (Alexandre), 22.
Marguerite de Valois, 106, 108, 118, 135, 221, 253.
Marie de Médicis, 72, 106, 111, 171, 174.
Marie Stuart, 51.
Marignane, 94, 95.
Marmier (de), 329.

Marot, 161, 455.
Marsanne (de), 329.
Marseille, 127.
Martin (M. Henri), 160.
MARZÉ (DE), 19.
Masoyer, 466.
Masso (de), 454.
Masson ou Masso, 21, 49, 425, 435.
Matel, 153.
Mathieu (P.), 219, 261, 262.
Mâtins (les), 466.
Maucune (de), 93, 111.
Maugiron (de), 263, 308, 317, 328 s. 408, 438.
Mauriac, 25.
MAURIAC (DE), 17, 25.
Maurienne, 144.
Mauvernay, 62, 462.
Mauvoisin (de), 477.
Mayenne (duc de), 239 s.
Mays, 45, 464.
Méluzine, 435.
Menetou-Sallon, 45.
Mercœur (de), 316.
Merlée (la), 443, 459, 466.
Meslet de la Besnerie, 440.
Mesy, 76.
Meuillon (de), 97, 245 s. 296, 464.
Meximieu, 257.
Meximieu (de), 353.
Mezières (de), 312, 314, 333, 347, 349.
Micard, 147, 153.
Michaut et Poujoulat, *Nouvelle collection de Mémoires*, 32.
Milampesle, 264.
Milan, 40.
Milton, 115 s.
Miribel, 45, 464.

Miseres de la France, par Anne d'Urfé, 98, 111, 112.
Mitte. V. Chevrières.
Moind, 425, 446.
Moirans, 68.
Molière, 29.
Molière (de la), 32.
Molière, *Tartufe*, 209.
Molin-Molette, 464.
Moncelard (de), 429.
Mondain, 244.
Monistrol, 244, 250, 251, 295.
Mons, 73.
Monstrelet (*Chroniques de*), 26.
MONTAGNY (DE), 20, 24.
Montaigu, 66. V. MONTFAUCON.
Montarchier (de), 433, 465.
Montberon (de), 40.
Montbonnet, 303.
Montboup (Maubost?), 257.
Montbrison, capitale du Forez. Louis le Gros vient dans cette ville, 13. Arnulphe d'Urfé y passe un contrat avec Jean Ier, 18. Pierre d'Urfé y fonde un couvent de sainte Claire, 41 s. Anne Dauphine y donne des lettres par lesquelles elle nomme Guichard d'Urfé bailli de Forez, 22. François Ier vient dans cette ville, 47. Le baron des Adrets s'en empare, 429. Jacques d'Urfé la préserve des attaques de l'amiral de Coligny, 57. Elle est attaquée par Chambaud, 244. Les états du Forez s'y assemblent, 256 s. Les royalistes la menacent; on la fait fortifier, 270. Chevrières y vient pour tenter d'entraîner Anne

TABLE. 491

dans sa défection, 287. Les députés du Puy se rendent à Montbrison pour réclamer les secours d'Anne d'Urfé, 299. Le duc de Nemours s'empare de cette ville, et la fait fortifier, 312 s. Elle résiste aux troupes royales, 360. Sa soumission, 362 s. Description de cette ville, 428 s.

Montconis (de), 351.
Monteguet, 428.
Montespan (de), 408, 438.
Montfau, 348, 408.
MONTFAUCON (DE), 66.
Montfort (de), 476.
Montgilbert, 256, 374.
Montlaur (de), 329, 364.
Montmartin (de), 404.
Montmorency (de), 50, 56, 66, 91, 106, 253, 279, 281, 293, 334, 357, 359.
MONTMORIN (DE), 52.
Montormantier, 157.
Montparent, 77.
Montpensier (duc de), 367.
Montravel, 52.

Montrond, 97, 248, 254, 257, 260, 348, 350, 356, 360, 373, 437, 459.
Montrond (de), 435, 461. V. Apchon.
Montverdun, 64, 69, 107, 212, 360, 380, 436, 456.
Moréri (*Dictionn. de*), 35, 42, 49, 150.
Mothe (*la*), 463.
Mothe-Mourgon (de la), 456.
Moulceau (de), 245 s.
Moulins, 29.
Mounervine (combat de), 31, 32. V. Bayart.
Mournant, 285, 286.
Mouy (de), 233 s.
Mure (de la). Guy, 357. Jean-Marie, 3 s.; généalogie de la maison d'Urfé, écrite par lui, 11-77 : V. URFÉ (la famille d'); 107, 122, 124, 125, 169, 213, 224, 225, 357, 366, 423, 424, 452, 459, 462.
Mursault, 24.
Myolans, 463. V. Chevrières.

N

Naples, 40.
Naudet (M.), VI.
Navarre (de), 275, 438, 475. V. Henri IV.
Nemours (duc de). Jacques, 54, 239. Père de Charles, 239. Les actions de ce dernier durant la Ligue, 102, 114, 212 s. 239-367; sa mort, 135-144. V. Saint-Sorlin.
Nérestang (de), 272, 297, 328.

Néronde, 307, 345, 346.
Nervieu, 20, 23, 26, 463.
Nesme (Jean), 366.
Neuville, 70, 322.
NEUVILLE (DE), 70, 102, 150.
Neuville (Nicolas de), 212.
Neuvy (de), 304, 403.
Nevers, 375, 377.
Nevers (duc de), 334, 378, 379.
Nicée, 12.

Nigro-Monte (Fulcherius), 7.
Noirétable, 438, 443, 446.
Normand, 317.
Notre-Dame de la Val, 437.

Notre-Dame de l'Hermitage, 446.
Notre-Dame de Montbrison, 57 s. 429 s.
Novare, 40.

O

*OEuvres philosophiques d'Antoine d'Urfé, 146.
*OEuvres poetiques, etc. d'Anne d'Urfé, 109.
*Office de saincte Madelaine, par Anne d'Urfé, 111, 112, 122.
Ogerolles, 443, 460.
Oingt (d'), 7.
*Ordonnances, etc. pour l'enterrement de Charles VII, par Pierre d'Urfé, 34, 35.

*Ordonnances synodales, par Louis d'Urfé, 79.
Orléans, 46.
Orléans (ducs de), 40.
Ornano (Alph. de), 241 s. 269, 308, 330, 345 s. 355, 360, 416.
Oronville (Jean d'). Sa Chronique de la vie de Louis II, 21.
Orozc, 29 s. 89.
Otrante, 35, 43.
Ouche, 461.

P

PAILLARD, famille de Bourgogne, 24. Origine de ce surnom dans la famille d'Urfé, ibid.
Pailleret, 428.
Palais-lez-Feurs, 459, 466.
Palais (du), 378.
Palice (de la), 469.
Palud (de la), 351.
Paparin, 88, 111, 122.
Pape (Jacques), 232 s.
Papon. Jean, 88, 125, 256, 295, 431, 441, 452. Louis, 88, 93, 365. Étienne, 314.
*Paraphrases, par Anne d'Urfé, 110, 112.
*Paraphrase sur les cantiques de Salomon, par Honoré d'Urfé, 153, 170. Analyse, 177, 178.
Paris (grande famine à), 289.

Pasquier (Étienne), 125, 206.
*Pastorale du diocèse de Limoges, par Louis d'Urfé, 79.
Patru, 206.
Paul III, 49, 50.
Paulmy, 158.
Pellisson, 161.
Peloux (du), 281.
Pélussieu, 459, 467.
Pelvé (de), 316.
Pérault, 54.
Péricaud, 137, 268, 325.
Perle. V. Précord.
Péronne, 33.
Perreux, 329, 333.
Perrin (Jean), 88, 257, 313.
Petit, 398.
Petitot (Collect. des Mém. de), 159
Peyraud (de), 466.

Peyret (Jean), 354.
*Philocarite, par Anne d'Urfé, 107, 124, 158 s.
Picot, 268.
Pie (de la), 265.
Pierrefite, 62.
Pierregourde (de), 440.
Pierrelas, 459, 467.
Pierre-Scise, 101, 287, 320 s. 355.
Piève, 168.
Pila, 99, 254, 442, 445.
Pillehotte (Jean), 128.
Pinay, 447, 448, 459, 464.
Pipet, 263.
Place (de la), 349.
Plaines (les), 465.
Plaisançon, 256.
PLANET (DU), 65.
Plessis (du), 73.
Pogge (de), 308.
Poitiers (de), 476.
Polignac, 300, 358.
POLIGNAC (DE), 36, 37, 39, 44, 450.
Pollard, 389.
Pomeray (François), 166, 172.
Pommiers, 439.
Pompadour (de), 305, 404.
Ponçain, 467.
Pons, 268.
Pont, 277.
Pont-de-Vesle, 60.
Pontevez (de), 467.
Porcaire (saint), 456.
Porte (la), 409, 410.
Portmann, 179.
Pose (de la), 467.
Pouilly en Roannais, 29.
Pouilly près de Feurs, 330, 346.
Poussin (le), 179.
Pravieu (de), 401.
Précord (de), 106 s.
Prévost (l'abbé), 162.
Promis (M.), 157.
Prost, 385.
*Psaumes de David, par Anne d'Urfé, 123.
Ptolomée, 427, 436, 442.
Puy (le), 80, 244 s. 357, 358, 388, 396, 400, 401.
Puy (du), 49, 316.
Puy de Mussieu, 83, 162.

Q

Quatremère (M.), vi.
*Quatrins, par Anne d'Urfé, 110 s.

R

Rabelais, 161.
Raimbi ou Raymbi, 6, 7, 14 s. V. URFÉ.
Randan (de), 380, 382.
Reboul (de), 237.
Regenbert, 61.
Reims, 307, 309.
Renaison, 442, 447.
Renty (de), 72.
Retournel (Jean), 239.
REYBE, seigneurs de Saint-Marcel, 6, 17, 25, 26, 29. V. Raimbi.

TABLE.

Rhodes, 56.
Ribes, 441.
Richelieu (le cardinal de), 367.
Rigaud (Pierre), 108.
Rimilieu (?), 283.
Riom, 252, 289.
Rituale seu manuale Lemovicensi, par Louis d'Urfé, 79.
Rive-de-Gier, 249, 350.
Riverie, 235, 268, 271 s.
Rivoire (de), 32, 466.
Rivole, 58, 70.
Roanne, 355, 408, 428, 442, 463.
Robertet, 430.
Robinot, 147.
Roche, 424.
Roche (de ou de la), 16, 477.
Rochebaron (de), 284 s. 433, 459, 460, 465, 476.
Rochebonne (de), 258, 299, 309, 400, 459, 463.
Rochefort, 20, 23, 28, 29, 103.
ROCHEFORT (DE), 65, 465.
Rochefort (de), 287, 293.
ROCHEFOUCAULD (DE LA), 73 s. 127, 128, 211.
Roche-la-Molière, 275, 463, 465.
Roche-sur-Yon, 41.
Rochetaillée, 245, 254, 296, 330, 461.
Rochette, 299.
Rochette (la), 244.

Roche-Turpin (de la), 106, 111, 134, 145.
Rodier, 424.
Rodumne, 427. V. Roanne.
Roere, 294.
Roisy, 268.
Roland (F.), 475.
Rome, 8, 49, 59, 60, 104, 212, 381.
Ronsard (de), 94, 115.
Ronzières (de la), 349.
ROQUEFEUILLE (DE), 61.
Rosée (de la), 349.
Rosen (de), 328, 329, 356.
Rosier (le), 317, 353.
Rosier (du), 239, 307, 329.
Rosne (de), 316.
Rosselun (Amblard de), 7.
Rosset (F. de), *Delices de la poesie françoise*, 158.
Rostaing (de), 439.
Rouault, 29.
Roue (de la), 113.
Rouen, 173.
Rousseau (J. J.), 162.
Roussillon (Girin de), 18.
Roussin (Jacques), 146, 212.
Roux, 268.
Roy (François), 270.
Rubis (Claude de), 242, 322, 323.
Ruffy, *Histoire de Marseille*. 127.
Ruppert, 360.

S

Saconay (de), 245 s.
Saconins (de), 309.
Sage (le), 162.
Sail de Châteaumorand, 425.

Sail de Cousan, 425.
Sail de Donzy, 425.
Saillans, 273.
SAILLANS (DE), 25.

Saint-Agrève, 238.
Saint-Alban, 425.
Saint-Andéol, 283, 285, 350.
Saint-André, 32, 454.
Saint-André, 88, 267, 274, 275, 291, 292, 379, 458, 459, 461, 462. V. ALBON et Saint-Germain.
Saint-André (Prunier de), 335 s.
Saint-André de Montbrison, 349, 433.
Saint-Antoine de Montbrison, 68, 270, 271.
Saint-Auban, 232. V. Pape.
Saint-Bonnet le Château, 319, 333, 352, 401, 428, 439.
Saint-Chamond, 57, 248 s. 269, 281, 294, 304, 350, 357, 358, 386, 397. V. Chevrières.
Saint-Denis, 35.
Saint-Didier en Vélay, 271.
Saint-Didier sous Riverie, 286.
Saint-Didier sur Rochefort, 53, 103.
Sainte-Agathe, 66, 103.
Sainte-Baume, 54.
Sainte-Claire de Montbrison, 5 s. Sa fondation, 41 s.
Sainte-Colombe, 279, 285, 286.
Sainte-Colombe (de), 22, 465.
Sainte-Croix, 283.
Sainte-Marthe (les frères), *Gallia Christiana*, 6, 65, 79, 80, 212, 224, 225, 454.
Saint-Esprit (confrérie du), 270.
Saint-Étienne, 245 s. Description, 441.
Saint-Étienne le Molard, 449.
Saint-Ferréol, 428.
Saint-Ferréol (de), 275.
Saint-Flour, 64, 92, 223 s. 453.

Saint-Forgeux-d'Albon (de), 27. V. ALBON (Bertrand d').
Saint-Galmier, 244, 276, 285, 333, 365, 385, 388, 425, 428. Description, 440.
Saint-Gelais (de), 36.
Saint-Genis-Laval, 71, 277, 353, 354, 357, 413.
Saint-Geran le Puy, 33.
Saint-Geran (de), 150.
Saint-Germain en Laye, 74.
Saint-Germain-Laval, 354, 416, 428, 435, 437.
Saint-Germain (de), 335 s. V. Apchon (d').
Saint-Haon, 295, 398, 428. Description, 442.
Saint-Héan, 333.
Saint-Hilaire, 70.
Saint-Ilpize, 82.
Saint-Jean de Lyon, 69, 440.
Saint-Jean d'Angely, 23.
Saint-Jean de Bonnefont, 269.
Saint-Jean de Panissières, 346.
Saint-Jean des Prés, 244, 433.
Saint-Jean la Vêtre, 428.
Saint-Julien, 45.
Saint-Julien Molin-Molette, 258.
Saint-Julien (Pierre de), *Antiquités de Mâcon et Châlon*, 24.
Saint-Just en Chevalet, 33, 103, 290, 349, 405 s. 443.
Saint-Just (de), 280, 385. V. Chaste (de).
Saint-Laurent, 232.
Saint-Malo (l'évêque de), 39.
Saint-Marc (de), 263.
Saint-Marcel d'Urfé, 362, 453, 459. V. REYBE et Galles.

Saint-Marcel (de), 25, 430, 464. V. Reybe.
Saint-Marcel de Felines, 328, 453, 459, 464.
Saint-Marcel en Vélay, 300 s.
Saint-Marcellin, 353.
Saint-Martin (église de) de Savigny, 6, 7.
Saint-Martin la Sauveté, 18, 465.
Saint-Martin (de), 254, 297.
Saint-Mégrin (de), 293.
Saint-Pal, 461.
Saint-Pierre de Bœuf, 238.
Saint-Pierre de Montbrison, 433.
Saint-Polgue (de), 443, 459 s. V. Saint-Pulgeau.
Saint-Pourçain, 304, 305, 403, 404.
Saint-Priest, 441.
Saint-Priest (de), 243, 441, 459, 460, 465, 475.
Saint-Pulgean, 118.
Saint-Rambert, 244, 250, 265, 272, 280, 401, 428, 440, 446.
Saintres (de), 243.
Saint-Romain le Puy. Sa description, 456.
Saint-Sauveur, 26, 280, 427, 457.
Saint-Sorlin (marquis de), 99, 138, 239 s. 442. V. Nemours, 439.
Saint-Symphorien de Lay, 405.
Saint-Symphorien le Château, 277, 285, 350.
Saint-Symphorien (de), 19.
Saint-Thomas (prieuré de), 111, 112. V. Colligny.
Saint-Victor, 271, 293 s.
Saint-Vidal, 299, 400.
Saint-Vidal (de), 244 s. 275 s. 388, 441.

Salle (la), 52, 465, 466.
Salle (de la), 113, 244.
Sallemart (de), 19
Salles (saint François de), 162 s.
Saluces, 248.
Salvert (de), 19.
Sancy (de), 360.
Sauvain, 460.
Saux (de), 73.
Savarey (de), 412.
Savigneu, 433.
Savigny (abbaye de), 6, 7.
Savoie, 137, 145, 155, 167.
Savoie (de). Comtes, 22, 23. Ducs, 52 s. 127, 144 s. 239, 282, 344, 360, 475 s. V. Nemours.
*Savoysiade (la), par Honoré d'Urfé, 144, 172. Analyse, 155 s.
Schomberg (de), 74.
Schouppen (Van), 210.
Segrais, 78, 149, 152, 161.
Sélim II, 35.
Semur (de), 32.
Seneccy (de), 273. V. Bauffremont.
Senoyl, 150, 157.
Sens, 71.
Seresat, 468.
Serrières, 54, 259.
Serve, 468.
Sforce (Ludovic), 40.
*Simbolle de sainct Athanase, par Anne d'Urfé, 112, 122.
Simiane (de), 83.
*Sireine (le), par Honoré d'Urfé, 127, 144, 145, 148. Analyse. 150 s. 166, 177.
Sirmond (le P.), 153.
Soissons, 66, 309.
Sommainville, 172, 173.

TABLE.

Sommerive, 70, 78, 80.
*Sonnets de l'honneste amour, par Anne d'Urfé, 106, 111, 112, 122.
*Sonnets divers, par Anne d'Urfé, 113.
*Sonnets spirituels, par Anne d'Urfé, 107, 110, 112, 122.
*Sonnets sur les misteres du sainct rosaire, etc. par Anne d'Urfé, 112, 122.
*Sonnets sur le tombeau de Carite, par Anne d'Urfé, 121.
Soto-Majore (Alonso de), 30.
Souchay (l'abbé), 208.
Souternon, 29, 466.
Spinola (Ambroise), 172.
*Stances à Carite, par Anne d'Urfé, 121.

*Stances au lecteur, par Anne d'Urfé, 95, 121. *V. Vers sur le tombeau de Carite.*
Stanislas, roi de Pologne, 74.
Strabon, 427.
Stuer-Caussade (de), 336. *V.* Saint-Mégrin.
Sugny, 52, 53, 374, 459.
SUGNY (DE), 53, 397, 431, 441, 463.
Sully (*Mémoires de*), 363.
Suresne, 318.
Sury, 136, 331, 333, 336, 353, 358, 414, 428. Description, 438.
Suse en Savoie, 436.
* *Sylvanire* (la), par Honoré d'Urfé, 173, 174. Analyse de ce poëme, 175, 176.

T

Talaru, 6, 461. *V.* Chalmazel.
Tallemant des Réaux, *Historiettes,* 72, 74.
Tarare, 291.
Tasse (le), 175.
Tavannes (de), 61, 264, 284, 303, 376.
Tenaudière, 151.
Tende, 53, 67.
Terrail (du), 160. *V.* Bayart.
Themines (de), 73.
Thenissey (de), 310, 321.
Thevet, *Cosmographie universelle,* 435, 469.
Thiers, 30, 375, 377.
Thizy, 274, 285 s. 319.
Thoissey, 304, 319.
Tholigny *ou* Thorigny (de), 476.

Thomas (D.), *Mém. pour servir à l'histoire de Lyon,* 325.
Thory (de), 257.
Tillet (du), 11.
Tillot (du), 158.
Tinières, 29, 30.
Tiranges, 424, 461.
Tombeau de Céladon, 169.
Tortone, 81.
Toulouse, 23.
Tour (de la), 276.
TOUR (Alix DE LA), 19.
Tour (Antoine de la), 299. *V.* Saint-Vidal.
Tour de Mongascon (de la), 36.
Tour de Varennes (de la), 350.
Tournon, 127, 211, 457.
Tournon (de), 127 s. 211, 273.

498 TABLE.

Tournon (Claude), 88.
Tremollin (de), 443.
Tremouille (de la), 34.
Trente (concile de), 45, 49.
Trezettes, 52, 463.
*Triomphante entrée, etc. par Honoré d'Urfé, 127-134, 211.
*Triomphe d'amour, par Honoré d'Urfé, 134, 144.
*Tristes amours de Floridon et de la belle Astrée, etc. par Honoré d'Urfé, 177.
Trocésar (de), 254.
Trolier (Guillaume), 22.
Tronchet (du), 88.
Troncy (du), 308, 321.
Truffier, 157.
Turin, 63, 151, 157, 166, 169.

U

Urfé, lieu cité dans un acte de 1173, 5. Origine probable du château de ce nom, 7 et 14. Il est abandonné, 8. Sa chambre du massacre, 27. Il est vendu, 83. Son état au temps d'Anne, 451.

Urfé (d'). Origine fabuleuse de cette famille, 4, 5, 11. Son établissement dans le Forez, 5. Son origine probable, 6. Son premier nom patronymique, 6. Peut-être originaire d'Allemagne, 7. Son éclat à partir du xve siècle, 8, 33 s. 87-90. Sa généalogie, 11-83 : I. *Wlphe*, 13; II. *Raimbe*, 14; III. *Arnulphe*, 15; IV. *Arnulphe*, 16; V. (*Guy, Marquise, Bonissant* et) *Arnulphe*, 17-19; VI. (*Marguerite, Clémence, Catherine, Helvis* et) *Arnulphe*, 19, 20; VII. (*Ithier*) *Guichard*, 20-23, et *Arnulphe*, 23-26; VIII. (*Catherine, Aimée, Gabrielle* et) *Jean*, 25-27; IX. (*Guichard* [*Antoinette*], *Antoine* et) *Pierre*, 26-33; X. (*Claude, Jean* [*François, Isabeau, Antoine, Jeanne* et *Antoinette*], *Aimée,* *Claudine, Jeanne, Marguerite* et) *Pierre*, 33-44; XI. (*N..., Marie* et) *Claude*, 45-53; XII. (*François, Claude* [*Thomas, Renée* et *Isabeau*], *Antoine, Antoinette, Louise* et) *Jacques*, 53-66; XIII. (*Claude, Christophe* [*Charlotte-Emmanuelle* et *Marie-Philiberte*], *Honoré, Antoine, Françoise, Marguerite, Madelaine, Gabrielle, Catherine, Diane,*) *Anne*, 60-69, et *Jacques*, 70-76; XIV. (*N...... Geneviève, Anne-Marie, Gabrielle, Élisabeth-Aimée* et) *Emmanuel*, 76-78; XV. (*Louis, François, Claude-Yves, Emmanuel, Charles-Maurice-Bonaventure, Françoise-Marie, Marie-Louise, N.....,* et) *Joseph-Marie*, 78-81. Extinction de cette famille, 81-83. Son rang parmi la noblesse du Forez, 460. Quelques renseignements curieux concernant plusieurs membres de la famille d'Urfé sont encore disséminés dans ce volume; voici pour les principaux : *François*, 88; *Pierre II*, 88, 432, 450;

Claude, son fils, 88, 449; Jacques Ier, 88, 434; Anne, 442, 452, 456, 460, 465 s.; Jacques II, 437, 460; Honoré, 439, 462. Voyez en outre les Notices d'*Anne*, 91; d'*Honoré*, 127; et d'*Antoine*, 211.

Urselo (Bernardus), 6.

Usson, 37, 135, 221, 253. *V.* Marguerite de Valois.

V

*Vaillance (la), par Antoine d'Urfé, 212, 219 s.
Valbenoîte, 454.
Valencier (Étienne), 98.
Valette lez Saint-Étienne, 65.
Valette (de la), 56, 454, 459, 465.
Vallambaud, 281.
Vallière (duc de la), 45, 46, 83, 111, 119.
Valois (de), 73, 93.
Valromey, 61, 62, 149, 162, 163.
Varassieu *ou* Varacieu (de), 280, 386.
Varennes (Étienne de), 7.
Varey (de), 466.
Vassalieu, 468.
Vauprivas (de), 329.
Vaux (de), 249, 308, 309.
Veauche, 22, 97, 254.
Vendôme. *V.* Bourbon.
Vent (du), 37, 113, 114, 122, 402.
Ventadour (duc de), 275 s. 357, 384, 385, 462, 477.
Verard (Antoine), 75.
VERD. Falconnet, 17. Aimé, 22.
Verdier (du), 88, 94 s. 122, 125, 313, 329.
Vernay, 466.

Vernay (du), 466.
Vernoilles (de), 477.
Vérone, 475.
Verrières (commanderie de), 18.
Vers sur le tombeau de Carite, par Anne d'Urfé, 95, 111, 113, 121.
Veyny (de), 335.
Vichy, 21, 289, 290.
Vienne, 141, 253 s. 269 s. 308, 315, 320, 350, 353, 360, 390.
VIENNOIS (comtes de), 13. *V.* ALBON.
Vigènes (de), 313.
Villars (de), 259, 260, 309, 316, 466.
Villefranche, 252, 274, 309, 409.
Villefranche en Piémont, 63, 169.
Villeneuve (de), 352.
Villeret, 65, 223, 224, 329, 356.
Villette, 459, 465.
Villiers (de), 253.
Vins (de), 286.
Vintimille, 56.
Violette (la), 348, 349.
Vireville, 32.
Viricelles, 462.
Virieu, 427, 459, 466.
Virieu (de), 258 s.
Virieu-le-Grand, 59, 61, 62, 148, 150, 151, 157, 164.

Vitet (M.), vi.
Vivarais, 97, 231, 238.
Voiron (Jean), 303.

Vuido, prêtre, 7.
Vulphe, 4, 5. *V.* Urfé (origine fabuleuse).

W

Witte, 109.

Y

Yonio. *V.* Oingt.

FIN.